轻松学电脑教程系列

淘宝开店做金冠

李珍珍　主编

东南大学出版社
·南 京·

内 容 提 要

本书是《轻松学电脑教程系列》丛书之一，全书以通俗易懂的语言、翔实生动的实例，全面介绍了淘宝网店开设和经营的相关知识。本书共分12章，涵盖了轻松做好开店准备，寻找热卖的网上商品，注册与开设淘宝网店，沟通淘宝买家，拍摄并制作商品照片，设置商品的图文描述，淘宝店铺的设计与装修，推广网店的常用策略，制定优异的客户体验，优化网店的运营细节，分析网店顾客购物心理以及培训淘宝网店客服等内容。

本书内容丰富，图文并茂，附赠的光盘中包含书中实例素材文件、15小时与图书内容同步的视频教学录像以及多套与本书内容相关的多媒体教学视频，方便读者扩展学习。此外，我们通过便捷的教材专用通道为老师量身定制实用的教学课件，并且可以根据您的教学需要制作相应的习题库辅助教学。

本书具有很强的实用性和可操作性，是一本适合于高等院校及各类社会培训学校的优秀教材，也是广大初中级计算机用户和不同年龄阶段计算机爱好者学习计算机知识的首选参考书。

图书在版编目(CIP)数据

淘宝开店做金冠/李珍珍主编. —南京：东南大学出版社，2017.7(2019.7重印)

ISBN 978-7-5641-7223-7

Ⅰ. ①淘…　Ⅱ. ①李…　Ⅲ. ①网店—网络营销　Ⅳ. ①F713.365.2

中国版本图书馆CIP数据核字(2017)第136916号

出版发行：东南大学出版社
社　　址：南京市四牌楼2号　**邮编**：210096
出 版 人：江建中
网　　址：http://www.seupress.com
电子邮箱：press@seupress.com
经　　销：全国各地新华书店
印　　刷：三河市华晨印务有限公司
开　　本：787 mm×1092 mm　1/16
印　　张：17.25
字　　数：430千字
版　　次：2017年7月第1版
印　　次：2019年7月第2次印刷
书　　号：ISBN 978-7-5641-7223-7
定　　价：39.00元

丛书序

熟练使用电脑已经成为当今社会不同年龄层次的人群必须掌握的一门技能。为了使读者在短时间内轻松掌握电脑各方面应用的基本知识，并快速解决生活和工作中遇到的各种问题，东南大学出版社组织了一批教学精英和业内专家特别为计算机学习用户量身定制了这套《轻松学电脑教程系列》丛书。

丛书、光盘和教案定制特色

选题新颖，结构合理，为计算机教学量身打造

本套丛书注重理论知识与实践操作的紧密结合，同时贯彻"理论＋实例＋实战"3阶段教学模式，在内容选择、结构安排上更加符合读者的认知习惯，从而达到老师易教、学生易学的目的。丛书完全以高等院校、职业学校及各类社会培训学校的教学需要为出发点，紧密结合学科的教学特点，由浅入深地安排章节内容，循序渐进地完成各种复杂知识的讲解。

版式紧凑，内容精炼，案例技巧精彩实用

本套丛书在有限的篇幅内为读者奉献更多的电脑知识和实战案例。丛书内容丰富，信息量大，章节结构完全按照教学大纲的要求来安排。书中的案例通过添加大量的"知识点滴"和"实用技巧"的注释方式突出重要知识点，使读者轻松领悟每一个案例的精髓所在。

书盘结合，素材丰富，全方位扩展知识能力

本套丛书附赠多媒体教学光盘包含了15小时左右与图书内容同步的视频教学录像，光盘采用真实详细的操作演示方式，紧密结合书中的内容对各个知识点进行深入的讲解。附赠光盘收录书中实例视频、素材文件以及3～5套与本书内容相关的多媒体教学视频。

在线服务，贴心周到，方便老师定制教案

本套丛书精心创建的技术交流QQ群(101617400、2463548)为读者提供24小时便捷的在线交流服务和免费教学资源。便捷的教材专用通道(QQ：22800898)为老师量身定制实用的教学课件。此外，我们可以根据您的教学需要制作相应的习题库辅助教学。

读者定位和售后服务

本套丛书为所有从事电脑教学的老师和自学人员而编写，是一套适合于高等院校及各类社会培训学校的优秀教材，也可作为电脑初中级用户和电脑爱好者学习电脑的首选参考书。

如果您在阅读图书或使用电脑的过程中有疑惑或需要帮助，可以通过我们的信箱(E-mail：easystudyservice@126.net)联系。最后感谢您对本丛书的支持和信任，我们将再接再厉，继续为读者奉献更多更好的优秀图书，并祝愿您早日成为电脑应用高手！

《轻松学电脑教程系列》丛书编委会

2017年10月

前 言

《淘宝开店做金冠》是《轻松学电脑教程系列》丛书中的一本，该书从读者的学习兴趣和实际需求出发，合理安排知识结构，由浅入深、循序渐进，通过图文并茂的方式讲解淘宝网店的开设和经营的方法及各种技巧。全书共分为 12 章，主要内容如下：

第 1 章：介绍了在淘宝网开店之前应做的各类准备工作。

第 2 章：介绍了如何寻找网店商品货源的方法与技巧。

第 3 章：介绍了在淘宝网上设置开通店铺的方法。

第 4 章：介绍了如何与淘宝买家正确沟通的方法与技巧。

第 5 章：介绍了拍摄网店商品照片，并使用 Photoshop 软件处理照片的方法和技巧。

第 6 章：介绍了撰写与设计网店图文描述的方法与技巧。

第 7 章：介绍了装修网店所需的各种元素和相应的图片处理技巧。

第 8 章：介绍了通过各种手段推广网店和网店商品的方法与技巧。

第 9 章：介绍了如何打造客户体验点以及通过客户体验提升网店服务的方法与技巧。

第 10 章：介绍了网店经营中各种细节的把握和相应的操作技巧。

第 11 章：介绍了经营网店时，分析顾客心理的常用方法与技巧。

第 12 章：介绍了网店客服人员的招聘、培训和管理方法。

本书附赠一张精心开发的 DVD 多媒体教学光盘，其中包含了 15 小时与图书内容同步的视频教学录像。光盘采用情景式教学和真实详细的操作演示等方式，紧密结合书中的内容对各个知识点进行深入的讲解，让读者在阅读本书的同时，享受到全新的交互式多媒体教学。

此外，本光盘附赠大量学习资料，其中包括多套与本书内容相关的多媒体教学演示视频，方便读者扩展学习。光盘附赠的云视频教学平台能够让读者轻松访问上百 GB 容量的免费教学视频学习资源库。

本书由李珍珍主编，参加本书编写的人员还有王毅、孙志刚、李珍珍、胡元元、金丽萍、张魁、谢李君、沙晓芳、管兆昶、何美英等人。由于作者水平有限，本书难免有不足之处，欢迎广大读者批评指正。

编　者

2017 年 7 月

目录

第12章　培训客服，做大网店规模

第1章

轻松做好开店准备

随着网购的兴起，在淘宝开个赚钱的网店已成为许多人实现创业梦想的第一步。其实在淘宝网开店并不难，本章将通过介绍筹划网店的一些基本常识，引导读者逐步掌握经营网上店铺的一系列方法与技巧。

对应的光盘视频

例 1-1　在淘宝网(www. taobao. com)中打开各类应用界面

1.1 淘宝开店的必知常识

在淘宝网开店前，先来认识一下什么是淘宝网，为什么要在淘宝开店？网店的经营模式有哪些，以及哪些群体适合在网上开店？了解了这些，才不至于在开店时一头雾水，手忙脚乱。

1.1.1 为什么要在淘宝开店

网上开店是互联网时代背景下诞生的一种新兴商业模式，利用网络丰富的信息资源和广泛、迅速的传播性，可以为商品寻找更多的买家，具有实体店无法比拟的优势。

- 投资风险小：建立网络店铺的成本相比于实体店铺要小很多，许多网上交易平台都为卖家提供租金较低的网络店铺，有些甚至免费提供网络店铺；建立网络店铺的卖家可以根据买家的订单去进货，不会因为积压货物而占用大量的资金；网络店铺的经营活动主要是通过网络进行的，基本不需要房租、人工工资、管理费等方面的支出。
- 经营方式灵活：网络店铺的经营活动是借助互联网进行的，经营者可以根据个人情况全职经营，或兼职经营。网络店铺的营业时间也比较灵活，只要可以及时对消费者的咨询给予回复就不会影响经营。开设网络店铺不需要像实体店铺那样必须经过严格的注册登记手续。网络店铺在销售商品之前甚至可以不需要存货或者只需要少量存货，因此可以随时转换经营项目，进退自如。
- 限制因素少：实体店铺的经营常会受到营业时间、营业地点、营业面积等因素的影响，而网络店铺不受这些因素的限制。只要服务器不出问题，网上店铺可以 24 小时、365 天不停地运作，没有专人值守，都可照常营业。买家可以在任何时间段登录网络店铺进行购物。
- 消费市场巨大：网络店铺开设在互联网上，只要是上网的人群都有可能成为网络店铺中商品的浏览者与购买者。消费者的范围可以是全国的网民甚至全球的网民。只要网络店铺的商品有特色、宣传得当、价格合理、经营得法，每天将会有相当数量的访问流量，从而极大地增加销售机会，取得良好的销售收入。
- 宣传推广费用低：对于开设实体店铺的商家来说，一般需要在广告方面付出大量的资金，对店铺进行宣传包装，以吸引消费者。而网络店铺的宣传费用则低廉很多，少量的费用就可以吸引大量的网上购物人群。例如，在淘宝网中进行宣传时，商家只需要少量的费用，就可以让自己的商品成为某个搜索关键字中排名靠前的商品，从而吸引大量的网上消费者浏览该商品。

1.1.2 淘宝网店的经营模式

在了解了网络交易平台后，用户应该根据自身实际情况，选择一种适合自己的淘宝网店经营方式。一般情况下，网络经营商的经营方式主要有以下 3 种。

1. 网店与实体店相结合

网店与实体店结合是网上店铺与开设的实体商铺相结合的经营方式。这类网店因为拥有实体店铺的支持，在商品的价位、销售的技巧方面都更高一筹，也更容易取得消费者的认可与信任。一般的网络商城都是网店与实体店相结合的。

2. 全职经营网店

经营者以网上店铺为获利的唯一来源，因此经营者将全部的精力都投入到网店的经营上，将网上开店作为自己的全部工作。

3. 兼职经营网店

经营者将经营网店作为自己的副业，经营网店只是为了增加收入（或作为一种爱好）。主要的经营人员以在校学生和时间比较宽裕的职场人员为主。

1.1.3 经营网店需要具备的能力

有些人开网店是为了兴趣和爱好，只是为了体会一份卖出商品的乐趣，而有些人将网上开店作为自己的事业，希望以此为生。要开一个盈利的网店，需要经营者具备下列能力。

- 良好的市场判断能力：可选择销售对路的商品，并根据市场动向、流行趋势调整策略方针与经营方式，推广商品。
- 良好的价格分析能力：既要进到价格较低的商品，又要将商品标出一个适宜的出售价格，从而在增加竞争力的同时又保障了自己的利益。
- 良好的网络推广能力：可以通过各种方式让更多的浏览者进入自己的网店，而不坐等顾客上门。
- 热情的服务意识：秉承顾客至上的原则进行服务，可以通过良好的售后服务为自己培养忠实的客户群体。

1.2 淘宝开店的必要准备

在对淘宝网和网上开店的基本常识有所了解后，如果你想踏踏实实地开一家网店，那么就要做一些必要的准备工作了，主要包括心理准备和硬件准备。

1.2.1 心理准备

网上开店有节省店面租金，启动、运营成本低，人流量大，区域覆盖率广，商品信息不受时空限制，传播速度快等优点。这些优势，促使成千上万的网民涌上网络平台开设店铺。

尽管网上开店前景无限好，但新开店铺能够站稳脚跟生存下来的并不多。很多卖家因最初的几个月收益不理想就放弃努力了，甚至连自己的账号都懒得登录了。之所以出现这种情况，是因为很多人开店时的心理准备不足，认为网上开店很简单，只要把商品发布上架，就可以坐着收钱了。其实不然，网上开店和网下开店一样，机遇与风险并存。要想成为一个成功的卖家，开店前的心理准备非常重要。

1. 做好专心、用心的准备

开店的初期对于新手卖家来说比较辛苦，每天在没有信誉度的情况下，要不厌其烦地回应每位上门的顾客，才有可能获得一份利润微薄的交易订单。

另外，网店不同于实体店，网店只能通过文字、图片体现你的用心程度，以及对顾客的关注。顾客从这些细节中，看到了你的用心，并建立了信任感，才能不断提高小店的信誉和销售成绩。

2. 保持快乐、积极的心态

要把经营网店当做一种快乐，让相隔遥远的买卖双方不再感到陌生。这样在网店交易时，才能让双方互相信任与理解。

如果卖家能时常保持一颗积极、快乐之心，在日常交易中多一份平和、多一份体谅，让顾客感到你的用心、贴心和对其的尊重，还怕没有好评和回头客吗?

3. 做好持之以恒的准备

网上开店起步是艰辛的，刚开始总会有这样那样的问题困扰卖家，哪一方面注意不到都会使浏览量上不去，从而导致销售量下降，最终影响店铺的生存状况。

这时需要卖家有恒心、耐心、信心和平常心，并付出比别人更多的努力。同时总结经验，吸取教训，每天进步一点点。这样坚持到底，就一定会获得成功。

4. 保持不断进取的精神

网上创业与网下经商在许多方面有很多不同，面对每天不断更新的资讯，卖家只有不断地学习新知识，每天进步一点，不断吸取经验和教训，养成对新生事物的适应能力，才能生存下来。

5. 坚持求胜的决心

因为网上创业门槛低，所以竞争越来越激烈。在淘宝网上，同样一款商品就可以找到成百上千的卖家，在这样激烈的竞争条件下，如果没有决心，只是等待商机，指望天上掉馅饼，那是不可能的。要想在网上创业成功，一定要下定决心，排除万难，才能做最后的胜利者。

1.2.2 硬件准备

网上开店虽然不需要租用店铺，但一些必要的开店设施条件也是必不可少的。

1. 一台接入网络的电脑

网店的经营离不开计算机和网络，上传商品、与客户沟通、交易等一系列操作都需要在网络的支持下进行。

另外，平板电脑对于一些想把网店做大做好的网店经营者来说是不错的选择。它便于携带，即使出门在外，只要能上网，就可以随时做生意。使用自行携带的电脑上网，一些账户资料就不容易泄露，网上开店的安全系数也大大提高。

2. 一部方便联系的电话

在网店的经营过程中，很多客户喜欢用电话与卖家直接取得联系，一方面是出于想更直接地从卖家口中对商品做一个了解，另一方面也是想确认卖家的真实性。因此，一个方便联系的电话就可以大大增加顾客对自己的信任感，更利于与客户沟通。此外，一些稍年长的消费者，由于打字速度较慢，对网上购物的流程和相关软件的使用并不十分适应，电话联系卖家更适合他们。

3. 用于为商品拍摄照片的相机

网上开店所有的商品都是通过图片的形式向客户展示的。因此，在货物上架前，卖家需要使用数码相机对商品进行拍摄。一部好的数码相机可以拍出漂亮的商品图片，使买家对商品有更加直观的了解，给买家留下深刻的印象，激发其购买欲望。

在选购数码相机时，不要盲目地认为价格贵的就一定能拍出好的照片，还是要根据自己的实际需要进行选择。

4. 处理资料的传真机和打印机

在网店经营中，传真机一般用于收发同客户和货源供应商之间的合同和相关协议。打印机则主要用于打印文本资料和订单。通常情况下，在网店经营的初期，这两种设备的使用率不是很高。配备这两种设备主要针对一些网店规模较大和订单量较多的卖家。经营者可以根据自己的实际情况和资金条件进行选择性配置。

1.2.3　下载并安装开店软件

有了支持网上开店的硬件设备，还必须有软件支持，才能对网店进行有效的运作和管理。

1.　网上交流软件

在网上开店，卖家需要使用一些聊天工具与买家进行交流、解答买家的疑问。在淘宝网开店，可以下载其自带的聊天软件阿里旺旺。它是淘宝网为淘宝用户量身定做的一款免费商务沟通软件，能帮助卖家轻松寻找客户，发布、管理商业信息，及时把握商机，随时洽谈生意。

此外，目前常用到的交流工具软件还有腾讯 QQ、微信等。买家可以使用多种聊天软件，和不同类型的客户沟通，抓住更多的商机，如图 1-1 所示。

2.　图片处理软件

商品图片是网上开店很重要的一部分，一些精美的图片仅用简单的数码相机拍摄还达不到吸引眼球的视觉效果。一款适用的图片编辑软件就可以成为卖家制作精美图片的得力助手。当然，这也需要卖家掌握一些运用图片编辑软件对图片进行修饰和美化的技能。目前常用的图片编辑软件有很多，其中主要有 ACDSee、Photoshop、光影魔术手等，如图 1-2 所示。

图 1-1　使用 QQ 与客户沟通

图 1-2　使用 Photoshop 处理商品照片

以 Photoshop 软件为例，该软件作为平面设计编辑领域中的佼佼者，集图像编辑、图像合成、校色调色及特效制作等功能于一体，能充分满足买家对于网店图像处理和网店设计方面的需求，是一款功能较为强大、应用领域较为广泛的图片编辑软件。

3.　文字编辑软件

使用文字编辑软件可以编写一些交易合同和店铺宣传文案。Microsoft Office 中的 Word 是最为常用的编辑软件，操作简单方便，学会基本的操作后，即可将其运用到网店的文字编写中。

4.　其他各类软件

除了以上 3 种必要的软件外，还需要一些趁手的工具，例如一个符合自己使用习惯的浏览器，一个好用的计算器，一个方便上传宝贝的小工具等。

- 浏览器：除了 IE 浏览器以外，世界之窗浏览器、火狐浏览器和傲游浏览器等都是非常适合用户使用习惯的浏览器，用户可根据自身习惯进行选择。
- 计算器：Windows 操作系统自带有计算器附件，另外用户还可通过网络下载符合自己使用习惯的计算器软件。
- 宝贝上传：在淘宝网，宝贝上传工具首选淘宝助理。

实用技巧

预先准备好这些硬件和软件只是开设网络店铺的前提条件，并不是说有了这些硬件和软件就可以高枕无忧，等着生意源源不断。相反，准备好这些硬件和软件只是最基本的条件，卖家仍然需要专心致力于网络店铺的经营和管理，不断宣传和推广自己的网络店铺，同时做到诚信待客，才能生意红火。

1.3 了解淘宝网的各类规则

为了使网络交易更加安全、可靠，给广大消费者营造一个健康、有序的购物环境，促使淘宝卖家规范经营，淘宝网制定了一系列交易规则。淘宝网的交易规则很多，这里仅对商品发布与管理规则、信用评价规则以及投诉规则做简单介绍。

1.3.1 商品发布与管理规则

淘宝卖家可以根据自己的意愿选择经营的商品类别，但必须遵循一定的商品发布规则。淘宝用户在上传商品信息前，应了解关于禁止与限制发布的物品种类，并予以遵守。一旦淘宝网发现有任何违反本规则的物品信息，淘宝网有权立即予以删除，并保留给予相关用户警告、冻结直至终止其账户的权利。

如果卖家拥有完全相同，以及商品的重要属性完全相同的商品，淘宝网规定只允许使用一种出售方式（即从一口价、拍卖中选择一种），发布一次。如果违反了以上规则，即可判定为重复发布，并将受到淘宝网的相关处罚；如果要发布的是不同的商品，必须在商品的标题、描述、图片等方面体现商品的不同，否则将被判定为重复铺货。

对于一些标题、图片、描述等不一致的商品（除虚拟商品和服务性质的商品外，其他商品以无图片的形式发布），发布缺乏必要要素的商品，发布必要要素相互不符的商品，商品信息中包含诽谤、谩骂、色情、暴力威胁等攻击性言语以及其他非商品信息等，淘宝网判定其为违规商品。

实用技巧

此外，卖家在发布商品时，若以商品标题或商品描述等其他方式拒绝使用支付宝，或在商品信息中附加违反支付宝流程的交易条件，都将被淘宝网判定为支付方式不符商品。

1.3.2 淘宝信用评价规则

淘宝网会员在使用支付宝服务成功完成一笔交易后，双方均有权对对方交易的情况进行评价，这个评价亦称为信用评价。

评价分为“好评”“中评”“差评”3 类，根据不同的评价对应不同积分，具体为“好评”加一分，“中评”不加分，“差评”扣一分。

在交易中，作为卖家，其信用等级根据积分可分为 20 个等级。其中 4～250 分为红心等级，251～10 000 分为蓝钻等级，10 001～500 000 分为蓝冠等级，500 001 分以上（含 500 001 分）为金冠等级，淘宝金冠店铺是顾客购物的最佳选择。

淘宝店铺评分生效后，宝贝与描述相符、卖家服务态度、发货速度 3 项指标将分别平均计入卖家的店铺评分中，物流公司服务评分不计入卖家的店铺评分中，但会计入物流平台中。

实用技巧

买家的级别划分与卖家类似，根据积分将买家分为 20 个等级，积分越多，等级越高。

1.3.3　淘宝投诉规则

卖家在交易过程中如有违规出价、付款未发货、拒绝履行承诺的服务、网上描述不符，拒用支付宝诱惑买家买货、或有买家无故恶意评价等情况，可向淘宝网提供聊天记录等相关证据对对方进行投诉，淘宝网依据不同行为将给出不同的处理结果。在淘宝网中，无论是买卖双方都要遵循基本的交易规则和道德规范，创造良好的网上市场交易环境。

1.4　市场调研

开店前的调研是一个非常重要的环节，它关系着网店的经营商品的选择和网店经营的方向。做好市场调研，充分了解了市场的需求，开店就能有正确的方向。

1.4.1　分析经营项目

打开淘宝网的首页，如图 1-3 所示，可以看到淘宝店铺类型主要分为虚拟、服装、鞋包配饰、运动户外、珠宝手表、数码、家电、美容护发、母婴用品、家居建材、美食特产、日用百货、汽车、车品、文化玩乐、本地生活等几大类。用户应根据市场的需求、自身的特点和爱好等因素来确定经营的主项目类型。

图 1-3　淘宝网首页的商品分类

1.4.2　确定店铺特色

按照店铺的经营特色可以将店铺分为跟风型店铺、差异型店铺和智力型店铺。

1.　跟风型店铺

每段时间内市场都会自发形成一些消费热点，跟风型店铺就是主要经营时下比较畅销的商品。正因如此，这类网店的客源比较稳定，经营服装服饰、数码配件、美容用品等商品的店铺都属于跟风型店铺。由于此类店铺众多，竞争最为激烈，而且利润也被其他卖家分摊，如果店铺缺乏个性或者价格优势不明显，就很容易被市场淘汰。

2. 差异型店铺

买家在选购商品时往往会倾向于选择有个性的商品，差异型店铺就是针对这类顾客。差异型网店销售的商品要么有地域特色，要么有民族特色，要么有个人特色，所以店铺拥有特定的顾客群体，客源能够保证。

3. 智力型店铺

智力型店铺其实是属于差异型店铺中的一种，店主根据市场的需求，将自己的脑力劳动转化为商品，在网店中销售。淘宝网中从事网店装修的店铺，就是典型的智力型店铺。不仅为新开网店的买家提供方便，也为拥有网页设计能力的卖家带来了商机。

1.4.3 参考优秀网店

一个成功的网店都会经历从量变到质变的过程，优质的服务带来的口碑和回头率都是质变的保证。但在开店前要做好足够的心理准备，生意冷清时不能轻易放弃努力，应积极找出生意不好的原因，并谋求对策。抓住市场需求，经营得法，网店的交易量自然会逐步上升。交易量有了一定保证后，要总结经验，巩固已有的成果，争取更大的进步。

而对于新手卖家而言，向成功经营的店主借鉴开店经验，是提升交易量的捷径。在开店前，可以参考一下成功店主的经验：

- 力求做到专业化，熟练掌握店铺中各种商品的详细信息，能够对买家的提问给出专业的、有指导性的建议。
- 经营有特色的商品，及时跟踪消费热点的变化，不断寻找新的店铺利润增长点，不断对店铺进行完善。
- 热心为每一位顾客服务，及时耐心地回复买家提出的问题，对于一些交易中的细节问题，如快递费用，一定要解释清楚，避免不必要的纠纷。即使最后没有达成交易，也会给买家留下一个好的印象，挽留住潜在的客户。
- 认真发布每一件商品，发布商品时，不要盗用其他店铺的描述和图片，要有详细的商品描述。要使用自己拍摄的商品实物照片，这样不但能给买家留下很好的印象，也在一定程度上减少了解答买家疑问的工作量。
- 买家通过支付宝付款后，卖家应及时发货，在发货前要对商品的质量进行检查，不能把与店铺描述不符的商品发给买家。选择信誉比较好的快递公司，保证商品的运输安全，如果因特殊情况延迟发货，应在第一时间通知卖家。
- 与老客户保持联系，对老客户进行回访或当有新商品上架的时候通知买家，这都是很好的沟通方式。
- 增强自我保护意识，避免因网络欺诈造成损失。
- 要有吃苦耐劳和坚持不懈的精神，不断总结经验，提高自己的服务质量。及时更新店铺内的宝贝，使店铺时刻保持新鲜感，并充满着活力。

1.5 规避网店经营风险

淘宝开店虽然有许多的优势，但是作为一种需要投入资金与精力的经济行为，淘宝网店也存在着一定的风险。作为一个网店店主应该在开店之前，尽量对自己要进入的市场领域进行深入了解，并能及时规避一些风险，这样才能大大提高开办网店的成功率。

- 规避失败的风险：目前，中国的网上购物与网上销售市场还处于起步与推广阶段，不要一开始就对网店抱着必胜的信念，生意总是有赚钱有赔钱存在商业风险。如果经营的产品不对路，价位不合理，没有良好的销售信用，解决不好支付与送货的环节的问题，网上开店很可能出现销售打不开的局面，无法从网上开店中获利，反而要配上时间、精力与投入。大家一哄而上开网店，但是并不是每一个开店的人都可以赚到钱的，许多开店者往往是亏损的，在开店前一定要对经营的风险有足够的认识。
- 规避诚信的风险：在网店开办成功后，店主的诚信是非常重要的。如果你卖假货或者不按时发货，只要得罪了一个客户，那么没几天网上到处会有客人对你诚信的恶意抨击，你的网店离关门也就不远了。另外，对于购买的客人而言同样也存在退货的诚信风险，如果购买者刚开始看上你的产品，在网上提交了订单，当你进货后对方又退单了，货物就因此积压在店铺的仓库中。为了规避诚信风险，每个店主都应注意做到对买家严格讲诚信，对于客人多沟通，在确认后再开始交易。
- 规避货物积压的风险：做生意造成货物积压的现象是很常见的，特别是销售服装、流行商品等时效性很强的产品。一旦造成货物积压，很可能赚的钱都会因此赔进去。为了规避货物积压的风险，要提前和批发商做好沟通，签订进货和退货合同，做好退货的准备，尽可能全退或者部分退货，让销售不出去的产品尽可能少的留在自己手中。
- 规避物流配送的风险：网络购物物流配送对于传统行业来说风险高很多，多一个交易的环节就多一份风险，在开店之前我们也要预见到每个单子都是由邮递或快递等方式送货的，中间经手人较多，容易出现各种产品丢失、损坏、耽误送货时间等失误。要规避物流配送的风险，就要找诚信较高的快递公司或邮局合作，签订好合作协议书，说明出现丢失、损坏以及耽误等情况下造成的损失的理赔情况。
- 网店被攻击的风险：由于在互联网上建立的网店是虚拟化的店铺，被黑客攻击、放木马，数据库被下载的事件也会发生。一旦发生这种事，对网店的损失将非常巨大。要规避网店被攻击的风险，店主们需要找比较负责的服务器托管商，并及时维护网店，做好数据的备份。

1.6 案例演练

本章主要介绍了在淘宝网开店前需要知道的一些基本常识和前期的准备工作。本次案例演练将通过具体操作向读者介绍淘宝网的各种应用入手，帮助初次接触淘宝网的用户大致了解淘宝网的整体结构。

【例 1-1】 在淘宝网(www.taobao.com)中打开各类应用界面。 视频

STEP 01 启动浏览器，在地址栏中输入网址：www.taobao.com，然后按下 Enter 键，打开淘宝网首页。在淘宝网首页的左上角单击【免费注册】链接。

STEP 02 在打开的注册界面中填入用户的个人信息，注册淘宝网用户，如图 1-4 所示。

STEP 03 单击【同意协议并注册】按钮，成功注册淘宝账户。有了淘宝网的账户以后，就可以登录淘宝网了。在主界面中单击【亲，请登录】链接，打开登录界面，如图 1-5 所示。

STEP 04 在淘宝网登录界面中，输入自己的账户名和密码，然后单击【登录】按钮，即可登录淘

宝网，如图 1-5 所示。

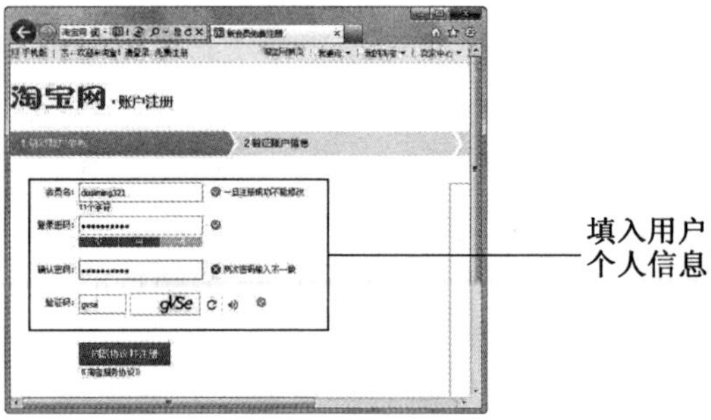

图 1-4　注册淘宝用户

图 1-5　登录淘宝网

STEP 05 如果用户在淘宝网购买了宝贝，那么登录自己的账户后就可以查看自己购买的宝贝了。将鼠标指针悬浮在【我的淘宝】链接上方，然后选择【已买到的宝贝】链接，即可查看自己买到的宝贝，如图 1-6 所示。

STEP 06 若用户是店主，则可以在主界面中单击【卖家中心】链接，进入卖家中心。

STEP 07 在卖家中心界面左侧的导航栏中，用户可分别进入【已卖出的宝贝】、【评价管理】等界面查看关于卖家的各种数据，如图 1-7 所示。

图 1-6　查看买到的宝贝

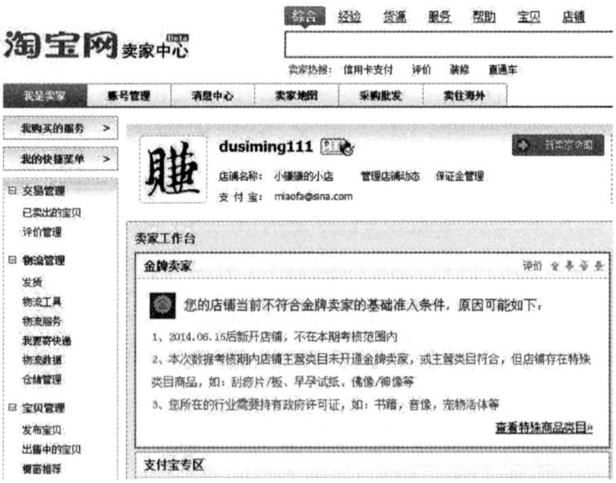

图 1-7　卖家中心页面

STEP 08 为了使用户能够方便地找到自己所需的内容，淘宝提供了网站导航服务。在淘宝网主界面中单击【网站导航】链接，即可打开网站导航界面。在网站导航页面，用户可找到各类应用入口。

STEP 09 淘宝网为用户提供了各种买卖服务，在淘宝网主界面的左上侧，可看到各类服务的入口。

STEP 10 在淘宝网的主界面中单击【天猫】超链接，可打开天猫商城（在天猫商城，用户可享受更多、更丰富的购物体验）。

STEP 11 在淘宝网主页的最下端还包括了其他一些功能和应用，包括消费者保障、新手上路、付款方式和淘宝特色等几大类。

第 2 章

寻找热卖的网上商品

开淘宝网店想要赚钱，物美价廉是关键，那么怎样才能做到物美价廉呢？这就需要有一个好的货源。对于初次经营网店的卖家可以通过实地寻找货源，也可以依靠网络寻找货源省下进货开支。有了好的货源就不愁网店没有生意了。

对应的光盘视频

- 例 2-1　使用百度搜索引擎搜索货源
- 例 2-2　通过阿里巴巴主页搜索货源
- 例 2-3　通过阿里巴巴批发直达页面搜索货源
- 例 2-4　通过淘宝分销平台搜索货源
- 例 2-5　在分销平台查找货源、查看供应商招募书，并申请与供应商合作

2.1 选择适合网店销售的商品

经营一家淘宝网店，拥有物美价廉的货源是首要条件。找到一个好的进货渠道，店铺的销售和后续服务才能得到保证，才能有好的销售业绩和长远的发展前景。因此，选择货源对于所有卖家来说是非常重要的。

2.1.1 哪些商品适合网店销售

对于许多新手卖家来说，在网上开店很容易，选择进货却很难。所进货物的市场前景、利润空间、进货数量、进货质量、库存和流动资金的比例如何控制、补货时间、如何确定补货数量及供货商的承诺，都需要有一定的选择标准，如果没有准确定位就会从根本上影响商品的销售和网店的生存。

1. 以市场和消费群体为导向

进货之前要深入了解市场和消费者群体的需求，对市场走向有足够的了解，熟知流行趋势、业内信息及市场动向等。这就需要卖家有很好的判断力，结合市场走向和消费群体需要从这两方面决定商品的款式和数量。

进货比的就是卖家的眼光和决断，卖家要对自己选货的眼光有绝对的信心，也要有投资的风险意识和心理承受能力，进货过程中要对批发商表现出足够的诚意，并给予充分的信心，用数量来争取到优惠的批发价格。

2. 以商品的经营模式为导向

批发和零售的经营模式都能赚取利润，但是批发和零售最大的区别是，以批发模式销售单件商品的利润低，只有通过加大销售量才能赚钱，而零售模式销售单件商品的利润高，但销量要比批发模式小。

开店初期，由于对市场还不够了解，大部分经营者不会进太多的商品，选择每种商品都只进一小部分作为样品，通过样品逐渐了解消费者和市场的需求，一旦发现该商品的需求量很大，销售火爆，再去联系供货商进行补货，这样做相对稳妥、风险小，所以这也是很多卖家起步时常用的进货方式。

但这种方式有一个缺点，那就是一次进货量较小导致很多批发商不愿意合作，即使同意合作，进货的价格也要比大批量进货的高出很多，从而导致商品的成本提高，必然导致销售时的价格缺乏竞争力，很多顾客就会因为价格过高而放弃购买，无形中干扰了用户对这个产品市场前景的判断。

3. 以市场分析结果为导向

第一次开店的新手卖家会比较茫然，不知道从哪里做起，因此首先需要为自己找到一个市场定位，如果从经济投入方面衡量，想先进行小投资，再慢慢做调整，那么经营的方向和定位是很重要的。卖什么价位的商品，决定着消费群群体。主要针对白领阶层的消费群体，可进一些品牌服装、化妆品、首饰、箱包以及限量版的饰品，价位可略高，但是品质要好，最好是开专卖店，给顾客一种专业的感觉，可信度更高；若针对学生消费群体，就要款式时尚漂亮、价格实惠，主要是靠薄利多销。

4. 以商品进货数量为导向

进货数量包括进货金额、商品的种类以及每款商品的数量等，只有十多件商品的店铺和有上百件商品的店铺相比，后者显然对于买家来说选择的余地更大、更具吸引力。当卖家对市场和消费群体有一定的把握和认识后，就可以锁定某个种类的产品，把有限的资金集中投入到有限的种类中，才可能因单件产品的大批量进货，而要求供货商给予最低的批发价格。

在锁定某些种类的商品时，每款的数量又可细分为店铺里上架的数量、库存储备的数量和两次进货期间实际的出货数量。网店经营和传统经营有所不同，基本上不需要实物陈列，如果没有开设实体店，提供上门取货服务的话，陈列数量和库存数量应该相等。

2.1.2 进货时的必知要点

了解了进货的定位后，再来了解进货的要点，卖家应注意如下几点。

- 进货前应做好的准备：在进货之前，先去做一个市场调查，通过各种渠道查询商品有关的基本情况、质量鉴别方法、批发价格及运费等信息；接下来走访一些实体店，了解同类商品中不同品牌的柜台售价，再比较一下网上的售价，核算出销售这类商品可能获取的利润空间；通过交流来辨别哪些批发商服务真诚、热情、讲信誉，为以后可能进行的合作打下一定基础；准备好与供货商洽谈时具体的合作细则。
- 学会和批发商打交道：与批发商打交道最重要的是不讲外行话和不做过头事。刚开始进货时，最好就在本地的批发市场进货，一次进少一点，进货的次数可以多一些，争取与批发商建立良好的关系，成为批发商重视的老客户，这样拿货也会更方便，有时补货也能享受到批发价格。同时，还可以与他们寻求更深层次的合作，让自己的货源更稳定，商品更丰富，且市场竞争力也更强。
- 把握商品的进货时机：如果是在批发市场进货，人们一般都会选在早上去，因为时间很充裕。但实际上，早上批发市场里人特别多，以实体店经营者为主，如果此时去进货，批发商很忙，没有太多时间接待客户。尽量在批发商空闲时间段去进货，增加与批发商面对面的交流，从他们那里了解商品的第一手资料，这样对产品的销售是非常有用的。
- 与批发商讨价还价：批发商都很关心客户的进货量，在开始进货时，可以告诉批发商进货量很大，这样，批发商会给出一个适当的进货价格，这时，先别急着下单，拿走一张名片，并在上面记下中意的款式、价格，然后货比三家。在自己进货数量的前提下，获得一个满意的进货价格。
- 懂得降低商品进货风险：进货时，应仔细挑选货物，耐心看样品，查看做工是否精细、质量是否过关，从而降低商品换货的几率。整理货品时一定要记住货号，多向批发商询问销量较大的商品的特征和信息，尽量选大多数客户都喜欢的款式，而不是全凭自己的喜好。如果对材质和性能不熟悉，应当场咨询批发商。对于一些不能立刻从外观分辨出好坏的商品，应与批发商事先达成出现质量问题可换货的协议。
- 掌握必要的进货技巧：在进货时，可以手里拿一些进货单，然后带上批发时可能用到的口袋和小推车，进入店铺前先看看商家的招牌，然后再进去，批发商就会以为这是来补货的老顾客，态度会好很多，一般也不会随便乱报价格。

2.1.3 进货时的注意事项

无论是网上进货，还是到批发市场进货，卖家都需要注意一些细节。这些细节会直接影响到与供货商的关系，从而影响店铺的经营和发展。

- 不要贪多：刚开始经营店铺还不能完全把握顾客的品位，因此最好多款少量的进货，看看顾客的反应再进行补货。不能盲目地因为货源不足，而过多地进货，若出现压货的情况，将得不偿失。
- 不要贪便宜：刚开始经营店铺还不能完全把握整个市场的行情，不要因为商品便宜，在不可以打开包装袋查看商品的情况下，就购买这些商品。购买这种商品可能会因为残次量太大最后得不偿失。因此，应尽量避免这样的情况发生。
- 尽量在同一家批发商拿货，即使发现别家比他家的便宜，也尽量去和同一家谈，表达想长期合作的意愿，争取拿到便宜的价格。如果在网络上进货，在同一家拿货，也可以从一定程度上节省运费。
- 不要在批发商店里慢慢检查商品，从批发商处进货后，先将数量清点清楚，然后尽量减少检查商品的时间，这样可以增加与批发商之间的信任。在购入商品之前约定了调换货品的条件，回去后发现产品有问题可以马上调换。
- 不要因很小的价格差距与批发商纠缠不休。批发商单件商品的利润很低，全靠批量销售来赚取利润，所以商品价格的下调不可能向零售一样，一般调整都在2%～5%之间，如果坚持要求获得更多优惠的折扣，会引起批发商的反感，不愿与你合作。
- 不要盲目代销。尽管代销的进货风险很小，减小了资金压力和风险，没有库存和资金压力，所以不会用心想办法把东西卖掉，销售动力不如自己备货的店主，业绩也难有所突破。但代销所付出的时间成本也是经营成本之一，因此对于想把网店开好的经营者来说，最好不要选择代销。
- 不要舍近求远。能够在本地的批发市场进货的最好在本地进货，有时舍近求远，在其他地方进货，可能会出现价格比本地市场便宜的情况，但卖家也要考虑容易出现运费较高、残次品较多等风险。

2.1.4 首次进货的数量

对于初次进货，卖家往往有些漫无目的，不知道该进多少货，进些什么货合适，经常会碰到拿完货回到家再次翻看，对一些货品又有些不满意的情况。

为了避免这样的情况发生，有以下几点建议可供用户参考。

- 每次不要带太多现金，强制性地对进货量有所控制。
- 注意季节性。以进服装为例，服装进货的季节时间一般会比市场提前2～3个月，所以不要看现在是炎炎夏季，但批发市场的生产厂家们已经在忙着准备秋衫了。如果卖家还在大张旗鼓地进夏季尾货，在为占了厂家换季而便宜处理产品得意时，卖家拿回来的货也可能会因转季卖不上价，或需求少影响到销售，造成不理想的后果。
- 不要失去主张，完全被批发商意见所左右。有的新手去拿货，因为不了解和熟悉市场行情，所以看到别人拿什么货自己就拿什么货，批发商说什么好售就按批发商的意见迅速购进，这样完全没有自我主张的进货态度往往造成货品混乱、不易搭配，更无从谈个人风格，所以去之前一定要分析好经营定向，是走低档还是中档路线。

确定进货金额最简单的方法就是将整个店铺单月所有的经营和管理费用加起来，然后除以利润率，得出的数据就是每月要进货的金额。

2.2 寻找合适的商品货源

有了货源，淘宝网店才能顺利开张。但对于初次经营网店的卖家来说，如何寻找货源一直是困扰他们的最大难题。要想网店能赚钱，货源很关键。货物的质量和价格都影响着网店的销售。

2.2.1 从批发市场进货

大多数卖家都会想到从批发市场进货，这是大家熟悉的一种进货方式，也是迅速取得货源的有效途径。

1. 批发市场进货的优点与缺点

在开设网店的最初阶段，由于销售量不大，很多新手卖家都会选择从当地的批发市场进货。在进货前，首先要认识到批发市场存在的一些优缺点，如图 2-1 所示。

表 2-1　批发市场进货的优缺点对比

优　点	缺　点
能够亲身接触商品实物	商品在质量和做工方面鱼龙混杂，需要一定的鉴别能力
批发价格相对于市场价格便宜	商品定价不规范，需要有一定的议价能力；有些批发市场的起批量较大，成本较高
商品款式丰富，选择余地较大	需要和多家保持合作，并且需要卖家有一定的市场意识
批发商一般比较稳定	容易出现货物出门，概不负责的情况，应注意和批发商谈好调换货等问题
熟悉市场行情，了解流行趋势	从批发市场进货的卖家多，容易造成某一商品的高重复率，不利于竞争

2. 在市场中寻找批发商

批发商分为大批发商与小批发商，其中大批发商有一级、二级甚至三级批发商。大批发商适合网店已经有些规模，有一定实力的中等卖家。

- 一级批发商一般都是直接由厂家供货，很容易用搜索引擎找到，并且他们能提供稳定的货源，货品的利润空间较大。但是一级批发商因为订单较多，换货麻烦，并且一般不退货。如果找一级批发商进货，有可能出现售后服务跟不上的情况。
- 二级甚至三级批发商，适合刚刚起步的小卖家。这些小批发商大都是从零售业转为批发，他们对自己批发的商品、顾客需求比较了解，掌握商品的流行趋势。

实用技巧

大批发商交易，在订货前，一定要将商品细节和服务方式确定好。如果订货数额较大，最好能签订规范的售货合同，以免以后发生经济或其他纠纷。

小批发商常常信誉度不明，不能从第三方得到诚信证明，所以在与小批发商交易时，先从小批量合作开始，等了解了他的行事方式和服务态度后，再进行大规模的合作。

实用技巧

不同级别的批发商各有利弊，卖家要根据现实状况慎重选择，选择重点在于自身的实力。

在与批发商打交道的过程中，还要注意，在各大批发市场和批发商之间也是有合作的。有些小批发商本身没有货，他会从别的批发商手里拿到商品，再批发出去。这样，跟他打交道，肯定会增加进货成本。要避免这种现象，就要不怕麻烦，多跑几个批发市场不漏掉任何可能的机会，才能确定进货源头，避免上当受骗。

一般来说，每个批发商都会有主打商品，这类商品都是他们从关系好的厂家直接进货，价格上具有一定的优势。如果不嫌麻烦，找多个批发商，分别批发他们的主打商品，可以得到许多实惠；如果嫌麻烦，那还是找售后服务较好的批发商，避免今后在退换货时发生纠纷，浪费时间和金钱。

实用技巧

在选择批发商时，要尽量找对方愿意承担质量问题的批发商。这样他们出货时一般会仔细检查商品质量，就算有问题，对方也会承担。

3. 与批发商沟通

在与各类批发商打交道时，应该注意一些细节，这样可以帮助卖家成功达到目的。

- 要注意个人形象，要落落大方，不拖泥带水，要充满自信，给人以“做大事”的信心。
- 说话要内行、有水平、有见地，不要被人小看。
- 要善于和批发商交朋友，投其所好，争取好的价格和调换货的好处。
- 对价格不要过于计较。如果为了小钱和批发商讲来讲去，会让他看不起。如果卖家能与批发商合作直爽一些，会赢得更多的合作机会。
- 如果是新开店，进货较多，可说服批发商为卖家开业铺货，垫付货款。这样进货比较多，可以受到批发商重视，卖家可以在下一次进货时把上次的欠款还清。这样，不仅可以充分利用批发商的资金优势，还可以赢得良好的信誉。
- 在调、换货等售后服务问题上，要事先与批发商达成一致，以免以后出现经济纠纷。协议内容可以是什么货品能换，什么货品不能换，换的周期是多长等。
- 要相信自己的眼力和直觉，不要过分相信批发商的话。例如，服装批发商在向客户推荐款式时，总是会说，这个款式销量很好，某商品马上售空等，这其实是批发商的一种手段。如果因此而轻信，很容易造成货品积压。
- 与批发商的每一次货款交易，都要保留好凭证。如进货时对方开具的发货单、向对方欠款时的欠条等，最好有专门的夹子存放。如果与批发商有欠款，一定要在还清欠款后，请对方开具收条并妥善保管。对方如因种种原因，再次要求还款时，要保证有依据说明货款已经还清，否则容易造成经济纠纷。
- 从批发商处直接进货，虽然价格略高一点，但是因其可以少量进货，且服务态度又比较好，因此这是很多新手卖家的首选。另外，一些实体小店也是网店卖家一个不错的选择。这些实体店一般位置比较偏僻，因此商品价格也比较低，而且质量还不错，最重要的是这些小店里的商品，在批发市场上不常见到，所以跟这些小的实体店店主商谈批发时，进货价可商量的余地较大。

4. 批发市场进货的技巧

在批发市场找到货源后，可先进少量的货试卖。如果销量好，再考虑增加进货量。下面总结了批发市场进货的一些技巧。

- 即便是第一次来进货，也要装作是熟客的样子，跟批发商讨价还价。
- 在批发市场进货，要注意观察辨别出批发商场上的“托儿”，这些“托儿”都是批发商找来的一些假装来进货的人。
- 即使是在同一个批发市场进货，同样的货也要多比比、多逛逛、多问问。
- 进货要到货物比较集中，种类较多，客流量多的地方。
- 批发市场商品品种丰富，但是多了一个批发商环节，会导致价格偏高，另外可能在买卖中对批发商的信誉不是很清楚，有可能上当受骗。

5. 批发市场进货的注意事项

作为怀揣梦想辛苦创业的新手卖家来说，开店容易，但进货难，特别是要进到合适的货物。下面总结了作为一个新手卖家，从批发市场进货时需要注意的事项。

- 不宜与同城同行一起进货：不宜与同城同行一起进货主要是为了避免造成所进货品重复而带来不必要的对手竞争。此外，在进货时，主观思想也会受他人的影响而偏离。商场如战场，竞争是无情、残酷的，所以这个细节也不可不考虑。
- 多家问价：在批发市场，衣服、鞋帽、包包、饰品等街铺林立交错，眼花缭乱、目不暇接，所以鱼目混珠假扮厂家而投机取巧的人大有人在，行话就叫“炒货”，碰到此类情况，最简单最有效的应对方法就是第一次去先不要急于拿货，多问多看多转，把市场行情摸清，做到心中有数才能游刃有余。
- 穿着打扮与交谈技巧：新手去进货时，一般那些批发商都能从他的语言和打扮上看出个大概，因为大多穿得跟平时一样，手上也没有标志性的拿货小推车，问价时喜欢问多少钱一件、这件怎么卖、可以拿几件等，批发商通常会有意地加价，因此建议如果货不多用不上小推车的话，可以手上拿 1～2 个批发市场最常见的大塑料袋(最好黑色为主，因为装的什么谁也看不到)，问价时以“怎么批”或“打包多少”为主，不要问多少钱一件等市场上零售的问法。
- 钱货要当面清点：这里所说的清点有两层含义，一是当面清点好钱款，二是当面清点好货品。清点钱款时注意杜绝收到假币情况发生；清点货品时要尽可能细致地检查(在人头攒动的批发市场，特别是紧俏新品被人疯抢时，少发货，发错颜色、尺码、款型的事经常发生)，遇到有问题的货品时应当当即调换。如果是数量大的批发货品，虽然厂家承诺有问题可以调换，但很多拿货的人是不会有耐心去一件件细致检查的；而这里的检查是针对新手网店店主这样的小卖家来说的，数量不多又没时间经常去的，完全可以做到当面检查当面调换，把瑕疵和损失概率降到最低。
- 记下中意店铺的联系方式：每个店家的风格都会有所不同，所以淘货也会受到这样的主观影响，去批发市场淘货，如果有适合自己风格的店铺，建议留下名片，作为今后长期合作考虑对象，也方便找到店铺。此外，与店铺联系比较方便，一些诸如进货、退货、补货等情况可以通过电话联系。

2.2.2 通过厂家进货

从正规的厂家进货，货源更加充足。如果长期合作的话，一般都能争取到滞销换货等条件。但是，厂家要求的起批量非常高，以外贸服装为例，厂家要求的批发数量至少要近百件甚至上千件，达不到这个数量不但拿不到最低的价格，甚至可能连基本的合作都争取不到。

因此，从厂家进货，一般不适合小量批发的新手卖家。如果卖家有足够的资金储备，并且认准不会有压货的危险，或不怕压货，就可以去找厂家进货。

如果卖家选定的经营产品在网下不算热销，或者商品本身有一定的品牌效应，最好能到厂家拿到最低价格的货源。如果卖家能得到厂家的支持，既可以提升网店的专业形象，又可以顺利开展网上业务。但是，这种进货途径需要卖家具备独到的眼光，只有这样，卖家才能尽量避免出现压货的局面。

实用技巧

厂家进货可以拿到最低的价格，并且货源充足，但因厂家发货都是跑量，可能会有压货的风险；另外，商品卖出以后，换货有时会很麻烦。这些利弊都需要新手卖家在进货前考虑清楚。

2.2.3 寻找代理商进货

寻找代理商，实质就是寻找批发商。所不同的是代理一般只是经营一个品牌，并且这个品牌在消费者中已经有了知名度。网上经营这类产品会比较顺利，因为许多网上消费者在搜索物品时，搜索品牌名是最为方便的。

寻找品牌代理商，最简单的方法就是去产品的官方网站，查询所在地一级代理的信息。其实，在淘宝网上很多大卖家，就是某类产品省一级代理，或者就是厂家。找到代理后，谈好价格，尽量利用他的产品资源。卖家需要做的就是把他的商品图片、信息上传到自己的小店，而不必存货到家，由代理商替自己发货。现在，淘宝网上存在的许多加盟连锁店，也是这样取得货源的。

2.2.4 寻找外贸尾单货源

国内的外贸加工企业在完成国外的订单后，将剩下的一部分产品在国内另行处理和销售，这些剩下的产品就是外贸尾单货。外贸尾单货的进价低，利润很可观，是当下十分抢手的货源，如图 2-1 所示。

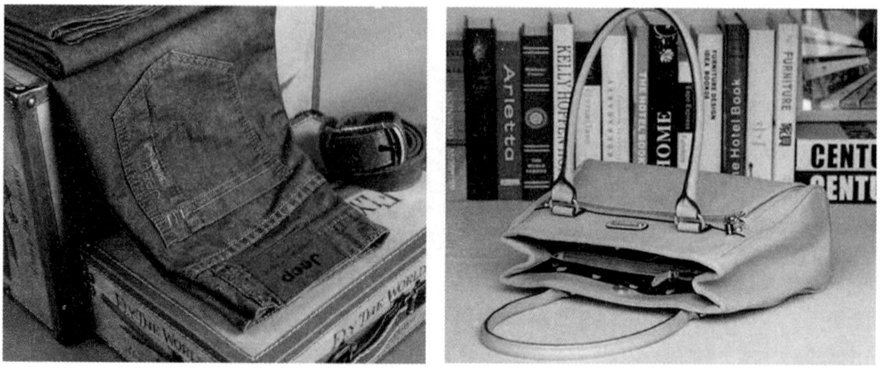

图 2-1 外贸尾单货源

1. 外贸尾单的种类

市场上的外贸尾单通常可以分为外贸原单、外贸跟单、外贸追单和外贸仿单等4种：

- 外贸原单是一些由于出口加工的商品在质检中没有达到品牌商的要求而被品牌商退回，或因加工方交期延误，货物被退回等，但并不影响商品的正常外观和使用。一般情况下，一些国外知名品牌是不允许有外贸原单货散流在国内市场。因此，外贸原单大都为国外一些不知名品牌或在国外知名但在国内不被人熟知的品牌。
- 外贸跟单是指厂家用完成出口订单后剩余的部分面料和辅料，按照外贸的款式生产的未经检验的货品。这类货品在品质上基本和尾单货没有太大区别，但在一些材料的做工和质地上无法与国外的相提并论，一些专业人士还是一眼就能辨别出其中的不同。
- 外贸追单是当加工的原料已经用完，品牌商需要追加订单的时候，国内的加工厂商一般会自行采购一些相似的面料按照原单进行加工。这类外贸尾单货虽然无法与原单相比，但质量还是可以得到保证的，毕竟厂家也希望可以和品牌商并驾齐驱的。
- 外贸仿单是厂家选用和订单相似的面料进行仿制而成的产品。由于其利润的可观性，如今服饰一类的仿单品在市场上很泛滥，产品质地也是参差不齐。

实用技巧

外贸仿单在品质上分为超A货、A货、B货、C货。超A货和A货在原版的仿真度上较高。

2. 外贸尾单的优点

目前，外贸尾单货之所以受到很多网店卖家的青睐，是因为外贸尾单在销售中具有以下几个优点。

- 价格较低：一些加工外贸尾单的厂家为了清理库存，回笼资金，会以极低的价格处理外贸尾单货品。然而，正是因为外贸尾单的价格极低，一些厂家会要求买家全部包下所有尾货。这对于销售渠道狭窄的网店经营的卖家来说还是存在很大压力的。
- 品质有保证：外销商品从下单到加工、检验，再到出口，每个流程相比国内的商品生产都要严格很多，且由国外品牌商提供原料和设计方案，即使是一些被退货的产品，品质也是有所保证的。
- 走在时尚尖端：外销的商品主要针对的是国外市场，在流行时尚方面，国外市场的流行趋势一直是国内市场的风向标，引领着国内的潮流动向。如日系风、英伦风、欧美风等，备受时下年轻人追捧。

3. 外贸尾单的缺点

虽然外贸尾单货无论在品质还是价格上都有着绝对的优势，但也并非人们想象中的那么超值。其实，外贸尾单货也存在着一些缺点。

- 一般真正的外贸尾单货数量有限，要争取到外贸尾单货的机会不多。况且，一些出口外销的生产厂家长期与外商交易，有一定的资质和门槛，不屑与个体经营者交易。因此，对于网店卖家来说，要拿到外贸尾单货并不容易。
- 假货较多：由于外贸尾单货在品质、时尚性和价格上都具有很大的优势，使其成为如今市场上炙手可热的货源品种。因此，许多厂家会打着“外贸尾单”的旗号出售自己的库存。若用户没有一点外贸知识，就很容易上当受骗购入无法适销对路的产品。

4. 判断外贸尾单的方法

对于一些缺乏专业知识的新手卖家来说，判断外贸尾单货的真假是较为困难的一件事。那么，如何才能鉴别真正的外贸尾单货呢？下面将介绍几种鉴别方法。

- 看面料和辅料的质量。真正的外贸尾单服饰面料一般都为进口，以天然材质为主，如真丝、牛皮、纯棉等，且手感很舒适。
- 看面料细节，有些面料带有印花图案，外贸尾单服饰通常会采用先进的印染技术，在印花工艺流程上相对复杂和考究。若一时无法鉴别，可以先到正品专卖店体验一下真货，再做出比较。
- 一般一些知名的国外品牌不会将当年的新款以外贸尾单的形式在外销售，通常拥有品牌授权资质的专卖店才可能出现。因此，若看到市场上外贸尾单中有某品牌的新款式样，大多都为仿制品。

2.2.5 寻找民族特色货源

中国的经济发展让越来越多的人开始关注中国，关注中国文化。一些具有中国传统民族特色的工艺品开始以全新的姿态展现在流行的舞台，如图 2-2 所示，并且创造着巨大的经济财富。

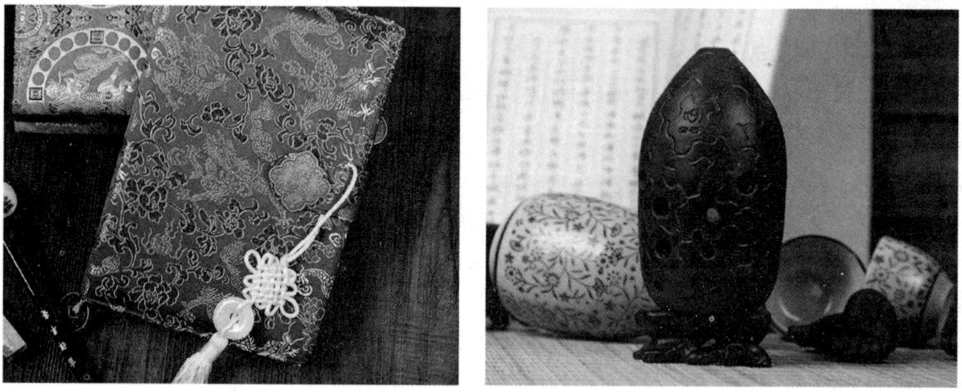

图 2-2 民族特色货源

我国是个多民族的国家，各民族都有着自己特有的传统和文化，民族特色工艺品为我国的民族文化增添了许多亮丽的色彩，同时也蕴含着无限商机。

- 文化价值：各民族丰富多彩的风俗民情，是一个活的历史博物馆。如纳西族的东巴文化、傣族的贝叶文化、彝族的贝玛文化等都独具特色。在这样丰富的文化背景下，民族特色商品店不再是单纯地销售产品，而且也是在传递一种民族文化。
- 原生态价值：民族特色工艺品大都为纯手工制作，保留传统的制作工艺。在作品的背后，可以看到一个民族的民风民俗、历史文化以及祖先赋予他们的勤劳和智慧。
- 实用价值：很多人都把传统文化产品当作观赏品，而忽略其实用性。其实，很多民族特色工艺品在实用性上一点不比普通的商品差。

当然，民族特色工艺品也有其局限性，不仅要考虑商品的来源和销路，还要考虑其成本和顾客的心理价位等。

- 民族特色工艺品具有地域性，如果亲自找货源，进货价格加上运输费用会导致成本较高。

- 民族特色工艺品主打特色文化，不符合一些顾客的品位。
- 民族特色工艺品对国外的顾客更具吸引力，但目前联系国外客户的途径并不多，对新手来说比较困难。

2.2.6　寻找地域特色货源

所谓“靠山吃山、靠水吃水”，利用地理优势来寻找和发展货源，如图2-3所示，也不失为一个好方法。

图2-3　地域特色货源

沿海地区拥有丰富的水产资源，盛产各类海鲜，是人们餐桌上的美味佳肴。一些干制海产品更是味道鲜美，深受人们的喜爱。

沿海地区的卖家可以充分利用沿海的资源优势，将一些海产品干制后拿到网上出售，如鱿鱼干、虾干等干制海产品，这些海产品都是网上十分畅销的休闲食品。

在我国的一些依山地带，山区特产通常是当地居民发展经济的优势资源。如茶叶、黑木耳、山核桃以及一些山笋、蘑菇等，都是山区特有的“珍宝”。

2.2.7　自己动手创造货源

随着互联网的发展，一些以网络为依托的虚拟货源也在网上兴起。凭借自己的智慧，运用网络技能自创无形货源，也是开网店赚钱的一种好方法。

虚拟货源之所以受到很多人的欢迎，是因为其具有以下几个特点。

- 成本低，除了需要具备一些软件外，基本不需要任何投入。
- 无需进货，无库存，经营项目较灵活，一种项目经营效果如果不佳，可以换其他项目。
- 卖家可以充分发挥个人才能，做出受买家欢迎的宝贝。

实用技巧

目前，网络虚拟商品主要有游戏币、手机话费充值、个性签名、网店装修以及专业设计等，这就需要卖家懂得一些网络技术，具有一定的设计能力。

2.3　善用网络搜索货源

网上货源品种多，货物周转渠道少，价格也相对便宜，对于卖家来说倚靠网络寻找货源可以省下一项进货开支。随着电子商务的发展，网上进货将成为一种主流方式。

2.3.1 网上进货的优势

作为网络时代的网店卖家，倚靠网络寻找货源已是众多卖家必学的“生意经”。网上进货主要具有以下几个优势。

- 紧跟时尚潮流，网络总是掌握着最新的流行资讯，各种时尚信息一搜便知，只要看看商品的点击率就可以知道哪种商品最受欢迎。
- 成本低。网上进货不用卖家亲自去货源地取货，可以省下进货时的路费、食宿费等额外费用，使进货成本大大降低。
- 灵活自如。卖家可以根据库存的多少调整进货计划，随时在网上购进货品，补充库存，选择余地较大，而且还可以享受批发价。
- 货物价格便宜。由于省略了中间商和代理商，因此货物的价格往往比本地区市场要便宜。

有了网络这个平台，不仅扩大了商品的销售渠道，也给网店卖家提供了更加多元化的货源，只需用鼠标轻轻单击，就可轻松找到想要的货源。

2.3.2 使用百度搜索货源

Baidu（百度）是目前国内规模最大的搜索引擎，它提供了简单易用的免费服务，用户可以在瞬间得到相关的搜索结果。网店卖家可以利用百度搜索想要的货源信息。

【例 2-1】 使用百度搜索引擎搜索货源。 视频

STEP 01 打开 Baidu 搜索引擎，在搜索栏中输入货品的关键词，如图 2-4 所示。

STEP 02 单击【百度一下】按钮，即可搜索到许多关于该货品的信息。在搜索结果中，用户可寻找对自己有用的信息，如图 2-5 所示。

图 2-4 输入关键词搜索商品

图 2-5 查看商品搜索信息

2.3.3 在批发网站寻找货源

如果卖家想要经营一些比较常用的商品，如服装、饰品、箱包等，一般在网上都有其专门的批发网站。行业批发网站是专业网站，资讯比较全面且供求信息比较多、也比较新。表 2-2 列举了一些比较知名的行业批发网站供卖家参考。

表 2-2　常见行业批发网站及网址

优　点	缺　点
慧聪网	www. hc360. com 货源充足，堪称中国第二行业网站
中国服饰网	www. efu. com. cn 专业的服饰销售及批发网站
中国饰品网	www. jewelchina. com 提供各大饰品企业信息资讯，安全可靠，是国内知名的饰品门户网站
中国批发网	www. zgpfw. com 面向礼品公司、精品店、网店、淘宝卖家、外贸公司及各级批发商的小商品配送网站

2. 3. 4　在阿里巴巴寻找货源

阿里巴巴是全球最大的网上采购批发市场，拥有近千万的注册会员，其货源储备相对完善，批发商实力雄厚，适合于大量采购的成熟卖家。

如果当地没有合适的批发市场及其他进货渠道，也可以选择在阿里巴巴网上寻找进货渠道。在现实生活中，要找到好的并且适合自己的厂家并不容易。当然如果想找行业龙头老大也是很容易的，但是很可能因为进货量不能满足厂家要求，最终不能如愿。而在阿里巴巴就容易多了，只要具备一定的网络基础知识，就可以很容易地找到所有相关行业的厂家资源。在这些厂家资源中，通过优胜劣汰就有可能“淘”到优质的货源了。

另外，到阿里巴巴进货，很多中小城市的卖家就不用千里迢迢地跑到大城市去考察货源、拿货、发货了。在许多有关淘宝的经验中，都提到了从阿里巴巴进货是个好方法。这种方法对于许多苦于没有货源的新手来说，确实很有吸引力。下面就详细讲解如何到阿里巴巴进货。

1. 搜索商品信息

淘宝网卖家可以通过阿里巴巴的主页来搜索商品信息，而且在淘宝专属货源基地进货也会相对安全。

【例 2-2】 通过阿里巴巴主页搜索货源。视频

STEP 01 访问 http：//china. alibaba. com 网站，打开阿里巴巴的主页。在阿里巴巴主页面的搜索文本框中输入要查找的货源名称，例如输入“连衣裙”，如图 2-6 所示。

图 2-6　搜索“连衣裙”商品

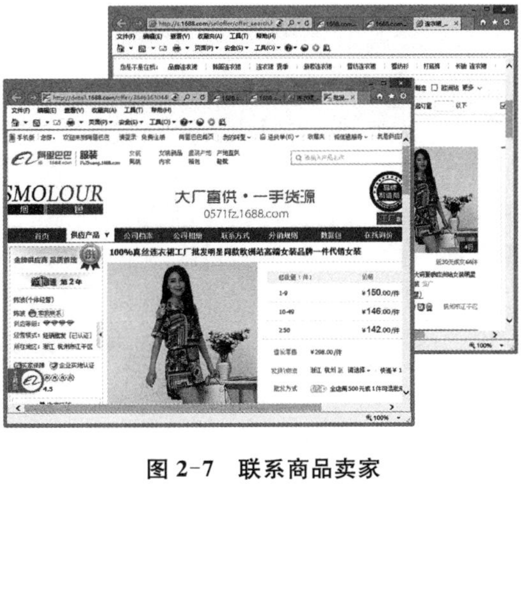

图 2-7　联系商品卖家

STEP 02 单击【搜索】按钮,即可查找到相应的产品信息。单击所需进货的产品,在打开的页面中单击联系人名称旁的阿里旺旺图标,如图 2-7 所示。

STEP 03 添加进货商家为阿里旺旺联系人,然后通过阿里旺旺进行交谈(在搜索进货产品时,阿里巴巴会将所有有关的搜索产品信息都分类,只要单击相应类别就可以看到具体商品信息和供货商的信息了)。

2. 批发直达

【批发直达】是阿里巴巴旗下的一个商品批发网站,提供原材料、工艺品、家居日用品、服饰、小商品等货源的批发。

【例 2-3】 通过阿里巴巴批发直达页面搜索货源。 视频

STEP 01 启动浏览器后输入网址:http://pifa.china.alibaba.com,然后按下 Enter 键,打开阿里巴巴批发直达的主页。

STEP 02 在页面的搜索栏中输入需要进货的商品信息关键字(例如输入"围巾"),单击【搜索】按钮,即可查找到相应的产品信息,如图 2-8 所示。

STEP 03 在页面上方的【所有类目】区域中,用户可设置具体的筛选条件,如图 2-9 所示。

图 2-8 查找"围巾"产品信息

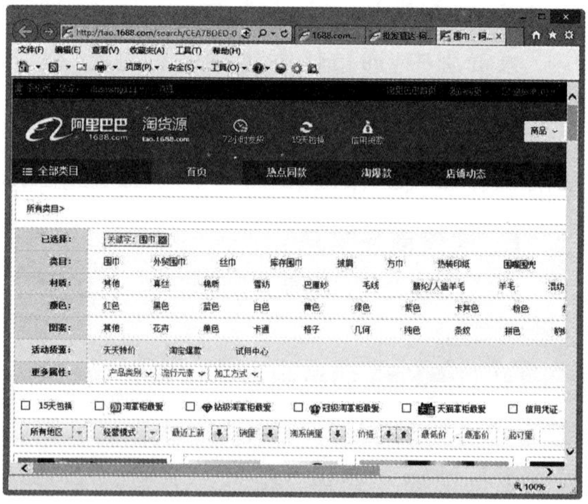

图 2-9 设置具体筛选的条件

STEP 04 例如,本例在【类目】区域选择【外贸围巾】、【图案】区域选择【单色】、【颜色】区域选择【绿色】,系统将自动按照用户的选择筛选出符合条件的商品。

STEP 05 单击要订购的商品,可查看商品的详细信息,如图 2-10 所示。

STEP 06 在页面中【采购量】微调框中输入要订购的数量,单击【立即订购】按钮。在打开的页面中填写收货地址和相关的订购人信息,然后单击【提交订单】按钮,并在打开的页面中按照阿里巴巴网站所提示的方法付款后,即可成功完成商品的订购。

图 2-10　根据商品类目查看商品的详细信息

2.4 加入淘宝分销平台

分销平台是淘宝网为卖家提供的一个货源批发平台。买家只需一个淘宝账号就可以选择需要的货源进行下单，使用支付宝支付货款即可批发到优质货源。

分销平台中分为经销货源和代销货源。经销货源方便卖家低价采购，分销货源是卖家以代销的方式向供货商采购货品，货物放在供货商的仓库里，所有权仍归供货商，在销售过程中，由供货商向买家发货，系统实时分账。

随着淘宝规模的不断扩大，淘宝分销平台（http://fenxiao.taobao.com/）应运而生，搭建起了厂商和客户之间的桥梁，使得供应商能够充分利用分销商的资源进行商品销售。

对于供货商而言，加入分销系统可以迅速搭建起高品质的网络渠道，挑选数百万优质卖家帮忙销售。依托淘宝网高效的管理平台，供应商可以进一步降低产品成本，保证库存同步。相比传统的分销方式，通过淘宝的分销平台还可以限制和监控零售价格，达到规范市场的目的。此外，分销平台会自动生成采购单，可以有效地防止串货等问题。

分销平台上的供应商通常采取免费加盟、一件代发货等服务，使分销商零库存、零风险，其渠道加盟成本和经营成本降到了最低；此外，加入淘宝分销的供应商一般都属于优质供应商，其商品质量以及提供的售后服务都有一定的保证，相对而言风险较低。

因为不用亲自进货，也无需对商品进行过多的管理，网络代销受到了很多大学生或白领人士的喜爱。

作为当下较为普遍的一种网络开店的销售形势，网络代销自然有它一定的优势。对于新手卖家而言，加入淘宝分销平台具有以下优点。

- 卖家无需为进货资金发愁，不需要亲自进货。
- 不存在商品压货的风险，即售即销，在商品售出之前，卖家无需承担任何费用。
- 商品供货商提供商品图片，卖家不需要修饰图片，网站下载即可上传。
- 商品供货商提供完备的商品说明。在商品说明中，提供全面的商品介绍，包括尺码、尺寸、颜色、面料、品牌介绍等，并有客服随时回答商品相关问题。

- 商品供货商以代销卖家名义代为发货，卖家只需向供货商提供买家相关收件信息，供货商即可直接将商品寄给买家。
- 供货商提供货源，商品种类丰富、全面，可供选择余地较大。

网络代销作为一种商品销售的新模式，为许多网上开店的卖家提供了新的出路。然而，网络代销还是有风险的。分销模式主要存在以下几个缺点。

- 代销卖家见不到商品实物，不能为买家提供品质的保证，退换货情况较为普遍。
- 卖家没有亲自接触过商品实物，无法回答买家的询问，服务很难做到位，很难得到买家的好评。
- 同一商品供货商旗下拥有代销商少则数家，多则几十甚至上百家，并且有统一的经营模式定位，很难有突破，竞争十分激烈。
- 供货商和卖家在售货与发货上各就其职，若供货商在发货上出现差错，代销卖家很容易招致买家不满。
- 买家用支付宝支付货款后，卖家向供货商支付了货款，如遇邮寄中货物被损坏、快递途中丢失货品、商品与描述不符、买家拒付、商品被人冒领等情况，货款将有被收回的风险。
- 一旦出现货物的质量问题，代销卖家无法确保供货商能兑现售后承诺，买家怨声载道，卖家得不偿失。

另外，代理会员在销售商品时也会受到价格的限制，即必须遵守供货商的定价规则，不能随意调换价格。这虽然在某种程度上避免了恶意竞价，但是代理商的商品没有价格优势，很难得到买家的垂青。当货源商的知名度扩大，买家容易发现供货商并直接和货源商成交，这直接导致代理网店卖货更难，利润更低。

2.4.1 选择供货商

做好网店代理关键在于选择一个好的产品和一个好的供应商。首先，新手卖家可以参考以下要点选择一个好的代理项目。

- 擅长的主营行业。卖家选择自己熟知行业的商品是促进自身成长及提高订单产量的必备条件。
- 产品质量可靠。能够保证产品质量和保障消费者权益，是分销商和供货商合作的前提，也是避免出现交易纠纷的前提。
- 售价低、利润大、竞争小的商品。这种商品可减少积压货款，降低资金风险，获得更多利润。
- 功能简单、使用容易的商品。这能避免分销商因看不到实物，无法为买家解决问题的尴尬。
- 网下设有专卖店的高价格、高利润的品牌商品，对买家来说网上买更实惠。

其次，有了好的产品还不够，还需要有好的分销政策和供应商。

- 做网店代理不用缴纳任何费用。不承担货款回收风险，不用垫压货款。
- 详细的产品描述。供应商应该提供完整详细而且富有细节图的产品描述，避免分销商只能凭想象向买家介绍商品。
- 良好的售后服务。供应商良好的售后服务可以确保消费者在收货后遭遇到产品质量问题或运输问题后能够得到良好的解决。

- 累积销售额越高，供应商返回的额外利润就越高，避免有实力和无实力的分销商使用同一个代销价。
- 供应商绝对不做零售。不用和分销商竞争，不会被利用，变相为供应商做免费广告。
- 良好的库存管理。避免出现买家下单之后，供应商缺货，并且无法及时补货，造成分销商被差评的情况。
- 运费优势。如果供应商收取的快递费用高于市场平均价格，将会对生意的成交造成阻碍。
- 配送时间。了解供应商大致的订单处理流程、配送时间，结合自身经营习惯，做好完美搭配。
- 渠道激励。除了商品的毛利外，成熟的供应商还会不失时机地为分销商提供销售返点、推广支持以及提供节假日特价产品等方式配合分销商进行销售。
- 店铺装修制定。一家成熟的供应商会提供关于供应商品品牌方面的装修或者推广方面的素材，与分销商达到双赢效果。
- 配置分销商客服。商品的问题咨询、快递问题、订单相关问题的沟通、售后服务渠道沟通等都需要供应商的客服来协助分销商完成。

2.4.2　在分销平台搜索货源

确定了经营项目类型后，就可以通过分销平台来搜索货源了。

【例 2-4】　通过淘宝分销平台搜索货源。 视频

STEP 01　登录淘宝网首页，然后单击【卖家中心】链接。在打开的卖家中心页面的左侧的列表中，单击【货源中心】类目下的【分销管理】链接。

STEP 02　打开分销平台页面，然后单击【供销首页】链接，如图 2-11 所示。

STEP 03　进入【天猫－供销平台】的分销首页后，可以根据商品分类搜索货源，或在搜索栏中直接输入商品名称搜索货源，如图 2-12 所示。

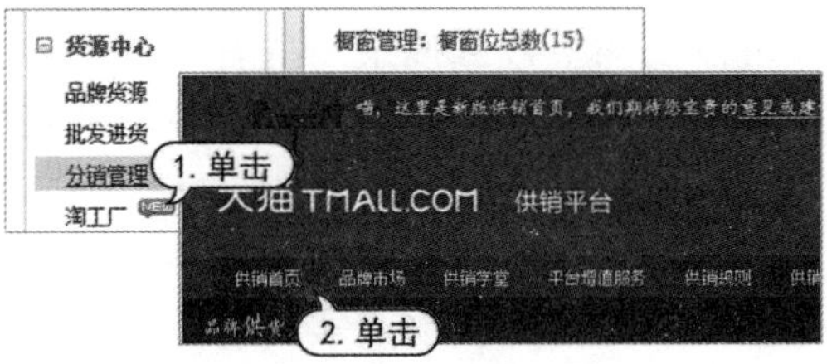

图 2-11　打开分销平台页面

图 2-12　在供销平台搜索商品

2.5　网上进货的技巧

虽然网上进货给卖家带来了便利和实惠，但卖家在进货时如果不多加留意，很容易被网上

的不良商家欺骗。本节归纳总结了一些网上进货的防骗和交易技巧。

2.5.1 网上进货防骗技巧

对于新手卖家来说，在通过网络进货的时候，一定要提高自己的安全意识，防止受骗。用户可参考以下几点。

1. 查看公司/个人经营资质

正规的公司销售网站一般都有公司简介或公司的注册号、资质证书等相关信息。在进货前最好能电话联系到网络供货商，若能在其实体店查看则更保险。如果是以个人名义注册的批发商，则要查看其是否具有约束机制，如淘宝网规定使用支付宝进行交易，若该商户不使用支付宝进行交易，则要三思而后行。

2. 查看商家是否有不良记录

要验证该批发商是否属于正规注册商家，可以在网上对其进行相关搜索，包括介绍、宣传、注册信息等，如果有违规等不良记录或顾客投诉信息，也能有所了解。淘宝批发商可查看其店铺信用等级以及买家评价等信息。

3. 谨防价格陷阱

虽然网上进货价格相对便宜，但商家还是会保留一定的利润空间，若价格与市面上的相差太大，则需谨慎。

4. 以低价物品成交

第一次和批发商进货时可以先尝试性地购进一些低价的商品，有了第一次交易的经验可以增进对该商家的了解，对其销售、发货、客服等方面有了深刻的体会和感受，如果一切都还满意，则可以放心与其进行下一次交易。

2.5.2 网上商品交易技巧

随着互联网时代的到来，网上进货已逐渐成为一种趋势。网上进货虽然对卖家来说可以省下不少进货成本，但往往一些卖家由于贪图网上进货价格便宜，不懂得进货的技巧，给自己造成很大的损失。下面介绍网上进货时的一些小技巧。

1. 寻找可信度高的批发网站

在网上搜索批发网站时，如不多加注意，很有可能进入带有病毒的网站或恶意网站。因此，卖家最好选择一些正规的货源网站。

如果淘宝卖家一开始没有网上进货的经验，那么可以去淘宝社区搜索一些有进货经验的卖家写的帖子进行借鉴。如果能联系到发帖的卖家并咨询一些可信度较高的货源网站就更好了。

2. 关注商品批发的细节

网站进货要注意仔细辨别货源图片，避免进到一些以图片冒充实物或实物与图片有极大落差的商品。

3. 多与网络批发商沟通

多与批发商交流，在交流中可以了解批发商的真实性，如果确实觉得可信再与对方进行交易，避免上当受骗。

2.6 案例演练

本章的案例演练将介绍有关淘宝分销平台的相关知识，主要包括如何查找商品、如何查看招募书、如何申请合作等。

【例 2-5】 在分销平台查找货源、查看供应商招募书，并申请与供应商合作。 视频

STEP 01 登录淘宝网首页，进入卖家中心，打开供销平台首页，然后在页面中的文本框中输入“母婴用品”，并单击【搜索】按钮。

STEP 02 在打开的商品列表页面，选择感兴趣的商品。

STEP 03 单击感兴趣的商品链接，可查看该商品的详细信息，如图 2-13 所示。

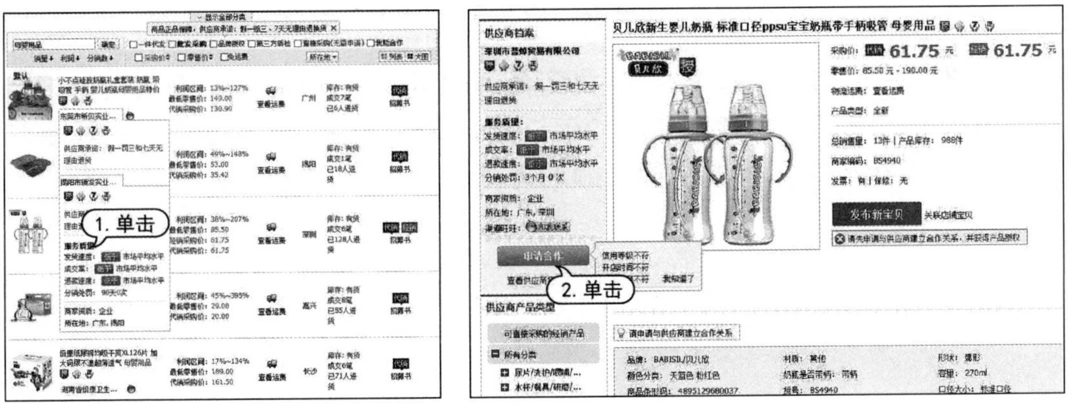

图 2-13　查看商品详细信息

STEP 04 单击【查看供应商招募要求】链接，可查看该供应商的招募书。

STEP 05 如果符合招募条件，并有意向与该供应商合作，可单击【申请合作】按钮。

STEP 06 在打开的页面中查看供应商的详细介绍和具体分销细则，输入给该供应商的留言，选中【同意以上服务条款】复选框并单击【提交申请】按钮，即可提交代销的合作申请书。此时等待供应商确认即可。

第 3 章

注册淘宝网，申请开店

做好了一系列的准备工作，并找到合适的货源后，就可以在淘宝网上把自己的小店开起来了。本章将介绍如何注册成为淘宝会员，如何开通支付宝和网上银行，如何使自己的淘宝网店顺利开张。

对应的光盘视频

例 3-1　注册新浪免费邮箱
例 3-2　注册成为淘宝会员
例 3-3　登录淘宝网并设置个人账户信息
例 3-4　为淘宝账户设置密码保护
例 3-5　通过支付宝网站注册并激活一个支付宝账户
例 3-6　支付宝实名认证
例 3-7　申请支付宝数字证书
例 3-8　取消支付宝数字证书
例 3-9　使用余额宝为支付宝充值
例 3-10　在淘宝网申请一个店铺
例 3-11　利用密码保护找回丢失的支付宝密码
例 3-12　在【淘宝大学】上查看淘宝开店的具体流程视频

3.1 开通电子邮箱与淘宝会员

要在淘宝网开店，首先要是淘宝会员，在注册成为淘宝会员前，还要准备好一个电子邮箱，本节来介绍注册电子邮箱和注册淘宝会员的方法。

3.1.1 注册电子邮箱

在淘宝网开店前，先要注册成为淘宝网用户。正常情况下，注册时填写信息，同意服务条款并提交后，会有邮件发到卖家的注册邮箱，收到邮件后，还需要激活网站账户才可成功注册会员名。而且为了确保安全，相关网站都会将注册码与验证信息等资料发送到相关邮箱中。此外，在进行账户密码修改等操作时，电子邮箱也是最常用且最安全的辅助工具。

因此在注册成为淘宝网会员前先要注册一个电子邮箱。现在很多网站都提供免费的电子邮箱服务，比较常用的有以下几种。

- 网易：国内最早提供电子邮箱的服务商，用户可使用 Outlook、Foxmail 等电子邮件客户端收发和管理邮件。
- 新浪：收发邮件速度较快，用户可以将图片和文件分别存储到网络相册和网络文件夹中。具备垃圾邮件过滤器，邮箱容量有 1GB、2GB 等多种标准可供选择。
- QQ 邮箱：QQ 邮箱是腾讯公司 2002 年推出，向用户提供安全、稳定、快速、便捷电子邮件服务的邮箱产品，已为超过 1 亿的邮箱用户提供免费和增值邮箱服务。QQ 邮件服务以高速电信骨干网为强大后盾，独有独立的境外邮件出口链路，免受境内外网络瓶颈影响，全球传信。
- Hotmail 邮箱：Hotmail 的邮箱比较稳定，是互联网免费电子邮件提供商之一，世界上的任何人可以通过网页浏览器对其进行读取和收发电子邮件。

下面以新浪邮箱为例介绍申请免费电子邮箱的方法。

【例 3-1】 注册新浪免费邮箱。 视频

STEP 01 访问 http://mail.sina.com.cn 网站，打开【新浪邮箱】首页，单击【立即注册】链接。打开注册免费邮箱页面，填入注册的基本信息，如图 3-1 所示。

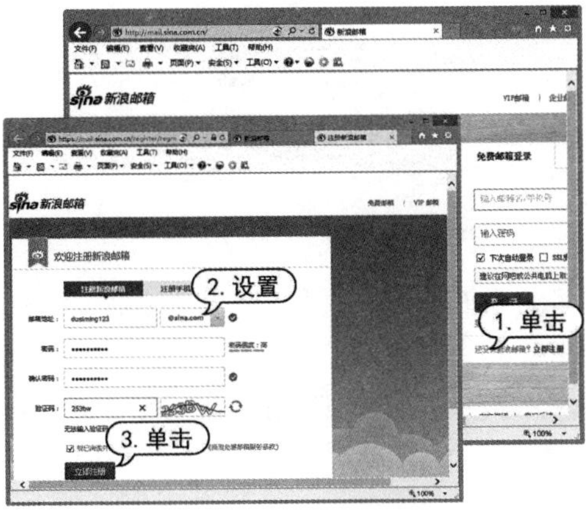

图 3-1　填写邮箱注册信息

图 3-2　注册电子邮箱

STEP 02 填写完成后单击【立即注册】按钮，即可成功注册新浪免费邮箱，如图 3-2 所示。

3.1.2 注册淘宝会员

注册淘宝会员非常简单，只需要提供必要的身份证明并填写相应的信息即可完成注册。在淘宝网的会员注册过程中，为了注册的顺利进行，应注意以下几点。

- 进入淘宝网新会员注册页面后，根据提示填写基本信息，包括会员名、密码和邮箱等信息，一般都为必填项目。
- 香港会员的申请方式、填写内容与内地会员大致相同，但港澳用户不支持手机注册方式，若在淘宝进行会员注册，只能选择邮箱进行注册。
- 会员名的要求。淘宝网的会员名一经注册便不能更改，因此填写会员名时应仔细。会员名由 5～20 个字符（包括小写字母、数字、下划线和中文）组成，一个汉字为两个字符。
- 在填写电子邮箱时最好输入一个常用的电子邮箱地址，因为淘宝会向邮箱发送确认邮件和所有交易的邮件。
- 输入校验码时要确认输入法是在英文的半角状态，只有在这个状态下输入校验码才有效。
- 若没有收到确认信，不要关闭启动账户的页面，可以在该页面中更改电子邮箱地址，然后单击【重新收取激活信】超链接进行尝试。

【例 3-2】 注册成为淘宝会员。视频

STEP 01 启动浏览器，在地址栏中输入淘宝网的网址 http://www.taobao.com，按 Enter 键打开淘宝网首页，单击【免费注册】链接，如图 3-3 所示。

STEP 02 打开【填写账户信息】页面，根据提示输入手机号和相应的验证码，如图 3-4 所示。

图 3-3 注册淘宝会员

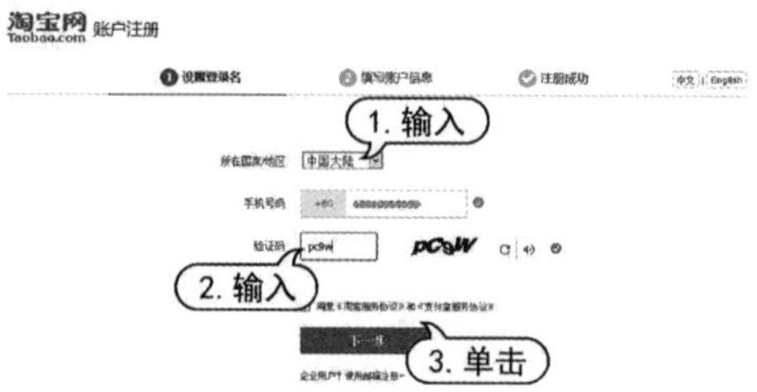

图 3-4 输入手机号和验证码

STEP 03 在打开的页面中输入手机收到的淘宝账号验证码后，单击【下一步】按钮，如图 3-4 所示。

STEP 04 在打开的页面中的【电子邮箱】文本框中输入自己的电子邮箱地址，然后单击【下一步】按钮，如图 3-5 所示。

图 3-5　输入电子邮箱地址

STEP 05 在打开的页面中单击【立即查收邮件】按钮，打开电子邮箱页面，如图 3-6 所示。

STEP 06 在打开的邮箱页面中单击【商讯信息】链接，如图 3-7 所示。

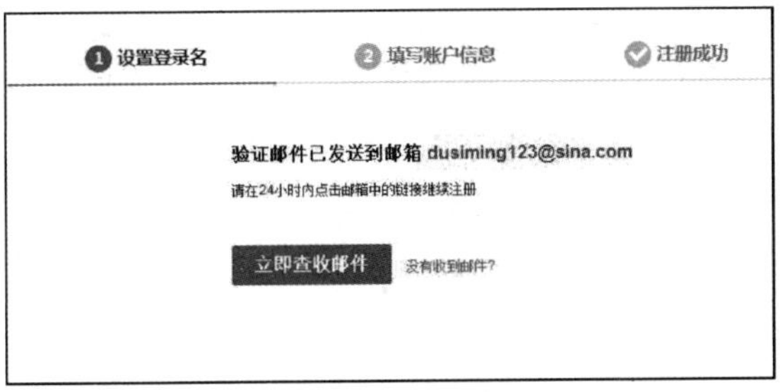

图 3-6　立即查收注册验证邮件

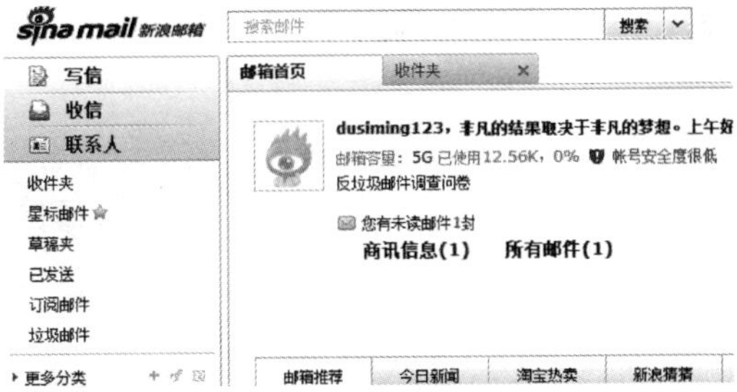

图 3-7　查看邮件中的商讯信息

STEP 07 在打开的【商讯信息】界面中单击来自淘宝网的电子邮件。

STEP 08 在打开的邮件内容页面中单击【完成注册】按钮，如图 3-8 所示。

STEP 09 返回淘宝网注册页面，然后在页面中输入淘宝登录密码并设置淘宝账户名称，并单击【确定】按钮，如图 3-9 所示。

图 3-8　在邮件中完成注册

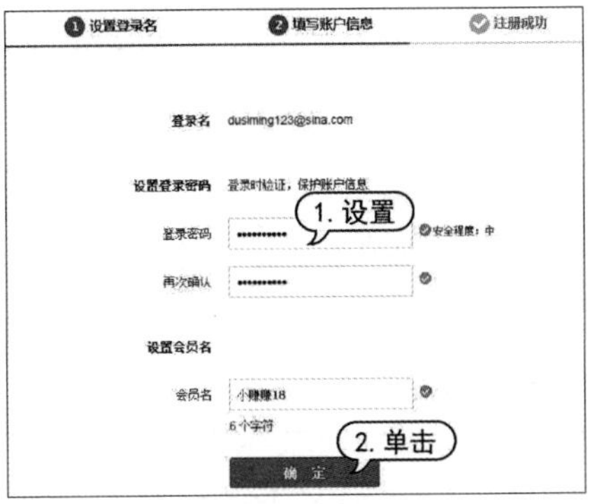

图 3-9　输入淘宝网登录密码和账号名称

STEP 10 完成以上设置后，即可完成“淘宝会员”的注册。

3.2 设置淘宝账户信息

完成淘宝会员的注册后，接下来即可编辑个人信息，完成各种必要信息的填写，补充身份资料和设置密码保护等。

3.2.1 编辑个人信息

在淘宝网对淘宝会员账户个人信息的编辑主要包括设置用户的真实姓名、性别、生日和头像照片等。

【例 3-3】 登录淘宝网并设置个人账户信息。 视频

STEP 01 启动浏览器，在地址栏中输入淘宝网的网址 http://www.taobao.com，按 Enter 键打开淘宝网首页，然后单击【亲，请登录】链接。

STEP 02 在打开的淘宝网登录界面中输入淘宝账号和密码，然后单击【登录】按钮，如图 3-10 所示。

STEP 03 登录淘宝网，网页将自动转入淘宝网首页，单击页面上方的【我的淘宝】链接。

STEP 04 进入【我的淘宝】页面，单击头像图片下方的【编辑资料】链接，如图 3-11 所示。

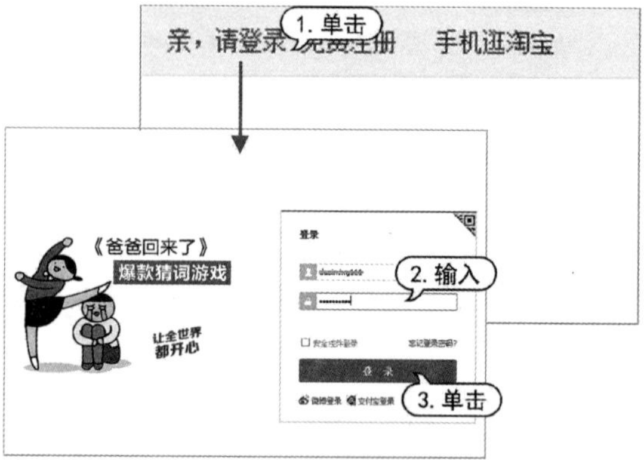

图 3-10 登录淘宝网

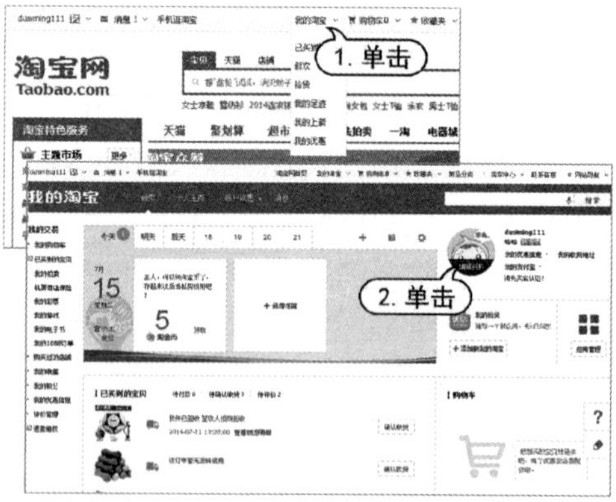

图 3-11 编辑我的淘宝资料

STEP 05 单击页面中的【编辑资料】按钮。在打开的“我的淘宝”页面中，我们可以根据需要修改淘宝账户的个人信息，完成设置后单击【保存】按钮，如图 3-12 所示。

STEP 06 单击【当前头像】区域中的【编辑头像】按钮。打开头像设置页面，该页面中有两种设置头像的方式，另一种是本地上传，另一种是直接使用摄像头拍照。

STEP 07 单击【本地上传】按钮，在打开的对话框中选中一个图片文件后，单击【保存】按钮，如图 3-13 所示。

STEP 08 在页面中设置头像图片的显示区域，然后单击【保存】按钮。

STEP 09 成功设置账户头像后，淘宝网将提示在 30 秒后生效。最后，刷新网页即可在页面左上方显示设置的头像效果。

图 3-12　设置淘宝账户个人信息

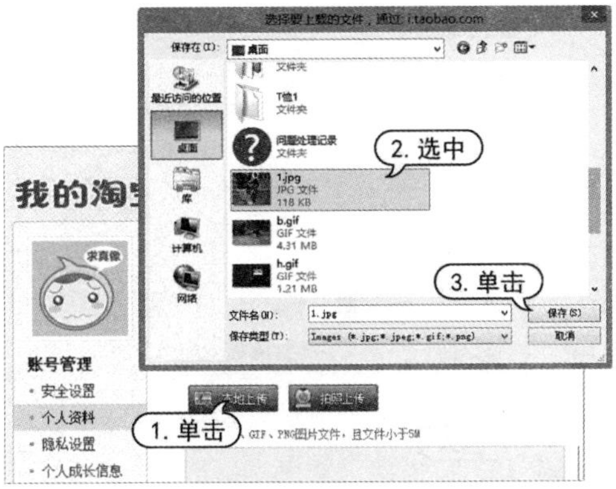

图 3-13　设置淘宝账户头像

3.2.2　设置密码保护

为了防止淘宝会员的账号被不法分子窃取，淘宝网提供了密码保护功能，通过该功能可以更有效地保护自己的会员账户的安全。

【例 3-4】 为淘宝账户设置密码保护。 视频

STEP 01 启动浏览器，打开淘宝网首页并登录自己的淘宝网账户。

STEP 02 进入【我的淘宝】页面，然后单击【账号管理】选项区域中的【安全设置】选项，如图 3-14 所示。

STEP 03 在打开的页面中单击【密保问题】选项后方的【设置】链接，如图 3-15 所示。

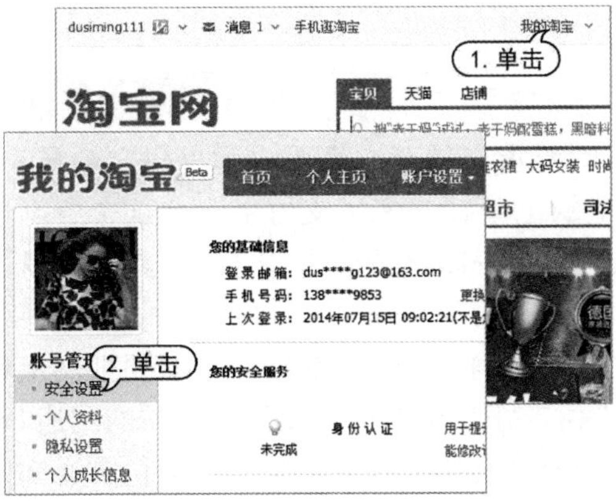

图 3-14　账户安全设置

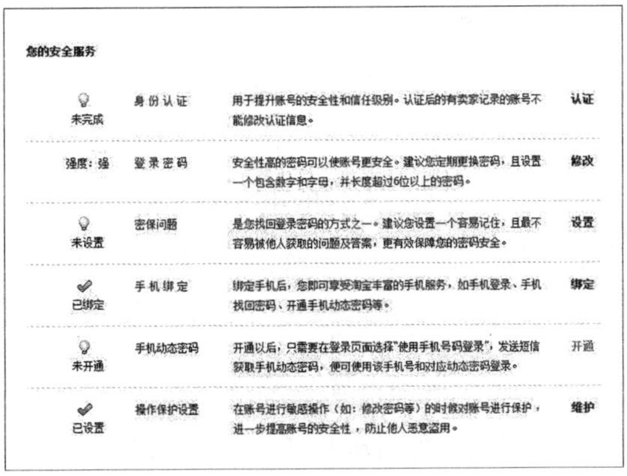

图 3-15　设置密保问题

STEP 04 此时，将打开【安全验证】对话框，单击【发送验证码】按钮，淘宝网将把密保问题验证短信发送到手机。在【安全验证】对话框的【验证码】文本框中输入手机中收到的验证码后，单击【确定】按钮，如图 3-16 所示。

STEP 05 在打开的页面中设置完淘宝账户的密保问题后，单击【提交】按钮，如图 3-17 所示。

STEP 06 最后，在弹出的密保问题设置成功页面中单击【返回安全中心】链接即可。

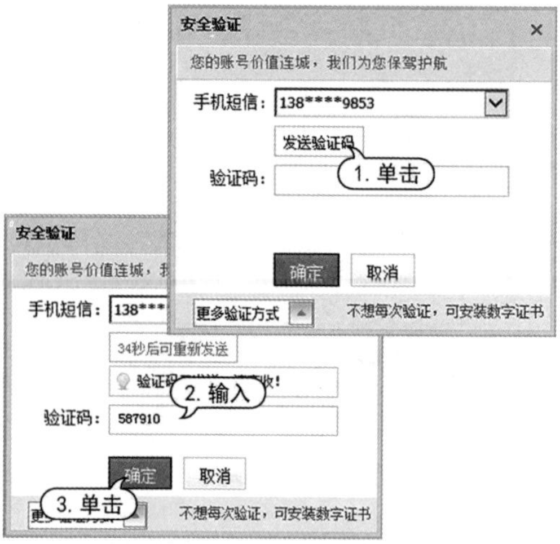

图 3-16　设置安全验证

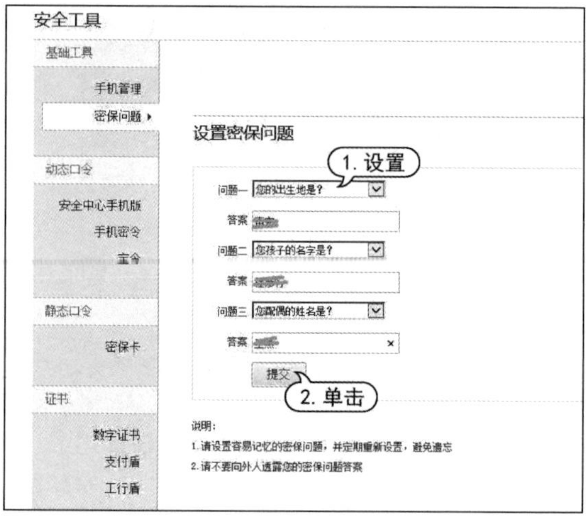

图 3-17　设置淘宝账户密保问题

3.3 开通支付宝

支付宝是淘宝网推出的网上安全支付工具，是淘宝网用来支付现金的平台。支付宝交易是指网上交易的买卖双方，接受支付宝公司作为网络交易中介，使用支付宝公司为买卖双方提供的网上交易管理系统以及信用中介（代收付货款等）服务。支付宝就像商店里的管理员，用户在淘宝网上的所有商务活动都需要通过它来进行协商和管理。所以，用户要在淘宝交易必须要成为支付宝会员。

3.3.1 支付宝账户的作用

在淘宝网交易平台，为了保证买家的实际利益，则要求交易双方都要成为支付宝会员，资金流通的不是网上银行的电子钱，而是支付宝账户里的电子钱。多了支付宝账户这个资金中转站，购物程序会相对麻烦一些，但为了免除网上交易中人们常有的后顾之忧，这点麻烦就不算什么。

为了理解这一点，这里详细讲解在淘宝网上用支付宝购物的流程：买家首先需要把网上银行的电子钱充值到自己的支付宝账户里，然后拿着支付宝账户里的电子钱到淘宝网的网店，看中需要的宝贝，单击鼠标拍下，把支付宝账户上的可用资金转给支付宝管家。由支付宝通知卖家买家已为此宝贝付了货款，要求卖家尽快发货，在买家没有收到宝贝前，这笔货款一直存放在支付宝管家那里，等到买家收到宝贝，并对收到的宝贝确认后，支付宝才把这笔货款转到卖家的支付宝账户上。如果因种种原因买家对收到的宝贝不满意，还可以向卖家提出退款要求，经卖家同意，支付宝可以把这笔货款再退还给买家。

在淘宝网上的所有交易细节都是支付宝这个忠实管家按程序执行的。从这个购物流程可以看出，买家要想免费享受淘宝网这个交易平台带来的种种好处，必须要学会如何把网上银行的钱转到自己的支付宝账户这个电子钱包里。

3.3.2　注册并激活支付宝账户

支付宝的会员注册与激活通常有以下两种情况。

- 已注册了淘宝账户的用户。系统会自动生成一个支付宝账户，账户名就是注册淘宝会员时提交的电子邮箱，其对应的密码和淘宝会员密码相同，这时可以通过淘宝网站注册激活。
- 没有淘宝账户的用户，可以直接在支付宝网站注册支付宝账户，通过它可以在其他支持使用支付宝支付的商务网站中进行交易。

【例 3-5】　通过支付宝网站注册并激活一个支付宝账户。 视频

STEP 01 启动浏览器，进入支付宝网站，网址是：www.alipay.com，然后单击【免费注册】链接，如图 3-18 所示。

STEP 02 打开图 3-19 所示页面，有两种类型的注册方式可供选择，本例选择【个人账户】选项，然后填写相应的手机号和验证码，并单击【下一步】按钮。

图 3-18　支付宝网站

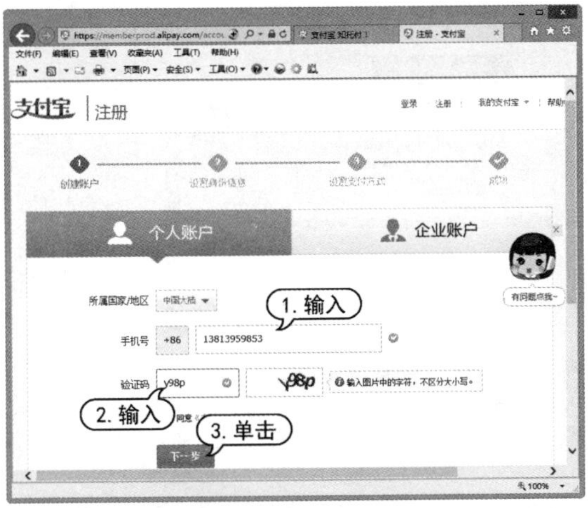

图 3-19　填写个人账户信息

STEP 03 在打开的【填写效验码】对话框中输入手机上收到的验证码后，单击【下一步】按钮，如图 3-20 所示。

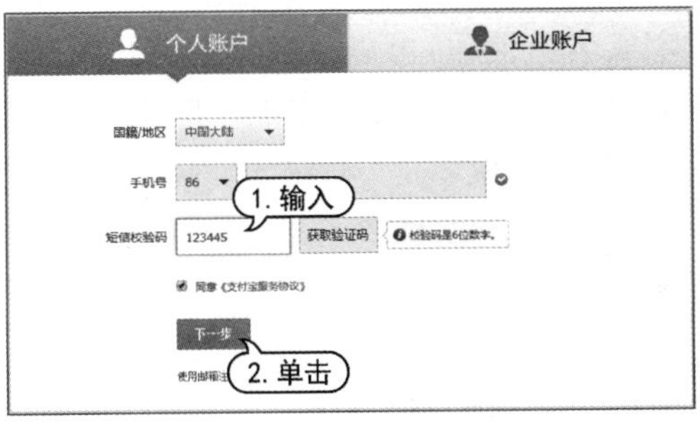

图 3-20　填写注册验证码

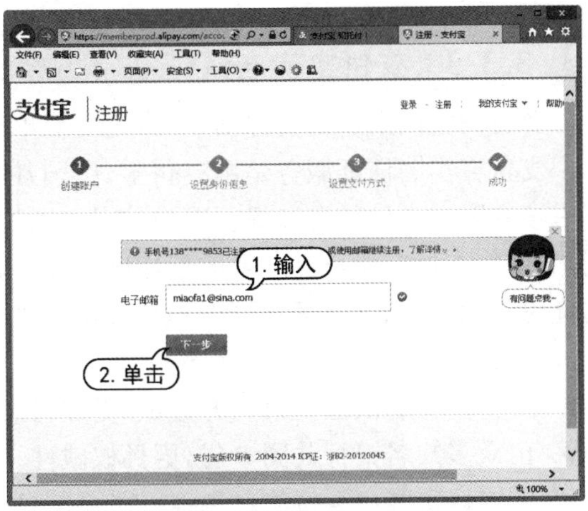

图 3-21　填写电子邮箱地址

STEP 04 在打开的页面中的【电子邮箱】文本框中输入电子邮箱的地址后，单击【下一步】按钮，如图 3-21 所示。

STEP 05 在打开的页面中单击【立即查收邮件】按钮。在打开的电子邮箱页面中，打开支付宝网站发来的邮件后，单击邮件中的【继续注册】按钮，如图 3-22 所示。

STEP 06 在打开的页面中设置支付宝登录密码和支付宝支付密码后，向下移动网页，显示更多的设置选项。在页面底部输入自己的真实姓名和身份证号后，单击【确定】按钮，如图 3-23 所示。

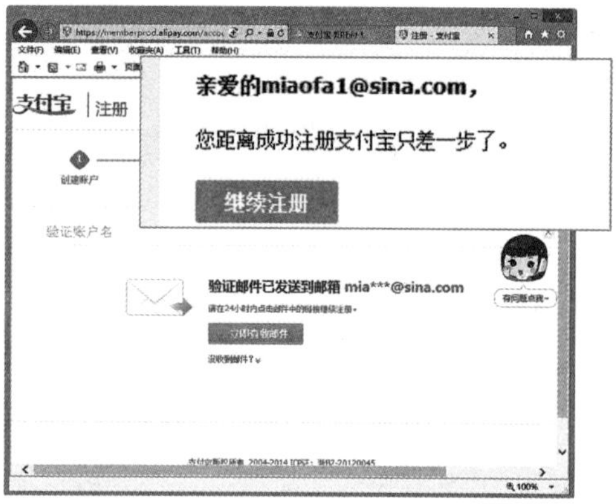

图 3-22　通过邮件验证注册信息

图 3-23　设置支付宝注册信息

STEP 07 最后，在打开的页面中设置支付方式后，单击【同意协议并确定】按钮即可。

实用技巧

单独注册支付宝账户时使用的邮箱，不要求与淘宝账户的一致，但为了买卖方便，建议使用同一个邮箱注册。开店后，卖家的每一次交易都与支付宝密切相关。因此，支付宝为了使交易双方更安全地使用账户，规定了双重密码，即登录密码和支付密码，且设置的两个密码不得相同。

3.3.3　支付宝实名认证

要在淘宝网上进行商务活动，首先要对申请的支付宝账户进行实名认证。

支付宝实名认证服务是由支付宝（中国）网络技术有限公司提供的一项身份识别服务，它同时核实客户身份信息和银行账户信息。通过支付宝实名认证后，可以在淘宝网上开店、出售商品，增加支付宝账户拥有者的信用度。此外，进行支付宝认证后还可以参加一些支付宝会员的优惠活动，利用这些活动可以提高支付宝账户拥有者的信用度。

支付宝实名认证有如下优势。

- 支付宝实名认证为第三方提供，更加可靠和客观。
- 由众多知名银行共同参与，更具权威性。
- 同时核实客户身份信息和银行账户信息，极大地提升了其真实性。
- 认证流程简单易操作，认证信息及时反馈，客户实时掌握认证进程。

【例 3-6】 支付宝实名认证。 视频

STEP 01 启动浏览器，进入支付宝网站，并登录支付宝账户，如图 3-24 所示。

STEP 02 在账户的首页，系统会提示用户还未通过支付宝实名认证，用户可单击【未认证】链接，在打开的页面中单击【立即验证】按钮，如图 3-25 所示。

图 3-24 登录支付宝账户

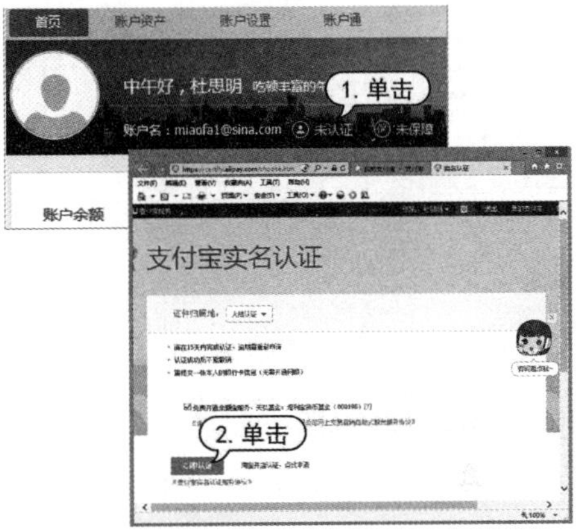

图 3-25 打开支付宝实名认证页面

STEP 03 在打开的页面中输入用户的真实姓名、身份证号以及支付宝支付密码等信息后，单击【下一步】按钮，如图 3-26 所示。

STEP 04 在打开的页面中单击【上传证件】链接，如图 3-27 所示。

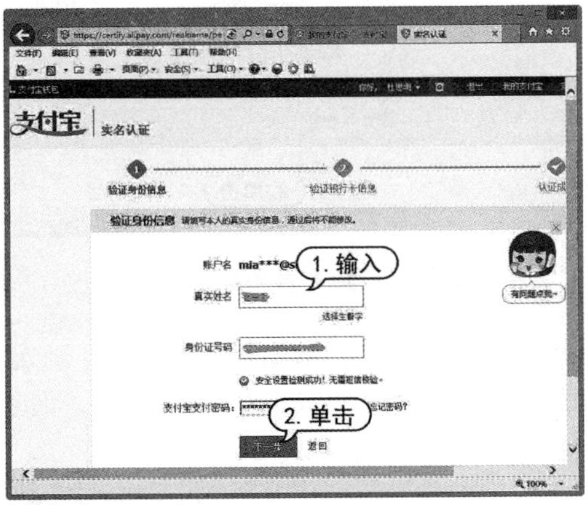

图 3-26 输入个人信息

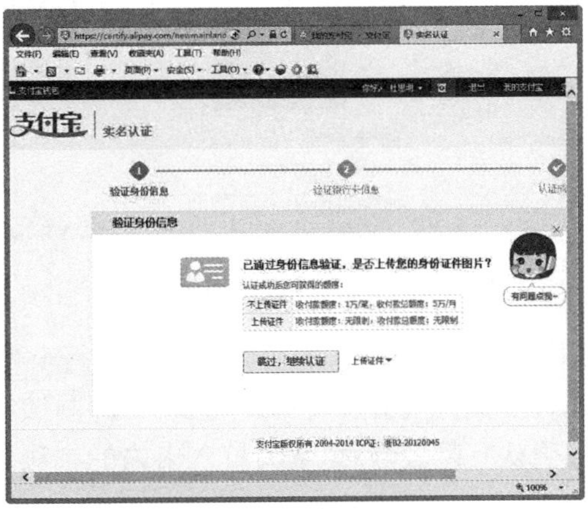

图 3-27 上传证件

STEP 05 单击页面中【个人信息所在面】选项后的【点击上传】按钮。在打开的对话框中单击【选择个人信息所在面图片】选项，如图 3-28 所示。

STEP 06 在打开的【打开】对话框中选中自己的身份证正面照片文件，然后单击【打开】按钮，如图 3-29 所示。

STEP 07 单击【国徽图案面】选项后的【点击上传】按钮，如图 3-30 所示。

STEP 08 在打开的对话框中使用同样的方法，上传身份证背面照片文件，完成后单击【确定上传】按钮。

图 3-28　选择个人信息所在面

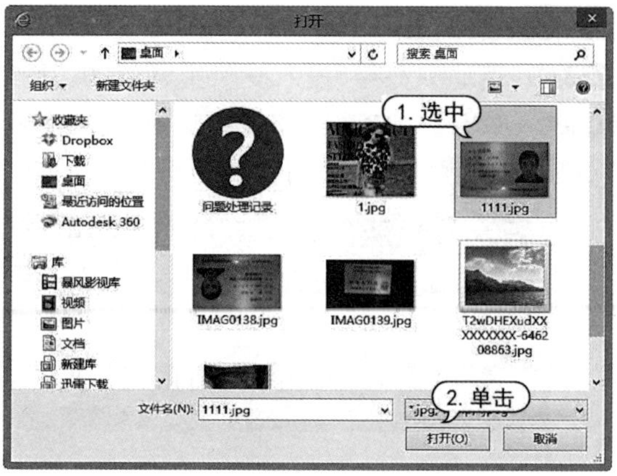

图 3-29　选中身份证照片

STEP 09 在【身份证到期时间】选项区域中设置身份证的到期时间，在【常用地址】文本框中输入自己的常用地址，然后单击【确认提交】按钮，如图 3-31 所示。

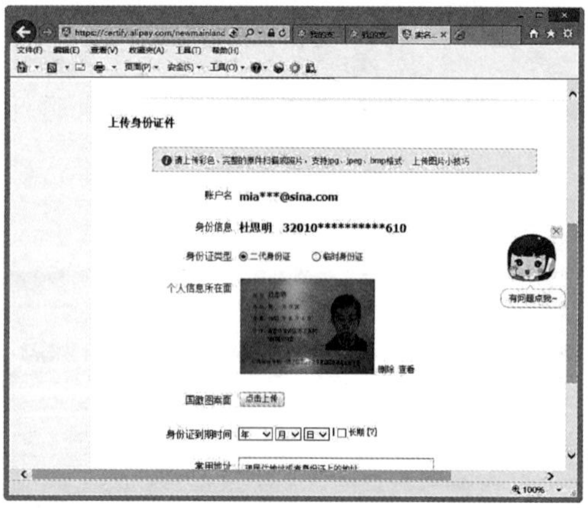

图 3-30　上传身份证国徽图案面

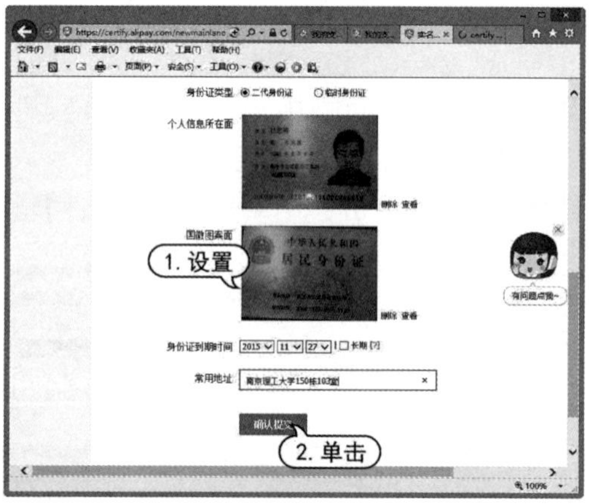

图 3-31　输入身份证到期时间

STEP 10 最后，在打开的页面中填写银行卡号与手机号等信息，然后单击【同意协议并确定】按钮即可。支付宝会在 1～2 个工作日内向该银行账户汇入一笔一元以下的确认资金。收到支付宝确认汇款金额后，填写打入卡内的金额，即可通过支付宝实名认证。

3.3.4　申请支付宝数字证书

随着网络的普及，人们面对和处理的都是一些数字化的信息。针对这一情况，需要一种方便快捷的数字凭证来确保账户的安全，支付宝数字证书也就在这样的需求下诞生了。

支付宝数字证书是由权威公正的第三方机构，即 CA 中心签发的证书。以数字证书为核心的加密技术可以对网络上传输的信息进行加密和解密、进行数字签名和签名验证，确保网上传递信息的机密性、完整性。

使用了数字证书，即使用户发送的信息在网上被他人截获，甚至用户丢失了个人的账户、密码等相关信息，仍可以保证其账户和资金的安全。支付宝数字证书具有以下特点。

- 安全性：支付宝推出的双证书解决方案避免了传统数字证书方案中由于使用不当造成的

证书丢失等安全隐患；支付宝会员在申请数字证书时，将同时获得两张证书，一张用于验证支付宝账户，另一张用于验证会员当前所使用的电脑，即使会员的数字证书被他人非法窃取，仍然可以保证其账户不会受到损失。

- 唯一性：支付宝数字证书会根据用户身份给予相应的网络资源访问权限；申请使用数字证书后，如果在其他电脑登录支付宝账户，在没有导入数字证书备份的情况下，只能查询账户，不能进行任何操作，以此增强账户使用安全。
- 方便性：支付宝数字证书能即时申请、即时开通、即时使用；用户可以根据不同情况量身定制多种途径维护数字证书，例如通过短信、安全问题等；另外，用户不需要掌握相关专业知识也可以轻松掌握使用数字证书。

实用技巧

CA 是认证机构的国际通称，是指对数字证书的申请者发放、管理及取消数字证书的机构。

无论是通过支付宝个人实名认证的账户，还是通过支付宝实名商家认证的用户，都可以申请支付宝数字证书。支付宝会员可以通过申请数字证书，增强账户的安全使用。

【例 3-7】 申请支付宝数字证书。 视频

STEP 01 启动浏览器，进入支付宝网站，并登录自己的支付宝账户，然后单击页面右上角的【安全中心】选项。

STEP 02 在打开的页面中单击【数字证书】选项后的【申请】按钮，如图 3-32 所示。

STEP 03 在打开的页面中单击【申请数字证书】按钮，如图 3-33 所示。

图 3-32　设置支付宝数字证书

图 3-33　申请数字证书

STEP 04 在打开的【安全工具】页面中输入身份证号和验证码等信息后，单击【提交】按钮，如图 3-34 所示。

STEP 05 在页面中输入手机收到的短信验证码后，单击【确定】按钮，如图 3-35 所示。

STEP 06 此时，将开始安装数字证书，在弹出的对话框中单击【是】按钮即可。

实用技巧

为了账户的安全，建议不要在公共场所(如网吧等)申请支付宝数字证书。

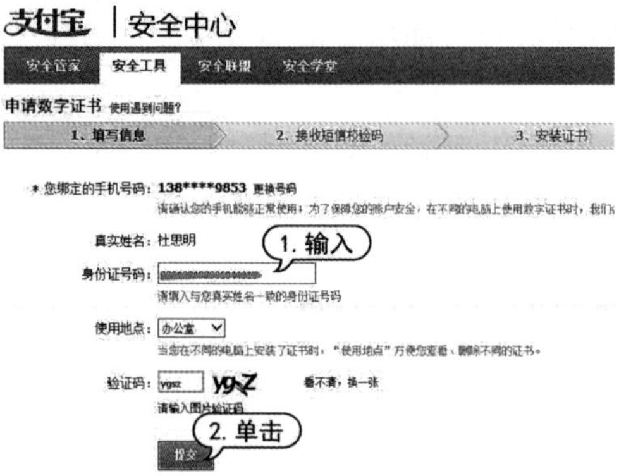

图 3-34　输入身份证号和验证码

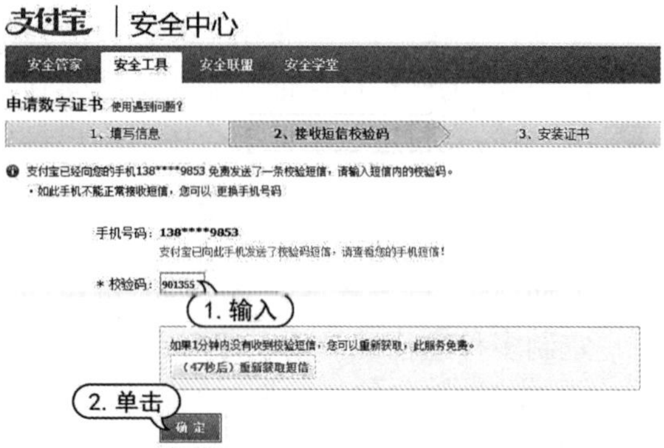

图 3-35　输入手机收到的验证码

3.3.5　取消支付宝数字证书

用户可以申请取消数字证书。数字证书取消后不会影响该证书在银行系统的使用,但是用户的支付宝账户将会失去数字证书的保护功能。如有需要,用户可以重新申请证书。

【例 3-8】　取消支付宝数字证书。 视频

STEP 01 登录支付宝账户,然后单击页面右上角的【安全中心】选项。在打开的页面中单击【数字证书】选项后的【管理】按钮。

STEP 02 在打开的页面中单击【取消数字证书】按钮。

STEP 03 在打开的页面中设置取消数字证书的理由,单击【下一步】按钮,如图 3-36 所示。

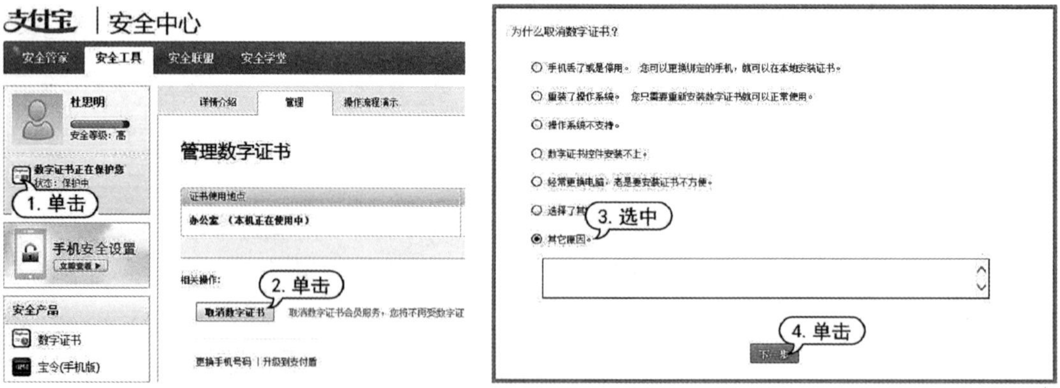

图 3-36　设置取消数字证书

STEP 04 在弹出的提示框中单击【确定】按钮。此时,页面将提示“证书取消成功”。

3.4　为支付宝充值

要向支付宝中充值,需要先将钱存入到银行卡中,然后使用银行卡的网上支付功能进行充值。因此用户必须拥有一张可以进行网上支付的银行卡。

3.4.1 利用网银为支付宝充值

目前可以给支付宝账户充值的银行有:中国工商银行、招商银行、中国建设银行、中国农业银行、深圳发展银行、中国民生银行、兴业银行、广东发展银行、上海浦东发展银行和交通银行等。

如果希望将钱存入支付宝账户中,首先需要办理上述某个银行的银行卡。以办理工商银行的牡丹灵通卡为例,带上自己的身份证到最近的工商银行营业点,填写一份【个人银行结算账户/牡丹灵通卡/活期一本通存折/电子银行开户(注册)】申请书,在填写的过程中需要注意以下几点。

- 在申请表的【申请网上银行】一栏中,选中【开通网上银行】复选框。
- 在【证书选择】选项区域中的U盾和电子银行口令卡的两个复选框中任意选中一个。这两者的使用权限不同,使用U盾可以获得较高的交易限额,但是需要支付额外的费用;而银行口令卡的交易限额较低,但是不需要支付额外费用。
- 完成申请表的填写后,将其连同身份证一起交给银行工作人员,按照要求进行操作,即可获得银行卡。
- 如果在填写申请表的过程中选择使用U盾作为证书,则在申请银行卡成功后会获得一个类似于U盘的硬件。在需要通过网上银行支付款项时,必须将U盾插入电脑的USB接口中才能成功支付。

3.4.2 利用银联快捷支付

"银联在线支付"是中国银联为满足各方网上支付需求而打造的银行卡网上交易转接清算平台,也是中国首个具有金融级预授权担保交易功能、全面支持所有类型银联卡的集成化、综合性网上支付平台。涵盖认证支付、快捷支付、小额支付、储值卡支付、网银支付等多种支付方式,可为用户境内外网上购物、水电气缴费、商旅预订、转账还款、基金申购、慈善捐款以及企业代收付等提供"安全、快捷、多选择、全球化"的支付服务。

在为支付宝充值时,用户如果使用银联快捷支付,可以避免网银支付繁琐程序,加快交易进程。

要开通银联快捷支付,用户可以登录 https://www.95516.com,然后根据网站的提示,注册账户并关联自己的银行卡即可。

3.4.3 利用余额宝为支付宝充值

用户在给支付宝充值时,可以先将银行卡中的钱转到余额宝中,然后再从余额宝中将钱充到支付宝中,从而保障资金的安全。

下面将通过实例介绍通过银行卡向余额宝转钱,再将余额宝中的钱转到支付宝中的方法。

【例3-9】 使用余额宝为支付宝充值。 视频

STEP 01 登录自己的支付宝账户,然后单击【余额宝】选项区域后的【转入】按钮。

STEP 02 在打开的页面中设置从银行卡转账到余额宝的资金数额,然后单击【下一步】按钮,如图3-37所示。

STEP 03 在打开的页面中选择使用的银行,然后单击【下一步】按钮。

STEP 04 在打开的页面中输入支付宝支付密码和手机短信收到的验证码，然后单击【确认付款】按钮。

STEP 05 完成资金向余额宝的转入后，在打开的页面中单击【我的支付宝】按钮，如图 3-38 所示。

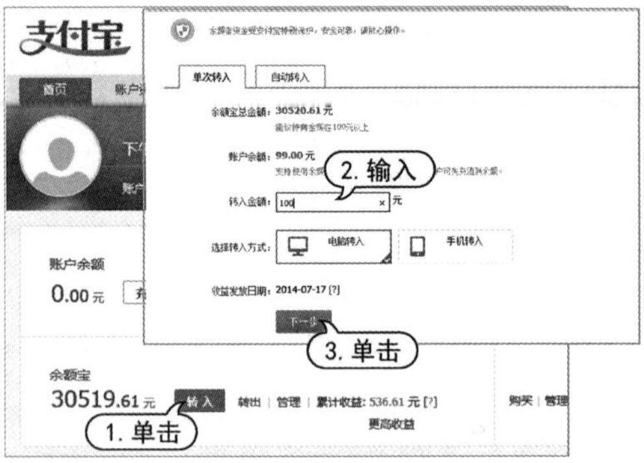

图 3-37　设置转账

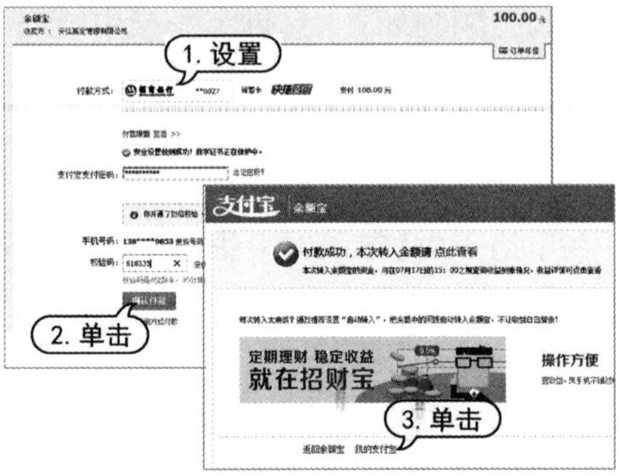

图 3-38　确认付款

STEP 06 在打开的页面中选中返回支付宝页面，并在该页面中单击【余额宝】选项区域中的【转出】按钮，打开如图 3-39 所示的余额转出页面。

STEP 07 选中页面中的【转出至账户余额】选项卡，然后在【转出金额】文本框中输入转出的金额，在【支付宝支付密码】文本框中输入支付宝密码，如图 3-40 所示。

图 3-39　余额转出页面

图 3-40　输入转账金额

STEP 08 单击【确认转出至账户余额】按钮，即可将余额宝中的资金转入支付宝。

3.5 申请店铺开张

卖家注册成为淘宝网会员，开通支付宝账户，并对支付宝进行实名认证后，就可以开设自己的淘宝店铺了。有了自己的店铺，卖家便可以发布与管理商品，开店做生意了。

3.5.1　命名淘宝店铺

店铺命名很重要，一个好的店名往往会给人好的联想。在淘宝注册时，允许会员使用中文、英文和数字来命名，这个名字是不能修改的，但是店铺的名字是可以根据自己的想法随时更换的。

3.5.2　制作淘宝店标

店标主要是标示店铺主题或名称的图形标志。好的店标能反映店铺的特点，吸引更多人的关注。它和网站的 Logo 一样，格式可以是 JPG 或 GIF 格式。在设计时，要遵守网站建议的大小，这样一般图像不会发生扭曲。

1. 店标的作用

一个具有吸引力的店标，主要有以下几点作用。

- 店标是网店的标志和门户：店标图形化的形式，特别是动态的店标，比文字形式的店标更能吸引人的注意。在如今争夺眼球的时代，一个设计精美的店标尤其重要。
- 店标是网店形象的重要体现：就一个网店来说，店标即是网店的名片。而对于一个精美的网店，店标更是它的灵魂所在，即所谓的“点睛”之处。
- 店标能使受众便于选择：一个好的店标往往会反映网店及卖家的某些信息，买家可以从中基本了解到这个网店的类型，或者经营的项目。在一个布满各种店标的页面中，这一点会突出地表现出来。想一想，受众要在大堆的网店中寻找自己想要的特定内容的网店时，一个能让人轻易看出它所代表的网店的类型和内容的店标会有多重要。

2. 优秀店标的制作要素

作为一个优秀的店标，需要满足以下几点要素。

- 识别性：关于识别性要求必须容易识别，易记忆。这就要做到无论是从色彩还是构图上一定要讲究简单。
- 特异性：所谓特异性就是要与其他的店标有区别，要有自己的特性。否则设计的店标都一样。
- 内涵性：设计店标一定要有它自身的含义，否则就算做得再漂亮、再完美也只是形式上的漂亮，却没有一点意义。这就要求店标必须有自己的象征意义。
- 法律意识：关于店标的法律意识一定要注意敏感的字样、形状和语言。
- 整体形象规划（结构性）：店标不同的结构会给人不同的心理意识，就像水平线给人的感觉是平缓、稳重、延续和平静，竖线给人的感觉是高、直率、轻和浮躁感，点给人的感觉是扩张或收缩，容易引起人的注意等。

3.5.3　申请淘宝店铺

在淘宝网上申请一家独立店铺，虽然目前不需要任何费用，但卖家必须通过支付宝实名认证（非支付宝关联认证账户），并通过开店考试即可启用店铺。需要注意的是一张身份证只能开一家店铺，而且不允许重复铺货式开店。

【例 3-10】在淘宝网申请一个店铺。 视频

STEP 01 启动浏览器，登录自己的淘宝网账户，单击【卖家中心】链接。进入卖家中心，单击【创

建个人店铺】按钮，如图 3-41 所示。

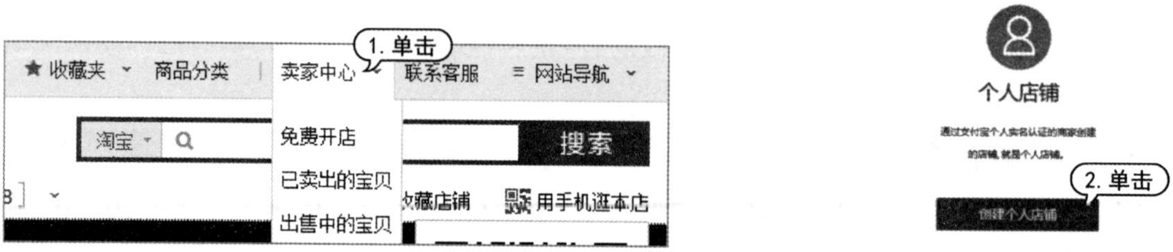

图 3-41　申请马上开店

STEP 02 在打开的【免费开店】选项区域中单击【淘宝开店认证】选项后的【立即认证】链接，如图 3-42 所示。

STEP 03 在打开的【淘宝开店认证】页面中输入个人信息，包括姓名和身份证号等，如图 3-43 所示。

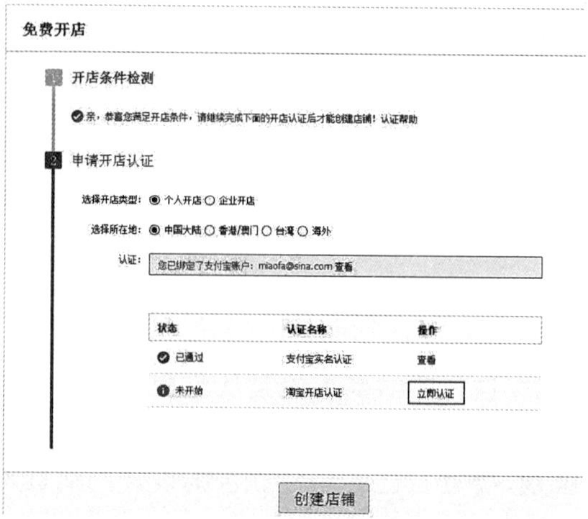

图 3-42　淘宝开店认证

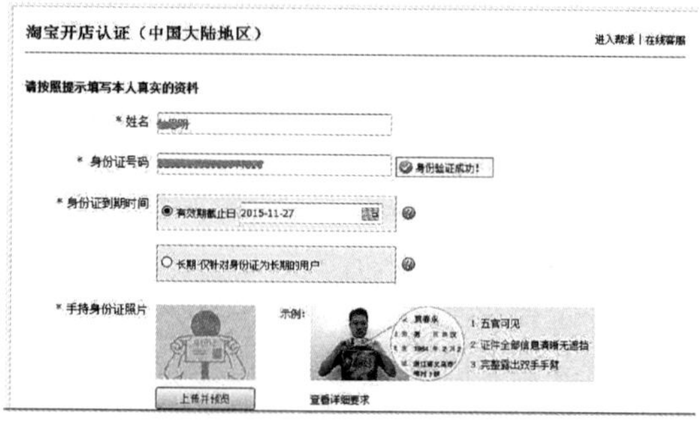

图 3-43　输入个人信息

STEP 04 根据网站的要求，拍摄一张手持身份证照片。单击【手持身份证照片】选项后的【上传并预览】按钮，在打开的对话框中选中拍摄的照片并单击【打开】按钮。

STEP 05 在打开的【身份证清晰度检查】对话框中拖动浮框检查照片中身份证所在区域的清晰度后，单击【确认】按钮，如图 3-44 所示。

STEP 06 使用相同的方法，在“淘宝开店认证”页面中上传身份证的正面和背面图片。

STEP 07 在页面中输入本人的联系方式和联系地址以及手机所收到的验证码后，单击【提交】按钮，如图 3-45 所示。

STEP 08 在打开的对话框中单击【是】按钮，提交淘宝开店认证信息。

STEP 09 此时，淘宝网将开始人工审核用户信息，完成审核后在免费开店页面中单击【创建店铺】按钮。

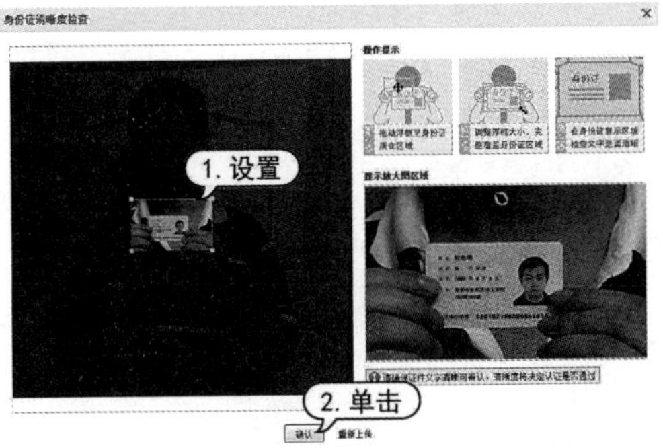

图 3-44　设置上传手持身份证照片

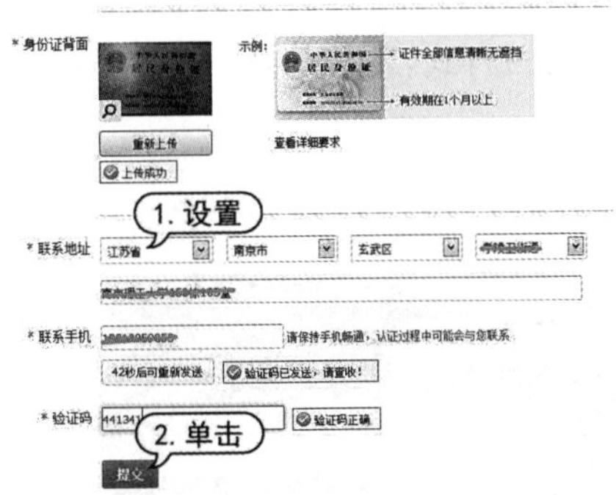

图 3-45　输入联系方式和地址信息

STEP 10 在打开的【签署开店协议】对话框中单击【同意】按钮，如图 3-46 所示。

STEP 11 此时，在打开的网页中将提示店铺创建成功，单击页面中的【完善店铺基础信息】按钮。在打开的页面中，用户可以设置店铺的名称、简介、标志等信息，如图 3-47 所示。

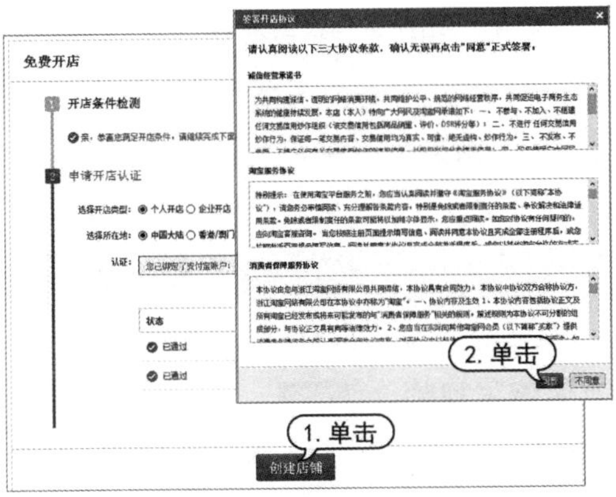

图 3-46　签署开店协议

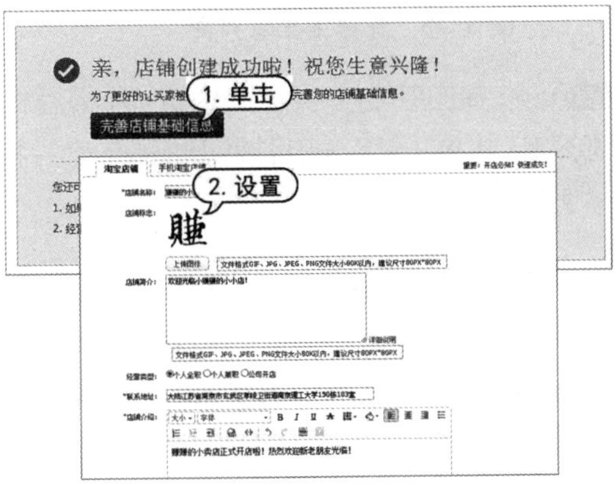

图 3-47　完善店铺基础信息

STEP 12 完成店铺信息的设置后，单击页面下方的【保存】按钮即可。

3.6 案例演练

本章的案例演练将介绍通过支付宝网站找回丢失的支付宝密码以及在淘宝大学查看淘宝开店流程的方法，用户可以通过实例操作巩固所学的知识。

3.6.1　找回支付宝密码

如果用户为支付宝账户申请了密码保护，那么当用户忘记了支付宝登录密码或支付宝登陆密码被不法分子恶意篡改时，就可以通过密码保护来找回密码。

【例 3-11】 利用密码保护找回丢失的支付宝密码。 视频

STEP 01 启动浏览器，打开支付宝网站的首页，网址为：https: //www.alipay.com。

STEP 02 单击【忘记登录密码?】链接，打开找回登录密码页面，如图 3-48 所示。

STEP 03 输入自己的支付宝账户名和验证码，然后单击【确定】按钮。打开图 3-49 所示对话框，选择找回方式，本例单击【通过安全保护问题 + 电子邮箱】选项后方的【立即找回】按钮。

图 3-48　支付宝登录界面

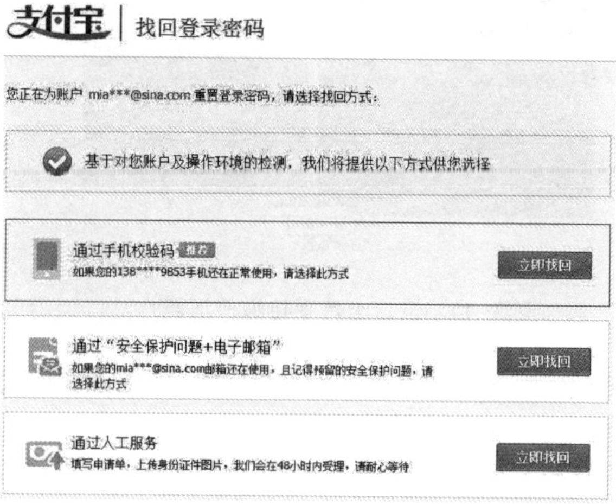

图 3-49　选择密码找回方式

STEP 04 打开回答安全保护问题页面，然后根据页面的提示依次输入申请密码保护时设置的问题答案，并单击【下一步】按钮即可充值并找回支付宝密码(新的密码将发送到用户注册支付宝时使用的电子邮箱中)。

3.6.2　查看淘宝开店流程视频

用户可以参考下列操作，在淘宝大学网站上查看淘宝开店视频讲解。

【例 3-12】　在【淘宝大学】上查看淘宝开店的具体流程视频。 视频

STEP 01 在浏览器中访问【淘宝大学】网页(https://daxue.taobao.com)，单击页面中的【新手开店】|【创建店铺】链接。

STEP 02 在打开的页面中查看与创建店铺相关的【课程列表】，如图 3-50 所示。

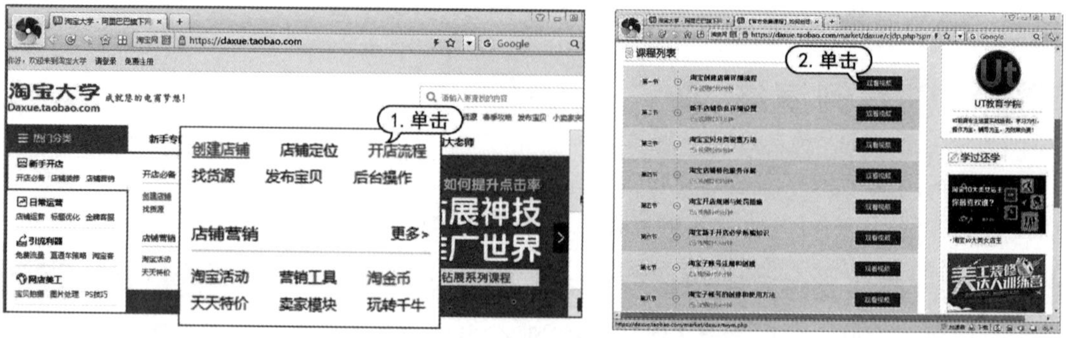

图 3-50　打开与创建店铺相关的课程列表

STEP 03 单击【淘宝创建店铺详细流程】课程后的【观看视频】按钮。

STEP 04 在打开的视频页面中单击【免费学习】按钮。在打开的页面中，即可观看淘宝开店流程的详细视频讲解，如图 3-51 所示。

图 3-51　观看淘宝创建店铺视频

STEP 05 单击视频右下角的【全屏显示】按钮,可以放大视频页面。完成视频的观看后,按下 Esc 键退出视频播放模式,单击页面左上角的【首页】按钮,返回【淘宝大学】首页,将鼠标指针放置在页面左侧的导航栏中,可以查看【淘宝大学】中的其他课程项目。

第 4 章

沟通买家，完成网上交易

在淘宝网开网店，出售的不仅仅是商品，更是一种伴随商品的服务。这种服务指的就是卖家和买家之间的语言交流，巧妙的沟通和热情礼貌的问候不仅能够促成交易的成功，还有可能增加顾客的回头率，甚至发展潜在顾客。

对应的光盘视频

- 例 4-1　回复买家站内信
- 例 4-2　在阿里旺旺中建立分组，并将好友加入分组
- 例 4-3　使用记录本记录和查找数据
- 例 4-4　设置旺旺自动回复
- 例 4-5　为阿里旺旺设置轮播的个性签名

4.1 促成交易成功的技巧

如何让每一个来到你店铺理的客户最终买单，这才是关键。如今的淘宝网店竞争可以说是非常激烈的，作为卖家，你一定要懂得一套成交的步骤和技巧，使你在未来和买家博弈的过程中掌握主动，并且取得优势，获得完美成交。

4.1.1　塑造专业的店铺形象

在网购过程中，顾客为什么会买你的产品，主要的原因是对店铺形象的信任，所有竞争到最后都是人际关系的竞争。同样的产品，同样的价位，但是不一样的店铺，如果有两个可以选择的话，哪家店铺给顾客的服务体验更好，顾客很可能就选择了这家店铺。

有时候你会发现，你对待顾客的服务态度很好，销售技巧也使用得很好，对于产品介绍也很到位，但最后买家就是没下定决心购买，这说明可能你的信赖感还没有建立起来。当然有部分顾客是属于理性顾客，需要通过其他的手段来促成成交。但是绝大部分来到你店铺中已经有意向购买的顾客，对价格、品质等方面都能接受了，只要你的销售技巧足够高，让顾客对你产生信任感，那么你的成交几率就非常大。

要塑造专业的店铺形象，除了对店铺进行整体装修，包括从店标、签名档、店铺公告栏到模版、分类栏都进行了整体的定位和塑造，让买家一进店铺就有一个良好的第一印象外，最主要的还是优质的服务和良好的业务素质。

店铺给别人的第一印象很好，这是成功的第一步。可是，卖家的真正目的是要赢利的，要挣钱，这是关键。买家进店了，看了一圈，对某个商品或者几个商品感兴趣，开始用阿里旺旺沟通交流了，询问一系列相关的问题，颜色、尺寸、品质等，最后还可能提一些问题。卖家一定要耐心、热情地予以回答。不但要很迅速地对买家的意图和需求做出判断，还应该对自己商品及外延知识有个全面的掌握，适时给买家建议。

实用技巧

最忌讳的是一味的推销，在交流过程中不要说一些推销色彩非常浓的话，保持热情、友好，不卑不亢，强行推销只能让买家反感。其实要塑造专业的店铺形象也没有那么高深，开店时间长，经历的顾客多，自然就积累了这些经验。

4.1.2　建立客户信赖感

与顾客建立信赖感不是随心所欲就可以建立起来的，最简单的方法就是把顾客当成领导，要善于倾听、投其所好、善于赞美等。

1. 善于倾听

首先，善于倾听是最基本的要点。倾听不光是接受顾客的言语信息，更重要的是要能通过这些言语信息对顾客的思维活动达到认知和理解。在沟通过程中，善于倾听，能让对方感觉到自己受到尊敬的感觉，这样做对于建立信赖感是非常有利的。要做到善于倾听应注意以下要点。

- 不要自认为对方想表达的意思就是你想象的那样，不要试图理解对方还没有说出来的意思。
- 注重一些细节。要注意从买家那获得的反馈，并及时确认自己是否理解正确。一旦确定你对他已足够了解，那么你就可以给对方积极实际的建议和帮助。

- 切忌以自我为中心，不要总是谈论自己的产品。要顺着对方，当他满足了自己的被尊重的需要以后，自然就会很乐意和你交易，还免去了你多余的嘴舌。
- 要抓住要点，不要轻易被其他的小问题吸引，切中要点重点就可以了。
- 不能对谈话内容漠不关心。这都是了解客户的途径，越了解客户就越能成交。
- 不要急于在对方没有说完之前发表观点，也不要提前在心里做一个主观判断，耐心听完对方的话再行动。
- 不论顾客多么不可理喻，或多可笑也好（当然一些无理取闹的顾客排除），也不能嘲笑对方。要支持对方的观点，把对方看成朋友，这样才能拉近彼此间的距离。
- 与顾客沟通时不要轻易激动，匆忙就给对方下结论。
- 不要同买家争执事情的对错，买家的观点在你心里永远是对的。

2. 投其所好

每个人都会特别喜欢和自己有相同兴趣的人一起交谈，当与顾客建立起相同爱好时，他就会觉得你和他是一类人，从而对你产生信赖感。

在沟通过程中，你要投其所好。比如，对方开场说“你好”，你可以说“你也好啊”，这样对方感觉会很亲切。对方用语比较粗俗，你就没必要打出很高雅的字出来。如果对方回复很快，你也得相应地提高你的回复速度。

另外，要注意对方的口头语，或者一些习惯用语，然后自己也用上。对方看到这些词语会感到莫名的开心，因为都是自己平时非常熟悉和喜欢的词语。但是不能做得太明显，太明显别人就会感觉你在刻意模仿他，会引起反感，而起到反效果。

3. 赞美买家

要获得对方的信赖，你还要会赞美。赞美要发自内心，越真诚越好。

每一个人都喜欢得到别人肯定，每一个人都喜欢听到好话。当你赞美他的行为的时候，他就会重复不断地加强这个行为，当你批评某一个行为时，他就会停止那个行为。

所以你要加强你的顾客要购买的这个动作就要赞美他。而且你赞美你的客户，能增进你们之间的关系，促进和谐，你肯定不会和赞美你说你好话的人生气吧？当然你也要不断认同你的顾客。

4. 了解商品

要对商品知识有一个系统的了解，避免出现无法回复顾客问题的现象，如果碰到没有什么耐心的顾客，可能就会失去一笔交易。

如果你不能在最短的时间内给别人最好的、最专业的服务，那别人是不会选择你的。比如说你的客户要买你店里一款球鞋，问你是什么材质的，你回答得含糊不清，是革皮还是真皮，对方肯定会产生疑虑，也就失去了对你的信任感，又如何要求对方购买你的商品呢？

5. 第三方见证

第三方见证是非常重要的，有效的客户见证可以帮助你快速提高客户的信赖度。因为他是用第三者来替你发言，而不是你本人来说。你自己讲你产品有多好，多少有点王婆卖瓜自卖自夸之嫌，还不如让顾客来替你讲话。

4.1.3 了解客户的潜在需求

顾客会购买你的产品，是顾客有问题，问题是需求的前身。比如前来购买一件首饰，也许是她自己用，也可能是送给别人的礼物，如果是送给别人的礼物，可以深入挖掘，是送朋友、同学还是父母，送礼物的目的是什么等，了解了这些你才能有的放矢。

在销售过程中，你更多的是销售某一个问题的解决方案，是在帮顾客解决问题。找出顾客的问题，然后去扩大这个问题，让顾客想到此问题的严重性后，他就会产生需求，于是你去激发和提升他的渴望，让他知道有多么需要马上解决这个问题。

找到顾客的问题才能刺激他的需求，你的顾客为什么要来你店里买“毒清霜”呢？因为他脸上容易长痘痘；你的顾客为什么要买你店里的充值卡呢？因为他想及时充值。所以他现在的所有需求都是因为他本身有问题想要解决。其次问题越大需求越高，顾客愿意支付的价格就越高。

以购买“毒清霜”的那位顾客为例，客户脸上长的痘痘越严重，那说明他的需求也越大，可能他还要配套其他的护肤产品，他会为更多更贵的产品掏钱。最后，一般情况下，人们不解决小问题，只解决大问题。你有没有曾经牙疼过呢？一开始疼的时候是不会管的，疼到后面实在忍不住了打算去外面买点药，但是疼痛突然又停了，所以你不会去管了。过两天你牙疼又来了，这下你又开始忍，最后忍到靠药物都治不了了，只有去医院拔掉。所以，当对方来到你的店铺，可能并不一定会马上买，因为他必须等到迫不得已才会去买。

作为一个优秀的淘宝网店客服人员，你的工作除了简单的销售沟通交流外，更重要的是要懂得挖掘顾客的问题，然后把问题扩大，让他们深刻认识到必须立即改变，立即做出决定才行。

怎样才能知道挖掘顾客的问题呢？这就要求你非常了解你的顾客。当你越了解顾客，你越能知道他们心里到底在想什么，什么是他们真正需要的。

世界第一的人际关系专家哈维麦凯，他的公司有一个著名的《麦凯 66 顾客档案》，里面有很多关于顾客的问题，包括顾客的姓名、地址、年龄、喜好、家庭人员，甚至喜欢去哪里度假，儿子在哪里上学。公司每个员工都要把顾客的资料填满。他的员工对客户的了解，甚至比他们的父母还清楚。当然，我们在淘宝不可能在事前做到这个样子，所以当你和顾客沟通的时候，你就要通过问问题来挖掘他们的需求和问题。对方到底是个什么样的人，他对什么东西很重视，他想要购买你的这个产品是出于什么目的等。

4.1.4 展现产品的价值

有时候，顾客会感觉你的产品太贵，是因为你没有把你的产品的价值塑造出来。有些顾客可能在购买你的产品之前已经对它有所了解但是还不太深，有些可能只是看到这个产品有这个功能，才进到你的宝贝详细页面查看具体内容或者和你交流。所以你向顾客介绍产品的这个过程其实就是塑造产品价值的过程。如果你让你的客户了解到这个产品的价值非常大，并且价值远远大于价格的时候，他们就会迫不及待地掏钱购买了。

作为一名优秀的客服人员，你不是要让自己了解商品的价值，而是要让顾客了解到该商品确实物有所值，甚至物超所值。举个简单的例子，比如你经营的是一家手机销售网店，某顾客同时看中了店内的一款国产品牌和欧美品牌的手机，而国产手机要比欧美手机价钱上要稍贵，此刻顾客心理上会有不平衡的感觉，这时你就要学会塑造商品的价值，比如说该款国产手机是最新产品，技术等都已经非常成熟了，还有是售后的维修费用要比欧美品牌便宜许多，并且零部件不需要预订等。

再以简单的一本图书销售为例，单书价的话只要 30 元，但你通过该书籍掌握了各个方面的销售技巧，抛开它可以让你倍增的收入不谈，至少它可以让你少走弯路不再犯错。你在开店的各个环节做错一步，或者和客户交谈的时候说错一句话，那么你就会损失顾客。假如你丢失一名顾客你会损失 30 元，一天因此流失一名顾客计算，那么一个月就会流失 30 名顾客，损失 900 元。所以如果这本书能节省你在开店过程中的摸索时间，而且教你使用这些正确的方法去做淘宝生意，赚回的远远不止 30 元。

实用技巧

淘宝生意长期不好，会让你找不到方向，消磨你的意志，甚至会威胁到你的生存。这都是你要付出的代价，这些残酷的人生代价加起来绝对比一本 30 元的书要更贵不是么？不要从自己的错误中学习，直接使用前人犯过的错而总结出来的正确方法，不是更省时间更省钱吗？如果你觉得有道理的话，那么现在我已经成功地塑造了产品的价值了。

4.1.5 打消客户对产品的疑虑

顾客在购买商品的时候如果迟迟拿不定主意，一定有某些不买的原因，比方你对产品的讲解不到位，他要的功能你的产品无法实现，品质不好，或者价钱的原因。此时，你应该旁敲侧击，去了解顾客有哪些疑虑，把它全部列出来。

不同的客户，他们可能对购买疑虑的表现也会不同。我们经常会遇到顾客的拒绝，原因多种多样，形式也各有不同，这里我们要了解并且区别对待，把对方的疑虑当作自己的有利条件，往往许多事情只要换个方法去阐述，反而能事半功倍。

例如，买家到你店里买一件产品，你说缺货，那买家肯定是说："那我只好去别家看了。"这个时候你可以把这个不利的条件变成有利条件，你可以说："这个货是我们这边最抢手的，新到的货一到就被抢光，每次货一到肯定就不够，您如果喜欢的话可以先预订，否则等货来了您再买，还是被先订的人拿走了，现在我们的新货还有大概两三天到货，到时候就可以发货了。"这样，本来对你非常不利的条件马上就变成有利的优势了。要从正反两面对待事情，任何不利的缺点都可能转化成对你有利的优点。

以下是在买卖过程中常碰到的顾客疑虑，我们归纳了一些解决方法。

1. 判断客户言辞中的真伪

许多顾客其实在听到客服人员的耐心介绍后，不好意思拒绝别人，经常有的就找借口，比如"我再要考虑下吧""我要和某某人商量下""过两天再来买吧"等。此时我们就需要套出顾客放弃购买的真相，比如对方说你的这个产品太贵，我的预算不足，你可以说："我这里还有另外一个更好的，是我店里卖得最好的，但是只贵一点点，性价比非常高，你要看看吗?"如果对方说可以，那么就说明价钱不是他真正放弃的原因；反之则可以判断对方确实是因为价钱原因，可以适当降低售价或提供其他优惠措施来挽留顾客。

2. 找寻客户真实的疑虑

如果对方和你谈到商品材料问题，你可以尝试询问对方："请问这是您对这个产品唯一的问题么?"如果答案是否定的，那么这个就不是真正的购买疑虑。还有别的，那就找其他的。

3. 合理回答客户提出的问题

比方说，对方觉得你的商品很贵，你可以回答："其实是这样的，我们店铺多年前面临一个抉择，我们可以用更低的成本制造这个产品，让它卖给你的时候是最便宜的。我们也可以额外投资研发成本，让它的功效达到最好的程度。顾客只是暂时在乎价格，但当顾客买回去以后，他在乎的就是质量了。这位先生，我们公司最后决定，宁可让你买的东西比便宜货贵一点点，也不要让你去买次级品。您应该为您的选择感到高兴不是么？”

解除顾客的疑虑，总的原则是要将顾客的疑虑转为问自己的问题。例如，顾客说：“太贵了”可转为“为什么你的产品值这么多钱”；“我要回家商量一下”可转为“我为什么要现在下决定”先忽略抗拒，再提问题，转移顾客的注意力，如果抗拒提出两次则是顾客真正关心的问题，需要详加解释。

实用技巧

总之要记住一个要点：客户不买的原因就是他要买的理由。

4.1.6　推动商品成功交易

当你解决完顾客的所有购买疑虑后，一般这个情况下就不要再问对方是否购买，当然也不能干等在那里，直接叫对方把产品拍下来就可以了。

当客户还在犹豫的时候，你在这个时候给他一个推动，他就会行动了。你可以和你的买家说“现在拍下，下午还可以发货哦”或者说“因为此货就几件了，今天拍还有货，明天说不定就没有了”，甚至你直接给对方一个动作的要求，要求对方拍下，这个时候客户一般会采取行动。如果对方还有问题，他就不会自己闷在肚子里想，也会马上提出来，通过这样的方式，把他隐藏的问题也逼出来。解决好了以后，再叫对方下单。

一般客户都比较懒，你要在最后把对方需要的产品的链接一起发给他，这样他就不用自己再找了，别让他们最后找到别人店里去了，那就麻烦了。如果你给了对方优惠，你还要提醒对方，拍下以后先别付款，等你改好价格，再通知对方。这样对方会觉得很贴心，而且更容易产生行动。

4.2　网店客服的必备能力

淘宝网是人气最旺的电子商城，每天约有 9 000 多万买家光顾这里。如果卖家的宝贝被买家看中，就需要卖家想办法把买家留住，说服他拍下你的宝贝。这就是作为一个优秀的客服所要具备的基本能力。

4.2.1　熟悉买家的询价方式

买家看中你店铺中的宝贝后，在掏钱买下商品前，一般都会向卖家咨询一些商品信息，最常见的是讨价还价。

在网店进行讨价还价不可能是面对面的，必须要通过互联网连接买卖双方进行，买家可以通过以下 4 种方法和卖家联系。

- 给卖家发送站内信件联系。
- 在宝贝页面上给卖家留言。
- 在店铺页面上给卖家留言。
- 使用淘宝旺旺直接与卖家联系。

实用技巧

淘宝买家向卖家发出询问信息后，卖家必须要及时答复，否则就像在实体店，顾客询问店中的商品信息，而售货员却不搭理顾客一样。出现这种情况，即使宝贝再好，也卖不出去。

4.2.2 与顾客交流的注意事项

“顾客是上帝”,这是一条被众多经营者所奉行的商业法则。网上开店是电子商务发展下萌生的新兴行业,但也要依据这一法则。在经营初期,店铺访问量不是很大,买家数量较少,商品成交率低,新手卖家要尽量留住每一个上门的买家,与买家有良好的交流和互动,以争取交易成功。在与买家的交流中需要做好以下几个方面。

1. 认真回答顾客的问题

通常买家在进行网上购物时都会选择一些信用等级较高的店铺。对于处于起步阶段的网店来说,可能得不到买家的信任,要面对的买家问题也特别多,甚至会遇到一些刁钻的买家。有的卖家会因此而打退堂鼓,放弃与买家的交流,这样就会白白流失一个客户。其实,只要卖家有耐心,设身处地为买家想一想,相信很多问题都能迎刃而解。

2. 切忌单刀直入地推销商品

面对上门的买家,最好不要一开始就过分直接地向其进行商品推荐,给买家留下不好的印象。卖家可以从了解买家的需要入手,找一些买家感兴趣的话题进行交谈,制造轻松的气氛,再切入正题。

3. 仔细倾听顾客提出的问题

如果在交易过程中因为某些问题不能使得买家满意而引起纠纷,这时卖家千万不要因为一时气愤或难以忍受而以过激的言辞进行还击。卖家要以理服人,耐心倾听买家不满,并给出合理的解释,尽量及时地满足买家的要求,让买家感觉到自己是被尊重和重视的,以“尊重”去赢得尊重,让买家交易得心服口服。

4.2.3 买家还价的应对方法

在交易过程中,当买家提出还价时,卖家要在心中制定一个还价的尺度,既不能一步不肯退让,也不能轻易松口,如利润空间太小实在不能进行还价,也要与买家耐心说明缘由。毕竟,留住一个顾客不容易,而失去一个顾客却很容易。

因此,如何应对买家还价也是卖家在交易中必须掌握的技巧。

1. 留出谈价的空间

除非宝贝的优势非常明显,否则无论是宝贝定价还是跟买家的讨价还价,都不要在一开始就抛出最低价格,要学会给自己留有一定的空间。对于喜欢讨价还价的买家,很多掌柜嫌麻烦会直接给出最低价,但这种做法的成交率往往很低。

因为很多买家一般不会相信卖家在一开始就给出最低价,此后的价格拉锯战将会异常艰难,而成交的价格也往往低于原先的最低价。

2. 证明价格的合理性

大部分买家都会认为商品的价格比想象中要高得多,此时卖家应该及时从宝贝的质量、功能以及售后服务等方面进行强调,证明宝贝的定价是相对合理的。

3. 每次只降价一点点

在交易过程中难免会遇到一些砍价水平很高的买家,似乎降多少都不会让他们满意。遇到这种情况,卖家应该多花点时间,每次只降一点点,让买家觉得自己是受到重视的,同时也要表明利润有限,给买家的价格是很优惠的,最重要就是要有耐心,不能心浮气躁,甚至赶客。

4. 避免与买家斤斤计较

当价格达到一定的底线出现僵持状态的时候,卖家如果主动做出小小的让步,减免部分邮费或者送上一份赠品，让买家感受到卖家的诚意，往往就可以促成交易。

时刻不要忘记开店的目的是为了卖出产品达成交易，讨价还价的过程其实是买卖双方互相让步的过程。

实用技巧

对于优势明显的宝贝，可以实施明码标价政策。在“不亏本、不丢市场、不丢客户”的原则下灵活掌握并且理性应对买家的砍价，把握讨价还价的主动权。此外，价格一旦确定，应立即要求买家付款，避免买家变卦。

4.2.4　回复阿里旺旺消息

阿里旺旺是买家和卖家沟通时最常用的工具。当买家看到中意的商品后，直接单击这个商品旁边的阿里旺旺头像，就打开了与卖家交流的窗口。如果卖家也恰好在线，买家的咨询信息一发送，卖家马上就可以知道有买家上门了，这时卖家可以立即提供服务，促成这笔生意成交。如果卖家此时不在线，买家也可以与卖家离线咨询商品信息。只要上线后，马上就可以看到买家的商品咨询信息了。

启动并登录阿里旺旺。当买家向卖家发送商品咨询信息后，会在任务栏自动弹出闪烁的消息提示，提醒卖家已有买家找自己了解宝贝情况了。单击任务栏中闪烁的图标，弹出对话框窗口，这个窗口上面是买家的提问，下面是卖家要输入的答复，如图 4-1 所示。

图 4-1　回复阿里旺旺消息

在阿里旺旺的聊天窗口中，完成输入答复文字后，单击旁边的【发送】按钮，对方买家计算机中就会立即出现同样的对话框，上方是卖家的答复，下方窗口可以是买家的继续提问。

实用技巧

作为淘宝卖家，如果安装上阿里旺旺只是用于等待买家上门，进行即时交流，就有些大材小用了。其实，阿里旺旺这个应用程序，不仅可以帮助买卖双方即时沟通，还整合了许多店铺管理和交易管理功能。作为专业卖家，只有熟练掌握了阿里旺旺的各项强大功能，才能真正玩转网上交易。

4.2.5　回复买家的站内信

除了阿里旺旺外新买家和卖家沟通比较常用的方式，还有向卖家发送站内信。

淘宝网所有商品，都提供了站内信件的沟通桥梁。买家只要通过相关途径搜索到中意的宝贝，不需要其他技术，直接发送站内信件，就完成了对商品咨询的工作，非常方便。卖家看到这些信件，应该立刻回复。作为一个合格的客服人员，一定要及时热情地回复每一位买家的站内信。

【例 4-1】 回复买家站内信。 视频

STEP 01 回复买家站内信件的方法很简单，登录淘宝网，进入卖家中心，单击左上角的【站内信】链接。

STEP 02 打开站内信页面，默认界面中显示了卖家收到的全部信件，单击未读信件的标题，打开买家信件内容，如图 4-2 所示。

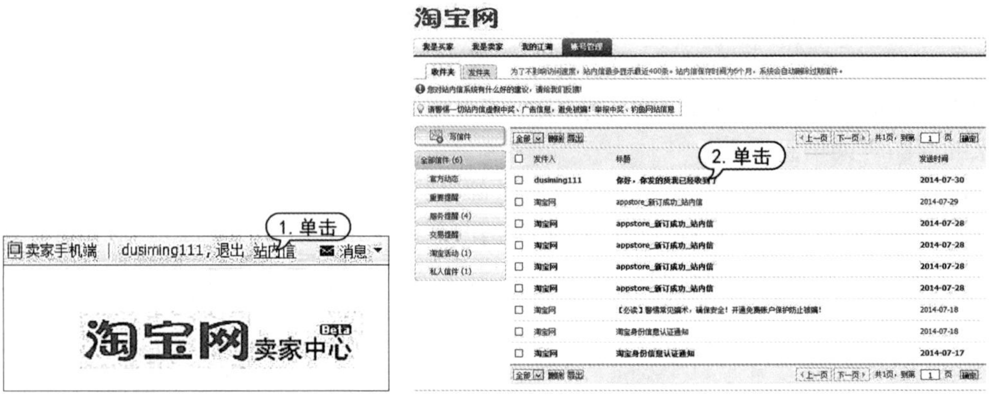

图 4-2　查看淘宝网站内信

STEP 03 此时，显示的是信件的摘要，继续单击【阅读全部】链接。

STEP 04 打开信件的详情页面并阅读信件内容。单击【回复该信件】按钮，打开回复站内信页面，确认收件人等信息后，输入回复内容和校验码，单击【发表】按钮，如图 4-3 所示。

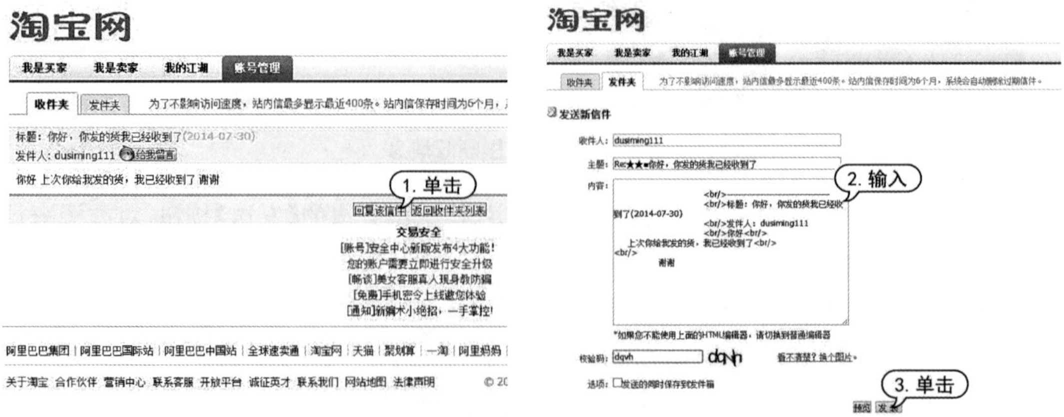

图 4-3　回复站内信

STEP 05 买家看到回复后，可能还会进一步询问，这时卖家只要按上面办法，再次进入站内信件的收件箱查看，并再次回复即可。

实用技巧

站内信件是新买家常用的一种咨询商品的方式，卖家和客服人员应该养成习惯，每次进入淘宝，就关注一下【站内信】按钮旁边的数字显示。一旦发现有新信件进入，就要立刻用上面的办法，回复买家的问题。

4.3 沟通时的“三不”和“两保持”

在与买家的交流过程中要谨记“三不”和“两保持”原则，“三不”指的是语气不生硬、不赶客、不拉黑；“两保持”指的是保持话题的延续性和保持销售的关联性。

4.3.1 沟通时的“三不”原则

在与买家交流的过程中首先要保持“三不”原则，即语气不生硬、不赶客、不拉黑。

1. 语气不生硬

语气不生硬是指在与买家交谈时的语气中不应缺乏交流的态度，让买家产生隔阂、厌恶和不舒服，甚至是烦躁的感觉。要做到语气不生硬，应避免以下说话方式。

- 宝贝介绍里有，请你自己去看！
- 快递不是我开的，保证不了速度。
- 都说了今天不能发货。
- 不买怎么知道好不好用。
- 我在吃饭，等会儿……
- 反复使用简单被动的语气词：嗯、是。

2. 不赶客

不赶客是指不能用直接或间接的语气告诉顾客不要继续在自己店里购物。常见的赶客语气有“谁家便宜你上谁家买去”“我不卖给你了”“你去别家看看吧”，或者找借口不卖了，或者是长时间的沉默和不回复。

3. 不“拉黑”买家

不拉黑是指不要将买家拉入黑名单，拉入黑名单后，该买家就无法使用旺旺继续和卖家进行对话了。

在开店初期，卖家都会耐心解释买家的咨询，语气生硬、赶客、拉黑等问题很少出现，但是随着交易的增多，问题也会随之增多，卖家的耐心可能会慢慢消失，并逐渐出现生硬回复的现象。

生硬的语气容易引发冲突，继而出现赶客和拉黑的行为，这样一方面会造成顾客的流失，另一方面，即使强迫成交，也可能收到买家的差评，实在是得不偿失。

实用技巧

在销售的过程中要长期保持耐心、克制冲动，做到语气不生硬、不赶客、不拉黑，这是减少买家流失并避免恶劣后果的重要因素。

4.3.2 保持话题的延续性

保持话题的延续性、不在交流中出现冷场的局面是提高交易成功率的有效手段。下面通过实例来展示使用延续性交流的方法产生的不同结果。

案例 A

买家:你家有野生山核桃吗?

卖家:有的。

买家沉思中……

案例 B

买家:你家有野生山核桃吗?

卖家:有的,亲,您喜欢吃野生山核桃吗?

买家:呵呵,喜欢吃。

卖家:我家的野生山核桃质量很好、颗颗清脆,请问您要一斤还是两斤(发图)?

买家:那我先来一斤尝尝吧。

案例 C

买家:你家有野生山核桃吗?

卖家:有的,亲,请问您要一斤还是两斤?

买家:我再看看吧。

卖家:这批山核桃颗粒饱满,质量很好,卖得很快呢,要是过几天也许就会断货的哦!

买家:是吗? 卖的这么快啊,你家生意蛮好的嘛!

卖家:谢谢亲的夸奖哦,来我们店的大部分都是回头客,他们都很喜欢我家的山核桃,您先来一斤尝尝吧!

买家:好的,那就先来一斤吧。

当买家出现沉默、犹豫,就表示买家可能要离开而中止交易了,保持话题的延续性,在交谈中讲述宝贝的优势、消除买家可能存在的疑虑,可以提高成交的概率。

4.3.3 保持销售的关联性

销售的关联性是指在成交以后通过和卖家的进一步交流,寻求继续成交的可能性,从而扩大成交量。下面通过实例来展示一下使用销售关联性的方法产生的不同结果。

案例 D

买家:这件连衣裙有货吗?

卖家:有的亲,这件连衣裙质地很好,穿在身上不但舒服而且很显气质。

买家:好的,我付款了。

付款后……

买家:我付款了,记得发货哦!

卖家:好的亲,再见!

案例 E

买家:这件连衣裙有货吗?

卖家:有的亲,这件连衣裙质地很好,穿在身上不但舒服而且很显气质。

买家:好的,我付款了。

付款后……

买家:我付款了,记得发货哦!

卖家:好的亲,你真是有眼光哦,亲一定是个会打扮的女孩子吧!

买家：呵呵，还好吧！

卖家：我们店里新进了一批漂亮的腰带，如果配上这件连衣裙，就更显气质了！您可以去看看。

买家：噢，是吗？

卖家：亲这么有眼光，高人面前我就不献丑啦，我相信您一定会喜欢的，这是宝贝链接……

买家：呵呵，好的，我去挑一根吧！

卖家：好的！

实用技巧

商品交易成功切勿催促买家确认和评价，买家收到商品后，有一个使用、体验和鉴定的过程，或者买家因各种原因未能及时上网，造成确认和评价的延迟，均属正常现象，过度催促会引起买家反感。

4.4 注意网店的服务体验

网店服务体验，主要包括客服人员的服务及时性、亲切性、专业性、灵活性、主动性、诚信性、感恩心态等多个方面。服务体验代表了一家店铺的“魅力”。对于客户来说，与他接触的客服就代表着整个网店。客服给客户的感动多，网店魅力就强，否则就相反。而让客户在兴趣、喜爱之后进入忠诚状态的，唯有网店的魅力，也就是服务体验的提升。

4.4.1 及时迅速的响应

据调查，许多顾客在与客服交流之前，如果当前客服人员不在线或者很长时间没有回应，放弃购买的顾客占了很大的比例，所以作为客服人员，做到及时响应顾客非常重要，既获得了客户的优先选择，又让客户不忍放弃购买。

用户与客服人员交流主要是通过阿里旺旺和QQ，如果此刻你正在跟多个顾客交谈解答，可以预先设置自动回复信息，例如“由于线上咨询商品的顾客太多，请稍等马上给您处理，非常抱歉，请您谅解！XX店客服人员”。

做到及时迅速地响应顾客，除了及时外，还要遵循首问优先原则，优先回答第一次询问的客户。此外，如果是店铺的VIP顾客，为了让其体验到购买过程中的VIP待遇，让VIP顾客感受格外的温暖，最好指定专门客服人员一对一服务。

对于询问有关售后服务问题的顾客，店铺可以指派专门的售后客服人员来解决问题，也就是做到客服人员专职专位（当然这要建立在客服人员充足的基础上）。

4.4.2 礼貌亲切的交流

尊重顾客是客服人员最基本的礼仪，亲切的礼貌用语可以让客户对店铺产生好感，产生购买意向。

尊重客户习惯、喜好，采用不同类型用语。大多数购买家电、电子产品等高价值产品的目标顾客为男士，适合用礼貌用语，例如您好、欢迎、请、多谢、再见等。而一些购买服装、化妆品、饰品等商品的顾客多为女士，适合用亲切用语，例如亲切用语：兄弟、姐姐等。

4.4.3 专业可信的服务

专业可信的顾客服务，能让售前顾客的理智判断倾向于你，让售后问题的顾客“化不满为欣赏”。

卖家可将客服人员划分为售前客服和售后客服两种。

对于售前客服的要求相对简单一些，主要是要求他们有过硬的在线客服理论知识，能对常用的问题进行整理，给出最完美的答案；对于售后客服，主要是要求他们对于每款商品都有亲身的体验，可以独立指导顾客操作实用并简单常见的问题。

4.4.4 积极主动的销售

热情的服务往往能够挽留住顾客，并且让顾客下定决心购买。不知道你有没有亲身经历过，笔者在网上购物时，如果看中一件商品，首先是对该商品进行至少 3 家左右店铺的比较，然后与这 3 家店铺的客服人员进行交流，往往选择一些态度积极，能排除我购买疑虑的客服店铺购买。

作为一名客服人员，要做到积极主动的销售，而不是坐以待毙，当然如果碰到一些不喜欢反复介绍说明的顾客另当别论。在销售过程中，通过介绍产品的卖点，帮助客户下决心购买，并通过良好的沟通，消除客户的不满或疑虑。当顾客决定购买时，不要忘了推荐店铺内的畅销产品或促销活动，提升客户贡献率。

4.4.5 灵活主动的沟通

除了让顾客除了获得尊贵的感受外，当顾客购买商品后，还要让其有一种付出的愉悦感，这一点是许多客服人员都没能做到的，其实只要花些心思，对顾客心存感恩之心即可。

在销售商品之前，无论成交与否都真诚感谢客户光临店铺，不要让顾客感觉你唯利是图。

在销售商品过程中，活用温暖贴心的话语来感谢客户拍下产品，多用一个词，一句话，能产生两种截然不同的心理，例如顾客拍下商品后，“嗯，好，我知道了，马上就去处理下。”与“好的，非常感谢你选择我们的商品，我会尽快帮你处理，你可以稍等片刻，享受下本店其他服务，谢谢您。”虽然两句话都没有什么毛病，但显然后者要比前者更能体现出对顾客的感激之情。

实用技巧

另外，客服人员还可以通过一些小细节来表达自己的致谢，例如可以在发货时附带一些贺卡、致谢函等来表示对买家的感谢，在店庆或节假日可以给顾客发送祝贺或感恩的电子邮件等。

4.5 建立商品买家档案

建立买家档案是指将店里的新老顾客加为好友并进行交易信息整理，当卖家需要进一步得知买家的信息时，可方便地从买家档案中进行查找。

4.5.1 将旺旺好友分组

使用旺旺的分组功能对加为好友的买家进行分组后，当与买家进行聊天时，可马上通过买家所在分组判断买家身份。

【例 4-2】 在阿里旺旺中建立分组，并将好友加入分组。 视频

STEP 01 登录千牛工作台并切换旺旺模式，右击任意默认分组，选择【添加组】命令。

STEP 02 随后会在所有分组的最下端添加新分组，用户可输入新分组的名称，如图 4-4 所示。

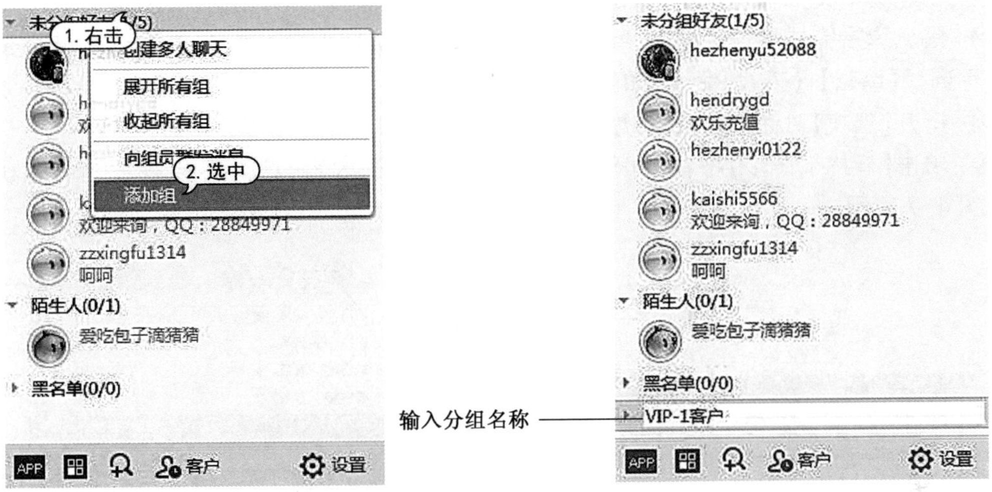

图 4-4　创建新好友分组

STEP 03 输入完成后，按下 Enter 键完成分组的添加。右击要改变分组的好友，选择【移动好友到其它组】命令。

STEP 04 打开【选择组】对话框，选择相应的好友分组，单击【确定】按钮，如图 4-5 所示。

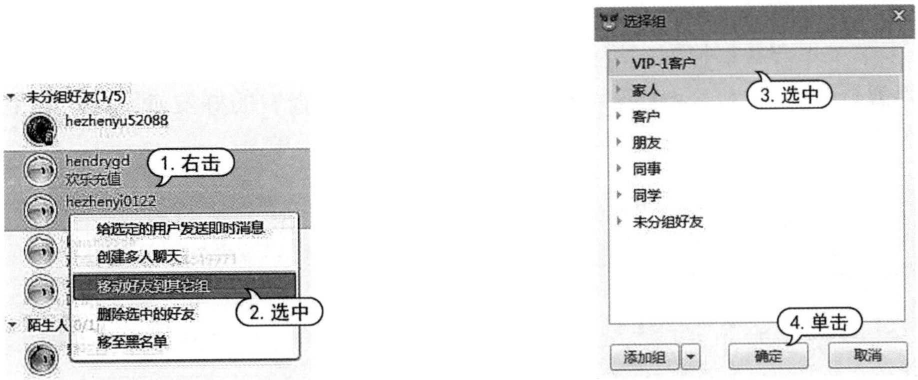

图 4-5　将好友移动到指定的分组

STEP 05 此时和该好友聊天时，在聊天窗口的上方即可看到好友的所属分组。

4.5.2　使用记事本记录信息

记事本是 Windows 系统自带的一个小工具，该工具体积小巧、打开迅速并且使用简单方便。用户可将有过交易记录的买家会员名和购买宝贝的数量记录在记事本中，当需要查找相关数据时，使用记事本的查找功能即可。

【例 4-3】 使用记事本记录和查找数据。 视频

STEP 01 在 Windows 系统中右击桌面，在弹出的菜单中选择【新建】|【文本文档】命令。

STEP 02 此时，将创建一个文本文档并提示输入文档名称。输入“客户资料”后，按下 Enter 键

即可。

STEP 03 创建文本文档，然后在打开的记事本窗口中输入要记录的数据，如图 4-6 所示。

STEP 04 信息编辑完成后，选择【文件】|【保存】命令，将文档保存。用户若要查找某个买家的信息，可选择【编辑】|【查找】命令，如图 4-7 所示。

STEP 05 打开【查找】对话框，在【查找内容】文本框中输入买家的名称。

STEP 06 单击【查找下一个】按钮，即可迅速查找到需要的内容，该内容会以被选中的状态出现，如图 4-7 所示。

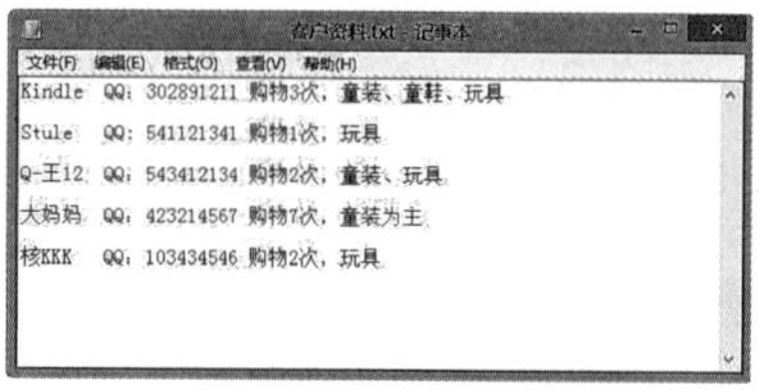

图 4-6 输入客户资料

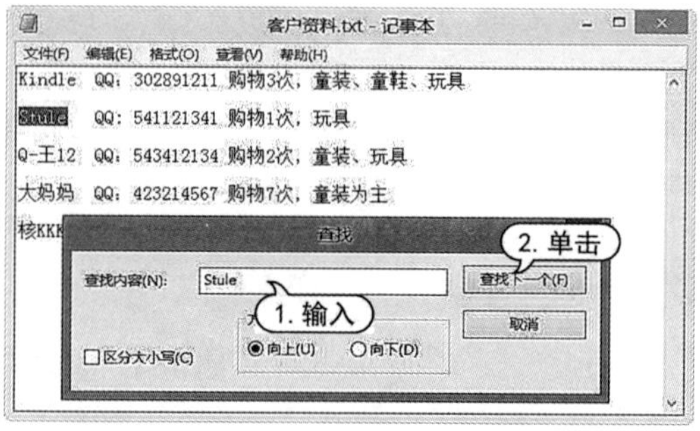

图 4-7 查找客户资料

4.5.3 查看阿里旺旺聊天记录

阿里旺旺具有聊天记录的查看功能，用户可随时查看和买家的聊天记录。

登录千牛工作台并切换旺旺模式，单击界面上方的【功能菜单】按钮，在弹出的菜单中选择【消息管理】命令。在打开的【消息管理器】窗口中选择要查看的好友，即可查看相应的聊天记录，如图 4-8 所示。

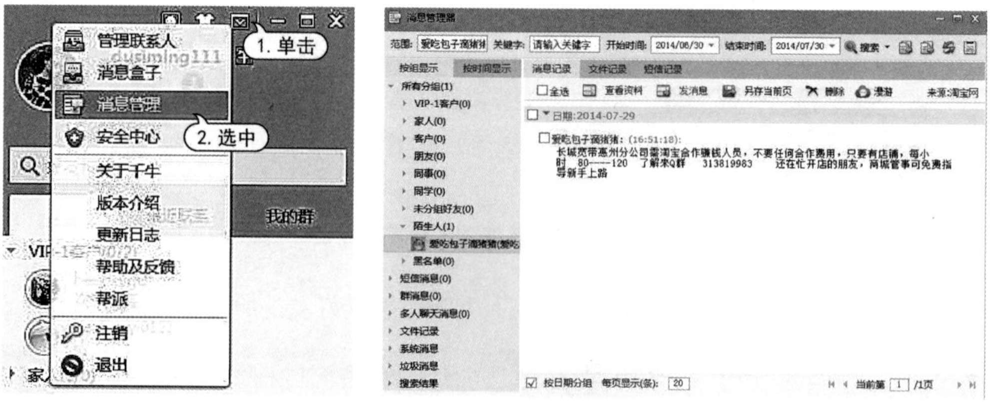

图 4-8 旺旺聊天记录

实用技巧

单击窗口右上角的【导出消息记录】按钮，可导出聊天记录。

4.6 区别对待不同买家

对买家进行分类，可以做到心中有数，应对有方，就是所谓的知己知彼，百战不殆。一般来说，买家主要分为新手买家、老买家和即时买家等。

4.6.1　耐心对待新手买家

淘宝卖家可通过阿里旺旺来识别新手买家。一般来说新手买家注册的时间比较短，并且信用度不高，多数还没有上传头像，这些信息都可以在阿里旺旺聊天窗口的右下角看到，如图 4-9 所示。

在聊天窗口中单击买家头像，选择【查看名片】命令，如图 4-10 所示，也可查看买家的信誉度。一般来说新手买家主要有两种问题：第一，不熟悉购物流程；第二，对网购不太信任。因此卖家要掌握新手买家因网购知识的缺乏而产生的错误，指导新手买家顺利进行购物，消除新手买家的不安情绪。

图 4-9　在聊天窗口查看买家信用度

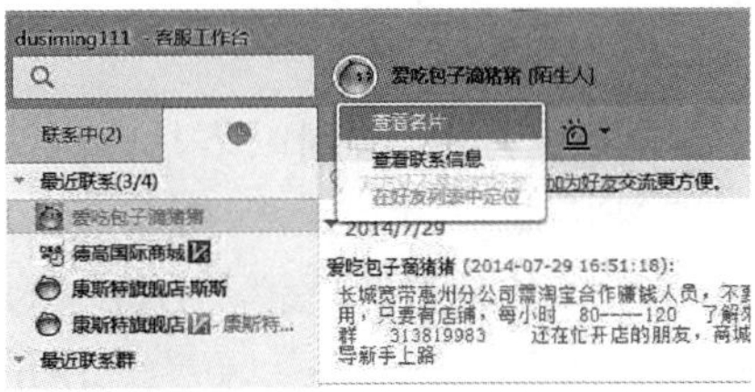

图 4-10　查看名片

归纳起来，在与新手买家进行交易时，通常会遇到以下几种情况。

情况 1

新手买家在单击【立刻购买】按钮后，以为已经拍下，而没有提交订单。

应对措施：耐心提示新手买家继续操作，直到出现支付宝付款界面，然后指导新手买家通过支付宝付款。

情况 2

新手买家在拍下宝贝后，通过网上银行将钱充值到支付宝中，没有通过支付宝付款，却以为已经付款成功。

应对措施：提示新手买家打开【已买到的宝贝】页面，然后单击【付款】按钮，按照提示完成付款操作。付款成功后，交易后的状态会由“等待买家付款”变为“买家已付款，等待卖家发货”，此时才算购买成功。

情况 3

新手买家因为是初次网购，在与陌生人交流的过程中，容易产生陌生感和紧张感。

应对措施：在聊天中多使用旺旺表情，表情比生硬的对话更具亲和力，这样可以拉近与买家的距离，创造一个和谐的聊天环境，与买家建立信任基础。

情况 4

新手买家因为不熟悉购买过程或者不会操作，导致误操作，例如一件宝贝反复拍下多次，拍下的时候没有选对尺码、颜色等。

应对措施：此时应耐心安抚新手买家，表明自己也是从新手过来的，同样的错误也犯过，然后细心指导买家直到购买成功为止。

情况 5

新手买家可能会经常催件，在没有收到宝贝之前反复查询。

应对措施：这是由于新手买家对网购不信任引起的，此时应引导新手买家正确查询快递，并讲清楚支付宝担保交易的安全性，消除买家的疑虑。

实用技巧

善待新手买家，会使新手买家对第一次网购接触到的卖家产生良好的印象，进而可以使新手买家转化为自己的老买家。

4.6.2 尽量留住老顾客

留住老顾客也就是回头客是非常重要的。当买家再次购买同类物品时，首先会想到以前购买过的店铺，老店铺会让买家心里更踏实，同时还可省去搜索、分析、咨询等一系列繁琐的过程。当有众多的老买家形成一个固定的消费群体时，也是网店稳步安全增长的一个良好基础。

要留住老顾客，需要做到以下几点。

- 经常更新店铺中的宝贝，保持买家的购买欲望。
- 实行 VIP 制度，让老买家享受特殊的价格待遇。
- 提供周边服务，例如代购、更为广泛的产品知识、独特的鉴定方法等。
- 主动跟踪服务，了解买家使用后的体验和感受。
- 拉近与老顾客的距离，和老顾客成为朋友。
- 老顾客也会出现失误，当老顾客出现失误时，应像对待老朋友一样细心关怀。
- 改变对老顾客的称呼，适当的昵称会让人感到亲切。

实用技巧

除了介绍产品外，对卖家个人情况的介绍也会让老顾客进一步相信你。

4.6.3 自动回复留住即时买家

买家在挑选宝贝时，往往会同时挑选多家店铺的宝贝进行比较，然后逐一咨询，在咨询的过程中，买家会根据卖家对宝贝的介绍和卖家的服务态度来最终决定在哪家购买。如果卖家刚好有事不在电脑旁，可能就会流失此类买家。

因此卖家要善用自动回复，尽量挽留此类即时买家。下面通过实例来介绍如何设置自动回复。

【例 4-4】 设置旺旺自动回复。视频

STEP 01 登录千牛工作台并切换旺旺模式，然后单击界面左下角的【设置】按钮。

STEP 02 打开【系统设置】对话框，然后展开左侧列表中的【客服设置】|【自动回复设置】选项，如图 4-11 所示。

STEP 03 选中【当天第一次收到买家消息时自动回复】复选框，然后单击【新增】按钮。

STEP 04 在打开的对话框中输入第一次收到买家消息时应回复的信息，然后单击【保存】按钮，

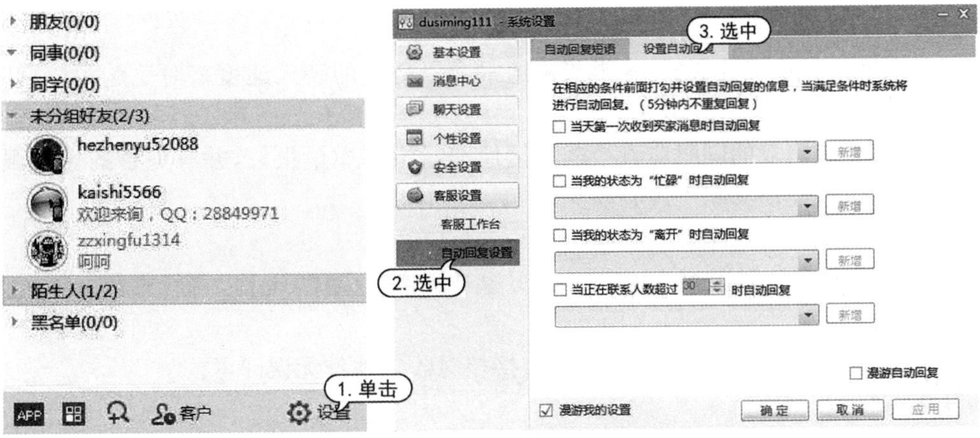

图 4-11　打开【系统设置】对话框

如图 4-12 所示。

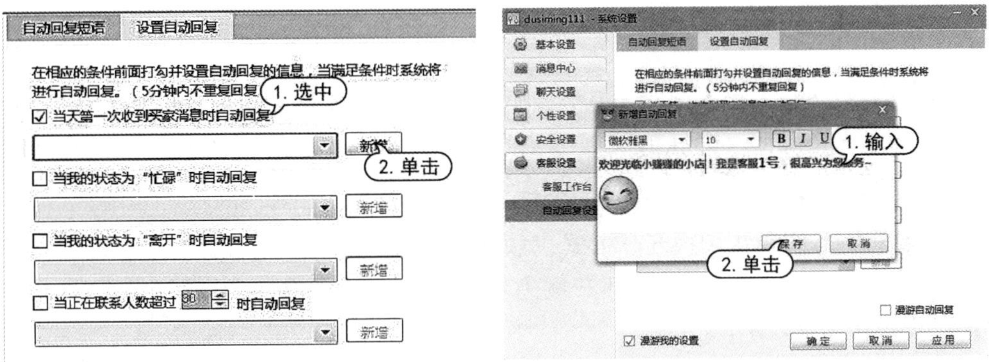

图 4-12　设置“当天第一次收到买家消息时自动回复”

STEP 05 选中【当我的状态为“忙碌”时自动回复】复选框，然后单击其后的【新增】按钮。在打开的对话框中输入当自己的状态为忙碌时，回复买家的信息，然后单击【保存】按钮。

STEP 06 使用同样的方法，完成【自动回复设置】选项区域中的各种回复设置后，单击【确定】按钮即可。

4.6.4　灵活应对各类特殊买家

特殊买家是指对网上交易有着不同于一般人的独特要求的买家群体。对特殊买家的各种行为和需求进行分析和整理，可轻松应付各类紧急情况，避免因措手不及而导致交易不成功或者交易不愉快。

情况 1

催件的买家：这类买家一般对快递知识不太了解，用相近城市的发货速度来比较距离较远城市之间的发货速度，用直达城市之间的发货速度来对比需要中转的城市之间的发货速度，用航空的发货速度来对比陆运的发货速度。

应对措施：制作一张不同城市之间，不同运送方式之下的发货和到达时间对照表，以方便买家对照,并向买家介绍快递的相关常识。

情况 2

对回复速度比较重视的买家:这类买家通常会以普通的聊天速度来对比购买咨询时的客服回复速度。

应对措施:礼貌回复的同时应直接或间接地表示宝贝质量很好,并有完善的售后服务,消除买家的后顾之忧,促使买家下决心购买。

情况 3

不咨询直接拍下并付款的买家:这类买家非常熟悉网购流程,自行甄别后,直接放心拍下。

应对措施:如买家拍下时旺旺在线,可直接核对收货地址无误即可。

情况 4

遇到爱讲价的买家,包括试探性讲价和软磨硬泡、不达目的誓不罢休的讲价。

应对措施:如果实在没有降价空间,要简单而有礼貌的拒绝,不要做过多解释,过多解释反而会引起更多的话题。

4.7 案例演练

本章的案例演练将介绍在千牛工作台的旺旺模式下自动轮播个性签名的具体方法,用户可以通过实例操作巩固所学的知识。

【例 4-5】 为阿里旺旺设置轮播的个性签名。 视频

STEP 01 登录千牛工作台并切换旺旺模式,然后单击界面左下角的【设置】按钮。

STEP 02 打开【系统设置】对话框,展开左侧列表中的【个性设置】|【个性签名】选项,然后单击【新增】按钮,如图 4-13 所示。

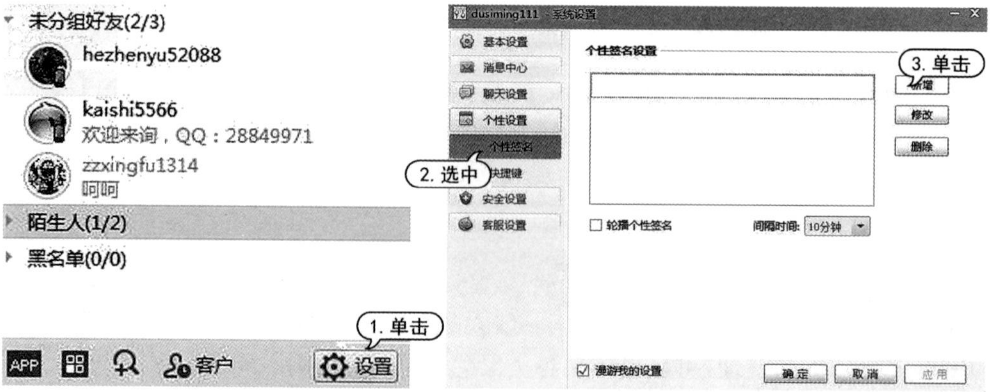

图 4-13 打开【系统设置】对话框

STEP 03 在打开的对话框中输入签名内容后,单击【保存】按钮,如图 4-14 所示。

STEP 04 返回【系统设置】对话框后,选中【轮播个性签名】复选框(在该复选框后,用户可以设置个性签名的轮播间隔时间),并单击【确定】按钮,如图 4-15 所示。

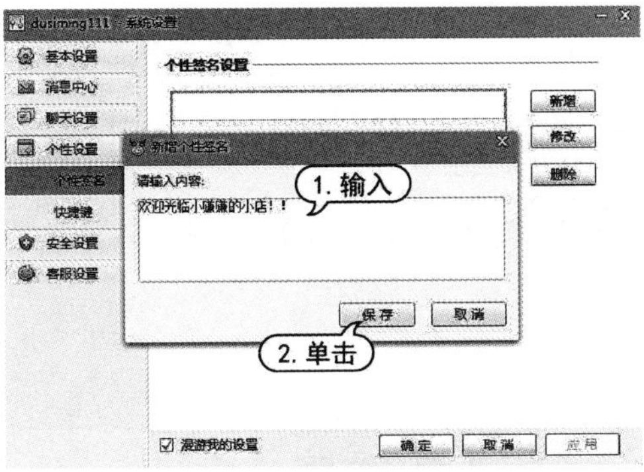

图 4-14　设置旺旺签名内容

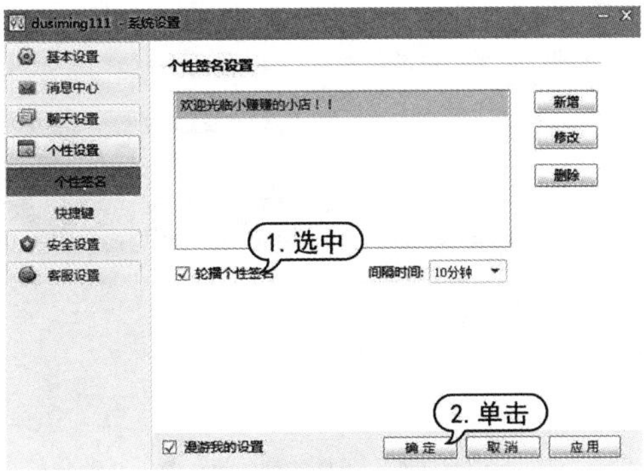

图 4-15　设置轮播签名

第5章

拍摄并制作商品照片

在经营淘宝网店的过程中，无论是营销还是推广都离不开商品图片的拍摄与制作。在很多情况下，一幅好看的图片胜过千言万语，有经验的卖家都会正视商品图片在网络销售中的重要性。本章将重点介绍商品图片的拍摄技巧与处理方法。

对应的光盘视频

例 5-1　使用 Photoshop 软件处理曝光过度的照片

例 5-2　使用 Photoshop 软件处理曝光不足的照片

例 5-3　使用 Photoshop 软件处理有偏色问题的照片

例 5-4　使用 Photoshop 软件调整照片的图像清晰度

例 5-5　使用 Photoshop 软件更换拍摄照片的背景图

例 5-6　使用 Photoshop 软件处理商品照片中存在的划痕或污点

例 5-7　使用 Photoshop 软件处理商品照片中存在的残缺或裂痕

例 5-8　使用 Photoshop 软件为照片添加简单边框

例 5-9　使用 Photoshop 软件为照片添加深色和浅色的个性边框

例 5-10　使用 Photoshop 软件为照片添加水印

例 5-11　使用 Photoshop 软件制作商品动态图片

例 5-12　使用 Photoshop 软件制作网店标志

例 5-13　使用 Photoshop 软件调整商品图片尺寸

例 5-14　使用 Photoshop 软件从商品照片中抠图

例 5-15　使用 Photoshop 软件将商品照片输出为.gif 或.jpg 格式的文件

例 5-16　使用 Photoshop 软件剪裁商品图片

例 5-17　使用 Photoshop 软件批量处理图片文件(批量调整图片大小)

5.1 商品图片的拍摄技巧

经营一家网店，图片是商品的灵魂，图片做好了，成交的可能才会有。本节将介绍拍摄商品照片的几个必要因素和技巧。

5.1.1 选择摄影器材

一张好图片，如果照片拍得好，那么制作图片就要省力一大半，而要拍得好就需要有个好的照相机。下面将介绍适合拍摄商品图片的相机要具备的一些基本功能。

- 较好的微距功能，可以帮助拍摄者近距离拍出清晰的照片，如图 5-1 所示。
- 手动白平衡功能，帮助拍摄者在复杂的光线环境下调解白平衡，减少色差。以下就是三张同一场景不同白平衡得到的不同效果的样片，如图 5-2 所示。

图 5-1　微距功能近距离拍摄清晰的照片

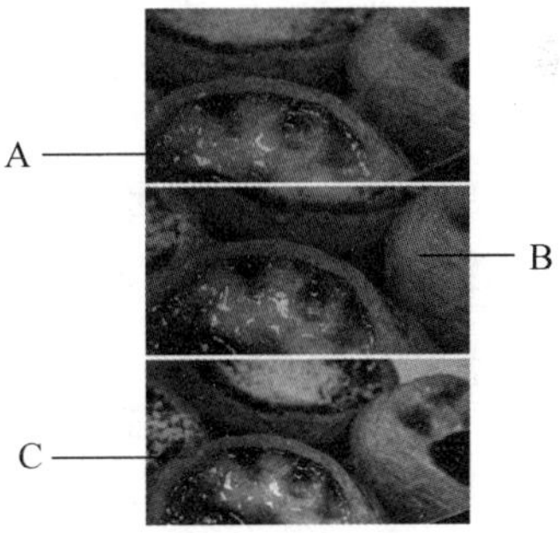

图 5-2　不同白平衡下的图片效果

- 手动曝光功能，可以帮助拍摄者在偏亮或偏暗的环境下，拍摄出曝光合适的照片，如图 5-3 所示。
- ISO 感光值，俗称感光度。在单反相机中，ISO 和光圈/快门一样是一项可以设置和变化的数字，低的 ISO 值拍摄出来的照片画质会比较清晰，高的 ISO 值拍出来的照片会有明显的噪点，如图 5-4 所示。

图 5-3　偏暗和偏亮环境的拍摄效果对比

图 5-4　高感光值拍摄效果

表 5-1 列出了目前 3 种主流数码相机的性能比较。

表 5-1　3 种主流数码相机的性能比较

相机功能	单反相机	卡片相机	傻瓜相机
微距	可	部分可	不可
手动白平衡	可	部分可	不可
手动曝光	可	部分可	不可
光圈	可	不可	不可
快门	可	不可	不可
ISO 感光值	可	部分可	不可

将拍摄静态商品的相机进行比较，一般家用的相机大多为卡片相机和全自动的傻瓜相机，在很多参数设置上都是根据相机的测光来自动调整的，但是相机没有人类眼睛那么敏感，也没有人类聪明，很多时候无法调整成准确的拍摄模式，导致照片有色差。使用全手动的相机，我们可以根据光线、色干扰的变化手动调节出正确的设置，拍摄出来的照片更接近实物，效果更好。而单反相机的参数设置更多更复杂，拍摄照片的专业度更高，操作难度也比较大。因此，推荐店主在拍摄宝贝照片时，选择一款入门级手动相机，只要足够拍摄商品即可，价格一般在 1 500元至 3 000 元之间。

在使用相机拍摄商品照片时，我们应注意下几点基本操作要领。

- 选择充足明亮的光线和合适的背景，并让光线均匀地照射在需要拍摄的商品的正面。相机镜头面对商品的拍摄正面，使拍摄物处于相机屏幕画面中的正中位置。
- 关闭闪光灯，保持相机的稳定，将快门按下一半，相机会自动对焦，并将焦点位置在屏幕上以绿色的方框显示。可以松开快门，再次操作，直到满意为止。
- 将快门完全按下，继续保持相机稳定不动，几秒钟后完成拍照。

5. 1. 2　选择拍摄背景

我们在拍摄商品图片时，往往只求商品本身拍摄得清楚，其他的一些环境因素都不考虑，随手放在一个地方，随手一拍，拍出来的效果自然不会很好。到后期制作图片时，就想到要抠掉图片的背景换一个干净的背景，这样做需要花很大的精力，图片的效果还不自然。

其实，在拍摄宝贝照片的时候，我们可以考虑一下，是不是选择一个合适的背景环境进行拍摄。下面将从背景的颜色及材质方面进行介绍。

1. 背景颜色的选择

要达到商品照片背景干净的效果，可以根据商品的特点选择其他颜色背景，如图 5-5 所示，从而实现突出商品或衬托商品的效果。

最常用的背景颜色是黑色、白色、灰色 3 种，普遍适用于各种商品。如果商品的颜色比较奇特，选用中性的灰色基本都能够协调。这里有以下几点原则。

- 物品的颜色和背景的颜色要有区别，不能一样，例如，黑色的皮夹克就不能使用黑色的背景。
- 背景的颜色要能衬托出商品的特点，例如，黑色的 T 恤可以放在橙色、黄色的背景上，从而显得更加突出。

- 背景颜色的选择要符合商品的使用效果和风格，例如，年轻女孩的饰品可以选择粉色的背景，营造出轻松、可爱的氛围。

2. 背景材质的选择

现在比较流行的背景材质有纸质、无纺布、植绒布、仿毛毡等，如图 5-6 所示，各有特色，饰品还可以选择有机板或玻璃拍出倒影效果。

图 5-5　干净的背景

图 5-6　绒布背景

我们可以根据商品拍摄的需要和喜好来选择拍摄背景材质。

- 背景纸的特点是平滑、颜色均匀，拍摄时没有褶皱，反光率较低，适用于所有商品，特别是服装的拍摄。
- 无纺布有纸的平滑和布的柔和两种特点，上面一般带有小孔，可以用来拍摄大件商品，但是拍摄细节时小孔会比较明显，如图 5-7 所示。这种带有规律的纹路如果用低端的相机拍摄可能还会对成像质量造成干扰。
- 植绒布的表面分布有细细的短绒毛，一般在摄影棚内部都是使用植绒布背景，其适合拍摄大多数商品，拍摄出来的图片感觉细腻，对光线的扩散度也不错。
- 仿毛毡的表面有比较长的绒毛和纹路，有比较粗糙的感觉，如果希望拍摄出来的画面质感强，它是不错的选择，如图 5-8 所示。

图 5-7　无纺布背景

图 5-8　仿毛毡背景

- 有机板或玻璃可以拍摄出倒影的效果，感觉非常时尚，但是拍摄时要避免周围环境的倒影和光线的反射。

5.1.3　利用合适的光线

在拍摄商品照片时，光线决定的不仅仅是照片的亮度，同时还影响着照片成像的清晰度和颜色的真实性。

- 光线过暗时拍摄，需要用较大的光圈来获得更多的光线，并且会延长快门的时间来增加曝光度，在这种情况下，离镜头较远的部分可能会被虚化，而且容易受到拍摄者身体抖动的影响，从而造成照片不清楚或虚掉。
- 光线过暗时拍摄，拍摄照片过度曝光会损失掉细节，而且这样的照片没有办法做后期处理。
- 光线偏冷时拍出的照片会偏蓝，光线偏暖时拍出的照片会偏黄。当使用两个不同颜色的光源或者光线环境复杂时，相机无法分辨出正确的白平衡，照片就会产生色差。
- 当光线从物品背面投射的时候，相机物品的正面没有光线；从侧面投射的时候，会让物品的另外一半光线不充足，看不清楚物品的整体或部分细节。
- 当光线直射到容易反光的镜面物品上时，容易产生光斑，影响细节表现力。

实用技巧

因此，光线要合适，不能过暗也不能过亮，不能偏冷也不能偏暖，要从商品的拍摄正面均匀投射到商品上，而且不能直接投射到易反光的商品表面。

5.1.4 拍摄商品的技巧

图片可以说是网店中商品的灵魂所在，一张清晰、真实且美观的图片能够帮助我们锁定消费者的心，从而迈出成功销售的重要一步。在实际操作中，虽然某些商品我们可以套用一下官方的图片，但大多数宝贝还是需要自己去拍照的，因此掌握拍照的学问，对我们非常重要。另外，不同类别的商品，拍摄的技巧也不同。

1. 服装类商品的拍摄技巧

在制作宝贝图文描述时，服装的拍摄方法（如图 5-9 所示）需要注意以下几点。

- 在为宝贝拍摄照片时，选择的拍摄背景要简单整洁。
- 相机的镜头与被拍摄物中心对准。

服饰拍摄方法大致可以分为卧拍、穿拍、挂拍 3 种，具体的技巧下面我们分别予以介绍。

- 卧拍：卧拍是一种最方便的拍摄方法，我们只需要将宝贝放平，然后进行拍摄即可真实生动地反映宝贝的层次感和动感。卧拍的技巧是，将宝贝放在一个固定颜色的背景（最好是纯白色）上拍摄，拍摄时要注意光线充足，相机对准宝贝中心即可，如图 5-10 所示。

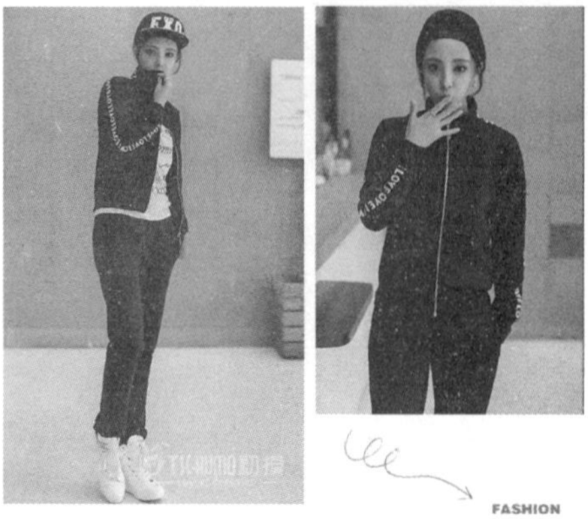

图 5-9 拍摄服装类商品

图 5-10 卧拍商品

- 穿拍：穿拍是展示服装最理想的一种拍摄方法，尤其是通过模特穿着来展示，其可以将服饰的特性诠释得最为清楚。采用穿拍要注意寻找身材合适的模特，衣服要注意平整，背景要简单干净，光线要自然，有条件应该尽量给出多角度的拍摄效果，如图 5-11 所示。
- 挂拍：挂拍就是把服饰挂起来拍摄，挂拍时注意衣架不能太显眼，拍摄时要尽可能体现服饰的质感，如图 5-12 所示。

图 5-11　模特穿拍

图 5-12　挂拍

实用技巧

还有一种服饰的拍摄方法是使用假的人体模特拍摄，这种拍摄方式介于挂拍和穿拍之间，在拍摄时只要注意背景简单、服饰平整、光线充足即可。

2. 鞋类商品的拍摄技巧

鞋子也是网上销量比较好的一个大类目，鞋子由于是成双的，因此拍摄的时候应该更加关注构图模式，如图 5-13 所示。

常见的拍摄技巧大致有 3 种，一种是将鞋子以 45°角摆放，如图 5-14 所示，一远一近，错落有致，使得整个画面显得饱满。

图 5-13　拍摄鞋类商品

图 5-14　45°角摆放商品

另外一种方法是将鞋子一正一反摆放，使买家能通过图片看到鞋子的正面与背面，如图 5-15 所示。

还有一种方法是，使用模特拍摄鞋子被真人穿上后各个角度的实际效果，如图 5-16 所示。

图 5-15　拍摄鞋子的正面和背面

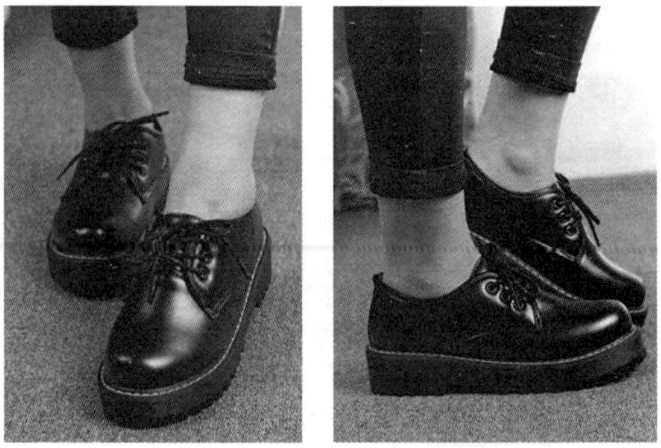

图 5-16　模特穿拍鞋子的拍摄效果

3. 食品类商品的拍摄技巧

食品是入口的，因此拍摄时要注意保持商品的整洁。在此基础上，为了使宝贝显得可口诱人，拍摄时就应该多补光，具体的技巧是：左右各加一盏灯进行补光，然后尽量采用 45°角俯拍，如图 5-17 所示，以体现食品的色泽和质感。

另外，对于一些高档食品，我们可以在拍摄时添加一些应景的小道具进行补充，例如在巧克力边上放一点杏仁。

4. 箱包类商品的拍摄技巧

在拍摄箱包时，应该在包里放一些填充物，因为没有填充物的包会给人一种干瘪的不良感觉。箱包的拍摄方法可以是平面拍摄，也可以让模特背着展示，另外拍摄箱包时我们应当将细节展示到位，譬如拉链、LOGO、挂件等细节都需要展示，如图 5-18 所示。

图 5-17　45°角俯拍商品

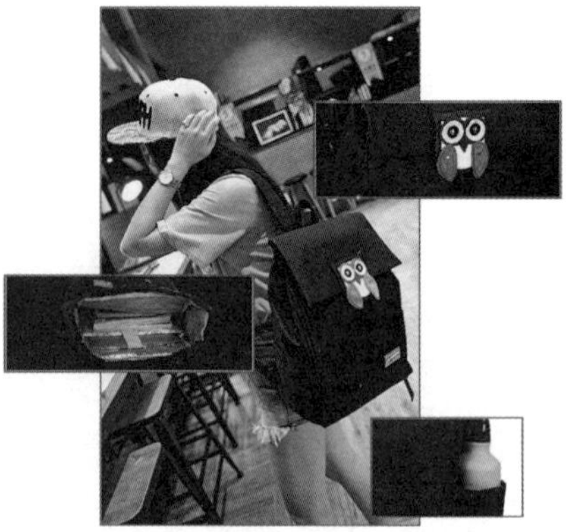

图 5-18　展示箱包商品的细节

另外，箱包的内部也很重要，在拍摄时我们应该给出箱包的内胆细节图片，让买家能更清楚地了解包的内部构造。

5. 饰品类商品的拍摄技巧

饰品一般都比较小，因此买家挑选的时候会比较注重细节，如饰品的花纹、图案、篆刻等。拍摄时我们最好将其放在室外或有充足阳光的地方，或放在纯色背景（最好白色）上，采用相机的微距拍摄方式进行拍摄，如图 5-19 所示。

当然，饰品类宝贝也可以考虑用模特挂拍，效果也会不错，如图 5-20 所示。

图 5-19　微距拍摄

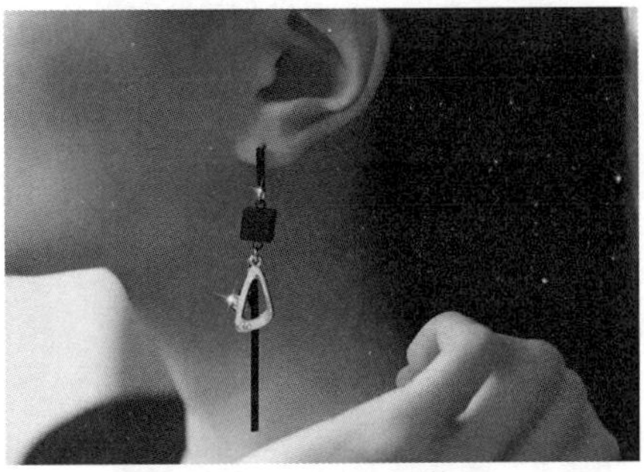

图 5-20　模特挂拍商品

在处理金、银、钻石类首饰的时候我们应该注意反光问题，有摄影棚的情况下这种问题比较好解决，如果没有摄影棚，那么我们可以用白色餐巾纸或者白布将相机包裹起来，然后留下镜头对焦拍摄即可。

拍摄饰品类宝贝时要尽量使用单纯的光线和背景，可以适当加强闪光以表现宝贝的耀眼度。

6. 数码类商品的拍摄技巧

在拍摄数码产品时我们应尽量采用纯白或者纯黑的背景，如果宝贝是黑色的，那么采用白色背景；如果宝贝是白色的，那么采用黑色背景。在拍摄时，我们应该注意光线分布是否均匀，底部可以打光，颜色的搭配要合理，还要尽量避免镜头和被拍摄物品放在同一垂直线方向，不要使用广角镜头，以免宝贝拍摄效果夸张变形。

另外，由于数码产品的价值更在于内涵和功能，因此我们可以考虑在图片的空白处添加较多的文字予以说明。

5.2　使用 Photoshop 美化商品图片

在拍摄图片时由于各种原因，可能会导致拍出来的图片并不十分完美，这时就需要我们使用专业的软件对图片进行美化处理。本节将介绍使用 Photoshop 软件对网店商品图片进行处理的几种最常用的方法。

5.2.1　调整有曝光问题的照片

由于光线的原因导致拍摄出来的照片出现的曝光问题（如曝光过度或曝光不足），我们可以使用 Photoshop 软件对其进行调整。

1. 调整曝光过度的照片

因为拍摄时光线太强或背景的白色太多而导致照片的曝光过度，用户可以使用 Photoshop 软件进行处理，具体方法如下。

【例 5-1】　使用 Photoshop 软件处理曝光过度的照片。视频+素材

STEP 01　启动 Photoshop 软件后选择【文件】|【打开】命令，打开【打开】对话框，如图 5-21 所示。

STEP 02 在【打开】对话框中选中一个图像文件后，单击【打开】按钮，如图 5-22 所示。

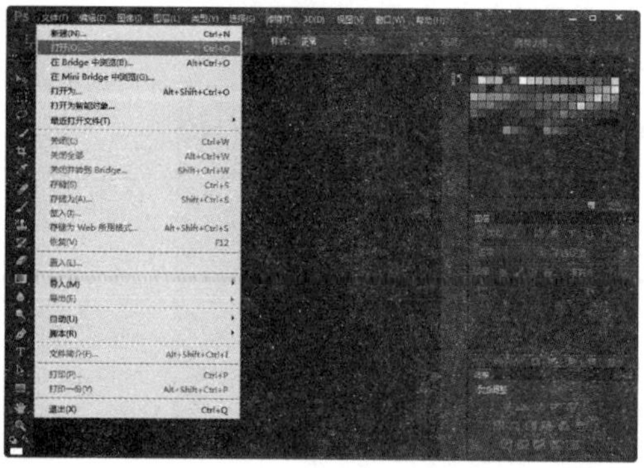

图 5-21　启动 Photoshop

图 5-22　打开商品照片

STEP 03 在【图层】面板中选中【背景】图层，按下 Ctrl＋J 组合键复制图层，接着将新复制的图层【背景副本】改为【图层 1】，如图 5-23 所示。

STEP 04 在【图层】面板中选中【图层 1】选项，设置图片模式为【正片叠底】效果，如图 5-24 所示。

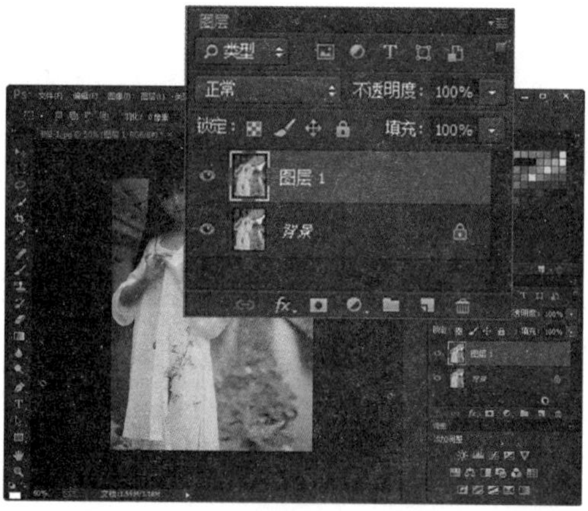

图 5-23　复制并命名图层

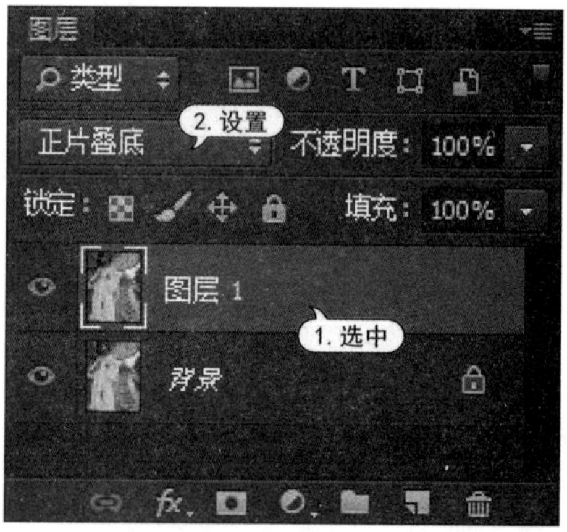

图 5-24　设置图片模式

STEP 05 选择【图像】|【调整】|【曝光度】命令打开【曝光度】对话框。

STEP 06 在【曝光度】对话框中根据照片的实际情况，对【曝光度】数值进行调整。例如，曝光过度的照片，将【曝光度】数值减少，如图 5-25 所示。

STEP 07 选择【图像】|【调整】|【亮度/对比度】命令，打开【亮度/对比度】对话框。

STEP 08 在【亮度/对比度】对话框中将【亮度】数值减小，将【对比度】数值增强，然后单击【确定】按钮，如图 5-26 所示。

STEP 09 选择【图像】|【调整】|【曲线】命令，打开【曲线】对话框，在曲线的不同地方，都可以增加点，曲线凸起得越高，图片的明度就越高，反之则越低，如图 5-27 所示。

STEP 10 在【曲线】对话框中单击【确定】按钮，查看照片调整后的效果如图 5-28 所示。

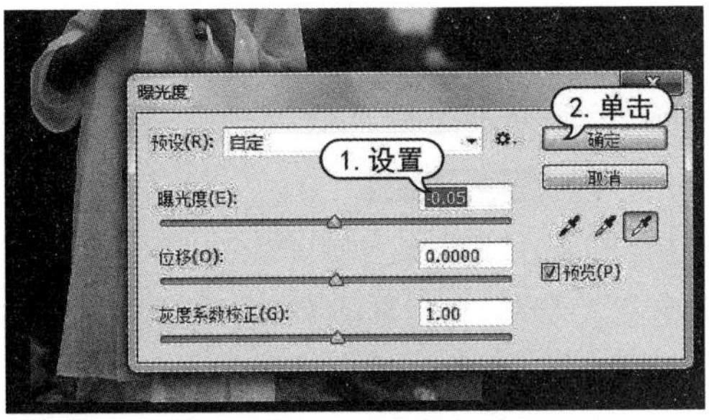

图 5-25　设置图片曝光度

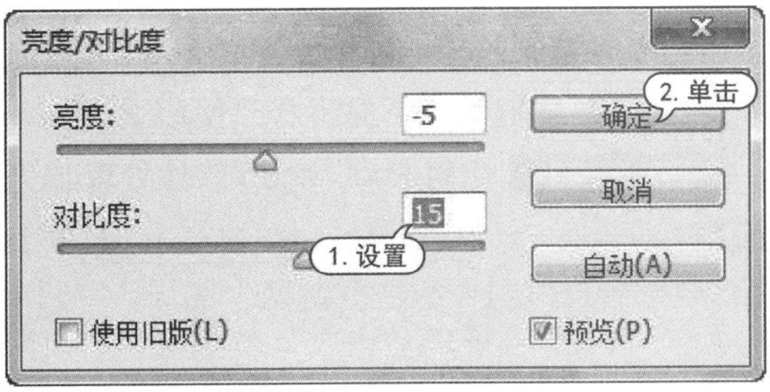

图 5-26　设置图片亮度/对比度

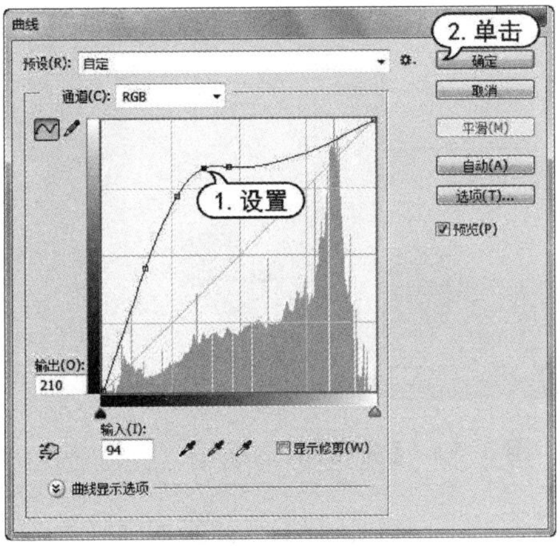

图 5-27　【曲线】对话框

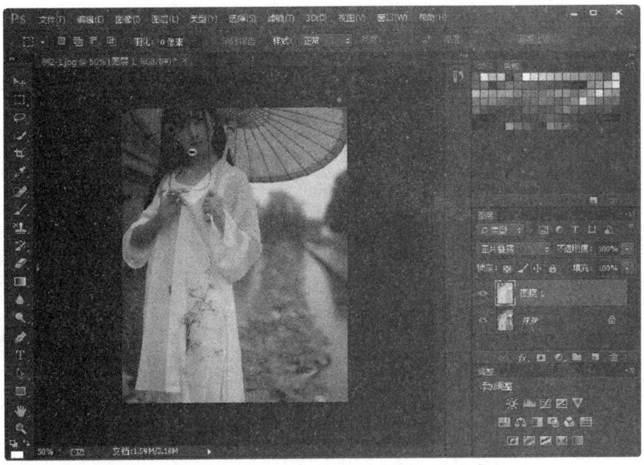

图 5-28　照片调整后的效果

STEP 11 选择【文件】|【存储】命令，直接覆盖保存原来的相片文件。若选择【文件】|【存储为】命令，可以打开【另存为】对话框，将调整后的图片保存为新的文件。

STEP 12 在【另存为】对话框中单击【保存类型】下拉列表按钮，在弹出的下拉列表中选择【JPEG】选项，设置将图片的类型保存为 JPEG 格式，然后单击【保存】按钮，如图 5-29 所示。

STEP 13 打开【JPEG 选项】对话框，设置图像及格式格式选项等参数，单击【确定】按钮即可，如图5-30 所示。

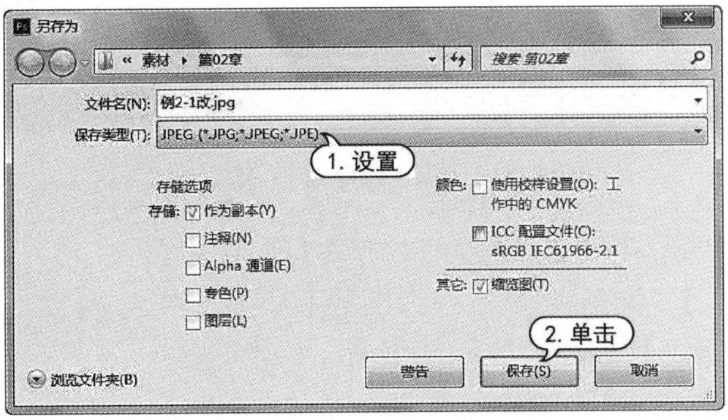

图 5-29　【另存为】对话框

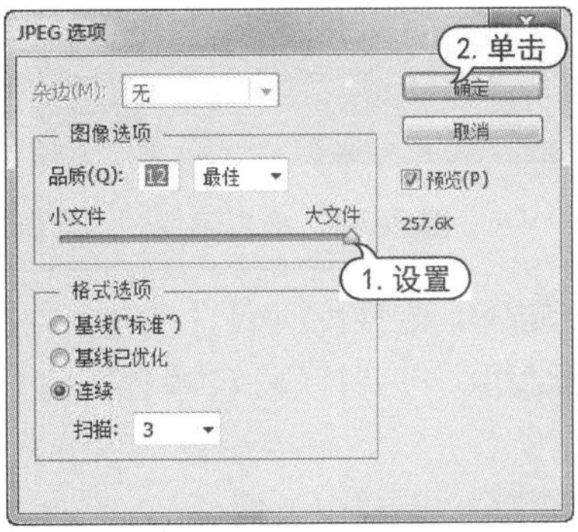

图 5-30　【JPEG 选项】对话框

2. 调整曝光不足的照片

曝光不足是照片在拍摄时常常会遇到的问题。曝光不足的照片往往看上去没有质感和光泽度，效果整体偏暗。下面将介绍使用 Photoshop 软件调整曝光不足照片效果的方法。

【例 5-2】 使用 Photoshop 软件处理曝光不足的照片。 视频+素材

STEP 01 启动 Photoshop 后选择【文件】|【打开】命令，打开照片。

STEP 02 在【图层】面板中复制两个图层，一个命名为【亮部】，另一个命名为【暗部】，如图 5-31 所示。

STEP 03 在【图层】面板中选中【亮部】图层，选择【图像】|【调整】|【曲线】命令，打开【曲线】对话框，调整曲线将图片调亮，如图 5-32 所示。

图 5-31 复制两个图层

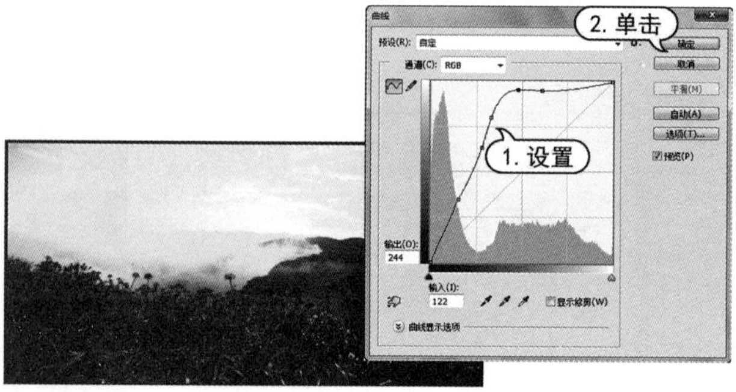

图 5-32 【曲线】对话框

STEP 04 单击【确定】按钮，关闭【曲线】对话框。在【图层】面板中将【暗部】图层拖动至【亮部】图层上方，这样图片在 Photoshop 中的效果又变为原来的样子，如图 5-33 所示。

STEP 05 选择【橡皮擦】工具，擦除图片中的底面，如图 5-34 所示。

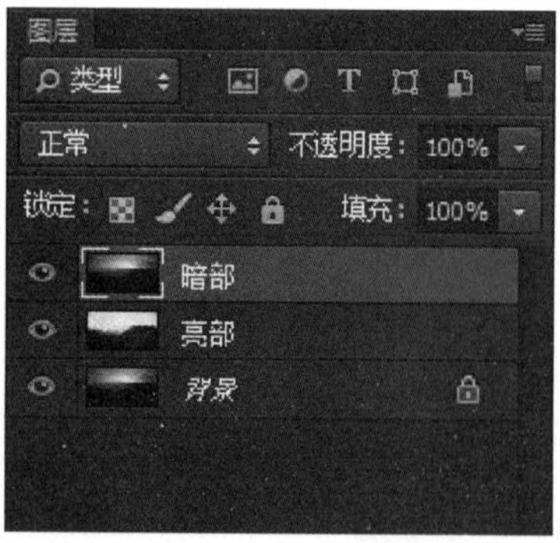

图 5-33 设置图层

图 5-34 使用【橡皮擦】工具

STEP 06 选择【图像】|【调整】|【HDR 色调】命令，在打开的对话框中单击【是】按钮。

STEP 07 打开【HDR 色调】对话框，单击【预设】下拉列表按钮，在弹出的下拉列表中选中【自定】选项。在对话框中设置各项参数后，单击【确定】按钮，如图 5-35 所示。

STEP 08 完成以上操作后，照片的效果将如图 5-36 所示。

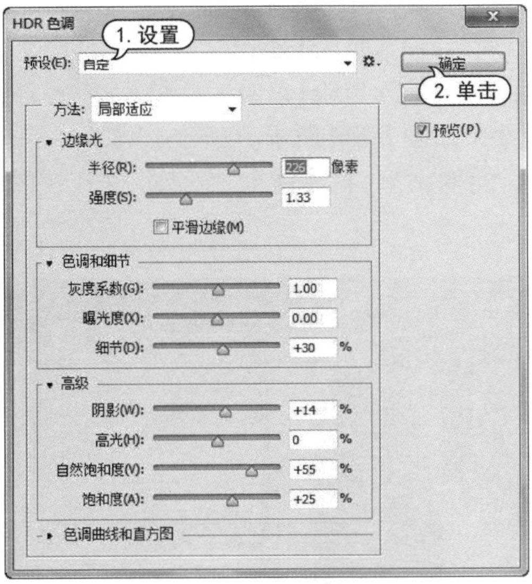

图 5-35　【HDR 色调】对话框

图 5-36　照片效果

STEP 09 选择【文件】|【存储】命令，将调整后的图像进行保存。

5.2.2　调整有偏色问题的照片

在拍摄商品照片的过程中，偏色是经常会出现的一种问题。在网店中，服装、鞋帽类商品图片出现偏色问题，会导致图片效果失真，影响图片所应表达出的信息。

下面将通过实例，介绍使用 Photoshop 软件调整照片偏色问题的方法。

【例 5-3】 使用 Photoshop 软件处理有偏色问题的照片。 视频+素材

STEP 01 启动 Photoshop，选择【文件】|【打开】命令，打开【打开】对话框，选中一个照片文件后，单击【打开】按钮。

STEP 02 单击工具栏中的【吸管】按钮，然后按下 Shift 键，在图片上颜色较深和较浅的部分单击，选中取样点，如图 5-37 所示。

图 5-37　使用【吸管】工具

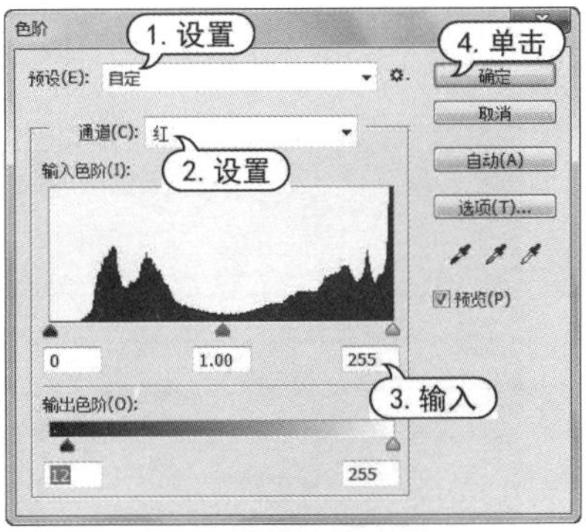

图 5-38　【色阶】对话框

STEP 03 选择【图像】|【调整】|【色阶】命令，打开【色阶】对话框。单击【预设】下拉列表按钮，在弹出的下拉列表中选中【自定】选项，在【通道】下拉列表框中选择【红】选项，调整【输入色阶】数

值，如图 5-38 所示。

STEP 04 在【通道】下拉列表框中选择【蓝】选项，然后调整【输入色阶】数值。

STEP 05 在【通道】下拉列表框中选择【绿】选项，然后调整【输入色阶】数值。

STEP 06 单击【确定】按钮，关闭【色阶】对话框，图像效果如图 5-39 所示。

STEP 07 选择【图像】|【调整】|【曲线】命令，打开【曲线】对话框，将曲线向上移动一些，使图片变亮一些，然后单击【确定】按钮，如图 5-40 所示。

图 5-39　通道设置效果

图 5-40　设置曲线参数

STEP 08 在【曲线】对话框中单击【确定】按钮。按下 Ctrl + D 组合键，消除选取。

STEP 09 在工具栏中单击【仿制图章工具】按钮，按住 Alt 键，在图片效果较好的位置单击以定义作为源的点，然后松开 Alt 键，单击修复需要调整的地方。

STEP 10 选择【文件】|【存储为】命令，打开【存储为】对话框保存调整后的相片。

5.2.3　调整照片的图像清晰度

为商品拍摄照片时，如果因为拍摄技术问题导致照片的图像效果模糊，可以参考下面介绍的方法，使用 Photoshop 软件进行调整。

【例 5-4】 使用 Photoshop 软件调整照片的图像清晰度。视频+素材

STEP 01 启动 Photoshop 后，选择【文件】|【打开】命令打开商品照片。在【图层】面板中选中【背景】图层，然后按下 Ctrl + J 键复制图层，如图 5-41 所示。

图 5-41　复制图层

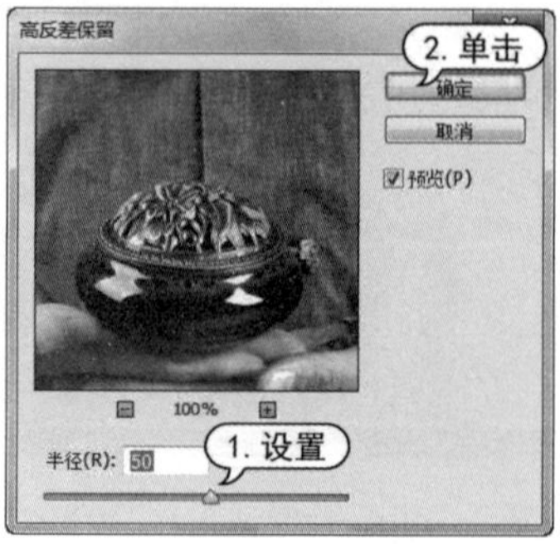

图 5-42　【高反差保留】对话框

STEP 02 选择【图像】|【调整】|【去色】命令，图片去色后，将变为黑白色效果。

STEP 03 选择【滤镜】|【其他】|【高反差保留】命令，打开【高反差保留】对话框调整半径大小，然后单击【确定】按钮，如图 5-42 所示。

STEP 04 在【图层】面板中将【图层 1】的图层模式修改为【叠加】，如图 5-43 所示。

STEP 05 选择【文件】|【存储为】命令，打开【另存为】对话框将图像保存。双击保存后的图像文件，在 Windows 中预览其效果如图 5-44 所示。

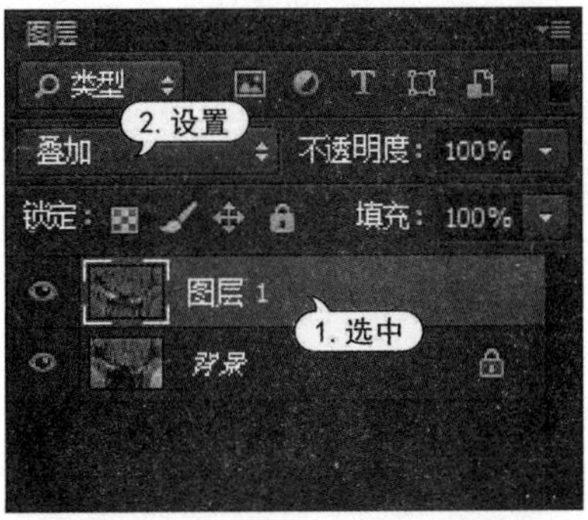

图 5-43　更改图层模式为【叠加】

图 5-44　照片处理效果

5.2.4　替换照片背景

在制作网店商品图片时，不可避免地需要经常更换照片的背景。此时，用户可以参考下面介绍的方法，使用 Photoshop 软件进行设置。

【例 5-5】 使用 Photoshop 软件更换拍摄照片的背景图。 视频

STEP 01 启动 Photoshop 后选择【文件】|【打开】命令，打开照片文件。在工具栏中单击【钢笔工具】按钮，并使用该工具对图片的外边缘进行描画，如图 5-45 所示。

STEP 02 选择【窗口】|【路径】命令，打开【路径】面板，选择【工作路径】选项。在【路径】面板中单击【路径】按钮，将路径转换为选区，如图 5-46 所示。

图 5-45　描画图片边缘

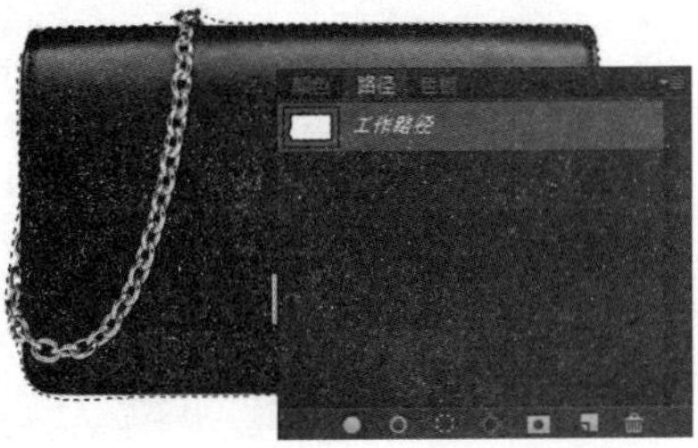

图 5-46　将路径转换为选区

STEP 03 右击标题栏，在弹出的菜单中选择【打开文档】命令。打开【打开】对话框，选择准备好的背景图片文件后，单击【打开】按钮，如图 5-47 所示。

STEP 04 在 Photoshop 中切换到第一张图片，然后在工具栏中单击【移动工具】按钮。单击路径围起来的图像，将其拖动到打开的背景图片上。

STEP 05 按下 Ctrl + T 键，然后调整图片四周出现的控制点调整图像的大小，如图 5-48 所示。

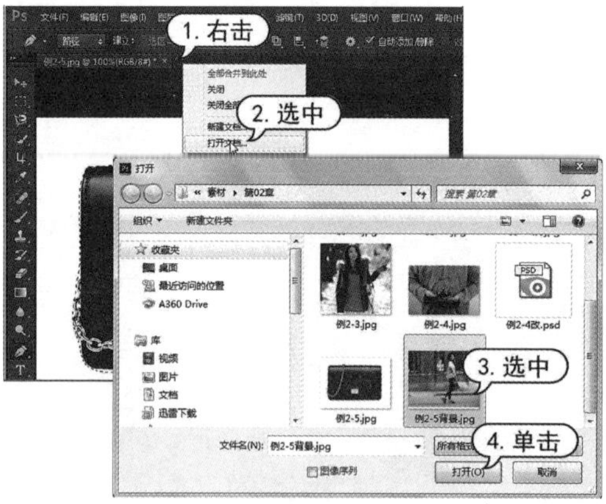

图 5-47　打开背景图片

图 5-48　调整图片位置和大小

STEP 06 选择【文件】|【存储为】命令，打开【另存为】对话框，将设置好背景图的照片保存。

5.2.5　去除照片上的瑕疵

在拍摄商品照片时，可能会因为准备工作不足，没仔细检查商品的外观是否干净、完好，从而导致拍摄的图片存在瑕疵。此时，用户可以参考下面介绍的方法，处理照片中的瑕疵。

1. 修复有划痕或污点的照片

下面将通过实例，介绍使用 Photoshop 软件修复商品照片上的划痕(或污点)的方法。

【例 5-6】 使用 Photoshop 软件处理商品照片中存在的划痕或污点。 视频+素材

STEP 01 启动 Photoshop 选择【文件】|【打开】命令，打开【打开】对话框，打开需要处理的照片文件。按下 Z 快捷键启用放大功能，在图片中需要处理的位置单击放大图片，如图 5-49 所示。

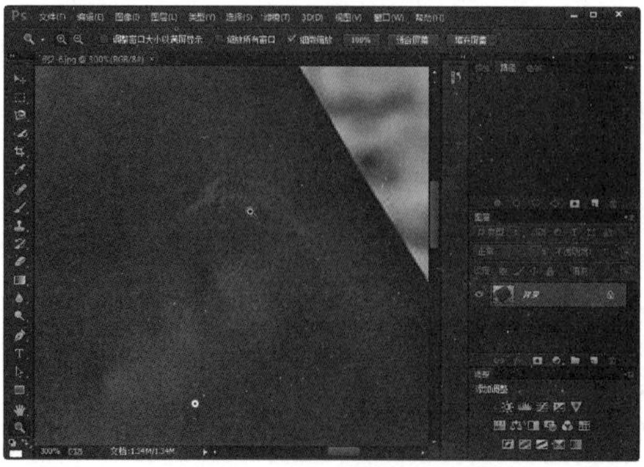

图 5-49　放大图片

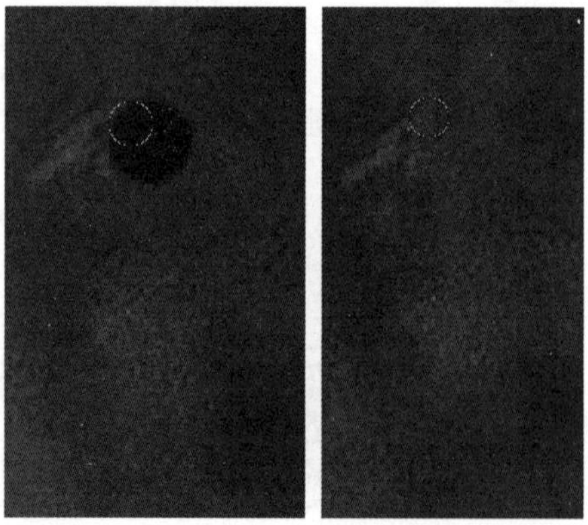

图 5-50　使用污点修复画笔工具修复图片

STEP 02 在工具栏中单击【污点修复画笔工具】按钮。在 Photoshop 窗口顶部的选项区域中设置污点修复画笔工具的大小，并选中【近似匹配】单选按钮。

STEP 03　按住 Alt 键在图片效果较好的位置单击，以定义其作为源点，然后松开 Alt 键，单击需要修复的位置，如图 5-50 所示。

STEP 04　重复以上操作完成照片的调整，按下 Ctrl +【 - 】组合键缩小显示图片。

STEP 05　选择【文件】|【存储】命令，保存修改后的照片文件。

2. 修复有残缺或裂痕的照片

下面将通过实例，介绍使用 Photoshop 软件修复商品照片上的残缺(或裂痕)的方法。

【例 5-7】 使用 Photoshop 软件处理商品照片中存在的残缺或裂痕。 视频+素材

STEP 01　启动 Photoshop CC 后，选择【文件】|【打开】命令，打开商品照片文件。

STEP 02　按下 Ctrl +【 + 】组合键，放大照片，然后在工具栏中单击【仿制图章】按钮。

STEP 03　按住 Alt 键，在图片上没有裂痕并且效果合适的位置单击，定义其作为源点，然后松开 Alt 键，单击需要修复调整的位置，如图 5-51 所示。

STEP 04　使用同样的方法，完成对照片上瑕疵的调整，然后按下 Ctrl +【 - 】组合键缩小显示图片，效果如图 5-52 所示。

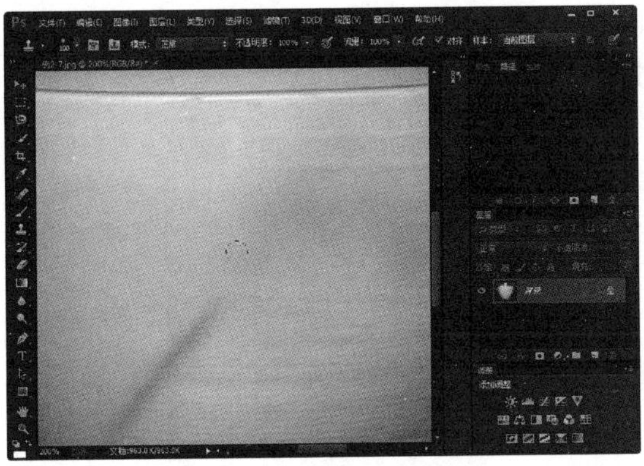

图 5-51　修复需要调整的图片

图 5-52　图片修复效果

STEP 05　选择【文件】|【存储】命令，将制作好的图片文件保存。

5.2.6　为照片添加边框和水印

在商品照片上添加边框和水印，不仅可以达到美化商品的效果，还可以通过图片展示网店的标志和主题风格。

1. 为图片添加边框

为商品图片增加边框，不仅能够突出网店的主题风格，还可以更好地设置图片在页面中的布局，使其效果更加美观。

【例 5-8】 使用 Photoshop 软件为照片添加简单边框。 视频+素材

STEP 01　启动 Photoshop 后选择【文件】|【打开】命令，打开照片文件。在工具栏中单击【矩形边框工具】按钮，选中图片的边框，如图 5-53 所示。

STEP 02　选择【编辑】|【描边】命令，打开【描边】对话框，在【宽度】文本框中输入【20 像素】，然后单击【颜色】按钮，如图 5-54 所示。

轻松学电脑教程系列

图 5-53　选中图片边框

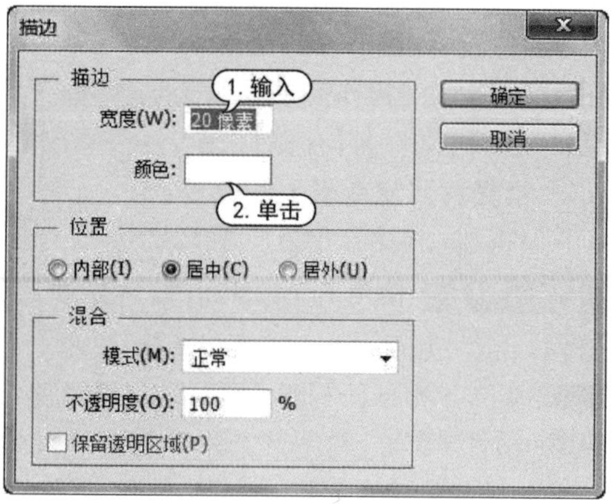

图 5-54　【描边】对话框

STEP 03 打开【拾色器】对话框设置描边的颜色后，单击【确定】按钮，如图 5-55 所示。

STEP 04 返回【描边】对话框，单击【确定】按钮，为图片添加边框。

STEP 05 选择【文件】|【存储为】命令，将图像文件保存，双击添加边框后的照片文件，其效果预览如图 5-56 所示。

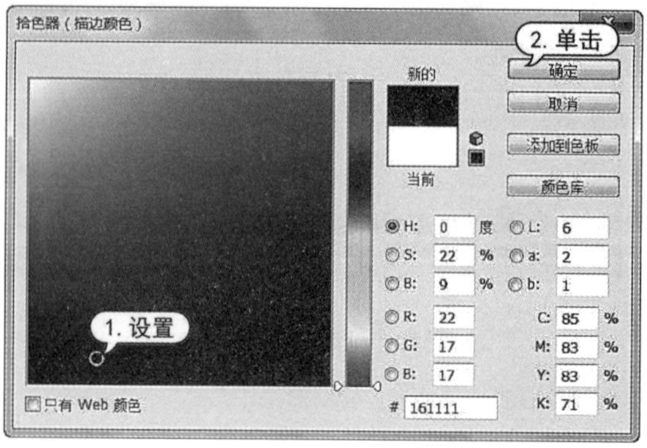

图 5-55　【拾色器】对话框

图 5-56　图片边框添加效果

除了上面介绍的方法以外，用户还可以在 Photoshop 中为照片添加深色或浅色边缘的个性边框，具体方法如下。

【例 5-9】 使用 Photoshop 软件为照片添加深色和浅色的个性边框。 视频+素材

STEP 01 打开照片文件后，使用矩形边框工具选择边框范围。按下 Ctrl + Shift + I 键，反向选择，按下 Ctrl + H 键将选择线隐藏。

STEP 02 选择【图像】|【调整】|【曲线】命令，打开【曲线】对话框，然后在曲线上设定一点，并将其向下调整，如图 5-57 所示。

STEP 03 此时，即可加深选择区域形成一个如图 5-58 所示的深色边框效果。

STEP 04 继续步骤 2 的操作，选择【图像】|【调整】|【亮度/对比度】命令，打开【亮度/对比度】对话框，然后调整其中的参数值，可以为照片设置浅色边框。

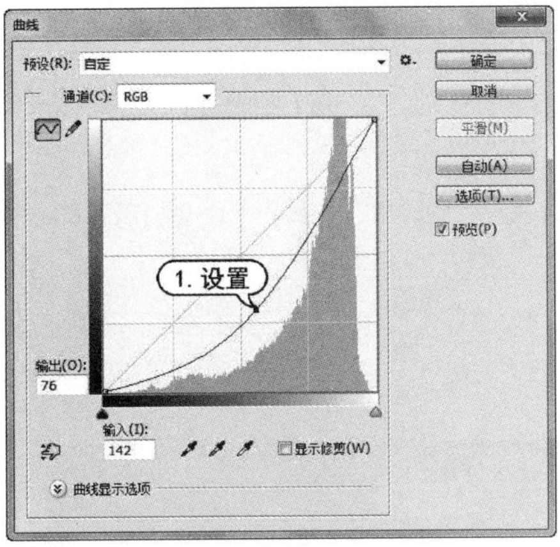

图 5-57　【曲线】对话框

图 5-58　图片深色边框效果

2. 为图片添加水印

用户可以参考下面介绍的方法，使用 Photoshop 软件为照片添加网店水印。

【例 5-10】 使用 Photoshop 软件为照片添加水印。 视频+素材

STEP 01 启动 Photoshop 后选择【文件】|【打开】命令，打开照片文件。在工具栏中单击【横排文字工具】按钮，然后在照片上合适的位置单击，如图 5-59 所示。

STEP 02 输入需要在照片上添加的水印文字，并在 Photoshop 窗口顶部的选项区域中设置输入文本的字体格式。

STEP 03 在【图层】面板中双击文字图层，打开【图层样式】对话框，选择【混合选项：自定】选项，设置【填充不透明度】为 60%。

STEP 04 在工具栏中选择【移动工具】按钮，选择字体图层，将水印移动至合适的位置，如图 5-60 所示。

图 5-59　使用横排文字工具

图 5-60　调整水印位置

STEP 05 选择【文件】|【存储】命令，将图片文件保存。

5.3　使用 Photoshop 制作动态商品图片

使用 Photoshop 将网店中的商品图片制作成有动态效果的 gif 图片，不仅可以全面地展示商品的效果，还可以使网店显得更加生动、有趣。

【例 5-11】 使用 Photoshop 软件制作商品动态图片。 视频+素材

STEP 01 启动 Photoshop 后选择【文件】|【打开】命令，打开图像文件。在【图层】面板中双击背景图层，如图 5-61 所示，打开【新建图层】对话框。

STEP 02 在【新建图层】对话框中的【名称】文本框中输入【图层 0】，然后单击【确定】按钮，将背景图层转换为普通图层。

STEP 03 在工具栏中选择【画笔工具】按钮，然后在 Photoshop 窗口顶部的选项区域中单击【切换画笔面板】按钮，如图 5-62 所示。

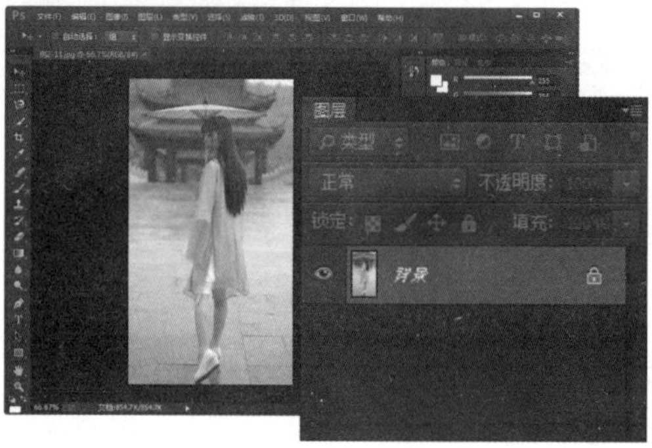

图 5-61 新建图层

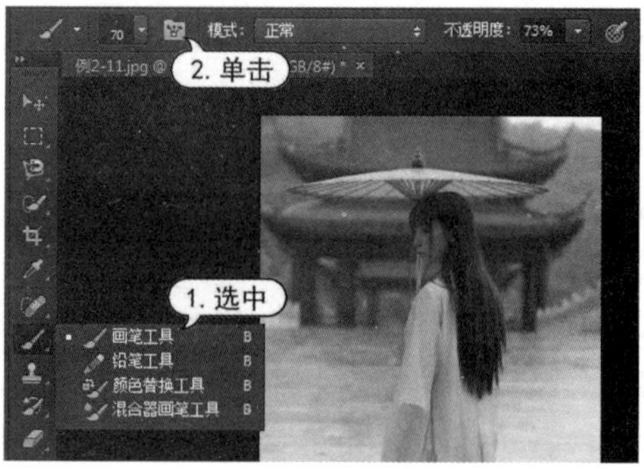

图 5-62 使用画笔工具

STEP 04 在打开的【画笔】面板中选中【Star 74 Pixels】选项，并调整画笔大小，如图 5-63 所示。

STEP 05 在【图层】面板中单击【创建新图层】按钮，创建一个新的图层。选中新建的图层，使用画笔工具，绘制一个形状，如图 5-64 所示。

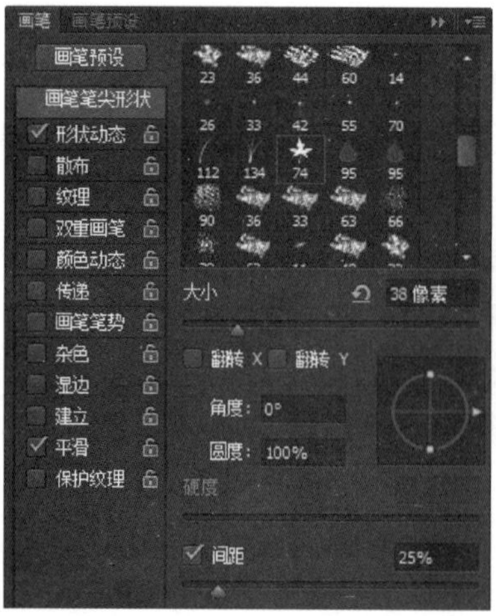

图 5-63 选择画笔

图 5-64 创建新图层并绘制形状

STEP 06 重复以上操作，在【图层】面板中创建多个图层，每创建一个图层，就用画笔工具绘制一个形状。

STEP 07 选择【窗口】|【时间轴】命令，打开【时间轴】面板，单击【创建视频时间轴】下拉列表按

钮，在弹出的下拉列表中选中【创建帧动画】选项，如图 5-65 所示。

STEP 08 在【时间轴】面板中单击【创建帧动画】按钮，创建帧动画。在【时间轴】面板中单击【复制所选帧】按钮，复制同样的帧 8 张，如图 5-66 所示。

图 5-65　创建帧动画

图 5-66　创建并复制帧

STEP 09 选中第 1 帧，从形状图层的第二个图层开始，在【图层】面板中单击按钮，隐藏图层，设置第 1 帧效果，如图 5-67 所示。

STEP 10 在【时间轴】面板中选中第 2 帧，然后在【图层】面板中重复以上步骤，让第 2 帧中有相应的形状和背景可见。

STEP 11 重复同样的操作，在【时间轴】面板中设置其余 3 至 8 帧。

STEP 12 单击第 1 帧右下角的三角形按钮，在弹出的列表中选中【2.0】选项，设置第 1 帧的播放时间，如图 5-68 所示。

图 5-67　设置第 1 帧效果

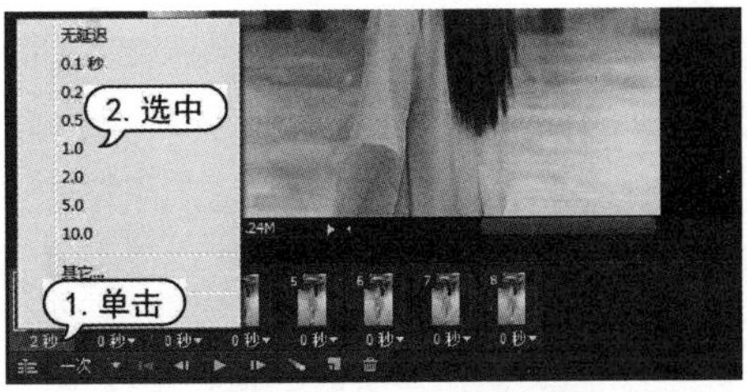

图 5-68　设置第 1 帧播放时间

STEP 13 使用同样的方法，设置其余帧的播放时间，然后单击【一次】下拉列表按钮，在弹出的下拉列表中选中【永远】选项。

STEP 14 在【时间轴】面板中单击【播放动画】按钮，即可在 Photoshop 中预览动画的播放效果。

STEP 15 选择【文件】|【存储为 Web 和设备所用的格式】命令，在打开的【存储为 Web 所用格

式】对话框中单击【存储】按钮。打开【将优化结果存储为】对话框，在【文件名】文本框中输入文件名称后，单击【保存】按钮，将图像文件保存。

5.4 使用 Photoshop 制作网店店标

网店的标志是店铺在网上的招牌，一个好的标志不仅可以传达店铺的经营理念，还可以在商品信息中突出网店的风格，加深访问者浏览网店时对商品的印象。

【例 5-12】 使用 Photoshop 软件制作网店标志。视频+素材

STEP 01 启动 Photoshop 后选择【文件】|【新建】命令，打开【新建】对话框。在【新建】对话框中将【宽度】设置为 200，将【高度】设置为 116，在【名称】文本框中输入【网店标志】，然后单击【确定】按钮，创建一个图片文档，如图 5-69 所示。

STEP 02 选择工具栏中的【渐变】工具，然后单击 Photoshop 窗口顶部选择区域中按钮，打开【渐变编辑器】对话框。

STEP 03 在【渐变编辑器】对话框中的【预设】列表中选择一种预设颜色，然后单击对话框左侧的色标按钮，在【色标】选项区域中单击【颜色】方框，如图 5-70 所示。

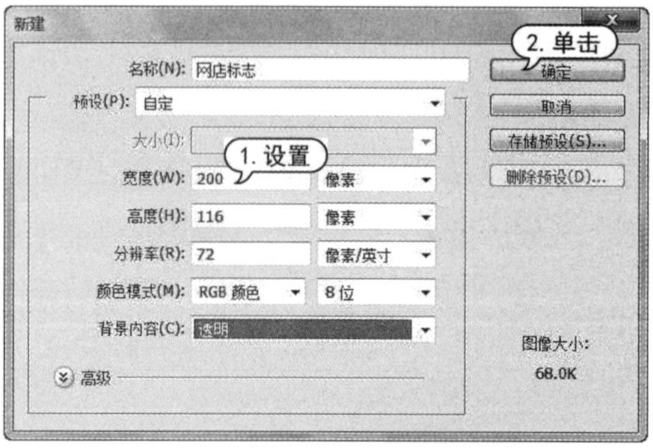

图 5-69 【新建】对话框

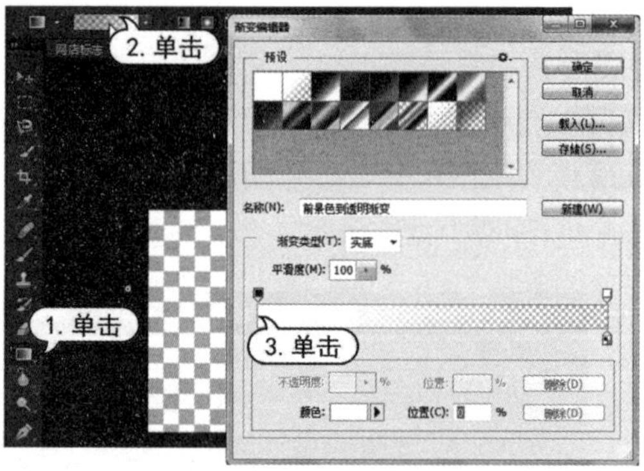

图 5-70 【渐变编辑器】对话框

STEP 04 打开【选择色标颜色】对话框，选择一种颜色，然后单击【确定】按钮。

STEP 05 返回【渐变编辑器】对话框，单击对话框右侧的色标按钮，打开【选择色标颜色】对话框设置右侧色标的颜色，如图 5-71 所示。

STEP 06 在【渐变编辑器】对话框中单击【确定】按钮，然后按住鼠标左键，对文档进行颜色填充，如图 5-72 所示。

STEP 07 在工具栏中单击【横排文字工具】按钮，在舞台中输入文本，并在 Photoshop 窗口顶部的选项区域中设置文本的字体。

STEP 08 在工具栏中单击【矩形工具】，在 Photoshop 窗口顶部的选项区域中将矩形的颜色设置为红色，然后按住鼠标左键，在舞台中绘制一个矩形，如图 5-73 所示。

STEP 09 选择【编辑】|【自由变换路径】命令，在舞台中按住鼠标左键调整矩形的形状。

STEP 10 在【图层】面板中将【文本】图层调整至矩形图层之上，并选择矩形图层，如图 5-74 所示。

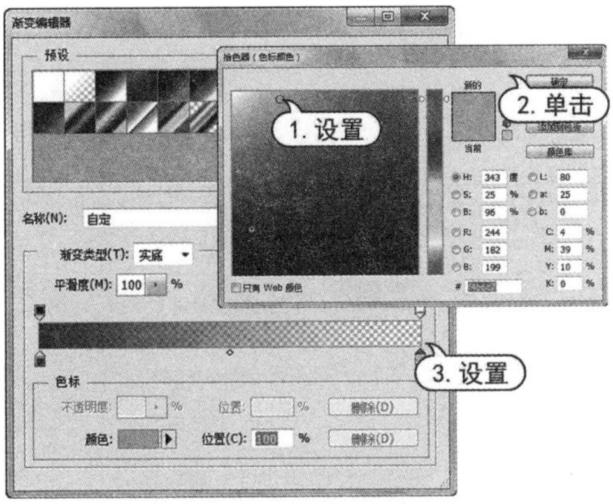

图 5-71　设置右侧色标颜色

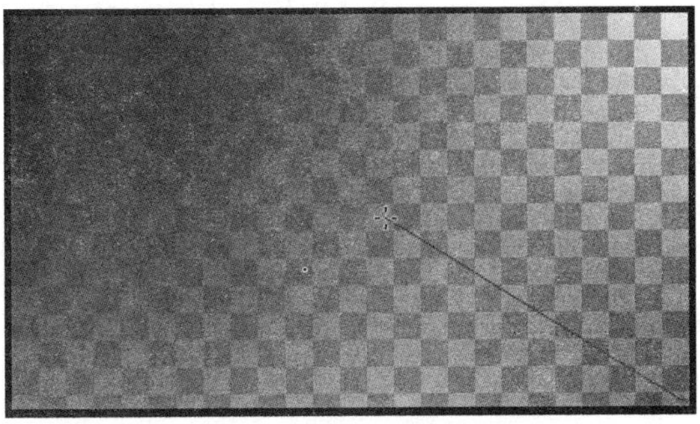

图 5-72　对文档进行颜色填充

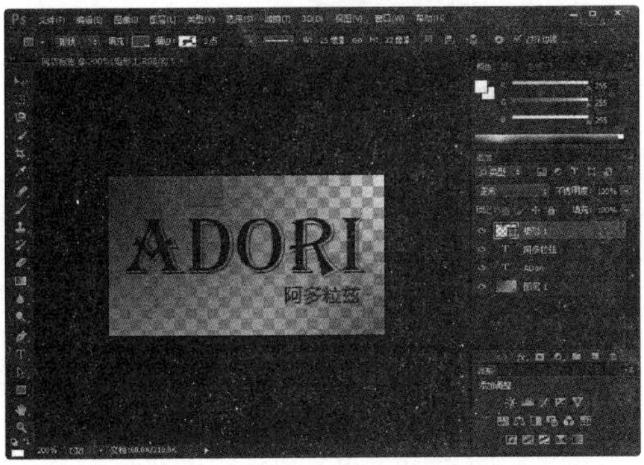

图 5-73　输入文本并绘制矩形图形

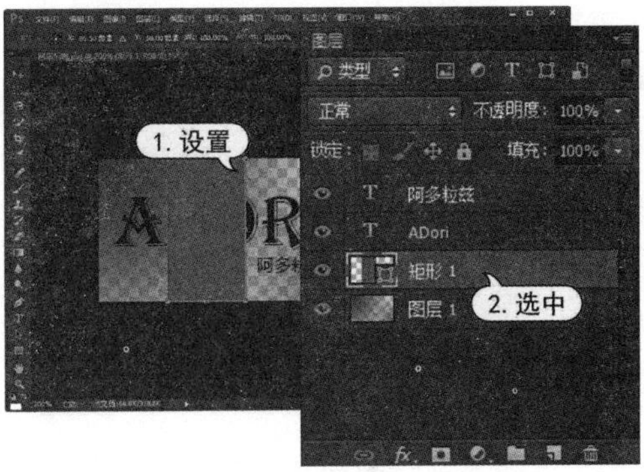

图 5-74　调整并设置矩形的形状

STEP 11 在工具栏中选中【移动工具】，然后按住 Alt 键移动并复制舞台中的矩形，如图 5-75 所示。

STEP 12 选择【编辑】|【自由变换路径】命令，在舞台中按住鼠标左键调整复制后的矩形形状，然后在工具栏中选择【矩形工具】，将矩形颜色设置为绿色。

STEP 13 在【图层】面板中单击【创建新图层】按钮，创建一个新图层，并将该图层调整至所有图层之上。在工具栏中选择【矩形选框工具】，然后按下 Ctrl + A 键全选图片，如图 5-76 所示。

图 5-75　复制舞台中的矩形图形

图 5-76　全选图片

STEP 14 选择【编辑】|【描边】命令，打开【描边】对话框。在【宽度】文本框中输入【10 像素】，单击【颜色】按钮，在打开的【拾色器】对话框中选择一种颜色，然后单击【确定】按钮。

STEP 15 在【描边】对话框中单击【确定】按钮，为舞台中的图片设置边框。

STEP 16 使用矩形选框工具绘制一个合适大小的矩形选区（比边框稍小一些即可），然后选择【选择】|【反向】命令，选中如图 5-77 所示的区域。

STEP 17 选择【滤镜】|【扭曲】|【波纹】命令，打开【波纹】对话框，然后拖动【数量】滑块，调整波纹滤镜效果。

STEP 18 单击【确定】按钮，制作的网店标志效果如图 5-78 所示。

图 5-77 选中图片中区域

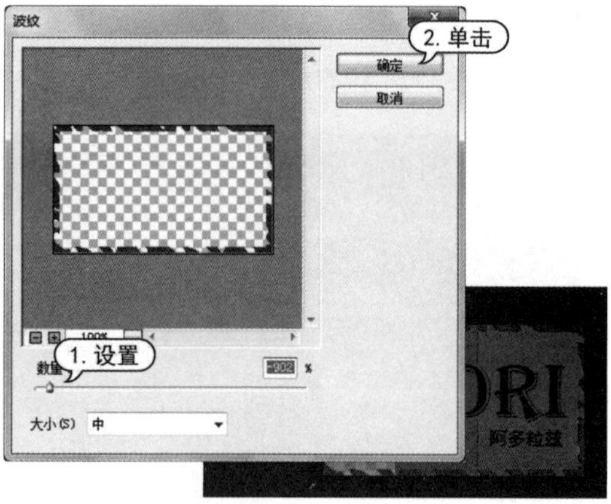

图 5-78 设置波纹边框效果

STEP 19 选择【文件】|【存储】命令，将制作的网店标志图保存。

STEP 20 选择【文件】|【打开】命令，打开一个商品照片。选择【文件】|【置入】命令，打开【置入】对话框，选中制作好的网店标志文件，单击【置入】按钮，如图 5-79 所示。

STEP 21 将网店标志置入舞台后，使用鼠标拖动调整其位置，如图 5-80 所示。

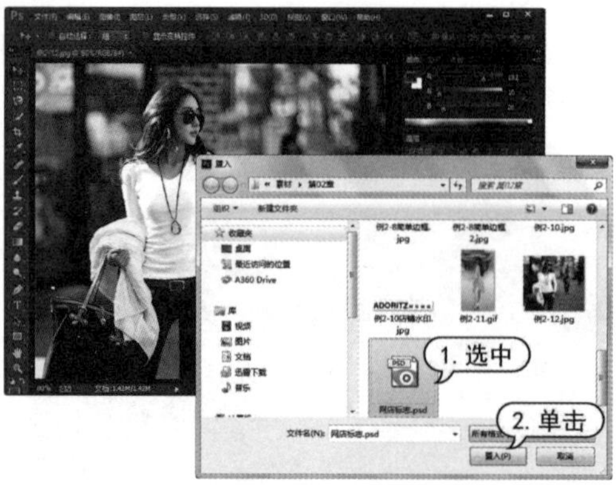

图 5-79 在照片中置入网店标志

图 5-80 使用鼠标调整店标位置

STEP 22 按下回车键，即可在商品图片中添加网店标志。最后，选择【文件】|【存储】命令，将图片文件保存即可。

5.5 案例演练

本章的案例演练部分将通过实例介绍使用 Photoshop 软件对商品照片进行尺寸调整、抠图等操作，用户可以通过练习从而巩固本章所学知识。

5.5.1 调整商品照片尺寸

要调整淘宝网店中商品照片的尺寸，可以按下列步骤操作。

【例 5-13】 使用 Photoshop 软件调整商品图片尺寸。视频+素材

STEP 01 启动 Photoshop 后选择【文件】|【打开】命令，打开商品照片。

STEP 02 选择【图像】|【图像大小】命令，打开【图像大小】对话框，详细显示图像的高度、宽度、分辨率等参数。

STEP 03 在【图像大小】对话框中重新输入需要的图像高度、宽度(如果单击【限制长宽比】按钮，Photoshop 将根据用户设置的参数自动调整高度或宽度参数)，然后单击【确定】按钮，如图 5-81所示。

STEP 04 此时，调整尺寸后的商品图片效果将如图 5-82 所示。

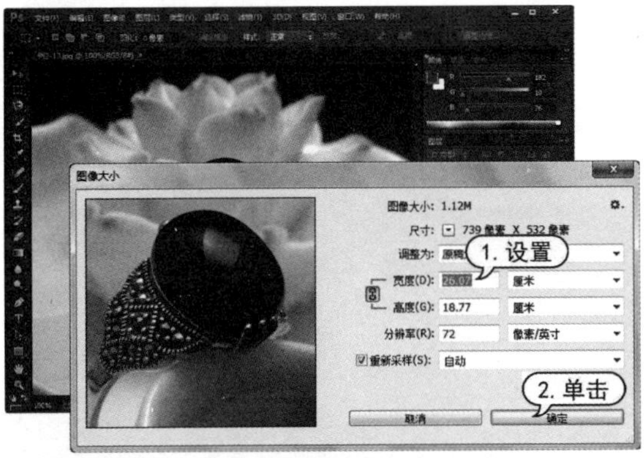

图 5-81 【图像大小】对话框

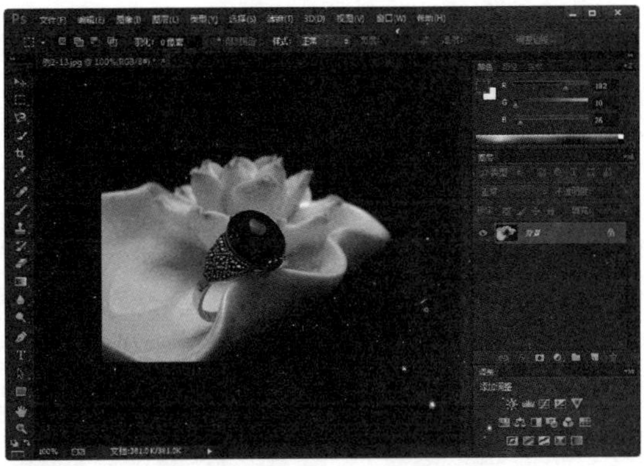

图 5-82 调整尺寸后的商品图片效果

5.5.2 在商品照片中抠图

要从商品照片中抠图，可以参考下列操作步骤。

【例 5-14】 使用 Photoshop 软件从商品照片中抠图。视频+素材

STEP 01 启动 Photoshop CC，打开一个需要抠图的商品图片。

STEP 02 按下 Ctrl +【 + 】键放大图片，然后在工具栏中单击【钢笔工具】按钮，对需要抠图的区域进行描边，即在商品图片边缘处分别单击鼠标，制作如图 5-83 所示的效果。

STEP 03 按下 Ctrl + Enter 键，选定设置描边的图像区域。在工具栏中单击【快速选择工具】按钮，然后在舞台中右击鼠标，在弹出的菜单中选择【调整边缘】命令，如图 5-84 所示。

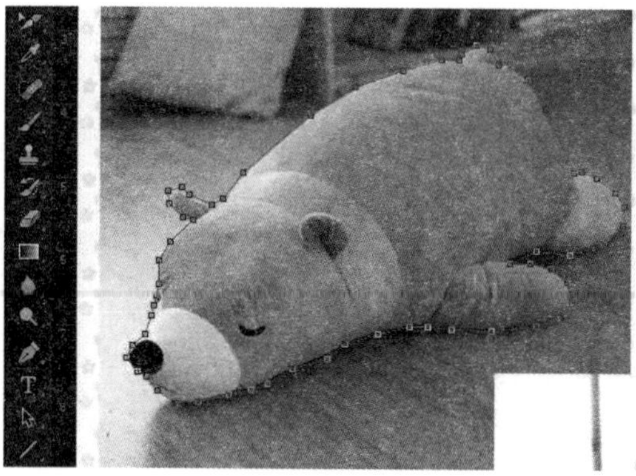

图 5-83　使用钢笔工具描边

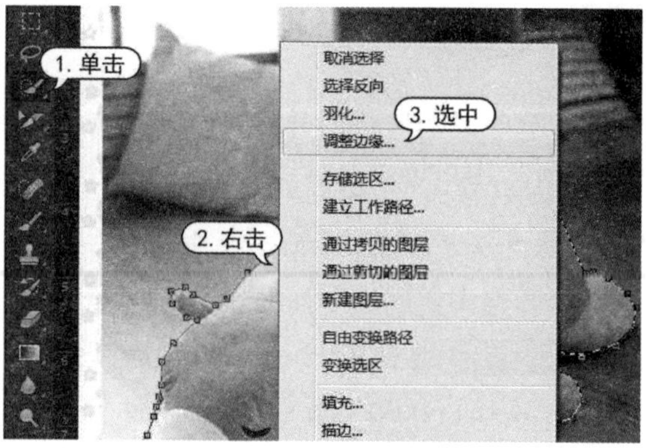

图 5-84　调整选区

STEP 04 打开【调整边缘】对话框，根据需要调整其中的参数，单击【输出到】下拉列表按钮，在弹出的下拉列表中选中【选区】选项，然后单击【确定】按钮，如图 5-85 所示。

STEP 05 选择【选择】|【反向】命令，反选选区，然后按下 Enter 键，删除选区中的图像。

STEP 06 在工具栏中单击【裁剪工具】按钮，在舞台中按住鼠标左键拖动绘制一个裁剪区域，并调整其大小，如图 5-86 所示。

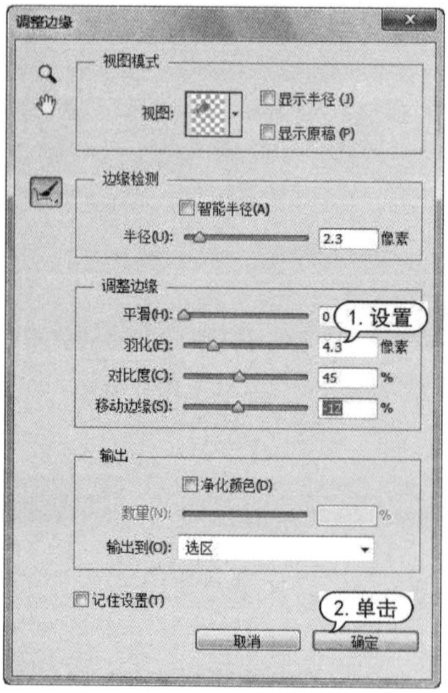

图 5-85　设置调整边缘

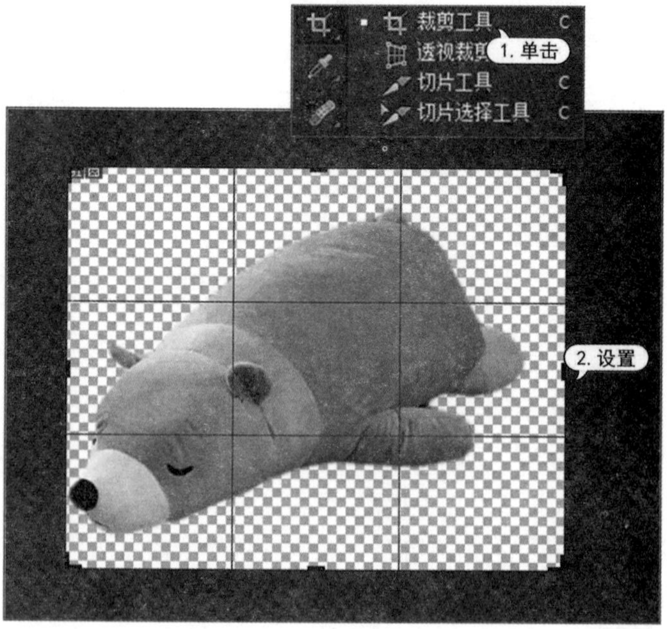

图 5-86　使用裁剪工具

STEP 07 按下 Enter 键剪裁图像，其效果如图 5-87 所示。

STEP 08 选择【文件】|【存储】命令，将图片保存，图片最终效果如图 5-88 所示。

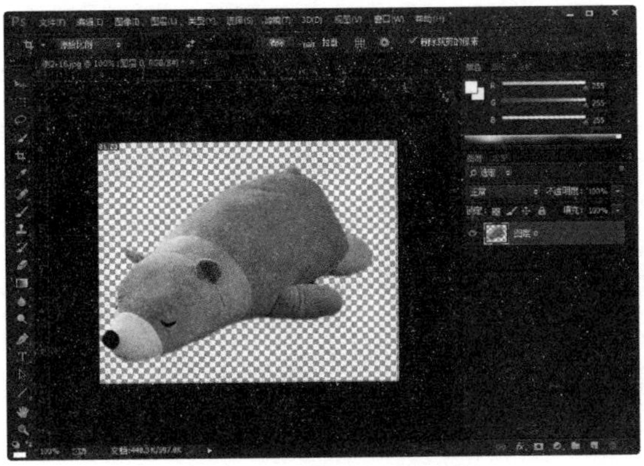

图 5-87　图像裁剪效果

图 5-88　照片抠图结果

5.5.3　转换商品照片的格式

用户可以参考下列操作，将照片格式的图片转换成适合网店使用的 gif 或 jpg 格式。

【例 5-15】 使用 Photoshop 软件将商品照片输出为.gif 或.jpg 格式的文件。 视频+素材

STEP 01　选择【文件】|【打开】命令，在 Photoshop 中打开一个商品照片，如图 5-89 所示。

STEP 02　选择【文件】|【存储为】命令，打开【另存为】对话框，单击【保存类型】下拉列表按钮，在弹出的下拉列表中选中【JPEG】选项，如图 5-90 所示。

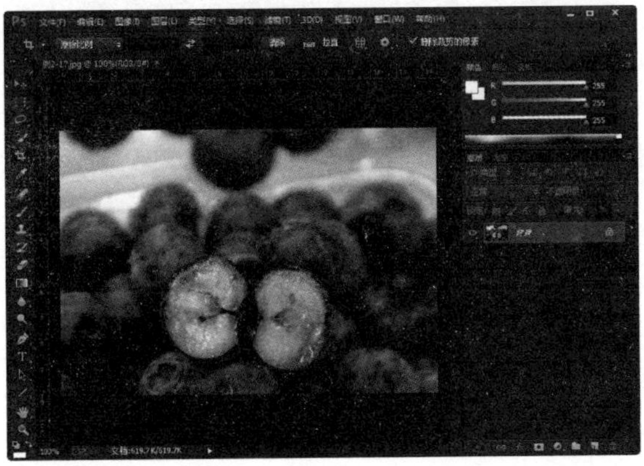

图 5-89　打开商品照片

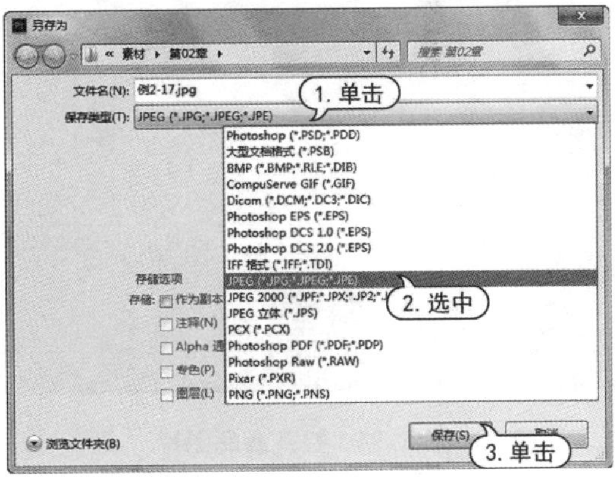

图 5-90　设置文件的保存类型

STEP 03　打开【JPEG 选项】对话框，设置图像保存参数，然后单击【确定】按钮，如图 5-91 所示。

STEP 04　此时，商品照片图像将被保存为.jpg 格式的图像文件，如图 5-92 所示。

STEP 05　若用户需要将商品照片文件保存为.gif 格式的文件，可以在打开【另存为】对话框后，单击【保存类型】下拉列表按钮，在弹出的下拉列表中选择【CompuServe GIF】选项。

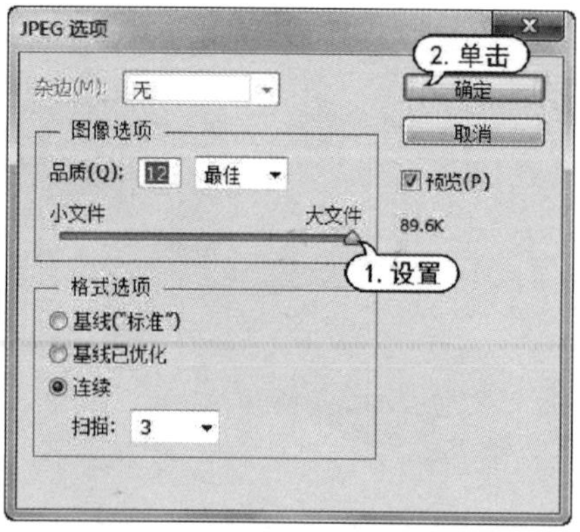

图 5-91 【JPEG 选项】对话框

图 5-92 照片文件格式转换效果

5.5.4 剪裁商品照片

用户可以参考下列操作，从商品照片中剪裁自己需要的部分。

【例 5-16】 使用 Photoshop 软件剪裁商品图片。 视频+素材

STEP 01 启动 Photoshop 后选择【文件】|【打开】命令，打开如图 5-93 所示的商品图片。

STEP 02 在工具栏中单击【裁剪工具】按钮，在 Photoshop 窗口顶部的选项区域中单击【比例】下拉列表按钮，在弹出的下拉列表中选中【宽 x 高 x 分辨率】选项，如图 5-94 所示。

图 5-93 打开商品图片

图 5-94 调整图片显示比例

STEP 03 在 Photoshop 窗口顶部的选项区域中，依次输入裁剪图片的高度、宽度和分辨率，如图 5-95 所示。

STEP 04 按住 Ctrl 键，在图像上任意一点单击鼠标并按住拖动，可以调整图片的旋转角度，如图 5-96 所示。

STEP 05 松开 Ctrl 键，在图片上任意一点单击，并按住鼠标左键拖动，可以调整图片的剪裁区域，如图 5-97 所示。

STEP 06 完成以上设置后，按下回车键即可剪裁图片，完成后图片效果如图 5-98 所示。

图 5-95　设置裁剪图片的高度、宽度和分辨率

图 5-96　调整图片旋转角度

图 5-97　设置图片剪裁区域

图 5-98　图片剪裁效果

STEP 07 选择【文件】|【存储为】命令，将剪裁后的图像文件保存。

5.5.5　批量处理商品照片

用户可以参考下列步骤，一次性批量调整商品图片的大小。

【例 5-17】 使用 Photoshop 软件批量处理图片文件(批量调整图片大小)。 视频+素材

STEP 01 将商品素材图片复制到同一个文件夹中。启动 Photoshop 后选择【文件】|【打开】命令，打开一个需要处理的商品图片，如图 5-99 所示。

STEP 02 选择【窗口】|【动作】命令，打开【动作】面板，在该面板中单击【创建新动作】按钮，如图 5-100 所示。

STEP 03 打开【新建动作】对话框，在【名称】文本框中输入新动作的名称，然后单击【记录】按钮，如图 5-101 所示。

STEP 04 此时，在【动作】面板的底部将出现一个红色的按钮，表示已经要开始录下我们接下来操作的每一个步骤了，如图 5-102 所示。

STEP 05 选择【图像】|【图像大小】命令，打开【图像大小】对话框，调整图像大小，如图 5-103 所示。

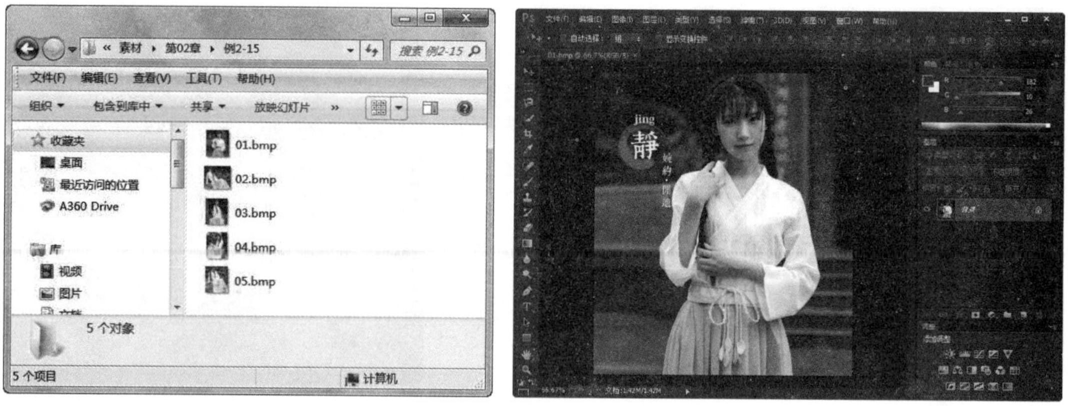

图 5-99　打开商品素材图片

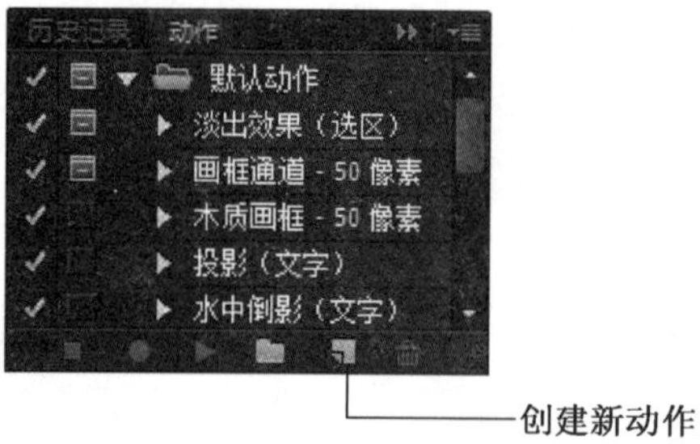

图 5-100　【动作】面板

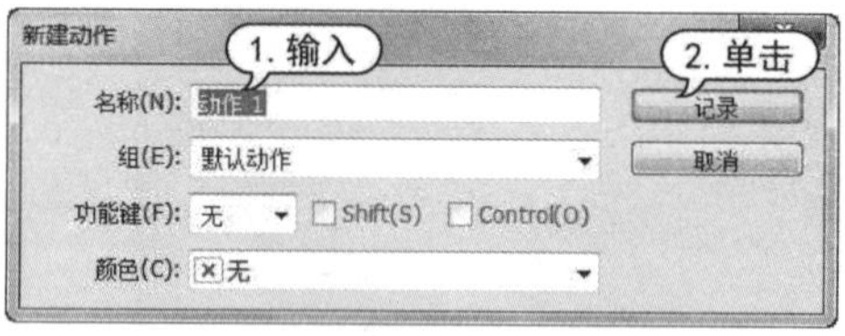

图 5-101　【新建动作】对话框

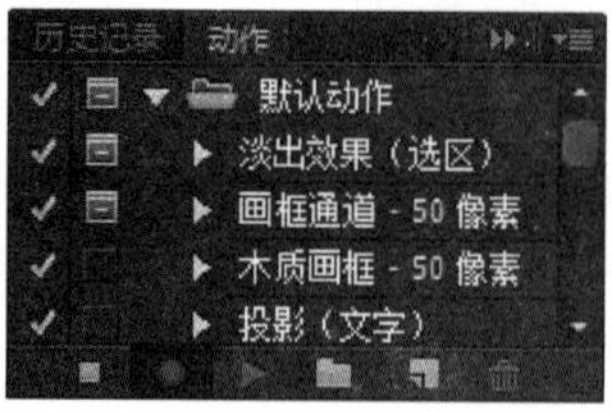

图 5-102　录制动作

图 5-103　执行调整图片大小操作

STEP 06 选择【文件】|【关闭】命令，关闭当前打开的图像素材，在弹出的提示对话框中单击【是】按钮。

STEP 07 在【动作】面板中单击【停止播放/记录】按钮■停止录制，如图 5-104 所示。

STEP 08 选择【文件】|【自动】|【批处理】命令，打开【批处理】对话框，单击【动作】下拉列表按钮，在弹出的下拉列表中选中【动作 1】选项，如图 5-105 所示。

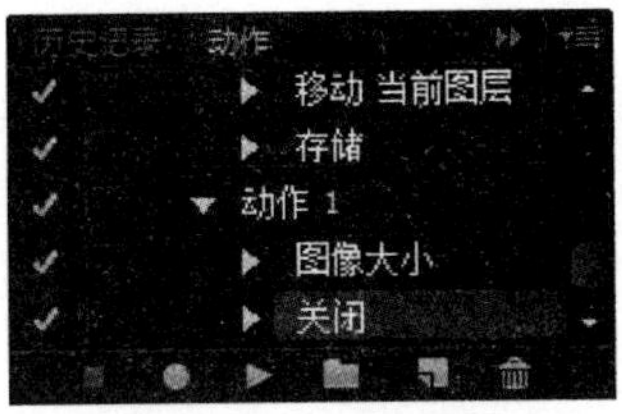

图 5-104　停止录制

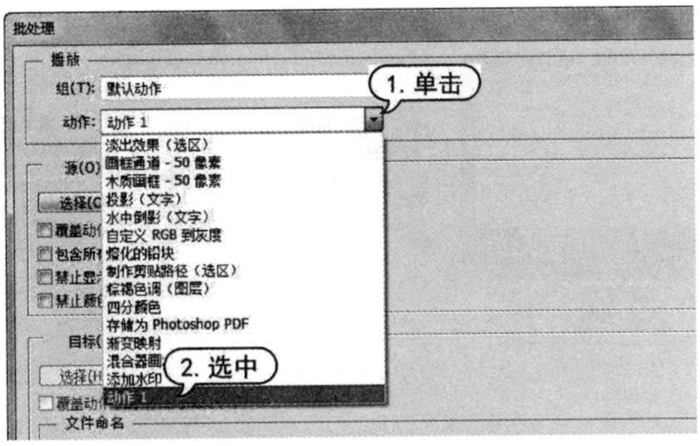

图 5-105　【批处理】对话框

STEP 09 单击【源】下拉列表按钮，在弹出的下拉列表中选中【文件夹】选项，然后单击【选择】按钮。

STEP 10 打开【浏览文件夹】对话框，选中需要批量修改的图片所在的文件夹，然后单击【确定】按钮，如图 5-106 所示。

STEP 11 返回【批处理】对话框，单击【确定】按钮，Photoshop 将按照录制的操作对图片进行批处理修改，如图 5-107 所示。

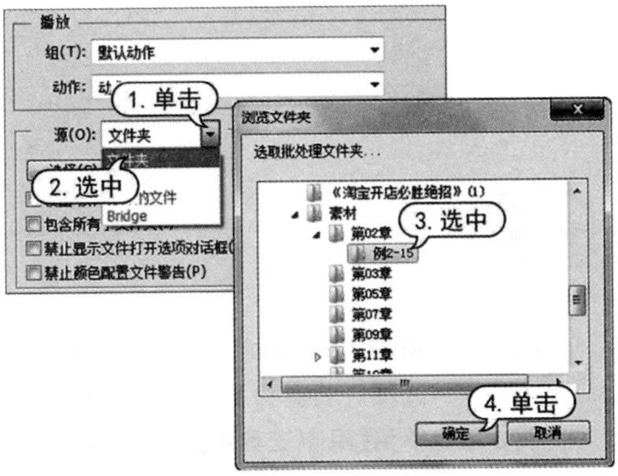

图 5-106　设置批量处理图片所在的文件夹

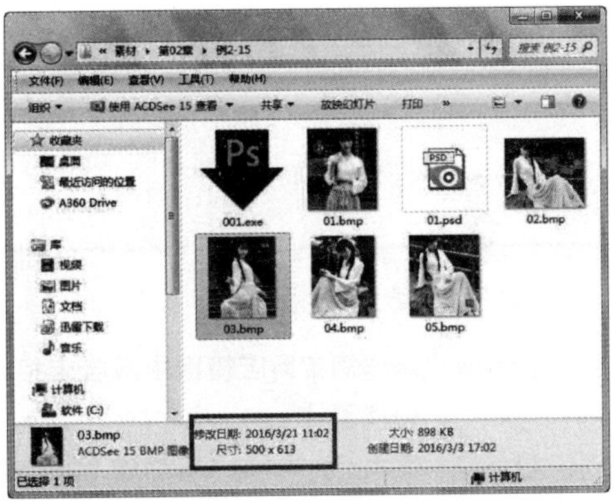

图 5-107　图片批处理结果

第6章

设置商品的图文描述

在网店中，商品的图文描述是买家获得商品属性的重要来源，顾客买不买店里的宝贝，在很大程度上也取决于宝贝的描述是否详细，并具有足够的吸引力。因此，设置商品的图文描述对于网店的经营来说至关重要。

对应的光盘视频

- 例 6-1 制作淘宝网店模板中网店店招和轮播图片
- 例 6-2 使用 Photoshop CC 制作商品描述图片
- 例 6-3 使用 Photoshop 制作多角度商品展示图
- 例 6-4 使用 Photoshop 对网店商品制作细节展示图
- 例 6-5 使用 Photoshop 制作网店商品描述图并将其分割保存
- 例 6-6 使用【甩手工具箱】软件复制淘宝网店中的商品模板

6.1 商品描述的总体原则

在编写网店商品描述时，要注意两个总体原则，一是要有流畅的文字描述；二是要有一个正确清晰的整体结构。

6.1.1 流畅的文字描述

要写好宝贝描述，需要注意以下几个方面的问题。

- 描述语句要符合基本语法。
- 错别字会让顾客觉得店主粗心或者是对顾客不尊重，应尽量避免错别字。
- 文字叙述要有亲和力，不能太生硬。
- 一定要有欢迎词。
- 可以通过编辑器设置文字的大小、颜色和粗细等属性。
- 文字大小的设置以 2～3 种为宜，不易太多而显得杂乱。
- 多用自己的话来进行文字表达，不要抄袭他人文字。
- 文字叙述应尽量准确，避免产生歧义，增加顾客疑虑。
- 对顾客要使用尊称。
- 介绍商品的语言应尽量准确和精细，对产品细腻的文字叙述是打动顾客心理和情感的重要因素。

卖家可以根据店铺的特点和自己的文字组织能力来灵活变化文本描述。总的来说，文本描述可分为如表 6-1 所示的几大类。

表 6-1　商品图片中的文本描述

文字特点	示　例
实用型	这款泰迪熊毛绒玩具造型逼真可爱、触感柔软、不怕挤压、方便清洗，既可当做小孩玩具，也可用做房屋装饰，更是馈赠佳品
情感型	2016 年林嘉欣大抱熊是送给女朋友的最佳礼物，无论是哪天收到这个可爱精致的大熊熊，您的她都会甜蜜蜜的哟，让你们的爱情长长久久，幸福永伴
技术型	设计师采用了米白色、浅棕色和深棕色三种超柔材料，对熊熊轮廓的把握极为精准，把熊熊憨厚、温顺、可爱的特点发挥到了最佳状态！同时熊熊做工精湛，相信一定会带给您不一样的感觉
热闹型	情人节要来啦！火热预定中……
朴实型	这是一款可爱的毛绒玩具，无论是大人还是小孩，都会喜欢
引导型	只要你一看到它、摸到它、抱到它，你就一定会爱不释手

6.1.2 清晰的整体结构

文字写好了，图片也做好了，那么怎么才能把它们有机地结合在一起呢？这就需要有一个清晰的整体结构布局。

在宝贝描述中，图片与文字穿插结合，可以形成良好的叙述效果。另外图文结合应注意保持图文整齐，不杂乱；图片使用同一规格，不要出现左右错位或大小不一，如图 6-1 所示。

一般来说，一个完整的宝贝描述包括以下层次结构：欢迎词→宝贝描述图文→关于宝贝的补充说明→优惠说明→运费及快递说明→售后服务说明→联系方式，如图 6-2 所示。

图 6-1　图片与文字穿插结合

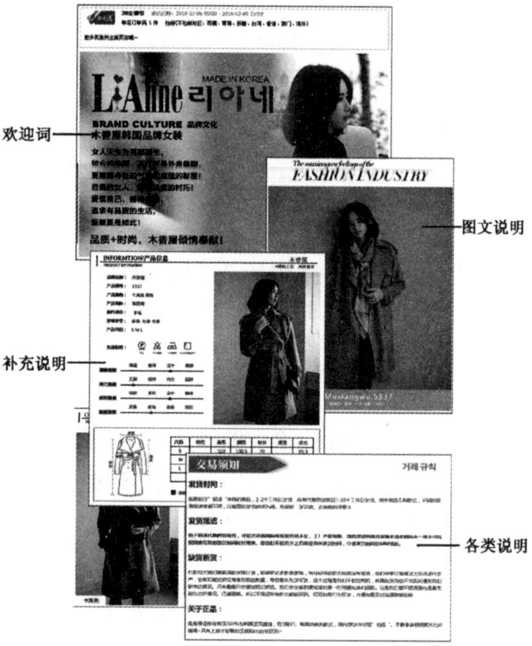

图 6-2　淘宝网店中宝贝描述的结构

实用技巧

在撰写宝贝描述时，要多参考成功店铺的优秀描述，为自己寻找灵感。

6.2　策划商品的标题描述

大部分网购买家都是通过搜索找到并购买他们需要的商品，因此做好商品标题的描述是网店推广，增加点击率的重中之重。

6.2.1　标题的结构和组合方式

为了尽可能多地增加网店被搜索到的概率，我们需要为店铺中的商品策划一个好的标题。这个标题不仅要能吸引人访问，还要让浏览者一目了然地知道商品的特性。

一个完整的商品标题，如图 6-3 所示，文本应该包括以下 3 个部分。

- 第一部分是“商品名称”，这部分要让客户一眼就能明白商品的性质。
- 第二部分是由一些“感官词”组成，感官词可以在很大程度上增加浏览者打开商品链接的兴趣。
- 第三部分由“优化词”组成，我们可以利用产品相关的优化词来增强商品被搜索到的概率。

在商品标题中，感官词和优化词是增加搜索量和点击量的重要组成部分，但也不是非要在标题中出现的，只有商品名称是必须要描述的。

当然，商品标题也不是随便什么文字都可以的，必须严格遵守平台网站(例如淘宝网)的规则，不然很容易遭到网站的惩罚。例如，商品标题需要和商品本身一致，不能干扰搜索；商品标题中出现的所有文字描述都要客观真实，不得在商品标题中使用虚假的宣传信息。

在网店中，常见的商品标题的撰写有以下几种组合方式。

- 商品品牌＋商品型号＋商品名称。
- 促销信息＋商品特性＋形容词＋商品名称。
- 地域特点＋商品品牌＋商品名称。
- 店铺名称＋商品品牌＋商品型号＋商品名称。
- 商品品牌＋商品型号＋促销信息＋商品特性＋形容词＋商品名称。
- 店铺名称＋地域特点＋商品名称。
- 商品品牌＋促销信息＋商品特性＋形容词＋商品名称。
- 网店信用级别＋好评＋店铺名称＋促销信息＋商品特性＋形容词＋商品名称。

以上标题文本的组合不管如何变化，商品名称这一项一定是其中的一个组成部分。因为在搜索时会使用的就是商品名称关键字，在这个基础上再增加其他的关键字，可以使网店在搜索时得到更多的入选机会，如图 6-4 所示。

图 6-3　商品的标题描述

图 6-4　通过关键字搜索商品

6.2.2　如何在标题中突出卖点

在经营网店的过程中，如何吸引浏览者的注意点击商品链接是一个重要的问题，这和商品标题的编写有密切的关系，如果网店的标题比较吸引人，那么被点击的次数就可能比较多，由于点击次数较多，其必然会使商品的被购买几率增加。

商品标题编写时最重要的是把商品最核心的卖点用精炼的语言表达出来。我们可以列出四五个卖点，然后选择最重要的三个卖点，融入到商品标题中。下面是在商品标题中突出卖点的一些技巧。

- 标题应清晰准确：商品标题不能让人产生误解，应该准确而清晰，让浏览网页的人能够在简单的阅读后轻松读懂。
- 充分利用标题信息：淘宝网规定商品的标题文本最长不能超过 60 个字节，也就是 30 个汉字，在组合理想的情况下，标题文本包含越多的关键字，其被搜索到的机会也将越大。
- 释放价格信号：商品的价格是所有买家都会关注的内容之一，也是最能直接刺激买家购买网店商品的因素。如果店铺中的商品具备一定的价格优势，或是正在进行优惠促销活动，那么可以在标题文本中注明。

- 突出进货渠道：如果网店中的商品是通过厂家或国外直接进货，可以在标题文本中注明，突出商品的渠道优势。
- 展示店铺的信誉度：如果网店的信誉评级较高，例如在淘宝网上有皇冠级、金冠级评价，可以在商品标题中注明，从而增强买家的购物信心。
- 提供售后服务：由丁网购不能当面交易，买家不能直接看到商品的实物，许多买家对 些商品（例如奶粉、电子产品、家具等）不愿意通过网店购买。这时，我们可以在商品的标题文本中写明网店提供售后服务，例如“全国联保”“无条件退货”等。
- 销量超高的成交记录：如果店铺中某件商品在一段时间内销量较高，可以在标题中写明，例如“月销量上千”“明星推荐”等。善用这些能够调动买家情绪的词语，可以极大地提高买家对网店的信任感。
- 使用特殊符号：为了让商品的标题与众不同，可以在其中插入一些特殊符号，例如“天天特价”以起到强调的作用。
- 适当分割以利于阅读：如果商品的标题文本过长，可以在其中添加少量的断句（可使用空格符号或半角符号）。

6.2.3 商品标题关键词的选择

买家在购物平台上通过搜索栏输入商品的关键词，每个人的关键词都不一样。为了能够更好地让买家搜索到网店中的商品，关键词必须在商品标题中体现出来，并且我们需要在搜索引擎有限的关键词额度中，找到最合适的、利用率最高的关键词。

1. 收集关键词

以淘宝网为例，在淘宝网主页面的“宝贝搜索”栏中，输入“毛衣”，在弹出的下拉列表中可以找到其他相关联的很多关键词，例如“毛衣女”“毛衣男”等，如图 6-5 所示。

选择一个关键词，例如“毛衣女”，在搜索列表中的右侧将显示淘宝网给出的其他匹配类似关键词，如图 6-6 所示。

图 6-5 淘宝网上的关键词

图 6-6 显示匹配关键词

除此之外，还可以参考其他同行网店，看一下他们的商品标题是如何设置关键词的。这样，我们可以收集到更多的关键词作为预选关键词。

2. 选择关键词

完成商品标题关键词的收集后，下面要做的就是从中选择最好的、最适合的关键词。那么该怎样选择关键词呢？接下来分两个步骤来做。

STEP 01 判断关键词的竞争性，把想要的几个关键词分别输入到淘宝首页的搜索栏中，看看搜索结果得到的相关商品数量和效果。

STEP 02 关键词的搜索量分析。没人搜索的关键词是没有任何使用价值的，只有有人搜索了商品的关键词，商品才有可能被搜到。

6.3 制作商品的描述信息

当网络上的浏览者查看网店时，店铺能否留住浏览者，将浏览者变为商品的买家，关键在于商品信息的描述上。商品信息的描述做的好与坏，将直接影响到商品的销量。

在网上购物时，影响买家是否购买的一个重要因素是商品的描述信息。下面将介绍制作商品图文描述的常用步骤。

1. 设置描述模板

在制作商品描述信息之前，首先需要做一个精美的商品描述模板，该模板可以自己设计，也可以在淘宝网上购买，还可以从网上下载一些免费的模板。精美的模板可以对网店中的商品起到衬托的作用，促进交易的完成。

【例 6-1】 **制作淘宝网店模板中网店店招和轮播图片。** 视频+素材

STEP 01 启动 Photoshop，首先制作网店的店招，选择【文件】|【新建】命令，打开【新建】对话框。将【宽度】设置为 950 像素，【高度】设置为 120 像素，【分辨率】设置为 130 像素，在【名称】文本框中输入【店招】，将【背景内容】设置为【白色】，然后单击【确定】按钮，如图 6-7 所示。

STEP 02 选择【文件】|【打开】命令，打开如图 6-8 所示的素材图片。

图 6-7 【新建】对话框

图 6-8 打开素材图片

STEP 03 使用移动工具，将素材图片拖动至步骤 1 创建的店招图片中，如图 6-9 所示。

STEP 04 在【图层】面板中，选中创建的【图层 2】，然后在工具栏中单击【椭圆选择工具】按钮，选择图片中需要区域，如图 6-10 所示。

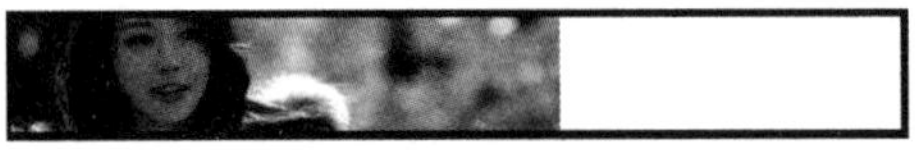

图 6-9　拖动图片

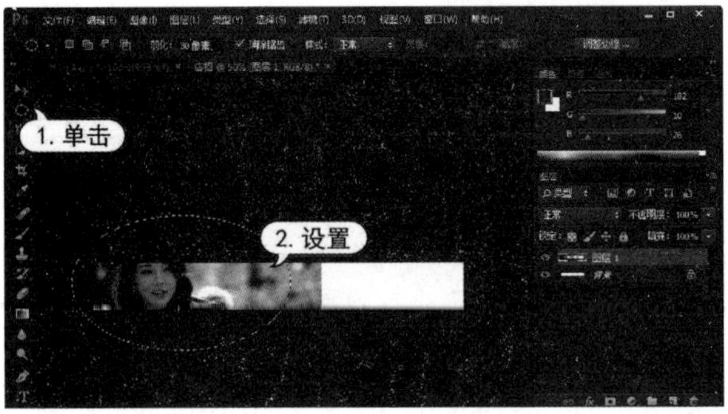

图 6-10　选择椭圆区域

STEP 05 在舞台中右击鼠标，在弹出的菜单中选中【羽化】命令，打开【羽化选区】对话框，在【羽化半径】文本框中输入 30，然后单击【确定】按钮，如图 6-11 所示。

STEP 06 按下 Ctrl + Shift + I 组合键反选选区，如图 6-12 所示。

图 6-11　【羽化选区】对话框

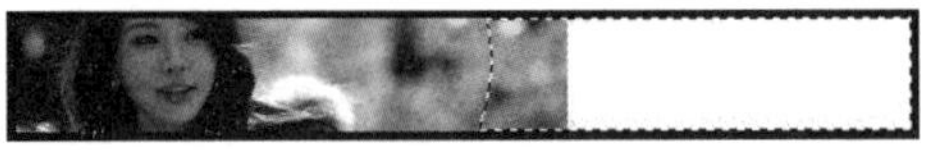

图 6-12　反选选区

STEP 07 按下 Delete 键，设置如图 6-13 所示的羽化效果。

STEP 08 选择【文件】|【置入】命令，打开【置入】对话框，选择一个图片文件，然后单击【置入】按钮，如图 6-14 所示。

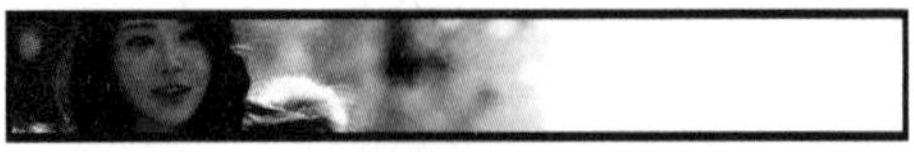

图 6-13　羽化效果

图 6-14　【置入】对话框

STEP 09 使用移动工具调整舞台中置入的图像位置，如图 6-15 所示。

STEP 10 使用同样的方法，在舞台中置入其他图像，并在工具栏中单击【横排文字工具】T，输入文本，如图 6-16 所示。

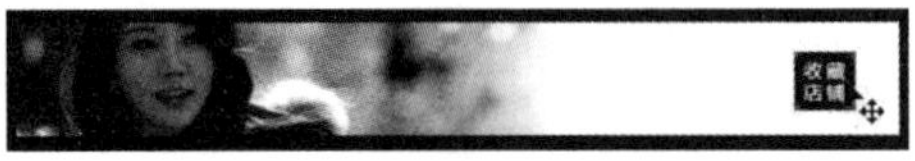

图 6-15　调整舞台中的图像

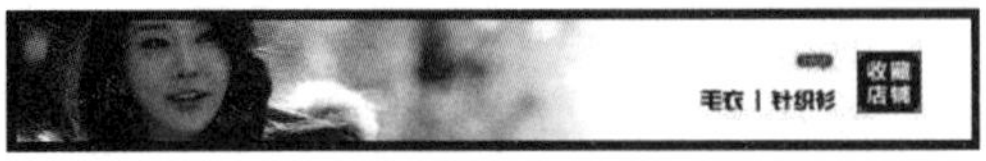

图 6-16　输入横排文本

STEP 11 选择【文件】|【存储为】命令，打开【另存为】对话框，将制作好的店招图片保存为 jpg 格式的文件，如图 6-17 所示。

STEP 12 选择【文件】|【新建】命令，打开【新建】对话框，在【名称】文本框中输入【轮播图片】，将【宽度】设置为 950 像素，【高度】设置为 400 像素，如图 6-18 所示。

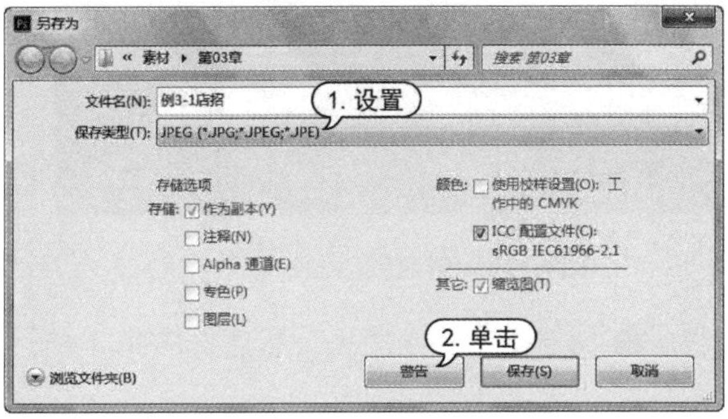

图 6-17　【另存为】对话框

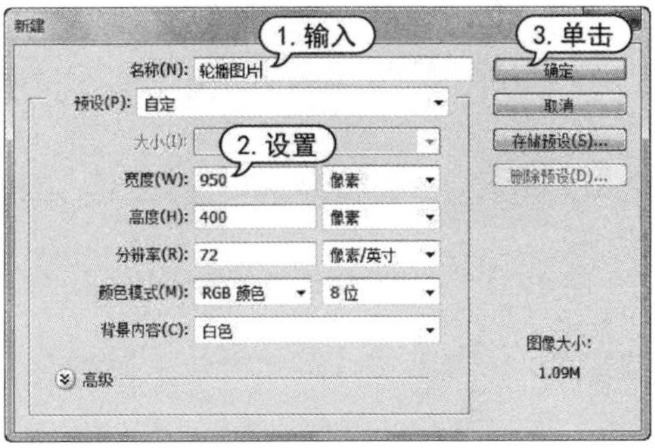

图 6-18　【新建】对话框

STEP 13 单击【确定】按钮，创建一个空白图片文件。

STEP 14 选择【文件】|【打开】命令，打开 3 张素材图片文件，选择【图像】|【图像大小】命令，打开【图像大小】对话框，将素材图片的宽度设置为 950 像素，高度设置为 400 像素，如图 6-19 所示。

STEP 15 选中一张图像素材，将其拖动至创建的轮播图片中，如图 6-20 所示。

图 6-19　【图像大小】对话框

图 6-20　创建轮播图片

STEP 16 使用同样的方法，将其他两张图像素材文件也拖动至轮播图片中，如图 6-21 所示。

STEP 17 选择【窗口】|【时间轴】命令，打开【时间轴】面板，然后单击该面板中的【创建帧动画】按钮，如图 6-22 所示。

图 6-21　将图片拖动至轮播图片　　　　图 6-22　创建帧动画

STEP 18 在【时间轴】面板中单击【复制所选帧】按钮，复制 2 个同样的帧，然后选中第 1 帧，如图 6-23 所示。

STEP 19 在【图层】面板中隐藏【图层 2】和【图层 3】，如图 6-24 所示。

图 6-23　复制帧　　　　图 6-24　隐藏图层

STEP 20 在【时间轴】面板中选中第 2 帧，在【图层】面板中隐藏【图层 1】和【图层 3】，选中第 3 帧，在【图层】面板中隐藏【图层 1】和【图层 2】。

STEP 21 在【时间轴】面板中单击第 1 帧右下角的三角形按钮，在弹出的菜单中选中【5.0】选项，如图 6-25 所示。

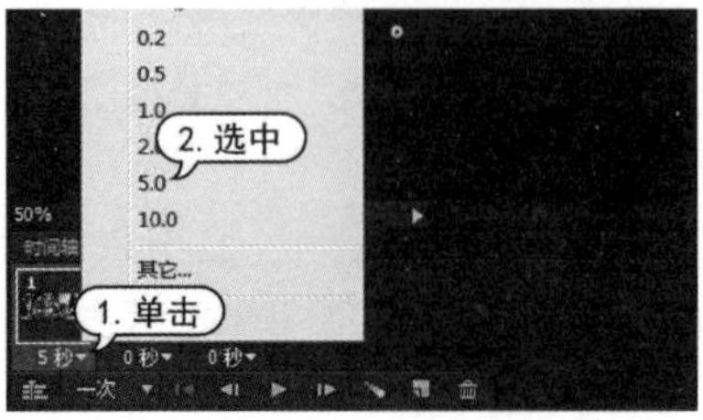

图 6-25　设置第 1 帧的播放时间为 5 秒　　　　图 6-26　【存储为 Web 所用格式】对话框

STEP 22 重复以上操作，分别设置第 2 帧和第 3 帧的播放时间为 5 秒。

STEP 23 选择【文件】|【存储为 Web 所用格式】命令，在打开的对话框中单击【循环选项】下拉列表按钮，在弹出的下拉列表中选中【永远】选项，单击【预设】下拉列表按钮，在弹出的下拉列表中选中【GIF 128 仿色】选项，然后单击【存储】按钮，如图 6-26 所示。

2. 制作描述图片

在发布商品描述前，用户需要将拍摄好的商品照片制作成描述图片。图片的好坏直接影响到交易的成败，一张好的描述图片能向买家传递的信息很多，包括商品的类别、款式、颜色、材质等基本信息。在这个基础上还可以添加价格、优惠活动、店铺防盗水印等网店信息。

【例 6-2】 使用 Photoshop CC 制作商品描述图片。视频+素材

STEP 01 启动 Photoshop 后，选择【文件】|【新建】命令，新建一个宽度为 650 像素，高度为 800 像素的图片，如图 6-27 所示。

STEP 02 选择【文件】|【打开】命令，打开一张商品照片文件，然后在工具栏中单击【矩形选框工具】按钮，按下 Ctrl + A 组合键选中图片的外边框，如图 6-28 所示。

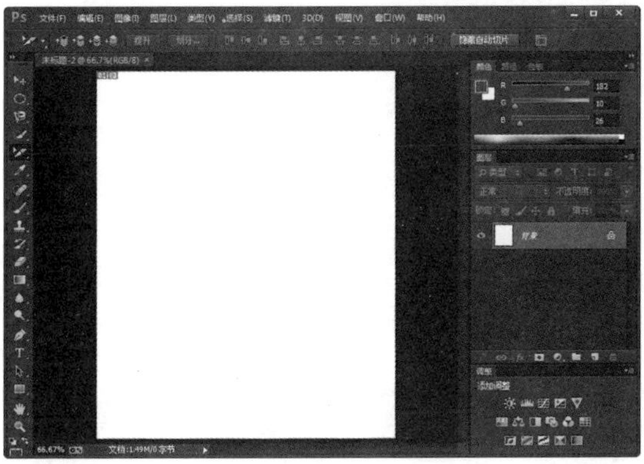

图 6-27　创建图片文件

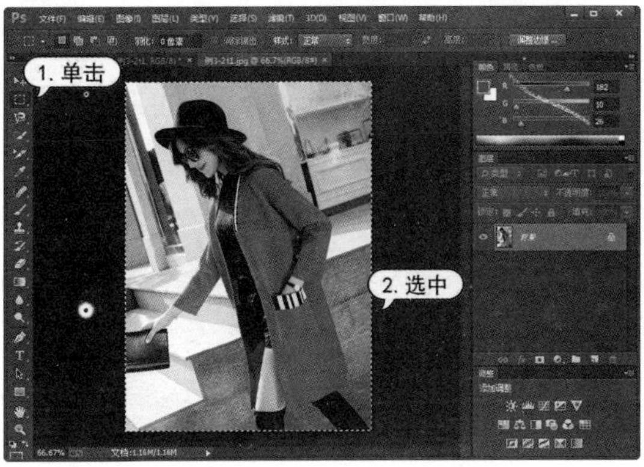

图 6-28　选中图片的外边框

STEP 03 选择【编辑】|【描边】命令，打开【描边】对话框，参考图 6-29 所示设置图片边框，然后单击【确定】按钮。

STEP 04 在工具栏中单击【移动工具】，将制作好的图片拖动至步骤 1 创建的图片中，如图 6-30 所示。

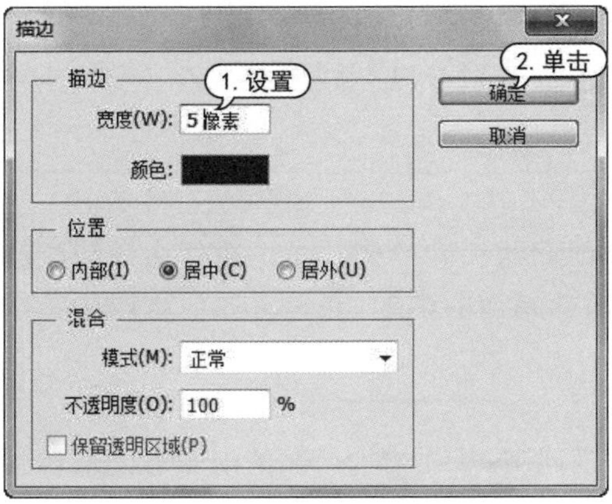

图 6-29　【描边】对话框

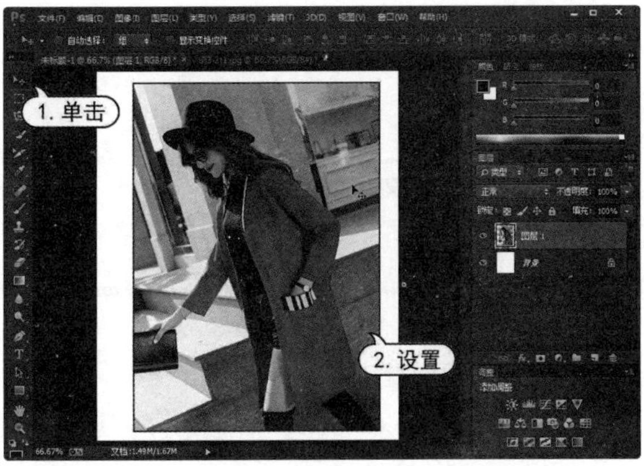

图 6-30　将商品图片移动至空白图片中

STEP 05 选择【编辑】|【变换】|【缩放】命令，调整图像的大小，如图 6-31 所示。

STEP 06 使用同样的方法，为拍摄的照片添加边框，并将其拖动至步骤 1 创建的图片中，如图 6-32 所示。

图 6-31　调整图像的大小

图 6-32　拖动照片并为其添加边框

STEP 07 选择【文件】|【置入】命令，打开【置入】对话框，选择一个图像素材文件后，单击【置入】按钮，如图 6-33 所示。

STEP 08 调整置入舞台的图片位置，按下回车键。在工具栏中单击【横排文字工具】T，在舞台中输入文本，如图 6-34 所示。

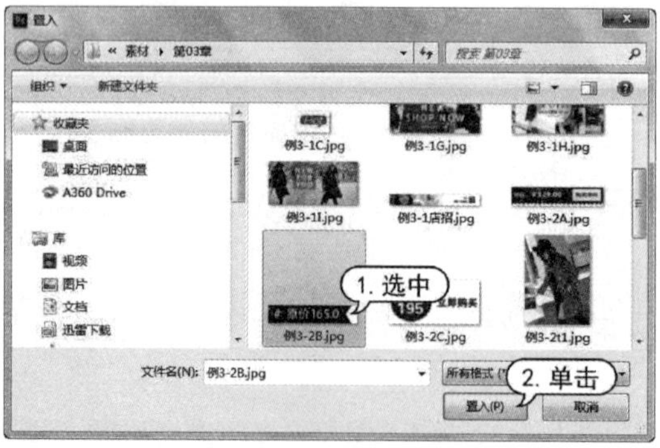

图 6-33　【置入】对话框

图 6-34　输入横排文字

STEP 09 选择【文件】|【存储为】命令，打开【另存为】命令，将制作的商品描述图片保存。

3. 撰写描述文本

商品描述文本的作用是吸引买家的注意力，激发他们购买的欲望。无论给什么样的产品写描述文本，必须首先了解潜在客户的需求，了解他们感兴趣的话题，并思考如何将产品和他们的兴趣结合在一起。

4. 展示评价信息

利用网店中买家的评价信息，并将其附加在产品描述中，从而增加产品的说服力。来自第三方的网购评价，往往会让买家觉得可信度更高，在宣传上可以达到意想不到的效果。

6.4 商品图文排版的技巧

在设置网店商品的图文描述时，要尽量在有限的空间内将宝贝全面地展示出来，让顾客能轻松了解到宝贝的各方面信息。下面将主要介绍一些制作商品图文描述时的方法和技巧。

6.4.1 利用多图展示商品

在网店利用多图展示商品，可以在有限的屏幕中有效地展示商品的空间、功能和细节特性。

1. 利用多图展示空间顺序

空间顺序的多图展示指的是用户可根据商品属性的不同，将其分作不同角度向用户展示。

- 由外及内的多图展示：展示了宝贝内部和外部的细节效果，如图 6-35 所示。
- 由远及近的多图展示：这样的图片既全面展示了商品的穿戴效果，又通过近景图从几个特定的角度显示了商品的局部细节，如图 6-36 所示。

图 6-35　由外及内多图展示

图 6-36　由远及近多图展示

- 不同角度的多图展示：此类图片分别从正面、左侧面、右侧面和背面展示了宝贝的视觉效果，并模拟宝贝在店里被顾客穿上时的真实效果。

【例 6-3】 使用 Photoshop 制作多角度商品展示图。视频+素材

STEP 01 启动 Photoshop CC，选择【文件】|【新建】命令，打开【新建】对话框，创建一个(750×800)像素，分辨率 72 像素，填充颜色为【白色】的空白图片文件。

STEP 02 选择【文件】|【打开】命令，将准备好的商品素材图片在 Photoshop 中全部打开，然后选择【图像】|【图像大小】命令，打开【图像大小】对话框调整每张素材图片的宽度和高度，如图 6-37 所示。

STEP 03 在工具栏中单击【矩形选框工具】按钮，然后按下 Ctrl＋A 键全选图像。选择【编辑】|【描边】命令，打开【描边】对话框，为商品素材设置白色边框，如图 6-38 所示。

STEP 04 在工具栏中单击【移动工具】按钮，将素材图片拖动至步骤 1 所创建的空白图片中，然后在【图层】面板中右击【图层 1】，在弹出的菜单中选中【混合选项】命令，打开【图层样式】对话框，如图 6-39 所示。

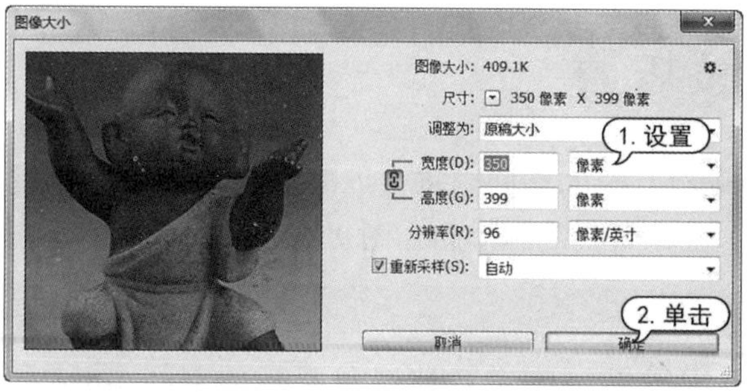

图 6-37 【图像大小】对话框

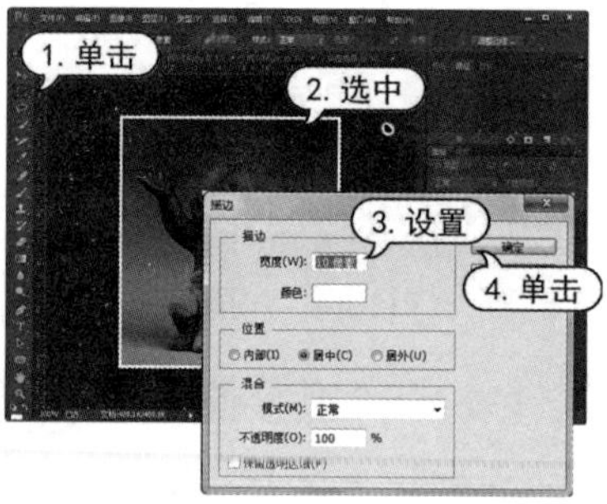

图 6-38 为素材图片设置白色边框

STEP 05 在【图层样式】对话框中选中【投影】选项卡，然后参考设置投影参数，并单击【确定】按钮。

STEP 06 使用同样的方法，对其他商品素材图片进行处理，并将其拖动至舞台中，如图 6-40 所示。

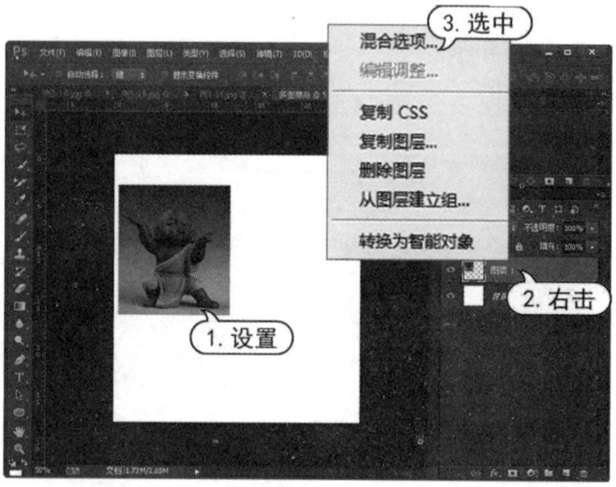

图 6-39 移动素材图片并打开【图层样式】对话框

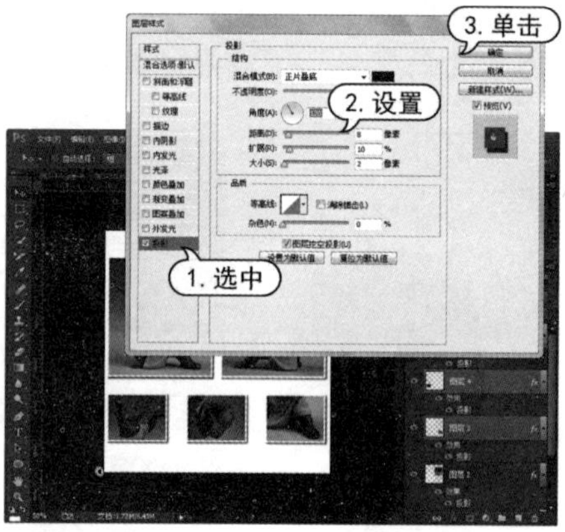

图 6-40 处理商品素材图片

STEP 07 在工具栏中单击【矩形工具】按钮，在舞台中绘制一个矩形，如图 6-41 所示。

STEP 08 在工具栏中单击【横排文字工具】按钮，在舞台中输入文本，并设置文本格式。

STEP 09 选择【文件】|【存储】命令，将制作好的商品多图展示图片保存，其效果如图 6-42 所示。

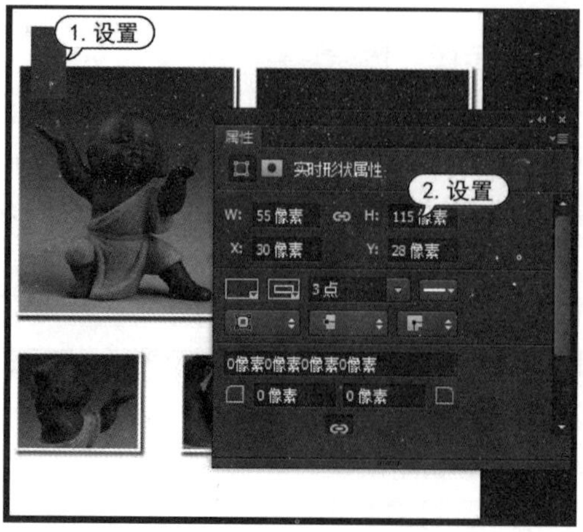

图 6-41 绘制矩形图形

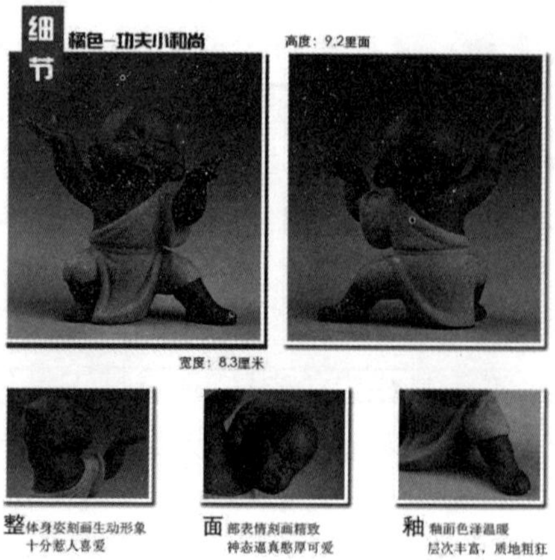

图 6-42 多图展示商品效果

2. 利用多图展示产品功能

产品使用的多图展示是指使用多个图片来展示产品的使用方法，给买家详细介绍产品的使用技巧。如图 6-43 所示的图文描述展示了一款健身器的使用方法。

3. 利用多图展示产品细节

宝贝的一些细节和特殊卖点，用多图的形式来展示，可以达到“实物与图片相符”的最大化。例如图 6-44 中放大展示了一款牛仔裤的腰部细节，使顾客能够“近距离”地观察宝贝。

图 6-43　多图展示产品功能

图 6-44　多图展示产品细节

【例 6-4】 使用 Photoshop 对网店商品制作细节展示图。视频+素材

STEP 01 启动 Photoshop CC，选择【文件】|【新建】命令，打开【新建】对话框，创建一个(750×400)像素，分辨率 72 像素，背景色为【白色】的产品细节展示图。

STEP 02 选择【文件】|【打开】命令，打开准备好的商品素材图片，然后在工具栏中单击【移动工具】按钮，将素材图片拖动至创建的空白图片文件中，如图 6-45 所示。

STEP 03 在工具栏中单击【多边形工具】按钮，在窗口顶部的【边】文本框中输入 6，然后按住 Shift 键，在舞台中绘制一个正六边形图形，如图 6-46 所示。

图 6-45　拖动素材图片

图 6-46　绘制正六边形图形

STEP 04 在【图层】面板中右击【多边形 1】图层，在弹出的菜单中选择【复制图层】命令，打开【复

制图层】对话框，单击【确定】按钮复制一个图层，如图 6-47 所示。

STEP 05 在【图层】面板中选中复制的图层，然后在工具栏中使用【移动工具】按钮，调整舞台中六边形图形的位置。

STEP 06 使用同样的方法，在舞台中创建 3 个六边形图形并调整其位置，如图 6-48 所示。

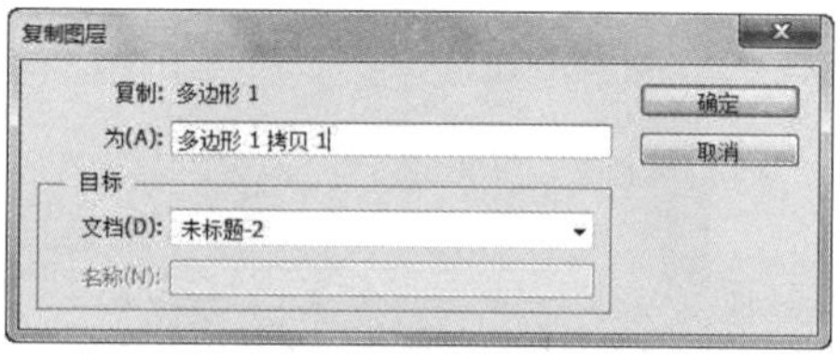

图 6-47 【复制图层】对话框

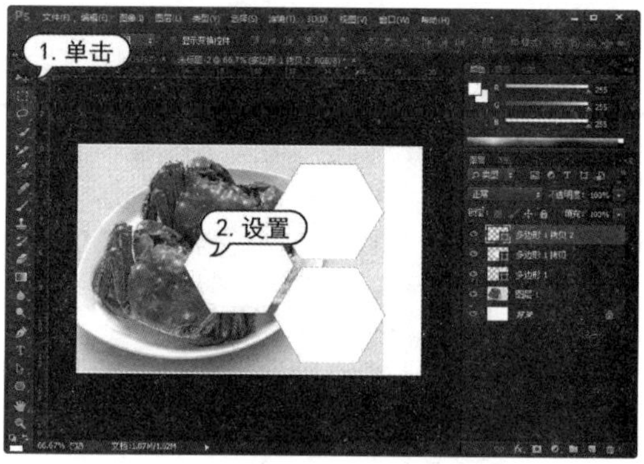

图 6-48 创建 3 个六边形图形

STEP 07 选择【文件】|【打开】命令，打开第 2 张商品素材图片，然后使用【移动工具】将图片拖动至产品细节展示图中，如图 6-49 所示。

STEP 08 在【图层】面板中调整【图层 2】的位置，使其位于【多边形 1】图层的上方，然后按下 Alt 键，将鼠标指针移动至【图层 2】和【多边形 1】图层之间，当鼠标指针变为图 6-50 所示的形状时，单击鼠标。

图 6-49 创建细节展示图

图 6-50 在图层 1 和图层 2 之间单击

STEP 09 此时将创建剪贴蒙版，【图层 2】中多余的部分将在舞台中被隐藏，如图 6-51 所示。

STEP 10 重复以上操作在舞台中导入更多的图片素材，并创建剪贴蒙版。

STEP 11 在工具栏中单击【横排文字工具】按钮，在舞台中输入文本，并设置文本格式；单击【直线工具】按钮，按住 Shift 键在舞台中绘制直线。

STEP 12 在【图层】面板中调整各个图层的位置，然后选择【文件】|【存储】命令，将图片文件保存，其效果如图 6-52 所示。

图 6-51 隐藏图层 2 中多余的部分

图 6-52 商品细节展示图效果

6.4.2 利用单图展示商品

看似静止的图片也可以拍摄出活灵活现的效果，如果经过构思和设计，平面的东西也可以表现出各种三维空间中的元素来，把这些方法运用到网店商品的拍摄和加工上，就能得到更好的欣赏效果。

1. 利用图片表达声音

要使用图片来表达声音，可以根据商品的声音属性来选择一个参照物，根据参照物在不同声音环境下的不同反应，就可以表达各种声音效果。例如，听音乐时，通过人物情不自禁表现出的动作来表达耳机高品质的声音效果，如图 6-53 所示。

2. 利用图片表达触觉

网购时，由于买家对商品只看得见却摸不着，因此会缺少手感和质感上的判断，此时我们可以利用图片尽量为买家表达出触觉效果。例如，以真人试用来表达记忆枕的柔软和睡眠效果，如图 6-54 所示。

图 6-53 用图片表达声音效果

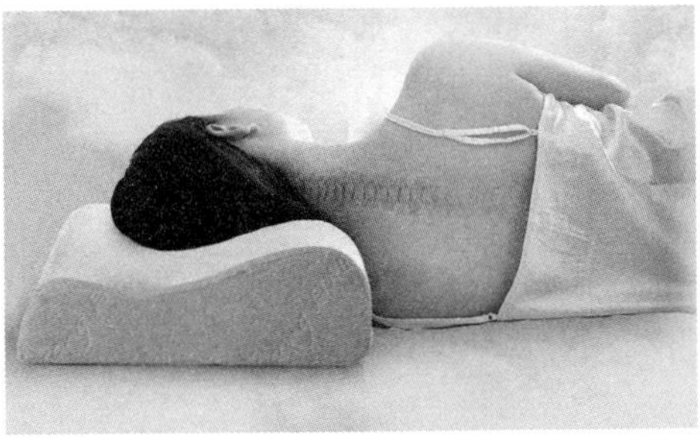

图 6-54 用图片表达触觉效果

3. 利用图片表达时间

商品的时间属性可以通过日历、钟表、沙漏等计时工具来表达。

4. 利用图片表达空间

商品的空间属性也可以通过参照物来表达。例如，在钱包中塞上钱和信用卡，表示钱包的大小和容量，如图 6-55 所示。

5. 利用图片表达味觉

网店中，食品类的商品需要通过图片来表达味觉。从食品被拿到手中到各种撕开、夹住和切开等动作，都可以满足味觉的表达需要，如图 6-56 所示。

图 6-55　用图片表达空间效果

图 6-56　用图片表达味觉效果

6.6 案例演练

本章的案例演练部分包括使用【甩手工具箱】软件复制淘宝网店模板和使用 Photoshop 制作商品描述图等两个综合实例操作，用户通过练习从而巩固本章所学知识。

6.6.1 制作网店商品描述图

用户可以参考下面介绍的方法，制作淘宝网店中的商品描述图，并将其分割保存。

【例 6-5】 使用 Photoshop 制作网店商品描述图并将其分割保存。 视频+素材

STEP 01 启动 Photoshop CC，选择【文件】|【新建】命令，打开【新建】对话框，创建一个(750×1 800)像素，分辨率为 72 像素的商品描述图片。

STEP 02 在【图层】面板中双击【背景】图层，在弹出的对话框中单击【确定】按钮，将背景转换为图层，以便于编辑，如图 6-57 所示。

STEP 03 选择【视图】|【标尺】命令，显示标尺，然后将鼠标指针移动至窗口顶部的标尺上，按住拖动绘制如图 6-58 所示的辅助线。

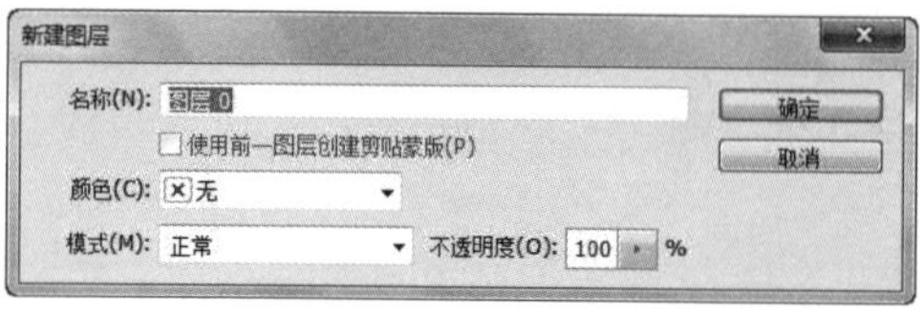

图 6-57　新建图层

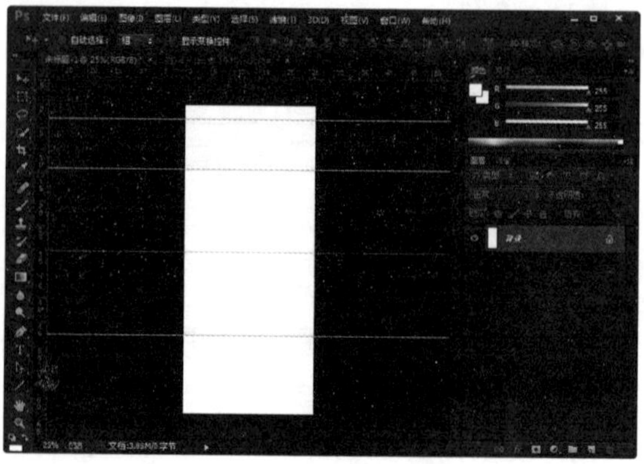

图 6-58　绘制辅助线

STEP 04 选择【文件】|【打开】命令，打开商品素材图片，然后选择【图像】|【图像大小】命令，打开【图像大小】对话框调整素材图片的尺寸，如图 6-59 所示。

STEP 05 在工具栏中单击【移动工具】按钮，然后将调整好尺寸的商品素材图片拖动至创建的商品描述图中，并调整其位置。

STEP 06 按下 Ctrl +【 + 】键放大图像，然后在工具栏中单击【直线工具】按钮，在舞台中绘制一条直线，如图 6-60 所示。

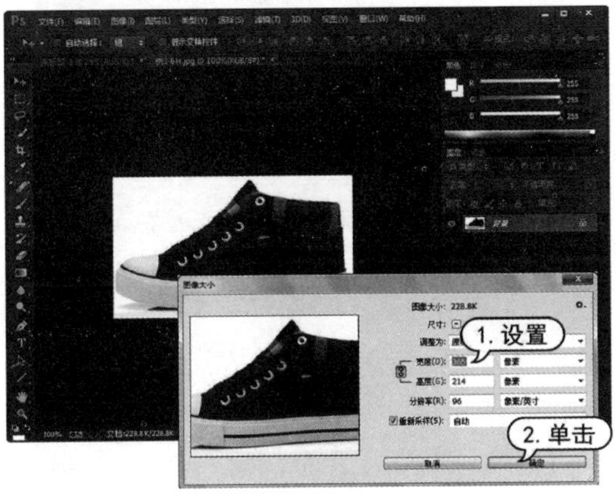

图 6-59　调整素材图片尺寸

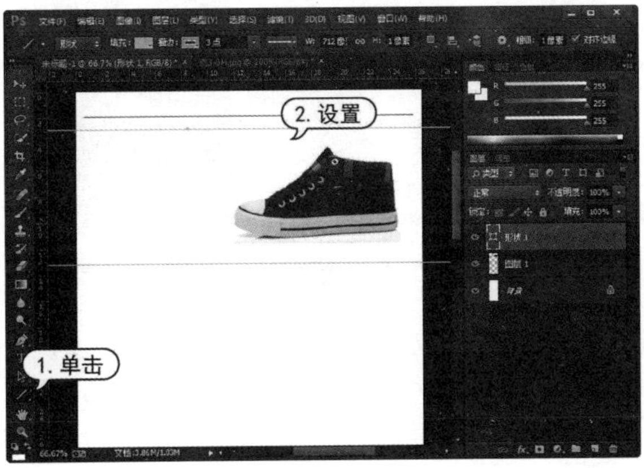

图 6-60　绘制直线

STEP 07 在工具栏中单击【矩形工具】按钮，在直线正中部分绘制一个矩形。

STEP 08 在工具栏中单击【横排文字工具】按钮，在矩形上方输入文本，如图 6-61 所示。

STEP 09 在【图层】面板中按住 Ctrl 键选中【矩形 1】和【形状 1】图层，然后右击鼠标在弹出的菜单中选中【复制图层】命令。

STEP 10 打开【复制图层】对话框，单击【确定】按钮，复制选中的图层。

STEP 11 在工具栏中单击【移动工具】按钮，然后按下键盘中向下的方向键，调整复制的图层的位置，如图 6-62 所示。

图 6-61　绘制矩形并输入文本

图 6-62　复制图层并调整其位置

STEP 12 重复以上操作，复制【矩形 1】和【形状 1】图层，并将复制后的图层移动至舞台中合适的位置。

STEP 13 使用工具栏中的【横排文字工具】，在舞台中输入文本，如图 6-63 所示。

STEP 14 使用【矩形工具】，在舞台中绘制一个如图 6-64 所示的矩形。

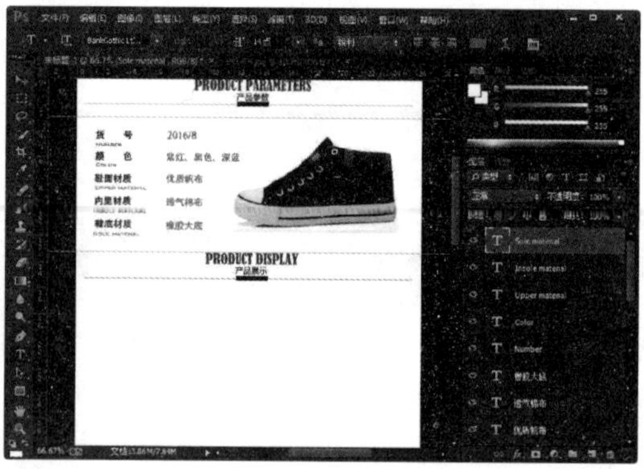

图 6-63　在舞台中输入商品参数

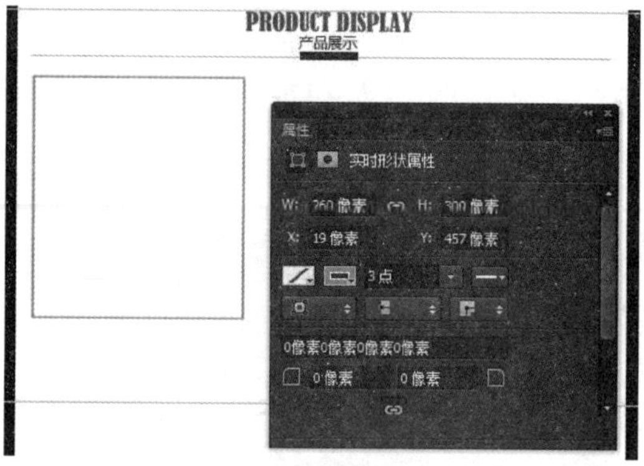

图 6-64　绘制矩形

STEP 15 选择【文件】|【打开】命令，打开一个商品素材图片，然后使用【移动工具】将图片拖动至商品描述图中，并覆盖住步骤 14 绘制的矩形，如图 6-65 所示。

STEP 16 在【图层】面板中将鼠标指针移动至【图层 2】与【矩形 2】图层之间，然后按住 Alt 键单击鼠标，如图 6-66 所示。

图 6-65　将图片素材拖动至商品描述图中

图 6-66　【图层】面板

STEP 17 此时，【图层 2】中多余的部分将被隐藏，使用【移动工具】调整图片的位置，使其效果如图 6-67 所示。

STEP 18 在【图层】面板中右击【矩形 2】图层，在弹出的菜单中选择【混合选项】命令。

STEP 19 打开【图层样式】对话框，选中【投影】选项卡，并在显示的选项区域中设置投影参数，如图 6-68 所示。

STEP 20 单击【确定】按钮，为【矩形 2】图层设置投影效果。

STEP 21 在【图层】面板中选中【图层 2】，选择【文件】|【置入】命令，打开【置入】对话框，选中一个商品素材图片后，单击【置入】按钮。

图 6-67　隐藏图层中的多余部分

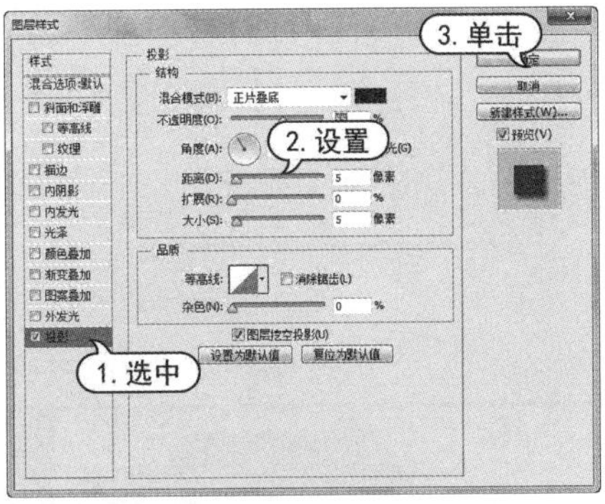

图 6-68　【图层样式】对话框

STEP 22 使用键盘方向键，调整舞台中置入的图像位置后按下 Enter 键，如图 6-69 所示。

STEP 23 在工具栏中单击【椭圆工具】按钮，在舞台中绘制一个(100×100)像素的圆图形，如图 6-70 所示。

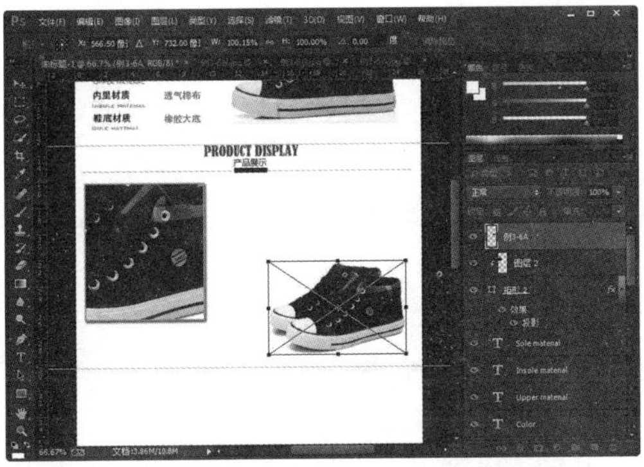

图 6-69　调整舞台中图像的位置

图 6-70　绘制(100×100)像素的圆图形

STEP 24 使用【横排文字工具】在舞台中输入文本，使用【直线工具】在输入的文本中绘制一条直线，如图 6-71 所示。

STEP 25 使用同样的方法，在舞台中创建如图 6-72 所示的产品介绍。

图 6-71　绘制直线

图 6-72　创建产品介绍

STEP 26 选择【文件】|【打开】命令，打开如图 6-73 所示的商品素材图片。

STEP 27 在工具栏中单击【裁剪工具】按钮，在舞台中设置一个矩形裁剪区域，然后按下 Enter 键，如图 6-74 所示。

图 6-73 打开商品素材

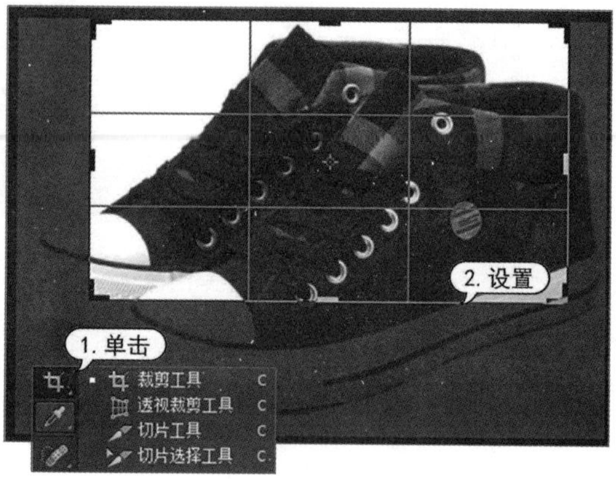

图 6-74 裁剪图形

STEP 28 在工具栏中单击【矩形选框工具】按钮，然后按下 Ctrl + A 键全选图形。

STEP 29 选择【编辑】|【描边】命令，打开【描边】对话框，设置一个 2 像素的描边，如图 6-75 所示。

STEP 30 使用【移动工具】，将设置描边后的商品素材图片拖动至商品描述图中。

STEP 31 在舞台中输入文本，绘制圆形和直线，制作如图 6-76 所示的产品介绍效果图。

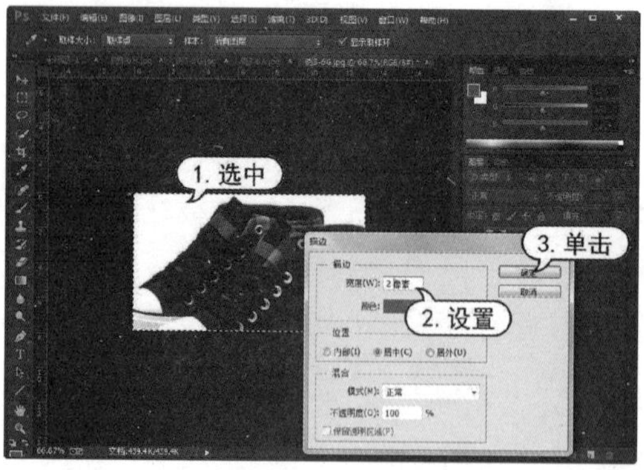

图 6-75 设置描边

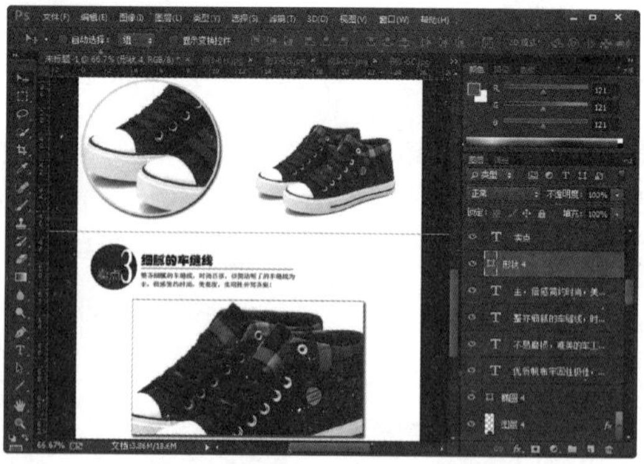

图 6-76 输入文本并绘制图形

STEP 32 按下 Ctrl +【 - 】键缩小显示图像，删除舞台中的辅助线，在工具栏中单击【切片工具】按钮，然后右击舞台，在弹出的菜单中选中【切片划分】命令。

STEP 33 打开【划分切片】对话框，选中【水平划分为】复选框，然后在复选框下方的文本框中输入 6，并单击【确定】按钮，将在舞台中创建 6 个切片，如图 6-77 所示。

STEP 34 选择【文件】|【存储为 Web 所用格式】命令，在打开的对话框中单击【存储】按钮，如图 6-78 所示。

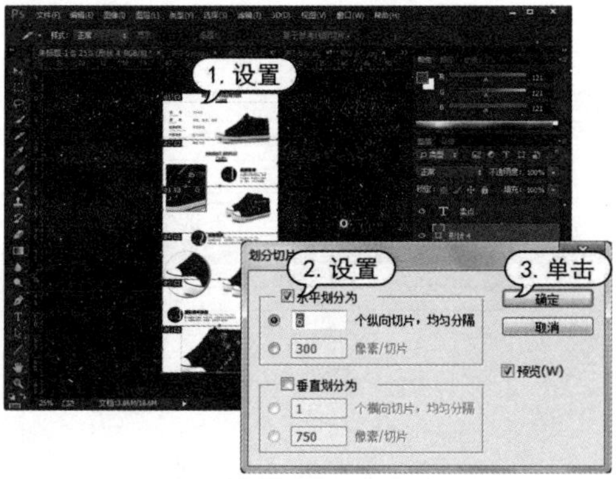

图 6-77　创建 6 个切片

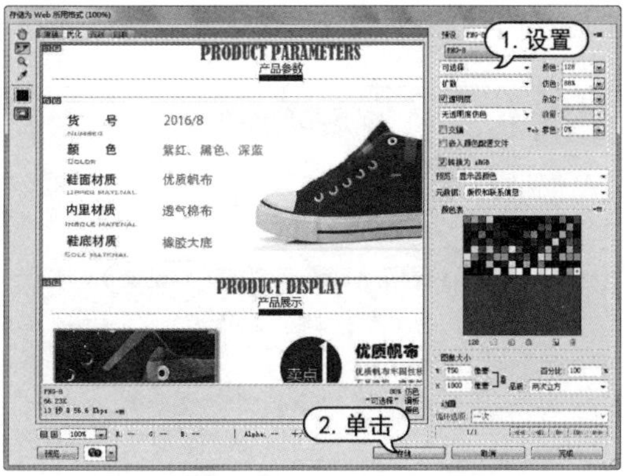

图 6-78　【存储为 Web 所用格式】对话框

STEP 35 打开【将优化结果存储为】对话框，设置存储格式为【仅限图像】，并选定一个文件夹作为存储切片图片的地址，然后单击【保存】按钮。

STEP 36 制作的商品描述图将被切分为 6 张图片，并保存在指定的文件夹的 image 子目录中。

6.6.2　复制淘宝网上的商品模板

用户可以参考下列方法，复制淘宝网上其他店铺中的商品模板。

【例 6-6】　使用【甩手工具箱】软件复制淘宝网店中的商品模板。 视频+素材

STEP 01 启动并登录【甩手工具箱】软件，在打开的界面中单击【店铺复制】按钮，如图 6-79 所示。

STEP 02 在打开的界面中选择需要复制的网店所在的平台（这里选择【淘宝/天猫】）。

STEP 03 使用浏览器打开需要复制的淘宝网店，然后在浏览器地址栏中右击网店链接，在弹出的菜单中选择【复制】命令，如图 6-80 所示。

图 6-79　店铺复制

图 6-80　复制网店链接

STEP 04 返回【甩手工具箱】软件，将鼠标指针置于界面中的文本框内，按下 Ctrl + V 键。

STEP 05 单击【下一步】按钮，在打开的对话框中单击【复制选中分类商品】按钮，如图 6-81 所示。

STEP 06 打开【商品列表】对话框，选中需要复制商品前的复选框，单击对话框左下角的【导出地址】链接。打开【另存为】对话框，选中一个文件夹作为保存商品模板文本信息的路径，然后

单击【保存】按钮，如图 6-82 所示。

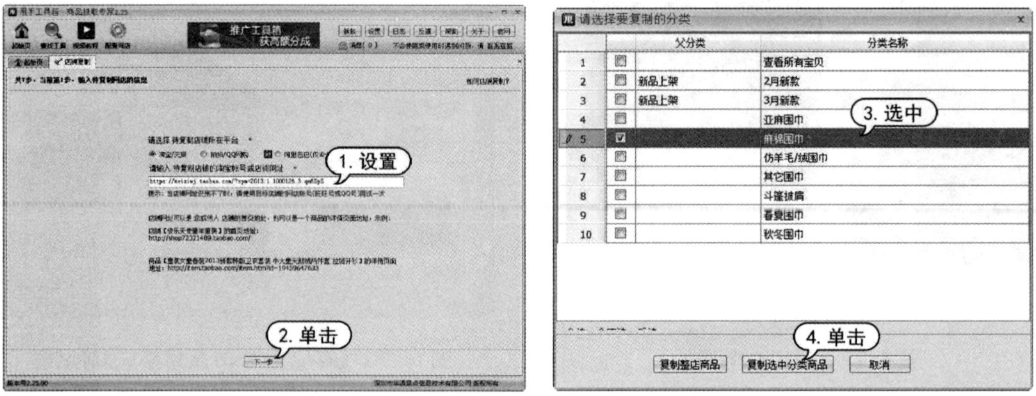

图 6-81　提取超链接中包含的分类商品

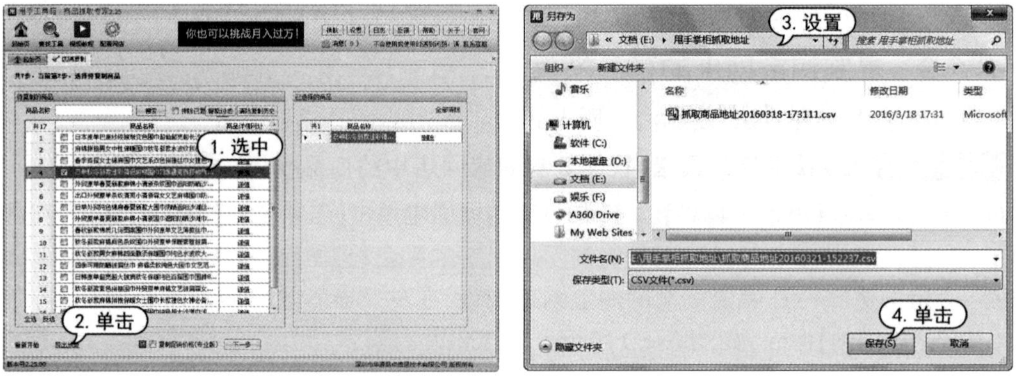

图 6-82　选择保存商品模板文本信息的文件夹

STEP 07 返回【甩手工具箱】软件，单击【下一步】按钮，开始从淘宝网下载商品信息。

STEP 08 打开【请选择处理方式】对话框，设置导出商品模板的格式（本例选择【导出淘宝助理数据包】选项），以及自动清除商品描述中的超链接，如图 6-83 所示。

STEP 09 单击【下一步】按钮，在打开的对话框中可以批量修改商品的详细信息，如图 6-84 所示。

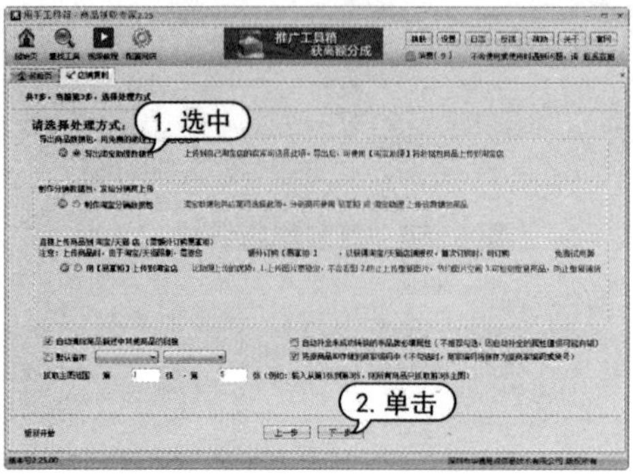

图 6-83　设置导出商品模板的格式

图 6-84　批量修改商品的详细信息

轻松学电脑教程系列

STEP 10 单击【下一步】按钮，在打开的窗口中选中【处理描述图片】，可以为商品描述中的图片添加水印文本，如图 6-85 所示。

STEP 11 单击【下一步】按钮，在打开的对话框中单击【导出】按钮即可，如图 6-86 所示。

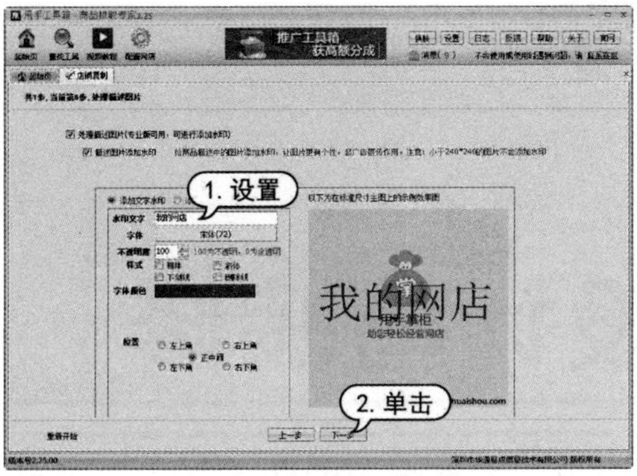

图 6-85　为图片添加水印

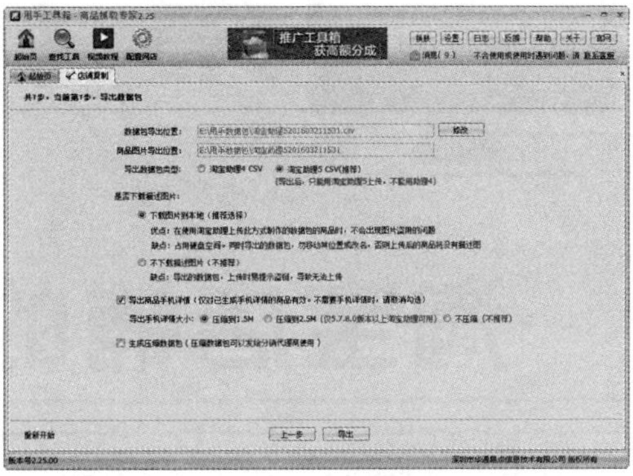

图 6-86　导出图片

STEP 12 启动并登录【淘宝助理】软件，单击软件窗口顶部的【创建宝贝】按钮，然后在打开的选项区域中单击【导入 CSV】按钮，如图 6-87 所示。

STEP 13 打开【打开文件】对话框，选中使用【甩手工具箱】复制的商品模板文件(默认路径为 E:\甩手数据包)，单击【打开】按钮。此时，即可将商品模板文件在淘宝助手中打开，如图 6-88 所示。

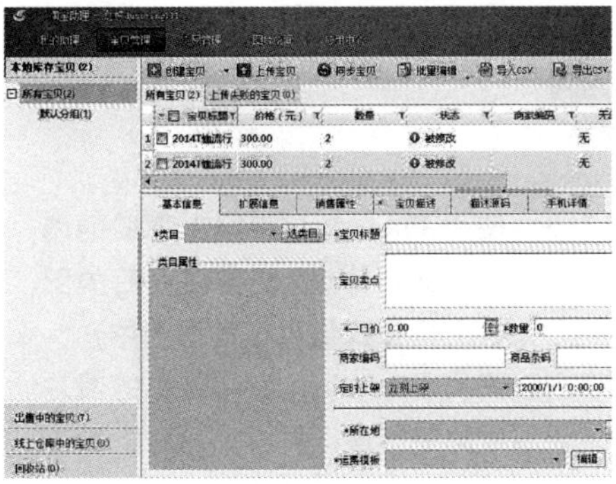

图 6-87　登录淘宝助理

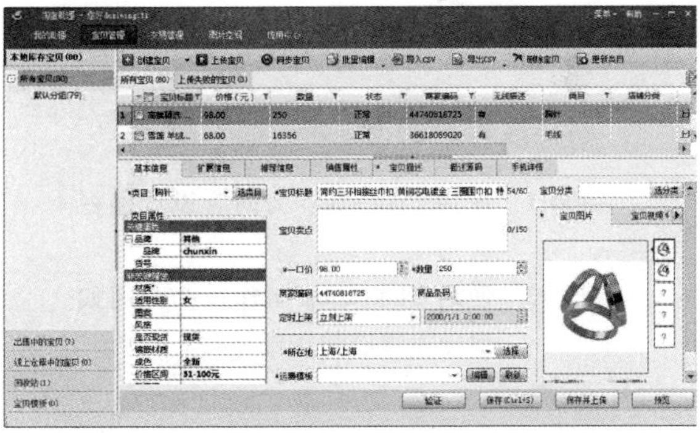

图 6-88　在淘宝助理中打开商品模板

第 7 章

淘宝店铺的设计与装修

在网上创建了一家淘宝网店后，为了吸引更多的买家浏览店铺中的商品，装修店铺是所有卖家必须要经历的一个重要环节。网店的装修是艺术和技术的结合体现，设计精美的网店页面本身就是一件优秀的作品，不仅可以给买家带来赏心悦目的感觉，还能够向顾客提供更多、更详细的商品信息。

对应的光盘视频

例 7-1　使用 **Photoshop** 为网店设计通栏店招

例 7-2　使用 **Photoshop** 制作一个介绍如何搜索网店的店铺公告

例 7-3　使用 **Photoshop** 将网上下载的网店模板切片（以便将切片后的图片上传至我们自己的网店中）

例 7-4　使用 **Photoshop** 为网店中的图片添加超链接

7.1 网店装修的风格与内容规划

网店是一个网络销售平台，装修网店是一个设计和制作的过程，这个过程离不开网页的设计、图片的制作和内容的构建等技术性操作。因此要想将自己的店铺装修得特色十足，不仅需要有一定的网页制作和图片处理知识，还需要对网店的风格和内容设置有详细的设计思路。

7.1.1 网店装修的风格

网店的装修风格一定要和自己店铺销售的商品类型相吻合，这样才更能吸引买家的购买欲。例如，经营女性商品的店铺，在装修颜色上可以采取红色、粉红色或紫色等可以表现女性特点的色彩，这些色彩在风格上也更能突出女性时尚和柔美的特点，如图 7-1 所示。

又如，经营毛绒玩具等布艺精品的店铺，在装修风格中可以走可爱路线，使用一些卡通风格的图片，更能突出店铺的特点，活泼明快的风格更能吸引买家的眼球。

如果你开了一家化妆品店，那么在设计方面要突出清爽、自然和环保的特点，因此蓝色、绿色和粉色都是这类店铺的首选。另外化妆品店铺还可以收集一些化妆品图片、美女脸部特写等素材。

7.1.2 网店的内容规划

网店装修的目的在于吸引顾客的眼球，以带来更多的销售额。在装修网店时，除了要注重网店页面的整体效果之外，首页和各个频道的内容规划也是一项需要重点关注的工作。

以在淘宝上开设的网店为例，其内容规划主要包括以下几个方面。

- 店招：设置店铺最上方的通栏招牌，如图 7-2 所示。
- 侧边栏：店铺左侧的竖型区域。
- 自定义内容区：用户自行添加的模块，支持 HTML 语言编译。
- 精品推荐：设置掌柜推荐宝贝。

图 7-1　经营女性商品的淘宝店铺

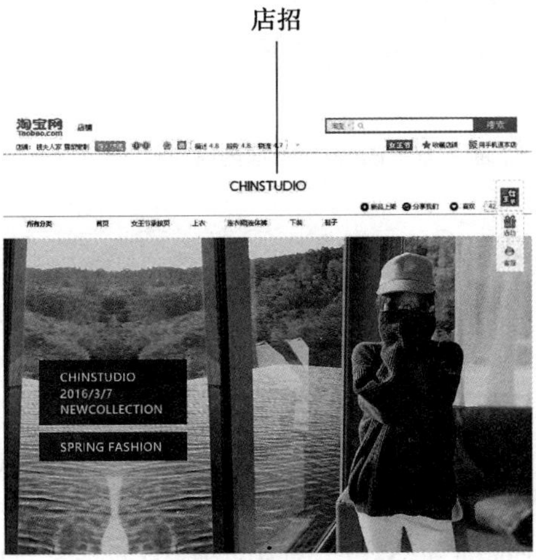

图 7-2　网店中的店招

- 友情链接区:可添加友情链接。
- 店铺交流区:相当于店铺的特色论坛,买家可在该区域和卖家进行留言交流。

7.2 普通店铺和旺铺的选择

网店装修就是在淘宝、微信、易趣等平台网站允许的结构范围内,尽量通过图片、程序模板等素材使网店的页面效果更加美观。以淘宝网为例,普通店铺结构固定,只能做简单的装饰,功能不强,而旺铺的设计自由度则相对较大,其内嵌的功能也很强。

7.2.1 普通店铺

在淘宝网中,对于普通店铺来说,可供装修的主要内容包括:店标、店铺标志、店铺公告、宝贝分类、宝贝排行、宝贝描述模板等,如图 7-3 所示。

淘宝普通店铺有以下几个特点。

- 普通店铺有 6 件宝贝作为店铺推荐,并放置在网店首页的显要位置。
- 在网店首页的上方有一块店铺公告区,这个区域允许滚动显示一些促销信息。
- 在店铺首页上方有一块区域,允许用户上传制作好的店铺标志。
- 在网店首页左侧可以显示店铺中销售量靠前的宝贝排行。
- 可以在网站提供的发布模板中设置宝贝的图片、文本描述,如图 7-4 所示。

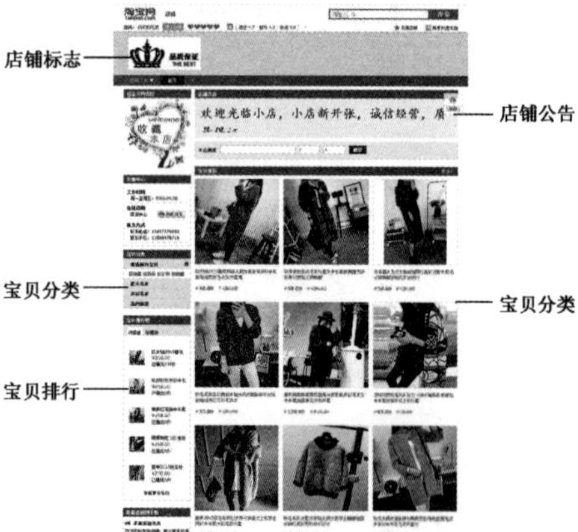

图 7-3 普通店铺中的主要装修内容

图 7-4 店铺的发布模板

7.2.2 淘宝旺铺

淘宝旺铺是淘宝网在普通店铺基础上开发的一种更能体现网店个性和特色的精美店铺界面。

1. 认识淘宝旺铺

淘宝旺铺这个业务已经推出了好些年,目前已经成为一种趋势,但有些卖家对淘宝旺铺还不是很了解,这里先来简单介绍一下。

淘宝旺铺的种类目前分为两种:一种是付费的,一种是免费的。

- 付费旺铺:购买后可以享受旺铺的服务,而且附赠 30 MB 图片空间,宝贝图片可以更大,店铺更漂亮。

- 免费旺铺：淘宝网对刚刚建立店铺 5 心以下（含 5 心）的普通商家，开放免费旺铺升级服务。免费升级的旺铺可以具有一部分专业版旺铺的功能，但旺铺装修模板不可以使用。

实用技巧

旺铺专业版是淘宝为了更好地照顾新手卖家所提供的，因此只对信誉为 5 心及以下卖家开放。但是相对于基础版，专业版的部分旺铺功能受到了限制，因此如果卖家觉得非常需要这些受限功能，也可以考虑直接购买标准版。

2. 开通淘宝店铺

一钻以下卖家要开通淘宝旺铺，享受免费的专业版旺铺，可采取以下操作。

STEP 01 首先需要进入您的店铺，在【店铺管理】一栏中单击【店铺装修】文字链接。

STEP 02 此时，我们可以单击页面右上方的【免费升级专业版】按钮，免费升级至旺铺专业版，如图 7-5 所示。

图 7-5　免费升级专业版

STEP 03 在默认打开的【装修页面】选项卡下，用户可以在平台中添加模块、装修店铺或进行其他宝贝设置。如果习惯原来的普通店铺操作模式，还可以单击【回退基础版】按钮恢复。

STEP 04 单击页面【布局管理】按钮，可以打开装修页面的布局管理区域，如图 7-6 所示。在该区域中，可以对店铺页面的布局进行调整。

图 7-6　打开装修页面的布局管理区域

淘宝旺铺有以下几个特点。

- 店铺每个页面最上方都有一个独立的店招区，并且这个店招在任何页面都会显示，它代替了普通店铺中的网店标志。
- 旺铺首页的右侧可以设置一个大面积自定义促销区，远远超过了普通店铺上方的公告区，并且促销区高度不限。
- 旺铺首页上宝贝的略缩图再也不是普通店铺的 80px 小图，旺铺的商品图片牌类可设定多种规格。
- 旺铺店招下方可以增加多个系统页面。
- 旺铺页面能使用模板来对宝贝描述进行美化，还可以在宝贝详情中，增加 HTML 自定义区域，有了这个自定义区域，网店的商品促销活动可以直接展示到每一款宝贝详情的描述页面中。
- 普通店铺的推荐只有在首页上显示有限的几个商品，而旺铺的店铺推荐是可以自由设置的，可以在多个页面中设置不同推荐。

7.3 取个易受关注的店名

为网上店铺起个好店名，可以帮助你打开商品销路，产生名牌效应。只有取一个便于搜索的名字，才能在买家搜索时，及时进入他们的搜索范围。而一个高度概括且具有强烈吸引力的名称，对买家的视觉刺激和心理影响都会起到重要作用。它不仅能迅速吸引买家的目光，而且能给人以美的享受，从而产生进店看一看的冲动。

7.3.1 认识网店的店名

一般网店的店名由 3 个部分组成，开头是品牌名；中间是功能名，起到关键词和介绍店铺经营内容的作用；最后是特色名，这部分一般主要用来吸引顾客访问，并附加各类补充说明。下面介绍如何选择网店名称中的“功能名”和“特色名”。

- 功能名应该是让网店访问者一看就知道店铺经营的产品类型，并且功能名关键词还能获得精准的搜索流量。例如，网店的功能名取的是“创意手工银饰”，当买家使用店铺搜索，搜索“手工银饰”“创意”时，店铺名称将会显示在搜索结果中。
- 特色名的功能就是用来吸引客户点击，如何在众多的搜索结果中，脱颖而出就是它的作用。所以这部分可以规划为网店的性质、店铺特色、品质保证或促销信息等。

除了上面介绍的网店名称组合之外，现在也有一些网店会借一些在淘宝网中很有名气的品牌作为自己的店名后缀，借着品牌的影响力为店铺增加访问量。

实用技巧

淘宝网上的店铺名和店标上的 LOGO 店名有些不同。店标上的 LOGO 店名要取得简洁易记，并且要叫得响亮，它将成为网店的品牌名。而淘宝网店名称，则可以含有 30 个文字的信息。

7.3.2 网店起名的技巧

网店的名称与人名一样，虽然只是一个符号，但对店铺的生意影响也是很大的，这种影响有时甚至可以决定一个店铺的经营。下面总结几条网店命名的原则。

- 突出商品特性，如经营韩式服装的网店取名为“韩装品尚”；经营箱包的网店取名为“麦包包箱包店”。

- 网店取名要新颖，网上消费的人群多数是年轻的消费者，他们更喜欢时尚而接近现代生活的文字。
- 店名要简洁，要有高度的概括力。简洁的名字便于和消费者进行信息交流。

下面总结了如何取个好店名的一些要点和技巧。

- 店铺名包含 LOGO 店标名。如果你的网店名能够刺激和维持店标的识别功能，店铺的整体效果就加强了。这样店铺名和 LOGO 店标名两者可以互相促进。
- LOGO 上的店名，要读起来朗朗上口、响亮畅达。这样的店铺只要买家打过一次交道，就可以记住，忌 LOGO 上的店名读起来拗口、吃力。
- 店铺名要尽量包含人们容易搜索的关键字信息，这样买家在搜索店铺时就容易搜到。
- 店铺名可以包含店主 ID 名。如果店主能在论坛活跃起来，成为论坛名人，店铺也会随之成为名店。
- 店铺名应该能尽量反映商品的种类。这样的好处是买家一看到店铺名字，就能清楚地知道具体是卖什么的，便于记忆。但注意不要明确经营产品的性能和用途，那样会不利于店铺的进一步发展。
- 店铺名可以经常更改，要有潮流感，能打动各时期买家的心。
- 如果你经营某一固定类型的产品，面向一些固定阶层的顾客，还可以面向顾客起店铺名。
- 店铺名可以取得有一定的寓意。店名要让买家能从中得到愉快的联想而不是消极的联想，但是不要因为过分追求联想而将店名复杂化。
- 店名尽量要起得格调高雅一些。店名的格调可以反映出店主的素质和经营头脑，格调高雅，会使买家的心理附加价值大大增加。相反，一旦店名落入了低俗，只会惹人生厌。
- 店铺名要用字吉祥。生意场上无论是买方还是卖方，都是希望能够大吉大利。

7.4 店招设计的思路和技巧

在网店中设置店招，不仅可以给访问者带来不错的第一印象，还能够有效地推广店铺中的商品。店招不仅是网店的照片，更是店的门户，代表店铺形象。

7.4.1 店招的设计要素

店招对于网店的作用非常重要，一个好的店招往往能使宣传效果大大增加，并让店铺获得更多的点击量。下面将介绍网店店招的设计要点。

1. 店招图片要有美感

店招中最常用的图片格式是 gif 和 jpg。在设计网店的店招时，使用清晰而有美感的图片作为店招背景，更容易抓住访问者的眼球。

2. 店招内容要设计合理

网店店招的内容包括店铺名称、广告和背景 3 个部分，在设计时用户应根据店铺的经营范围、功能和特色合理安排结构。

- 店铺名称：在网店首页的店招中添加店铺名称，应写明店铺的个性名称及经营的商品类型。

- 店铺广告：在网店的店招中安插广告时，应突出店铺最希望访问者了解的信息，例如近期的促销活动或优势产品。
- 背景图片：网店的店招既可以展示商品，也可以显示与店铺形象相符的背景图片。

3. 精确传达重要信息

在设计网店店招时，如果店招中需要包含的信息较多，用户应尽量突出显示重要的信息，并注意合理搭配文本、图片之间的布局，避免图片整体效果显得杂乱。

7.4.2 店招的设计技巧

店招是网店的招牌，是店铺文化的浓缩，因其显示在网店首页中最重要的顶部位置，一定要精心布置，既要让第一次访问网店的人印象深刻，又要让经常浏览店面的买家时常感受到新鲜感。那么怎样才能设计出好的店招呢？

1. 画面构思

一个好的店招应在网店中十分醒目，使打开页面浏览网店的买家能够在最快的时间阅读其中的信息。为此，在设计店招时应选择有强烈视觉冲击力的颜色和图片。

2. 广告设计

在设计店招中的广告信息时，用户应注意以下几点。

- 使用最具吸引力的信息，争取抓住顾客的注意力。广告信息可以是网店的特色，也可以是其他同类店铺没有的优势，还可以是店铺正在组织的促销信息。
- 传达广告信息的文本应简明扼要，以便于顾客可以一目了然地阅读。
- 广告语言应尽量口语化，避免绕弯子，可以适当使用感叹号，增强语气。
- 广告内容应易于阅读，避免使用一些虽然美观但是让人半天才能认出的字体。

下面将通过实例，介绍使用 Photoshop 软件制作网店店招的具体方法。

【例 7-1】 使用 Photoshop 为网店设计通栏店招。 视频+素材

STEP 01 启动 Photoshop，选择【文件】|【新建】命令，打开【新建】对话框，创建一个(1 920×150)像素，分辨率 72 像素，背景色为【白色】的网店店招图片，如图 7-7 所示。

STEP 02 选择【文件】|【打开】命令，打开素材图片。选择【编辑】|【定义图案】命令，打开【图案名称】对话框，在【名称】文本框中输入【店招背景图】后，单击【确定】按钮，如图 7-8 所示。

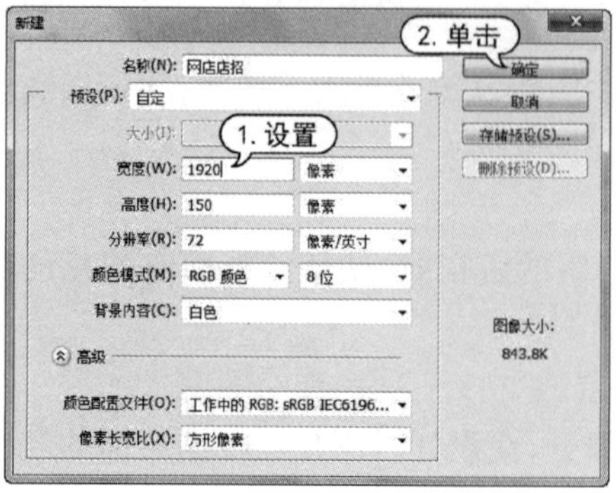

图 7-7 【新建】对话框

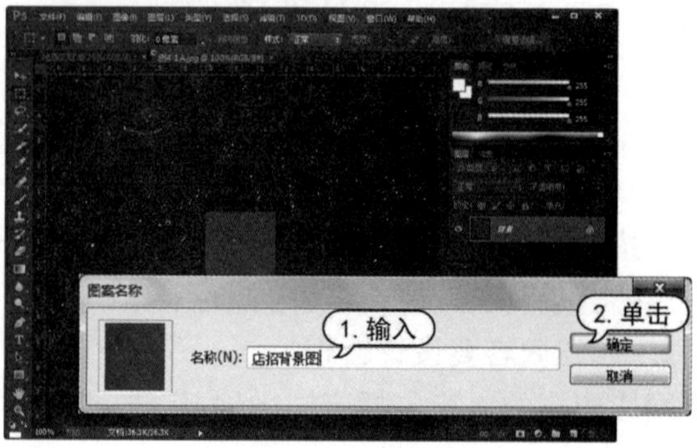

图 7-8 定义图案

STEP 03 切换至店招图片，选择【编辑】|【填充】命令，打开【填充】对话框，单击【使用】下拉列表

按钮，在弹出的下拉列表中选中【图案】选项，单击【自定图案】下拉列表按钮，在弹出的下拉列表中选中【店招背景图】选项，然后单击【确定】按钮，如图 7-9 所示。

STEP 04 选择【视图】|【标尺】命令显示标尺，然后将鼠标指针移动至窗口左侧的标尺上，按住左键并拖动，绘制两条辅助线，距离分别为 17.11 厘米和 50.62 厘米（可以按下 Ctrl +【 + 】键放大图像后，再调整辅助线的距离），如图 7-10 所示。

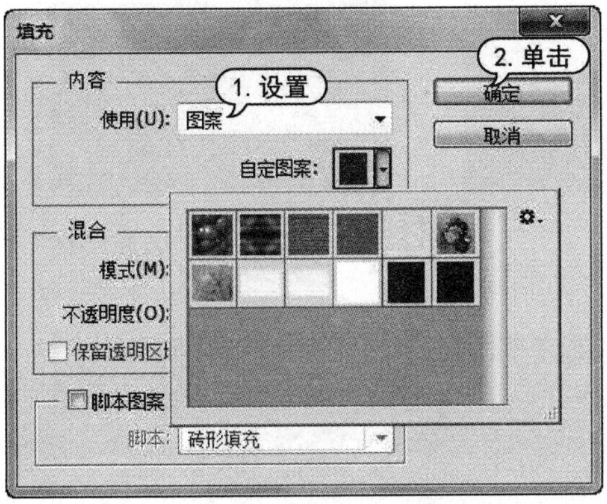

图 7-9 【填充】对话框

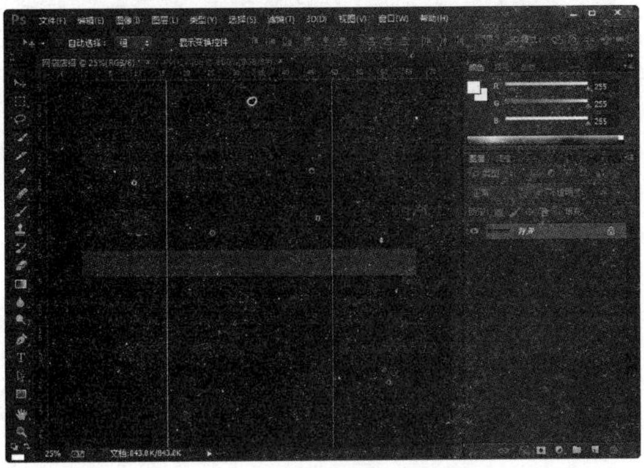

图 7-10 使用标尺

STEP 05 按下 Ctrl +【 + 】键，放大图像后，在工具栏中单击【横排文字工具】按钮，在舞台中输入文本，如图 7-11 所示。

STEP 06 在工具栏中单击【椭圆工具】按钮，在舞台中绘制一个（150 × 150）像素的圆形图形，如图 7-12 所示。

图 7-11 设置横排文字

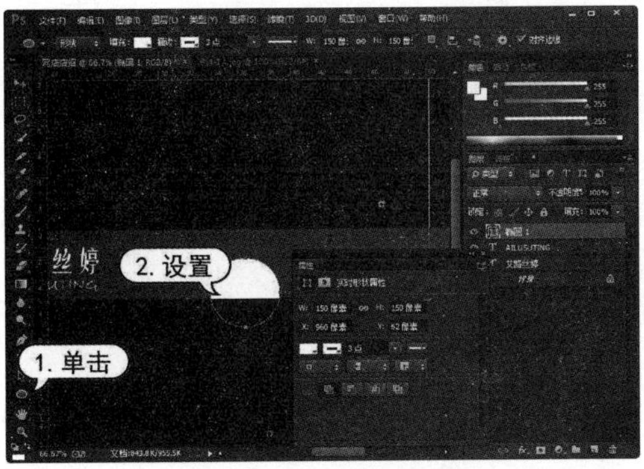

图 7-12 绘制圆形图形

STEP 07 使用同样的方法，再绘制两个同样的圆形图形，并使用工具栏中的【移动工具】调整图形的位置，如图 7-13 所示。

STEP 08 在【图层】面板中右击【椭圆 1】图层，在弹出的菜单中选择【混合选项】命令，如图 7-14 所示。

STEP 09 打开【图层样式】对话框，选中【外发光】选项卡，然后在显示的选项区域中设置发光参数，并单击【确定】按钮，如图 7-15 所示。

STEP 10 重复以上操作，设置【椭圆 2】和【椭圆 3】图层的效果，如图 7-16 所示。

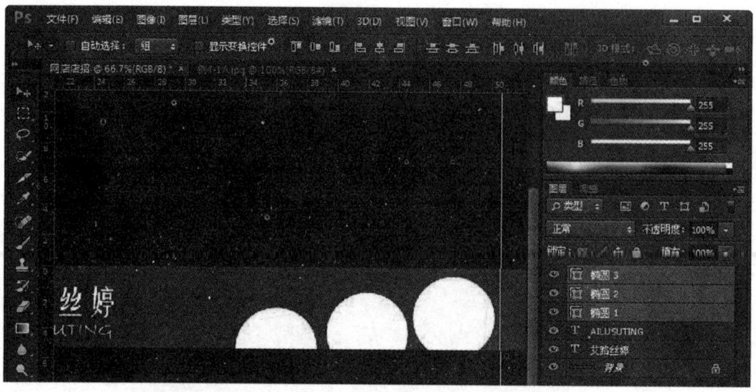

图 7-13　调整图形的位置

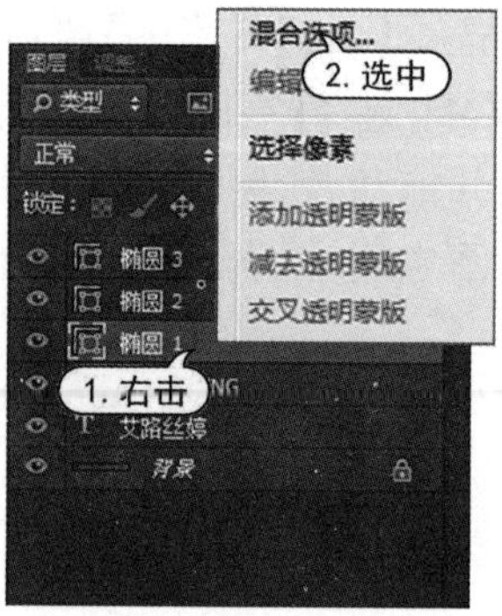

图 7-14　设置图层选项

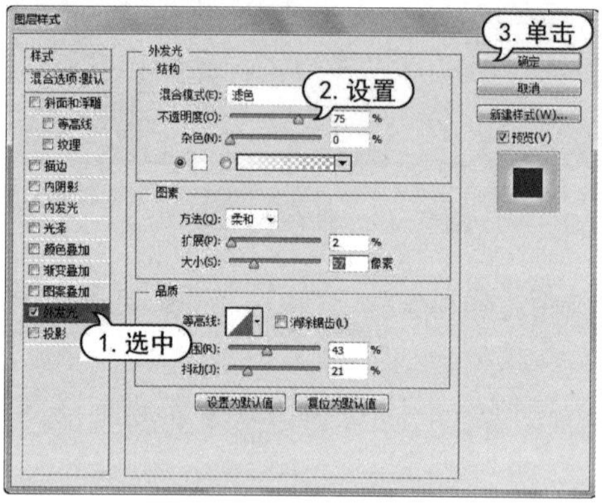

图 7-15　【图层样式】对话框

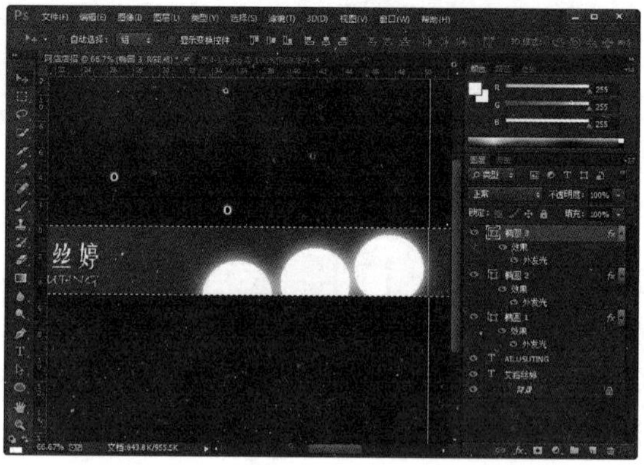

图 7-16　【椭圆 2】和【椭圆 3】图层效果

STEP 11 选择【文件】|【置入】命令，打开【置入】对话框，选中一个图像文件后，单击【置入】按钮，将图片置入舞台中。

STEP 12 调整舞台中图像的大小和位置，使其效果如图 7-17 所示。

STEP 13 选择【文件】|【打开】命令，打开素材图片，然后使用【移动工具】，将素材图片拖动至网店店招图片中，如图 7-18 所示。

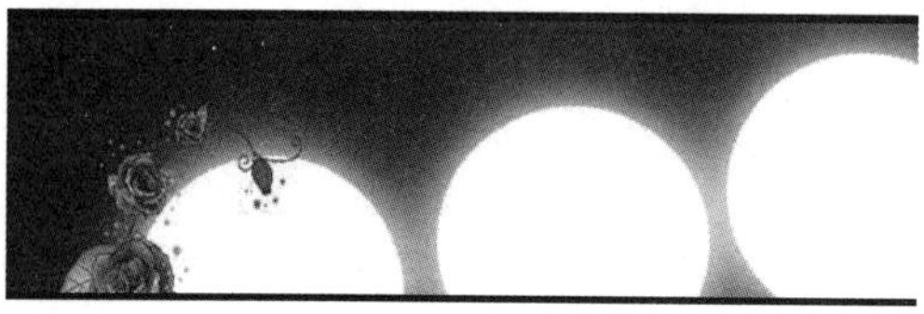

图 7-17　调整舞台中的图像

图 7-18　将素材图片拖动至店招图片中

STEP 14 选择【编辑】|【自由变换】命令，调整舞台中素材图片的大小，选择【编辑】|【变换】|【旋转】命令，旋转素材图片，制作效果如图 7-19 所示。

STEP 15 使用【横排文字工具】按钮，在舞台中输入文本，并设置文本格式，如图 7-20 所示。

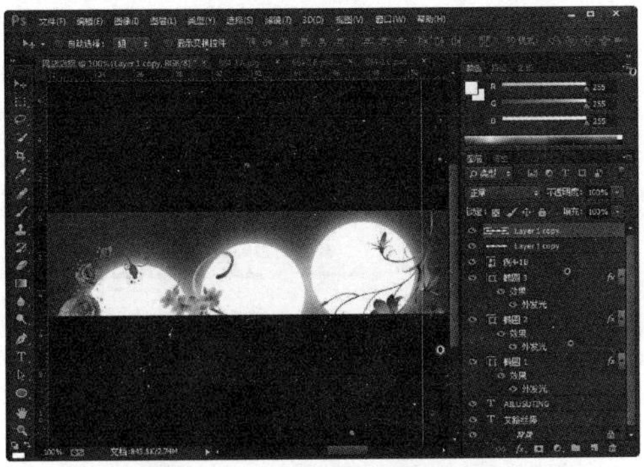

图 7-19　旋转素材图片

图 7-20　输入横排文本

STEP 16 在【图层】面板中右击文本图层，在弹出的菜单中选择【混合选项】命令，打开【图层选项】对话框，选中【投影】选项卡，为舞台中的文本设置投影效果。

STEP 17 在【图层样式】对话框中单击【确定】按钮，舞台中文本的效果如图 7-21 所示。

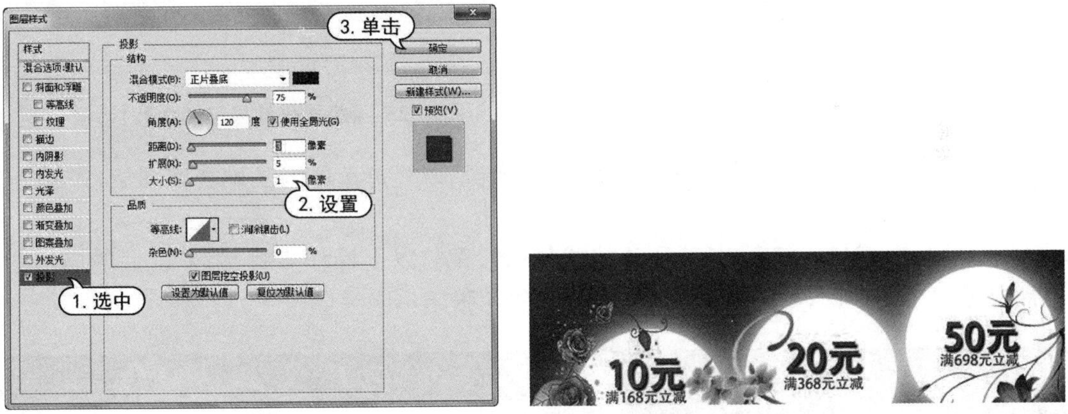

图 7-21　设置文本的投影效果

STEP 18 按下 Ctrl +【 - 】键缩小图像，然后在工具栏中单击【矩形选框工具】按钮，然后以创建的 2 条辅助线为参照，创建如图 7-22 所示的(950 × 150)像素的矩形选框。

STEP 19 选择【文件】|【存储为 Web 所用格式】命令，打开【存储为 Web 所用格式】对话框，单击对话框右侧的【优化菜单】按钮，在弹出的菜单中选择【优化文件大小】命令，打开【优化文件大小】对话框，如图 7-23 所示。

STEP 20 在【优化文件大小】对话框的【所需文件大小】文本框中输入【190】，然后单击【确定】按钮，如图 7-24 所示。

STEP 21 返回【存储为 Web 所用格式】对话框，单击【存储】按钮，在打开的对话框设置店招的文件名和图片格式后，单击【保存】按钮，如图 7-25 所示。

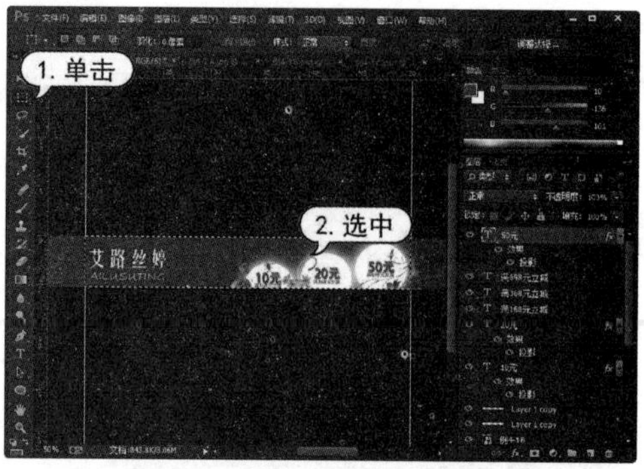

图 7-22　利用辅助线创建矩形选框

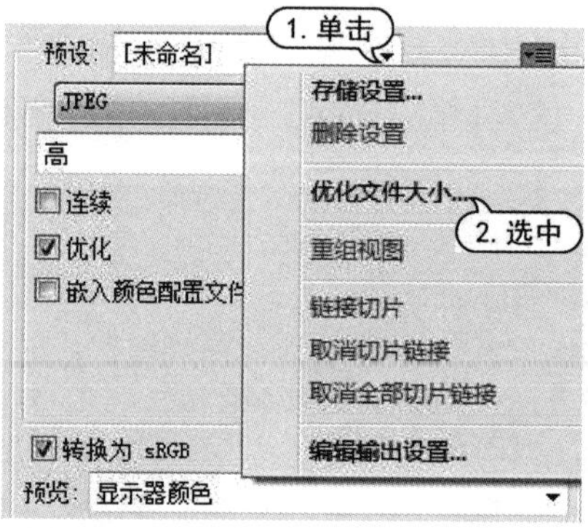

图 7-23　优化文件大小

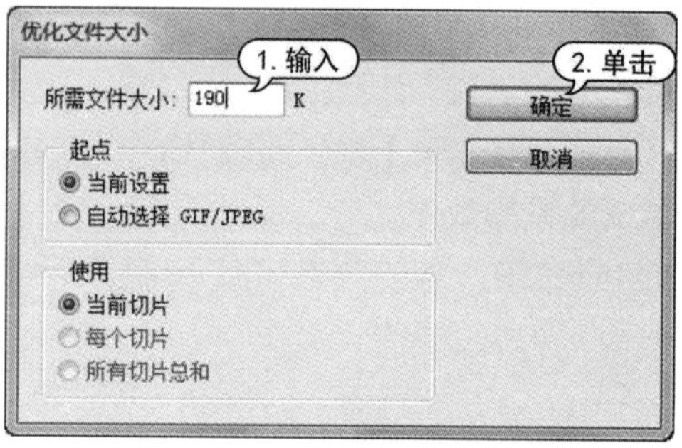

图 7-24　【优化文件大小】对话框

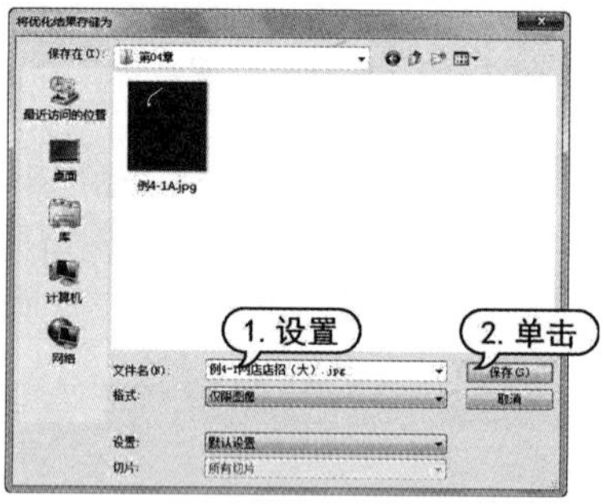

图 7-25　【将优化结果存储为】对话框

STEP 22 在工具栏中单击【剪裁工具】，按下 Enter 键，以矩形选区为基础裁剪图像，如图 7-26 所示。

STEP 23 选择【文件】|【存储为 Web 所用格式】命令，重复以上操作步骤，将剪裁后的店招图片保存。完成以上操作后，将得到如图 7-27 所示的两张店招图片。

图 7-26　裁剪图像

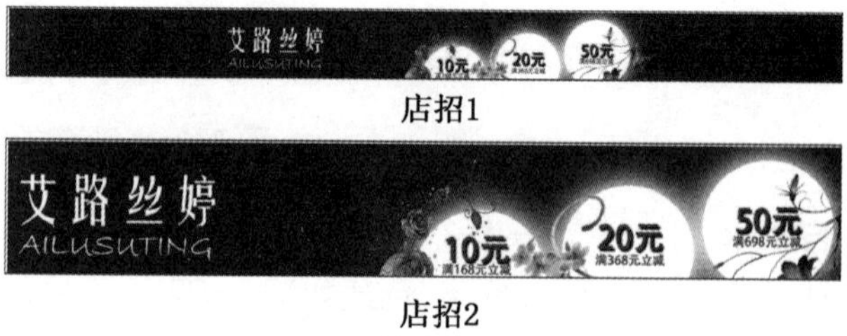

图 7-27　店招图像效果

7.5 商品分类的经验和技巧

在网店中设置商品的分类模块是一项非常重要的操作，而其中的类目排列则是重中之重。下面将详细介绍设置网店商品分类的常用经验与一些实用技巧。

通过网店页面的商品分类模块（一般在页面左侧），我们可以向访问者展示店铺中所有商品的分类，通过合理的排序，可以让有索引需求的顾客以最短的时间找到店铺中的特定商品，如图 7-28 所示。

除此之外，我们还可以将网店的广告词、公告等信息做成宣传图片，单独设计成一个分类，然后把这个分类添加至商品分类中，这样，人们在浏览网店时，不只是在首页中才能看到店铺中的广告和公告信息，在商品分类页面中也可以看到，如图 7-29 所示。

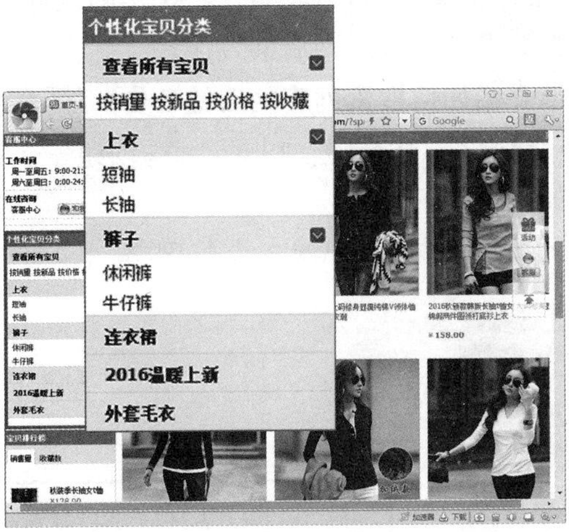

图 7-28　店铺中的商品分类

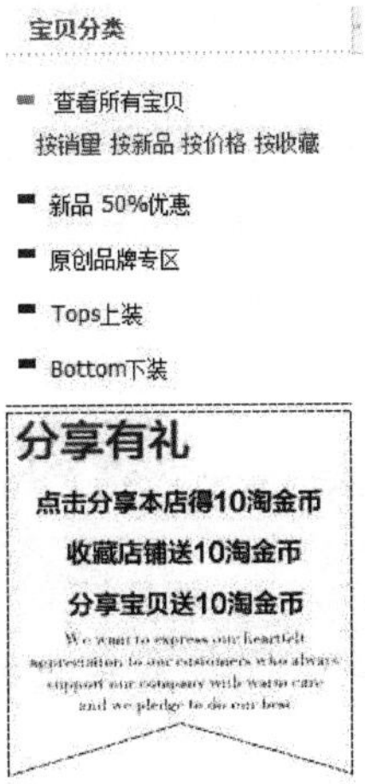

图 7-29　商品分类中的广告

7.6 编写易读记的店铺公告

店铺公告是网店中重要的信息，从店铺公告上可以看出店主的用心和店铺经营的亮点。这就是为什么众多卖家都不遗余力地制作一款富有个性的店铺公告的原因。这些公告大都图文并茂，有些还采用动画效果，并辅以优美的文案，甚至还有音乐背景，目的就是想给浏览公告的买家留下深刻的印象，尽可能地起到宣传作用。为了帮助大家制作一个好的店铺公告，我们总结了下面一些成功经验。

把店铺公告设计成店铺广告可以在买家心中建立起店铺的品牌形象。制作这样的广告式公告，应该注意以下几点。

- 在公告上做广告不能太复杂，要让买家一看就懂，把产品或服务的概念清晰地传递给顾客。
- 这个广告应该为你的目标消费者量身定做，让他们容易接受。为此你要研究目标消费者的偏好，按他们的“口味”设计广告。这个广告，要能给买家留下深刻的印象，能和其他卖家的广告区分开来。这个广告要符合店铺的形象，紧密联系品牌，强化你的品牌在消费者心中的地位。
- 广告要设计得新奇有趣，因为目前喜欢网上消费的都是年轻人，他们愿意接受耐人寻味、极富趣味的信息。

名片式公告可以方便你与消费者的交流沟通。名片内容一定要写清你的店铺名称、ID 号、店铺的营业时间、联系方式、邮寄说明、售后服务等，还可以把自己的店标和开店宗旨放上去。

信息发布式公告也是常见的店铺公告，可以在公告中发布的信息大致如下。

- 促销活动：这些活动包括一元起拍卖、购物优惠、店铺开张纪念日优惠等。把这些信息放入公告栏后，光临店铺的买家一眼就可以看到卖家策划的促销活动。
- 店铺的一些新变化：比如新品到货、产品结构调整和分店开张等信息。
- 其他一些信息：在没有活动信息或者最新消息时，可以发布一些优美的欢迎词、符合产品属性的宣传语、开店宗旨等，或者干脆放上如何搜索网店的方法。

【例 7-2】 使用 Photoshop 制作一个介绍如何搜索网店的店铺公告。 视频+素材

STEP 01 启动 Photoshop，选择【文件】|【新建】命令，打开【新建】对话框，创建一个（750 × 400）像素，分辨率为 72 像素的网店公告图片，如图 7-30 所示。

STEP 02 在工具栏中单击【横排文字工具】按钮，在舞台中输入文本，如图 7-31 所示。

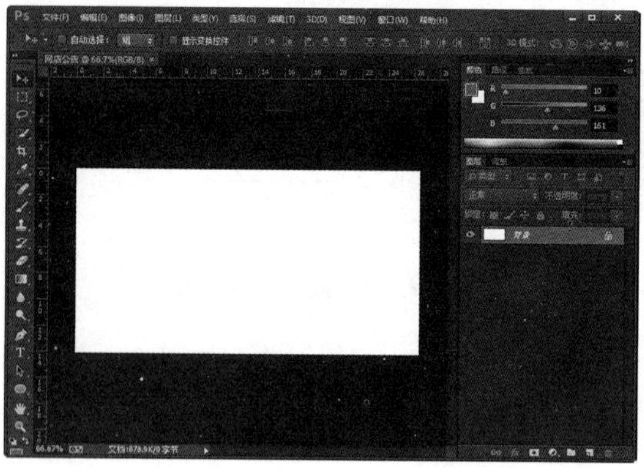

图 7-30　创建网店公告图片

图 7-31　输入广告文本

STEP 03 打开淘宝网首页，在搜索栏中输入网店的名称后，单击浏览器右侧的按钮，在弹出的菜单中选择【保存网页为图片】命令。

STEP 04 打开【另存为】对话框，选中一个文件夹后，单击【保存】按钮，如图 7-32 所示。

STEP 05 切换 Photoshop，选择【文件】|【打开】命令，打开保存的网页图片，按下 Ctrl +【 + 】键放大图片，然后使用【矩形选框工具】，选中页面中的搜索栏，如图 7-33 所示。

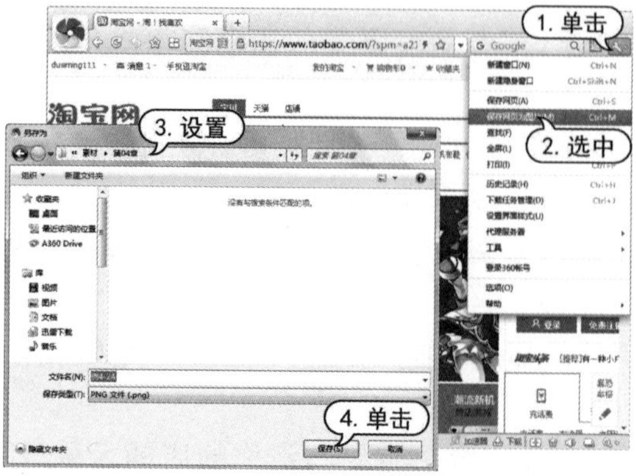

图 7-32　将网页保存为图片

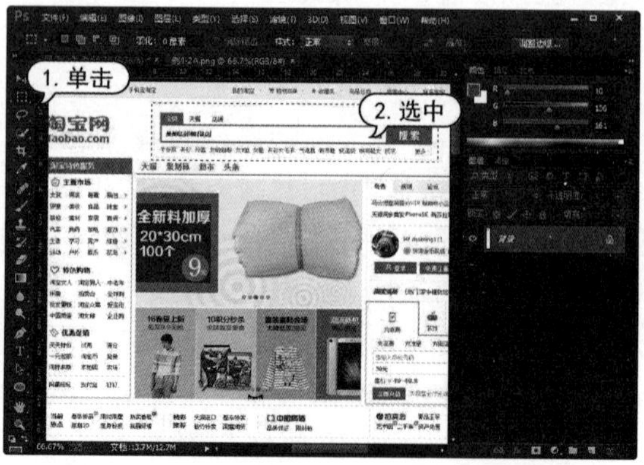

图 7-33　使用矩形选框工具选中搜索栏

STEP 06 在工具栏中单击【移动工具】按钮，将舞台中的矩形选区拖动至网店公告图片中，如图 7-34 所示。

STEP 07 在工具栏中单击【椭圆工具】按钮，在舞台中绘制一个(110×110)像素的圆形图形，如图 7-35 所示。

图 7-34　移动搜索栏图像

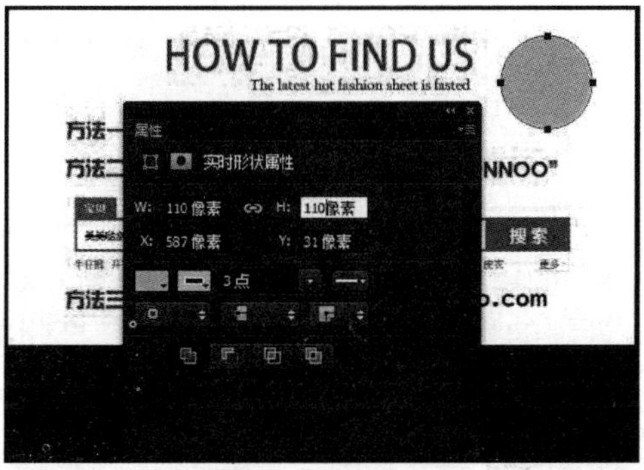

图 7-35　绘制圆形图形

STEP 08 使用【横排文字工具】，在舞台中的圆形图形中输入文本，如图 7-36 所示。

STEP 09 选择【文件】|【存储】命令，打开【另存为】对话框，将网店公告图片保存，其最终效果如图 7-37 所示。

图 7-36　输入横排文字

图 7-37　网店公告图片效果

7.7　参与友情店铺合作

为了能够将自己的店铺和宝贝推出去，我们应该想尽一切办法，除了论坛发帖、淘宝推广等常用方法外，我们还可以和其他卖家一起合作，利用特色友情链接，相互推荐商机。

友情链接模块位于淘宝店铺的左下角位置，在这个区域内店家可以提供一些别的店铺的链接，最多可以提供 35 个友情链接。

从利益角度来说，我们应该和自己店铺销售相关的店铺建立友情链接，而不是逮到谁就链接谁，这里所谓的"相关"可以有很多方面。

- 商品用途相关。举例：某店铺销售漂蜡产品，漂蜡一般会用在婚礼上，或者情侣生日宴会之类的活动上，因此这样的店铺适合与销售婚纱、婚礼用品的店铺做链接，两家店铺可以相互推广。

- 宝贝相互配套。举例：某店铺是销售手机附属商品的，譬如手机壳、充电器等零配件，那么该店铺可以和销售手机的店铺做链接，并且商定彼此推广。
- 消费群体雷同。举例：某店铺是销售日韩原单名牌衣服的，价格比较昂贵，那么它可以和销售高级皮草的店铺做链接，因为他们的客户群体都是消费水平较高的女孩，所以彼此的客户可能会有相关需要，而且他们所针对的客户一般都比较固定，这样的互相链接推广效果就会很好。
- 商品成为一个体系。举例：有一家店铺是专门销售四川特色食品的，那么该店铺可以考虑和其他地区的特色食品店铺进行友情链接。试想，如果店铺链接里是内蒙古的奶酪、新疆的果脯、东北的长白山松子、广州的甜点，这样的推广不仅会很有针对性地指向喜欢在淘宝觅食的买家，而且还可以成为一个很有特色的体系。

实用技巧

从淘宝网友情链接的实际使用情况来看，大多数友情链接还是建立在朋友相互帮忙的基础上。所以如果想要较好地利用友情链接，笔者建议店主还是多逛逛社区或者淘宝江湖，多交一些朋友，毕竟“友情”链接还是以友情为先。

友情链接也需要管理，毕竟淘宝只给了35个友情链接的限额，您应该尽可能地将每一个友情链接都发挥出应有的作用。如果疏于管理，甚至您的友情链接的对方店铺已经关店数日您还不知道，那么这条链接就浪费了。

另外，如果您的店铺已经比较“牛”，邀请您友情链接的客户已经应接不暇，那么不妨事前约定绩效标准，事后做好统计工作。因为这个友情链接既然作为展位，道理也和直通车的“掌柜热卖”差不多，不同位置的广告效果也不同。从实际使用效果来看，友情链接的第一条和最后一条是点击率比较高的，这样的“黄金展位”理应留给最有价值的店铺，所以您在这些好位置上可以对合作店铺有一些要求，譬如月评价量或者成交量要达到多少数额，如达不到条件的，可以与对方协商或直接通知对方一下再删除。

7.8 案例演练

本章的案例演练部分包括使用Photoshop将网页模板图片切片和为图片添加超链接等两个实例操作，用户通过练习从而巩固本章所学知识。

7.8.1 设置切片网店模板

要使用从网上下载的网店模板，可以先使用Photoshop将模板图片切片，再将其上传至淘宝店铺。

【例7-3】使用Photoshop将网上下载的网店模板切片（以便将切片后的图片上传至我们自己的网店中）。 视频+素材

STEP 01 启动Photoshop后，选择【文件】|【打开】命令，打开从网上下载的网店模板，如图7-38所示。

STEP 02 在工具栏中单击【切片工具】按钮，然后按下Ctrl+【－】键缩小图像，在舞台中创建

切片(切片大小根据网店的实际需求即可),如图 7-39 所示。

图 7-38　打开下载的网店模板

图 7-39　使用切片工具创建切片

STEP 03 选择【文件】|【存储为 Web 所用格式】命令,打开【存储为 Web 所用格式】对话框。

STEP 04 在【存储为 Web 所用格式】对话框中的【预设】选项区域中设置图片的保存格式,如图 7-40 所示。

STEP 05 单击【存储】按钮,在打开的对话框后选中一个文件夹,然后单击【保存】按钮即可将网店模板图形切片成多个图像文件保存,如图 7-41 所示。

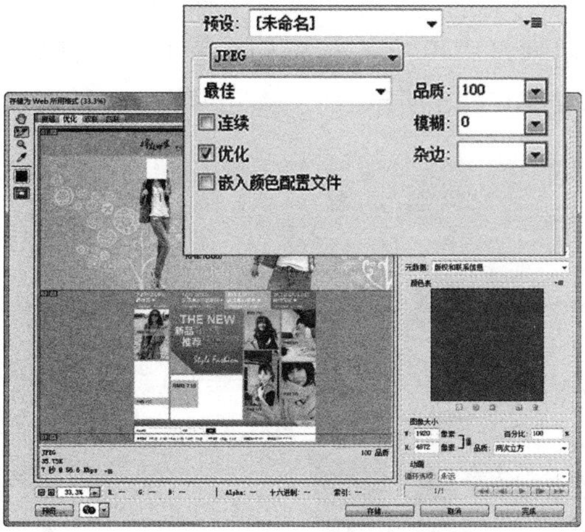

图 7-40　设置图片的保存格式

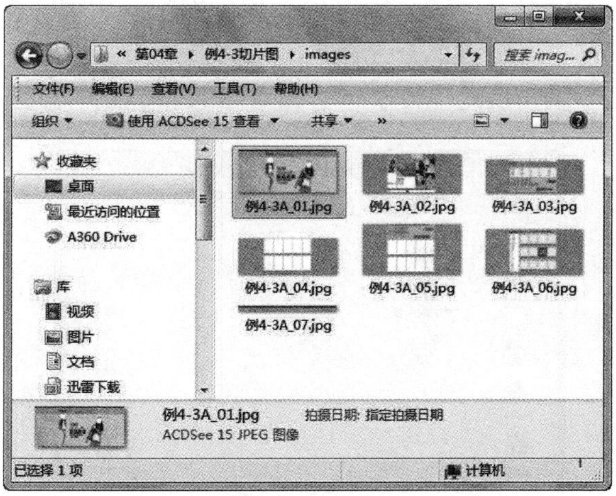

图 7-41　将模板图形保存为多个图像文件

7.8.2　为网店图片添加超链接

要为网店图片添加超链接,可以按下列步骤操作。

【例 7-4】 使用 Photoshop 为网店中的图片添加超链接。视频+素材

STEP 01 启动 Photoshop,选择【文件】|【打开】命令,打开【打开】对话框选择一个需要设置超链接的图片文件,然后单击【打开】按钮,将图片打开。

STEP 02 在工具栏中单击【切片工具】按钮,在图片中需要添加超链接的位置上创建切片。

STEP 03 右击创建的切片，在弹出的菜单中选择【编辑切片选项】命令，打开【切片选项】对话框。在【URL:】文本框中输入超链接地址，在【目标】文本框中输入【_banck】，然后单击【确定】按钮，如图 7-42 所示。

STEP 04 选择【文件】|【存储为 Web 所用格式】命令，打开【存储为 Web 所用格式】对话框，然后单击【存储】按钮，如图 7-43 所示。

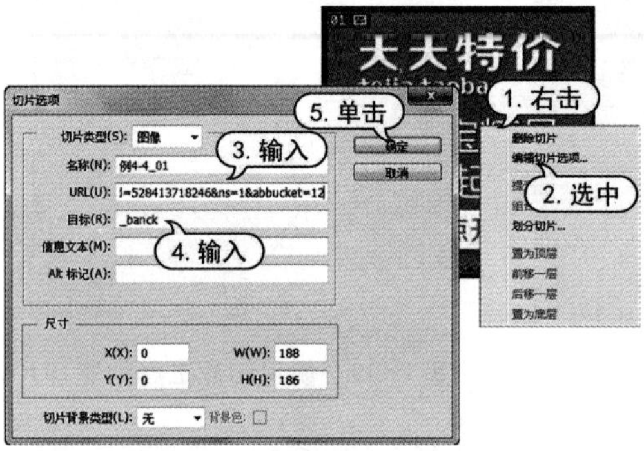

图 7-42 【切片选项】对话框

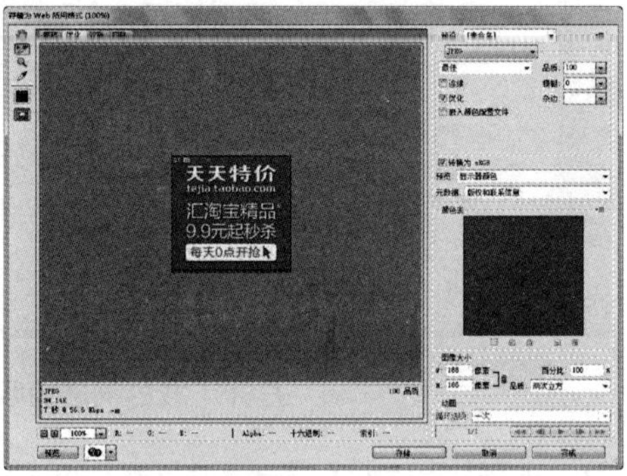

图 7-43 【存储为 Web 所用格式】对话框

STEP 05 打开【将优化结果存储为】对话框，单击【格式】下拉列表按钮，在弹出的下拉列表中选中【HTML 和图像】选项，然后单击【保存】按钮，如图 7-44 所示。

STEP 06 此时，将把图片保存为两个文件，一个是 jpg 文件，另一个是 html 网页文件。在装修店铺时，首先把 jpg 文件上传到网站或店铺的图片库中，然后打开 html 网页文件，再在打开的网页上右键单击查看源代码，复制所有代码，将其粘贴到需要投放的自定义页面中，再回到文字编辑模式中修改一下相对应的 jpg 图片地址即可，如图 7-45 所示。

图 7-44 【将优化结果存储为】对话框

图 7-45 图片被保存为两个文件

第 8 章

推广网店的常用策略

同样是淘宝网店，为什么有的店铺日进万金，而有的却是门庭冷落呢？在广阔的网络空间，酒香不怕巷子深的理念已经过时，有好的商品也必须有好的宣传和推广才能推动交易的实现。那么，在众多的网店中如何推广，才能使店铺中的商品脱颖而出呢？本章将向用户介绍网店的推广策略。

对应的光盘视频

例 8-1　设置 QQ 个性签名
例 8-2　设置 QQ 空间信息
例 8-3　使用 Photoshop 制作电子邮件营销海报

8.1 寻找网店的潜在顾客

对于想要在网上闯出一番名堂的网店店主而言，面临的首要困难就是“卖什么”这样一个难题。对自己即将进入的行业有充分的了解和预期，并对店铺有着良好的定位，方能使网店经营者们在未来的网店经营中既顺利又省心。

8.1.1 传统结合流行

这里说的传统商品是指在网络上的交易量非常大，但竞争也异常激烈的类别。以服装大类为例，且不论男装、女装、裤子、衣服这样的二级分类，就连袜子、内衣这样的三级分类上都盘踞着一些级别非常高的店铺，尤其是皇冠级别以上的卖家，占据了大片的市场份额。

这是否意味着刚进入市场的网店就没有生存空间了呢？答案是否定的。事实上，只要店铺有特色，哪怕是新店也能迅速扩大影响力，得到买家的惠顾和认可。

举个例子，夏季的时候，淘宝上 T 恤衫的销售会非常旺盛，但竞争也非常激烈，没有个性的 T 恤衫很难受到买家的青睐。怎样彰显个性呢？这时，我们可以考虑将一些流行元素印在 T 恤衫上作为亮点，譬如将网络上流行一时的流行元素作为贴图印在 T 恤衫上，如图 8-1 所示。

这样做的好处是，在本产品获得不错的销量的同时，也可以吸引眼球，迅速提高店铺人气值，从而带动店铺内其他产品的销售。

由于网店本身是一个网络交易平台，买家自然以网友为中坚力量，因此将商品与网络流行元素相结合无疑是很讨巧的，不仅可以取得良好的大众认可度，而且可以获得网友们的自觉发帖推荐。

除了个性商品，有独特创意的商品也容易得到买家的喜爱。以家庭常用的牙刷为例，早上起来首先要做的事情就是去刷牙，可是当家中不只是一个人的时候，面对好多支牙刷有时候就会拿错，而且大家的牙刷都放到一起也不太卫生。因此，如图 8-2 所示的可爱牙刷架就很有市场了。

图 8-1　T 恤上的流行图案

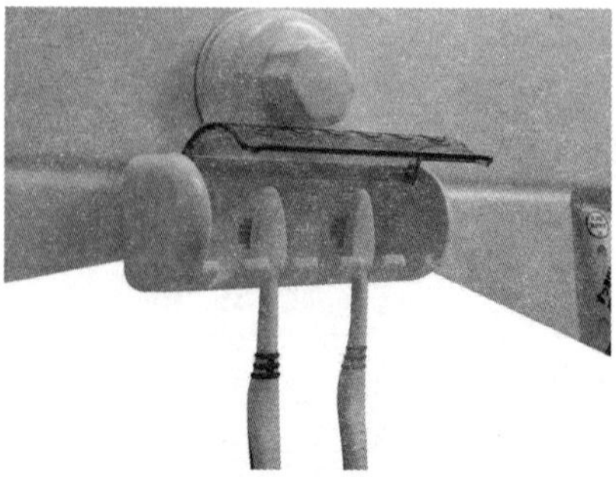

图 8-2　牙刷架

这款牙刷架除了具有造型可爱的特点之外，卖家还十分体贴地附赠了一个可以计时 3 分钟的计时沙漏，可把洗漱时间限制在 3 分钟之内，这样我们就不会把更多的时间浪费在生活琐事上了。

实用技巧

类似的思路还有很多，对于新手卖家而言，只要肯多动脑筋，即使是比较成熟的商品类别也能开辟出属于自己的一片天地。

8.1.2　发掘有潜力的行业

这里说的潜力行业，可以是网络上从无到有的行业。另外那些本来比较冷门，而突然或将要热门的行业我们也可以称为潜力行业。事实上，抓住行业整体上升的契机，一鼓作气在短时间内冲冠的网店卖家非常多。

例如，魔术店就是一个很好的例子，小美经营一家魔术用品的淘宝店铺，在现今淘宝竞争如此激烈的环境下，仅用一年零两个月的时间就达到了两冠的信誉，可以说很大程度上得益于对魔术行业的商机把握，如图 8-3 所示。

现在说到魔术，尤其是近景魔术，全国人民都会自然地想到刘谦。但在 2009 年春晚之前，了解刘谦以及他的近景魔术的人大多仅为魔术爱好者，当时的魔术用品的需求量也很小，整个魔术行业尚不成熟。小美虽然早在 2005 年就注册了一家自己的淘宝店铺，但是由于工作的原因店铺迟迟没有启动经营。

一直到了 2008 年，通过与一些魔术爱好者朋友们的交流后，小美大胆预测 2009 年春节晚会上演近景魔术的可能性非常大，而随之而来的效应必将带动魔术行业，因此她当即决定开一家魔术用品的淘宝店。花了两个月左右的时间完成了筹备、进货、店铺装潢等工作后，趁着刘谦在春晚上带来的“魔术热”，再把握当年的情人节契机，小美推出了一批例如“火焰变玫瑰”“魔术大礼盒”之类的适合情人节发挥的魔术用品，如图 8-4 所示。

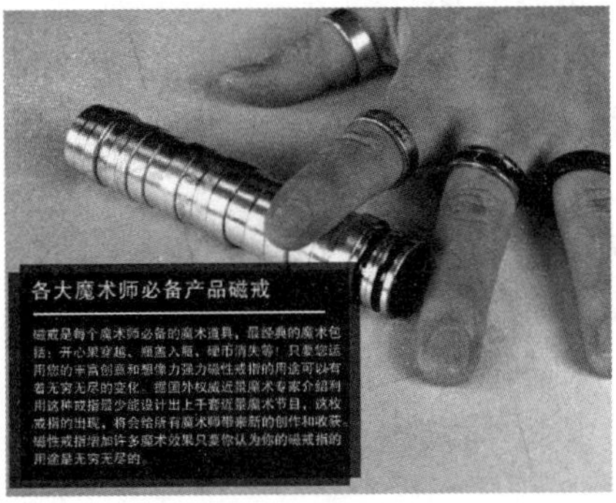

图 8-3　魔术店

图 8-4　火焰变玫瑰道具宣传广告

元宵节之后，小美的网店生意很快就迎来了开业以来的第一个高峰，淘宝旺旺每天的窗口弹出让她应接不暇，小美也在很短的时间内就拥有了第一颗钻石，并借此基础一步步走上皇冠之路。

8.2　准确定位店铺

一个网店需要定位的方面很多，而价格定位无疑是店铺定位中最重要的一点。作为买卖双方都最为关注的问题，以价格为出击点进行定位，靠价格来打动、吸引顾客，已经成为淘宝店家必须掌握的营销手段之一。

8.2.1 制定平价策略

有这样一个经典的故事：英国有一家小店，起初生意萧条很不景气。一天，店主灵机一动，想出一招：只要顾客出 1 个英镑，便可在店内任选一件商品（店内商品都是统一价格的）。这可谓捉住了人们的好奇心理。尽管一些商品的价格略高于市价，但仍吸引了大批顾客，销售额比周围几家百货公司都高。在国外，比较流行的同价销售术还有分柜同价销售，比如，有的小商店开设 1 分钱商品专柜、1 元钱商品专柜，而一些大商店则开设了 10 元、50 元、100 元商品专柜。

在淘宝中我们也可以引用平价策略，譬如：在一个卖饰品的店铺中，所有商品的价格均为 9 元，那么可以定位“9 元超市”。对于店主而言，虽然这样一来客户看上去东西很便宜，但实际上这些商品的利润率却一点都不低，一般都会在 100%，最少也会在 60%以上，个别利润较低的商品也可以通过高利润商品来达到互补。

8.2.2 价格组合策略

平价策略虽然诱人，但是实际操作性不强，因为一个店铺的商品大多存在档次高低有别的情况。那么如果您还想通过在价格上做文章的方法来达到吸引眼球的目的，就需要用到更为高明的技巧了，价格组合策略就是一个很不错的方法。

举个例子，有一家经营电脑音响设备的淘宝店铺，在销售麦克风的时候，首先将麦克风的定价降得比较低，使其在同类产品的搜索榜上具有很高的价格排名，达到吸引买家来看看的目的。

考虑到这是一款电容级别的麦克风（相对线圈麦克风高级些），而且购买这款麦克风的买家大多用于在家庭电脑上 K 歌，买家对电脑音质的要求可能也较高，也理应具备一定的价格承受能力，这时就可以在商品介绍的时候加入一些文字，指点买家使用电脑 K 歌的效果不仅取决于麦克风，而且电脑声卡的好坏也有着决定性的影响。接下来，适时地推出一款适合 K 歌的声卡图片并提供购买链接，必将激起买家强烈的购买欲望。

为了使得两个商品之间存在一定的联系，店家可以给出打包购买的好处，譬如送礼品，或者降低价格等，本例是送数据线等礼品，并给出了诱人的礼品图片。如此一来，虽然麦克风价格较低，但是可以吸引相当一部分客户同时购买利润较高的声卡，店铺的交易量以及利润都可以得到很好的保证。

8.3 通过在社区发帖吸引顾客

对于在淘宝购物平台上建立网店来说，依附平台本身做宣传，是最直接、最有效的方法。下面就以如何在淘宝社区做宣传，介绍一些实用的宣传之道，使网店能以最快的速度积聚到人气。

8.3.1 淘宝社区的优势

淘宝论坛是一个完全开放、自由自主的平台，只要是淘宝网的用户，都可以在淘宝论坛任何一个版块发表高论。在这里可以和上亿用户一起分享淘生活、淘故事，分享生活中的喜怒哀乐，分享购物中的经验等。淘宝千千万万的淘友，也可以按照自己的兴趣喜好聚集在一起组成帮派。

虽然淘宝论坛不是一个专业论坛，但它的某些版块比有些知名社区的版块还要火爆。比如在【经验畅谈居】版块中的一个精华帖，常常会有成千上万的回帖。下面总结淘宝社区与其他知名社区相比的优点，可以帮助用户更加深入地了解淘宝社区。

- 在淘宝社区发帖可以参加活动，可以“加精”赚取银币抢广告位，其他知名社区就没有这个功能。
- 在淘宝社区发帖、看帖或回帖能够认识很多经常在淘宝活动的买家和卖家，其他知名社区几乎没有该作用。
- 在淘宝社区看帖能够学习到很多和网上做生意相关的知识经验，其他知名社区就相形见绌了。
- 淘宝社区的帖子交易实践性很强，而其他知名社区的帖子理论性较强。
- 淘宝社区因为有扣减银币的约束，所以在上面发帖和回帖的人一般都不敢乱来，其他知名社区就不行了，经常会有帖友之间互骂的现象发生。
- 淘宝社区的帖子功利性很强，可以调动淘友们的看帖、发帖、回帖的积极性。卖家们都把这里当成宣传阵地。

8.3.2　加入淘宝论坛

进入淘宝网首页后，单击首页右侧会员信息区域中的【论坛】链接，打开“淘宝论坛”页面。在“淘宝论坛”页面中，将鼠标指针悬浮在页面顶部的标签的上方，可看到论坛的各项分类标题，如图 8-5 所示。

单击任意论坛标题，例如，单击【数码配件】链接，可打开论坛的相应分区页面，页面上方是论坛推荐的精华帖，如图 8-6 所示。

图 8-5　淘宝社区论坛各项分类标题

图 8-6　论坛精华帖列表

页面的左侧是论坛导航区域，单击其中的任一标题，可以跳转至相应分区。

看了别人的帖子，就知道为什么来淘宝社区发帖子可以很好地宣传自己了。现在淘宝社区的人气很旺，并且来这里的人，都是接受网购这种新兴买卖方式的时尚达人，所以在这里发广告的效果是非常好的。但是淘宝网规定来这里发广告，不能明目张胆，卖家可以通过写帖子、回复帖子、在签名档落款等方式留下店铺的广告信息。

在社区论坛中，买家来"寻"宝贝，卖家来"抓"商机。其实当用户加入社区，融入这个大家庭后，才会体会到淘宝社区不只是买卖双方寻找机会的生意场所，更重要的是这里有各种各样的经验介绍和教程指导。无论是否为了买卖，这些经验和教程都会让用户受益匪浅。另外，这里也是用户结交朋友的绝佳场所。正是因为这样，现在许多人来淘宝不是为了买东西、卖东西，而只是为了"逛社区"。

8.3.3 论坛主题帖的类型

在淘宝社区发布的帖子有很多种，下面是最常见的几种类型。

- 教程帖：图文并茂、简单易懂的教程帖的宣传效果最好，因为这种帖子生命力强，也容易被推荐到淘宝大学。用户可多发经验帖和教程帖，这两种帖子对提升自己的形象最有帮助。
- 助人帖：积极争当论坛里的活跃分子，为淘友提供力所能及的帮助，如帮助别人做店标，设计宝贝模板，提供各种美容、保健、减肥等建议，专业地进行购物指导，或者把自己的淘宝心得和广大网友一起分享，从而广聚人气。有了人气，就有了一切。在帮助别人的过程中树立自己的形象，更能取得良好的宣传效应。
- 经验帖：经验帖大都是发帖人总结个人的一些购物、销售经验，对其他卖家（买家）有借鉴意义。这样的经验帖，大多数淘友都会回复，即使那些知道这些经验的淘友，也会感谢你的热心。另外，这种帖子"加精"的机会比较大。

实用技巧

不管什么类型的帖子，只要有高质量内容都可以成为论坛的精华帖。只有写出精华帖，并且成为热帖，才能给店铺带来滚滚人流，才能有效地打响知名度，从而成为社区名人。

8.3.4 在淘宝社区发帖

很多网店的店主都知道在论坛发帖可以为自己的店铺带来很多流量，有了大的流量后会给自己的商品带来不少的成交量。所以很多卖家都会通过在论坛上发帖来转化网店流量，可是发帖真的会带来很大流量吗？为什么别人的帖子可以有很多人查看，带来那么多的浏览量，而我写的却没有呢？那是因为我们写的只是普通帖子，能带来的流量相对很少；而别人写的却是精华帖，能带来更多的流量，所以我们也要写出精华帖，那样就可以为自己的网店带来很大的流量。

1. 写好帖子的标题

大家在论坛浏览的时候都是根据标题来选择是否点击阅读，所以帖子的标题是非常关键的因素，一个有诱惑力的标题，会让我们的论坛推广工作事半功倍。

在淘宝的论坛首页中，页面中主要是社区论坛内部的热帖，可以学习这些热帖的标题，如图 8-7 所示。

为了方便找到最好的帖子做参考，也可以直接进入论坛的单个主题页面，单击页面顶部的"精华帖"按钮，可以看到所有的精华帖的列表，如图 8-8 所示。

图 8-7　淘宝论坛首页

图 8-8　论坛主题页面

下面是精华帖标题的一些基本特征。

- 在淘宝社区里一页有几十条帖子，要让潜在顾客把注意力集中在帖子上，就需要在帖子标题中加入一些显眼的符号。
- 当潜在顾客注意到帖子后，还需要使用吸引顾客眼球的引爆点，例如"最牛×××""惊爆×××"等。除此之外，还需要多用一些可以吸引人的词语，如"秘密""竟然""特别""绝对""意外"等。
- 揭秘很多人都不知道的事情，人们对神秘的事物总是比较感兴趣，例如"揭秘皇冠店铺月入 10 万""你不知道的×××秘密"。
- 帖子的标题可长可短，应根据文章的需要来确定，但最好不要过于冗长，影响普通阅读者的视觉接受能力。

2. 写出精华帖的技巧

如何才能在论坛写出受人瞩目的精华帖呢？下面将介绍一些编写精华帖的技巧。

- 标题新颖：大家在论坛看帖都是从标题开始，如果标题没有写好，没有吸引力，一定没有多少人会点击。因此，在符合内容的情况下，标题写的越新颖越好。
- 内容要有质量：论坛发帖时，不要只追求数量，而忽视了质量，发帖内容本身不宜过长或过频。过长的内容和过频的发帖，即便内容再好，既影响访问者阅读，又很难被论坛管理员全部"加精"。
- 发帖的内容要精：精华帖的内容不一定要最多，内容要有主次，其中重点的内容要详细写。
- 帖子内容的排版要合理，版面要整洁：帖子文章的排版一定要让浏览者看得舒服。要尽量多分一些段落，每个段落尽量不要超过 10 行字，并且使用大一些的字体，不要让帖子的内容排版显得拥挤。
- 图文并茂：仔细观察论坛上的精华帖，不难发现，好的帖子往往是图片和文字组合在一起的，每段文字都配上相应的图片说明，这种叙述方式对于帖子来说是最好的。精美的图片，配上文字说明，可以使内容描述更加活泼生动。
- 必须原创：在论坛发帖一定要原创，即便需要在网上使用别人的资料，也要对其有技巧地进行修改（尤其是标题）。

- 植入网店推广内容：所谓植入网店推广内容，指的是在帖子的内容中，加入一些隐蔽的暗示（例如在配图中加入超链接），提示浏览者通过内容访问网店或店铺中特定的商品。

3. 回帖与顶贴的作用

在论坛中回帖的作用是通过在别人的帖子中回复，加入自己店铺的超链接，从而提高网店的访问量。这种方法的重点是争取第一时间回帖，尽量抢到第1、第2个回帖位置（也就是所谓的“沙发”“板凳”）。要给人留下深刻的印象，回帖的文本字体要加粗、加大，或者使用红色、蓝色等醒目的颜色。

在论坛中顶贴，可以让自己发过的帖子重新回到论坛首页，从而吸引更多的人浏览。在顶贴时，注意要有一定的时间间隔，并使用各种不同的账号顶贴。那些热帖成千上万的点击量，都是被不断地顶贴，长时间在论坛首页显示才获得的。

8.4 使用聊天工具推广网店

目前国内很多人都使用例如QQ、微信等即时聊天工具，在进行网店推广的过程中如果能很好地利用聊天工具进行宣传，效果将是不可估量的。

8.4.1 通过QQ推广网店

经常上网的人对QQ不会陌生，QQ是一个很好的宣传途径，QQ上加入了很多亲朋好友，在聊天的同时宣传网店，既增进了感情又宣传了店铺，一举两得。另外，网店的店主还可以多加几个QQ群，利用QQ群里的人气，对网店进行推广。

1. 通过QQ签名推广网店

设置QQ个性签名后，所有加你为好友的QQ用户都可以看到你的个性签名，从而在好友群中起到宣传效果。

【例8-1】 设置QQ个性签名。 视频

STEP 01 登录QQ，然后在QQ的主界面中单击自己的QQ头像。

STEP 02 打开个人资料窗口，然后单击【编辑资料】按钮，如图8-9所示。

图8-9 编辑QQ个人资料

STEP 03 在个性签名文本框中输入用作广告宣传的文本，单击【保存】按钮。

STEP 04 设置完成后，其他好友即可看到自己设置的个性签名，如图8-10所示。

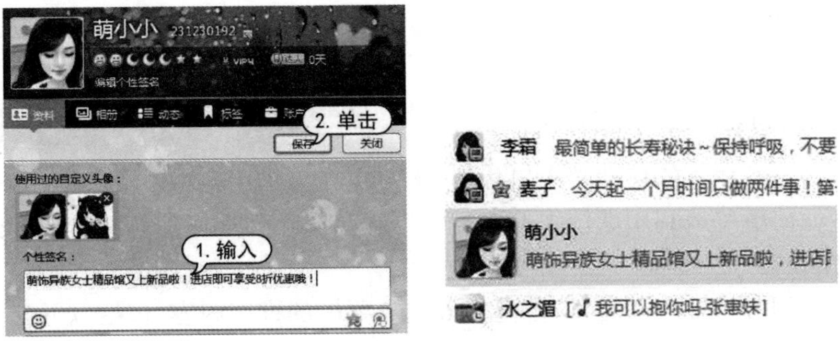

图 8-10　设置 QQ 个性签名

2. 通过 QQ 空间推广网店

设置了 QQ 空间签名档后，当你在好友空间留言并使用签名档时，所有查看这条留言的 QQ 用户都能看到你的签名档，从而达到宣传效果。

【例 8-2】 设置 QQ 空间信息。 视频

STEP 01 登录 QQ，然后在 QQ 的主界面中单击【QQ 空间】按钮。

STEP 02 进入自己的 QQ 空间，然后单击右上角的【设置】按钮，在打开的下拉菜单中选择【空间设置】链接，如图 8-11 所示。

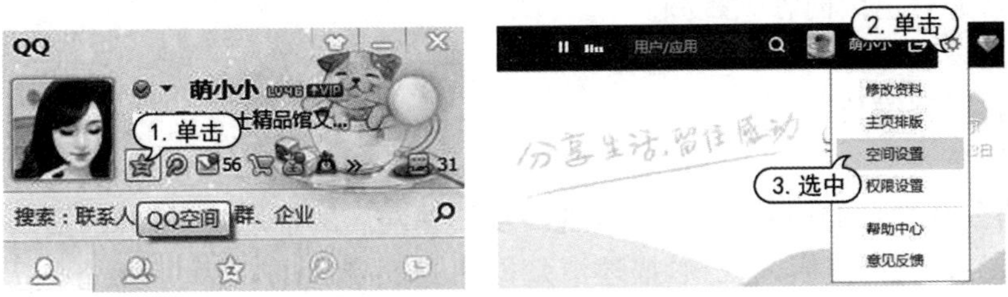

图 8-11　设置 QQ 空间

STEP 03 进入空间设置页面，单击左侧的【空间资料】选项，然后在【签名档】文本框中输入自己店铺的宣传文本，如图 8-12 所示。

STEP 04 设置完成后，单击【保存】按钮，完成设置。进入好友 QQ 空间，打开好友的空间留言板，输入要留言的内容，然后选中【使用签名档】复选框，如图 8-13 所示。

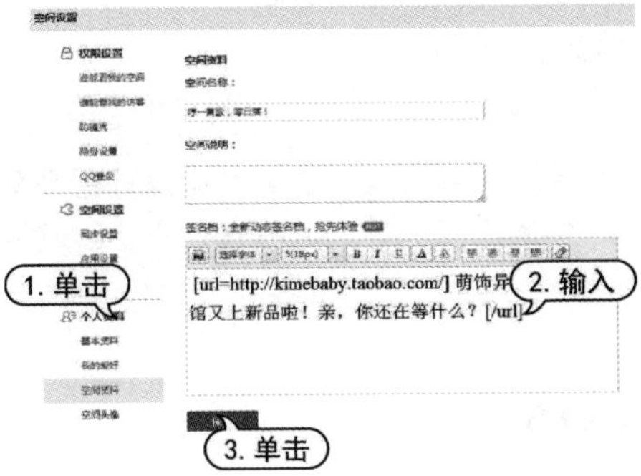

图 8-12　在签名档输入店铺宣传文本

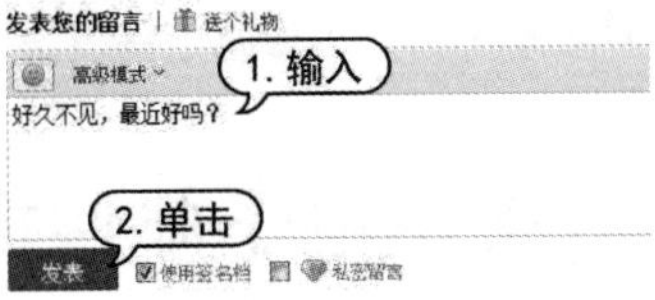

图 8-13　设置留言内容

STEP 05 单击【发表】按钮，发表留言。此时单击签名档中的文本超链接，即可直接跳转至自己的店铺首页。

8.4.2 通过微信推广网店

相对于微信已经建立的移动端入口优势，淘宝也在力求用各种手段吸引用户到手机端上，那么网店店主如何更好地利用微信去推广呢？下面将介绍使用微信订阅号推广网店的经验。

1. 内容策划

在使用微信订阅号推广网店时，首先应策划需要做的推广内容，包括以下几个方面。

- 素材：构建好文案，注意标题不超过 14 个字，概要不超过 50 个字，推广文字内容要直击要点，简洁有力。
- 视频：为商品或网店制作短视频，在编辑时内容的首尾最重要，开头部分要能吸引眼球，结尾部分应令人回味无穷。

实用技巧

现在用于手机视频的编辑工具很多，这里推荐用户可以使用“粉我吧”应用，在线制作 6 秒视频，并使用其在线编辑器对视频内容进行编辑。

网店店主在构思微信推广内容时，应注意以下几点。

- 要符合订阅用户的口味。
- 要拿公众账号定位内容做视频。
- 推广产品描述尽量“软性”“有趣”。
- 视频内容不宜过长。

2. 巧妙回复

利用微信公众平台的回复功能，可以进一步加深网店的推广效果，其包括以下几点。

- 自动回复：自动回复店铺视频，描述清楚网店是卖什么的，有什么服务以及亮点，包括用户关键词和自动回复客户的关键词等。
- 关键词自动回复：通过回复关键词就可以自动跳出产品视频，结尾留下店铺地址，引导订阅用户观看完视频进入网店。

3. 推送时间

早上 8:00、中午 12:00、晚上 9:00，这三个时间段，人们普遍不会很忙或者处于休息状态，有时间坐下来看看手机，这时将需要推广的内容在公众号中推送的话，更容易被用户察觉。另外，每次通过微信公众平台做网店的推广，应提前 20 分钟推送消息。为了占得先机，建议网店店主提前备好内容，在上述时间前 20 分钟将信息推送出去。

实用技巧

微信公众号支持两种视频模式，一种是微视频，即使用者通过微视频实拍 8 秒的短视频（需要有一定的拍摄技巧）；另一种是本地视频，即使用者使用例如“粉我吧”之类的应用在线制作视频，然后将视频下载至本地计算机中，再上传到微信公众号或淘宝商品主图。

8.5 使用电子邮件推广网店

在网络时代，每个人都拥有自己的电子邮箱，通过群发电子邮件也是准确而迅速的网店推广手段。尤其在每次促销活动开始及结束之前，向顾客发送包含商品与活动信息的电子邮件可以起到非常好的实际效果。

8.5.1　电子邮件营销的优势

相比其他网络营销方法，电子邮件营销速度非常快。搜索引擎优化需要几个月，甚至几年的努力，才能充分发挥效果。博客与微博营销更是需要时间，以及大量的文章。而电子邮件营销只需要顾客的电子邮件资料库即可，其营销的效果在发送邮件后很短的时间内就会看到效果，产生订单。

电子邮件营销具有很强的定向性，可以针对特定的人群发送网店的推广邮件。首先，根据需要将顾客按行业或地域等资料进行分类；然后针对目标顾客进行有针对性的邮件群发，使宣传推广的效率更高。

实用技巧

因特网使商家可以立即与成千上万潜在的和现有的顾客取得联系。研究表明，绝大多数互联网用户在 24 小时内会对收到的电子邮件做出回复，而在直接邮寄活动中，平均回复率不到 2%。

8.5.2　提高电子邮件推广效果的技巧

越来越多的企业开始采用电子邮件的营销方式。然而，盲目地推行电子邮件营销却存在着巨大的风险，很多顾客会对收到的大量带有营销目的的邮件产生反感，以至于他们会将邮件直接删除或使用邮箱屏蔽邮件。如果网店的推广邮件被当做“垃圾邮件”处理，就失去了递送至顾客面前的机会。因此，如何提高电子邮件的营销成功率，变得至关重要。下面将介绍几个提高邮件推广效果的技巧。

- 准确地选择客户群，如果对方对网店的商品不感兴趣，那么辛苦制作的推广邮件必然会被当做“垃圾邮件”。
- 电子邮件的标题要能引起用户的注意，同时也要力求吸引人，简单明了，不要存在欺骗信息。如果推广的目的是促销活动，那么标题可以带有免费、大奖等字眼。
- 内容简洁、突出重点。许多网店的顾客在浏览推广邮件时都是一目十行，因此，在设计邮件内容时，重点是利用尽量简洁的内容，使人能在很小的阅读量中就能感受到推广的重点。
- 在每次发送营销邮件时，也要借机树立店铺的品牌形象。将店铺标志置入每封电子邮件中是一种有效的方法，最好是将标志固定在同一位置，可以是顶部的显眼处。
- 运用不同的颜色强调邮件的重点。在决定推广邮件的颜色时，应优先考虑使用基准色，持续使用一种基准色是突出网店品牌形象的关键。运用不同的颜色来高亮显示邮件正文中重要的内容，能帮助浏览者抓住重点。

8.6　使用网络广告推广网店

网络广告正在以惊人的速度增长，其发挥的效用也显得越来越重要。下面将介绍使用网络广告推广网店的方法与技巧。

8.6.1　什么是网络广告

网络广告就是在网络上做广告。利用网站上的广告横图、文本链接、多媒体的方法，在互联网发布广告，通过网络传递到互联网用户的一种高科技广告运作方式。

为什么网络广告会受人青睐呢？其广告优势有哪些呢？下面将具体介绍。

- 目标群体收入高：网络广告的目的群体是目前社会的中、高收入群体。
- 不受时间限制，广告效果持久：通过国际互联网络，网络广告可以将广告信息 24 小时不间断地传播到网络中，被世界上每一个接因特网的用户看到，这是传统媒体无法达到的。
- 网络广告的方式灵活，互动性强：网络广告以图、文、声、动画相结合的形式，大大增强了网络广告的实际效果。
- 广告的针对性强：可以根据广告目标受众的特点，有针对性地投放广告，并根据用户特点做定点投放和跟踪分析，对广告效果做出客观准确的评价。
- 成本低、速度快、更改灵活：网络广告的制作周期短，即使在较短的周期进行投放，也可以根据客户的需求很快完成制作。另外，在传统媒体上做广告发布后很难更改，即使可以改动往往也需要付出很大的代价。而在互联网上做广告能够按照客户需要及时变更广告内容，这样，经营决策的变化就能及时实施和推广。
- 可以准确地统计受众数量：网络广告通过及时和精确的统计机制，能够直接对广告的发布进行在线监控。而传统的广告形式很难统计投放的受众数量。

8.6.2 网络广告的类型

网络广告是常用的网络营销策略之一，在产品促销、网店推广等方面均有明显的作用。网络广告存在于各种网络营销工具中，只是具体的表现形式不同。对于网店推广比较有用的广告类型有以下几种。

1. 图文广告

图文广告是以 gif、jpg 等格式建立的图像文件，大多用来表现广告内容，同时还可以使用 JavaScript 等语言使其产生交互性，这是最早的广告形式。图文广告包含 Banner 广告、按钮广告、通栏广告、竖边广告、巨幅广告等。

2. 文本链接广告

文本链接广告是以文字作为一个广告，单击文本链接广告可以进入相应的广告页面。这是一种对浏览者干扰较少，但却较为有效的网络广告形式。

文本链接广告可以出现在网页中的任何位置，可以竖排也可以横排，每一行就是一个一个广告，浏览者点击任何一个文本就可以进入广告页面。这种广告的优点是：能根据浏览者的喜好提供相应的广告信息，并将信息进行分类。

3. 搜索引擎竞价排名

直通车就是关键词搜索引擎竞价排名广告的典型代表，不同的是直通车只能在淘宝网上投放，而搜索引擎竞价排名是在各大搜索引擎上竞价。两者原理是一样的，只是搜索引擎竞价要比直通车贵得多，对于中小卖家来说，是难以承受的天价。当然，搜索引擎带来的流量也是不可估量的。

4. 活动赞助

活动赞助是指卖家为获得推广店铺的效果，向某些活动或团体提供资金或实物支持的一种行为，赞助的目的是为了提高网店的知名度和浏览量，从而增加销量。

8.6.3　提高网络广告的效果

如何使网络广告达到广而告之的效果，让更多的人了解到广告内容，这里有很多需要注意的事项。

- 广告目标群体的确认：只把广告投放到形式相近的网站和对广告内容感兴趣的群体，才能真正地使广告达到效果。
- 广告方式的选择：目前流行的网络广告形式有 CPM、CPC、CPA、CPS 等形式，该如何选择，这需要根据产品的特点等多方面来确定，选择一种合适的广告方式。
- 选择高价值的网络广告投放平台：是否能获得有效的点击，取决于网络广告投放的平台。如果家用电器产品的广告在网络上投放就不宜选择服装商城平台。在不考虑投放的金额时，不仅要在产品相关的平台上投放，更要在访问量大、人气高的网站投放。
- 正确把握网络广告的吸引点：网络广告的第一个目的是吸引浏览者的关注和点击。若不能吸引来浏览者的点击，就无法达到广告推广的效果。

8.7　使用博客文章推广网店

随着网络营销规模的不断扩大，网络营销服务的形式也在不断增加。如何能让更多的人了解自己的产品，对网店而言是至关重要的，而一种新兴的营销模式——博客营销也应运而生。

8.7.1　什么是博客营销

博客在发布自己的生活经历、工作和热门话题评论的同时，还可以附带宣传网店，如商品的品牌、促销活动等。如果博客的作者是在某一领域有影响力的人物，所发的文章则更容易受到关注，从而吸引大量的潜在顾客浏览店铺页面。

下面将介绍博客营销的优势。

1. 博客营销以推广运营为目的

随着各种通过博客扩散而出的网络事件的发生，导致了博客文章对人们的影响力越来越大，博客渐渐成为了网络中很多人的"意见领袖"，引导着一批人的舆论潮流，他们所发表的评价和意见会在极短的时间内在互联网上迅速传播开来，对店铺品牌造成巨大影响。

2. 博客营销具有很强的互动性

博客内容发布在博客托管网站上，如新浪、百度空间、腾讯 QQ 空间、搜狐、网易等，这些博客平台往往拥有庞大的忠实用户群体，用户可以直接自由互访，通过博客中提供的各种推荐链接访问更多的博客，从而分享自己的文章，并可以对文章进行转载、留言、评论，实现与博客作者之间的互动交流。有价值的博客文章会吸引大量潜在用户浏览，从而达到向潜在用户传递推广信息的目的。

3. 博客营销有利于培养忠实用户

博客营销大量增加了产品说明的链接数量，新增了搜索引擎信息收录量，直接带来潜在用户的可能性迅速增大，并且方便以更低的成本对用户进行行为研究，让网店营销从被动的媒体依赖转向自主发布信息，使传播效果可以在很长的时间中持续延展，而不仅仅局限于当期的宣传活动。

4. 博客营销能够大大降低推广费用

大部分博客平台基本都是免费提供的，只需要遵守博客的准则，填写相关的信息就可以。通过博客的方式，在博客内容中适当加入推广产品的信息（或者直接切入链接）达到网店推广的目的，这样的“博客推广”也是极低成本的店铺推广方法，大大降低了一般付费推广的费用。

8.7.2 博客推广的技巧

利用博客作为网店的推广宣传平台，通过博主本人的认识、兴趣和体验来传播商品信息的营销活动就是博客营销。博客营销以博客文章为主要传播手段，因为具有明确的营销目的，所以文章中或多或少带有企业与个人营销的色彩。

下面将介绍一些博客推广的技巧。

（1）博客推广的关键是内容，博文内容是否能吸引读者阅读决定着推广效果的好坏。因此，建议经常写一些原创文章，或者转载一些近期的热门文章，并附上评论，让博客内容更具吸引力。

（2）将博客提交到搜索引擎与一些专业网站，搜索引擎会对网站有价值的内容进行抓取，不但可以把你的信息提供给更多人，还能够提高网店的流量。常用的提交网址有以下几个。

- 百度搜索引擎博客收录地址：http://utility.baidu.com/blogseach/submit.php。
- 谷歌搜索引擎博客收录地址：http://blogsearch.google.com/ping? hl=zh-CN。
- 搜狗搜索引擎博客收录地址：http://www.sogou.com/feedback/blogfeedback.php。

（3）与一些博客网站交换友情链接，相互提高访问量。

（4）多访问别人的博客，发表对博客日志的意见和想法，同时留下自己博客的地址以便对方访问。

8.8 案例演练

本章的案例演练部分将介绍使用 Photoshop 制作电子邮件推广海报的方法，用户通过练习从而巩固本章所学知识。

【例 8-3】 使用 Photoshop 制作电子邮件营销海报。 视频

STEP 01 启动 Photoshop 后，选择【文件】|【新建】命令，打开【新建】对话框，在【宽度】文本框中输入 660，在【高度】文本框中输入 800，在【分辨率】文本框中输入 72，单击【背景内容】下拉列表按钮，在弹出的下拉列表中选中【白色】选项，然后单击【确定】按钮，如图 8-14 所示。

STEP 02 在工具栏中单击【矩形工具】按钮，在舞台中绘制如图 8-15 所示的矩形。

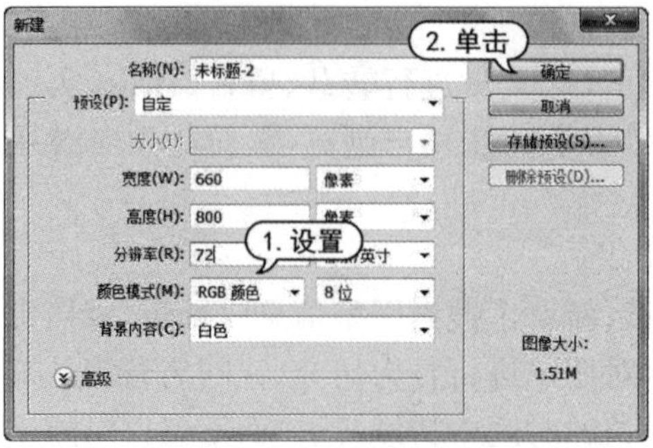

图 8-14 【新建】对话框

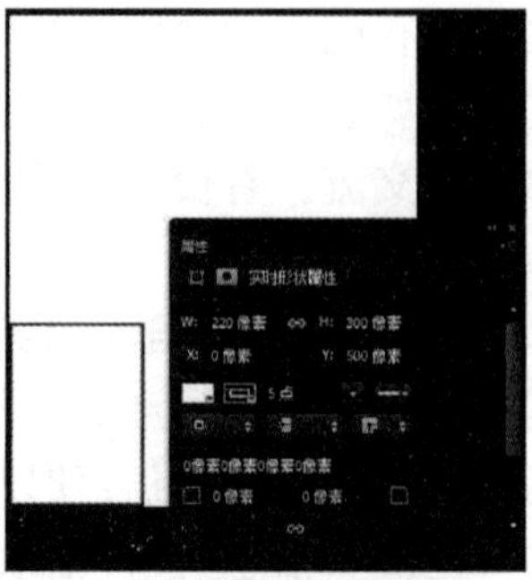

图 8-15 绘制矩形图形

STEP 03 在【图层】面板中右击【矩形 1】图层，在弹出的菜单中选中【复制图层】命令，然后在打开的【复制图层】对话框中单击【确定】按钮，复制图层，如图 8-16 所示。

STEP 04 重复步骤 3 的操作，再次复制【矩形 1】图层，然后使用工具栏中的【移动工具】，调整舞台中矩形图形的位置，如图 8-17 所示。

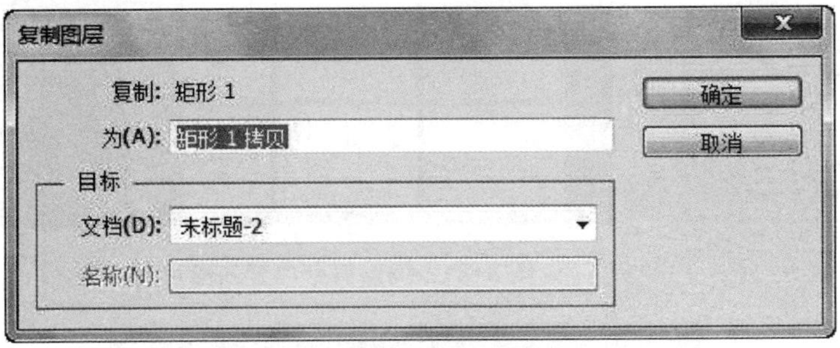

图 8-16　【复制图层】对话框

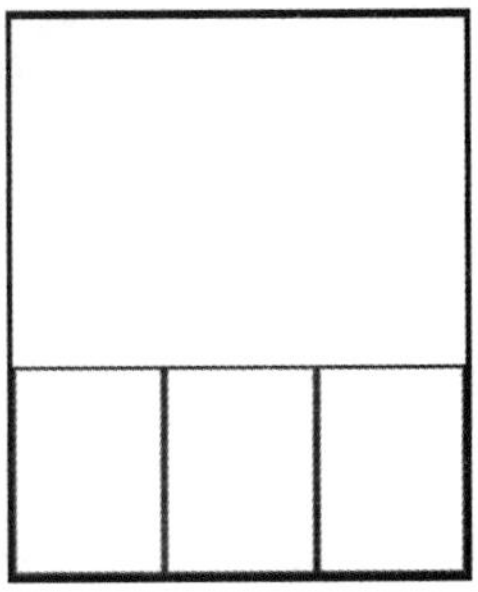

图 8-17　调整矩形的位置

STEP 05 在【图层】中按住 Ctrl 键选中 3 个矩形图层，如图 8-18 所示。

STEP 06 右击选中的图层，在弹出的菜单中选中【复制图层】，打开【复制图层】对话框，单击【确定】按钮复制所选的图层。

STEP 07 使用【移动工具】，调整复制后图层在舞台中的位置，如图 8-19 所示。

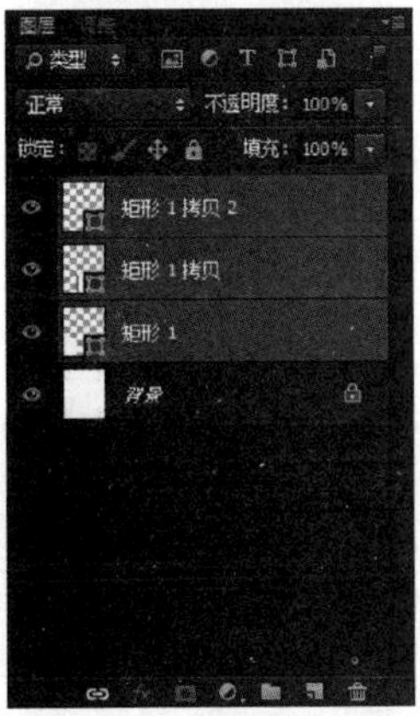

图 8-18　选中 3 个矩形图层

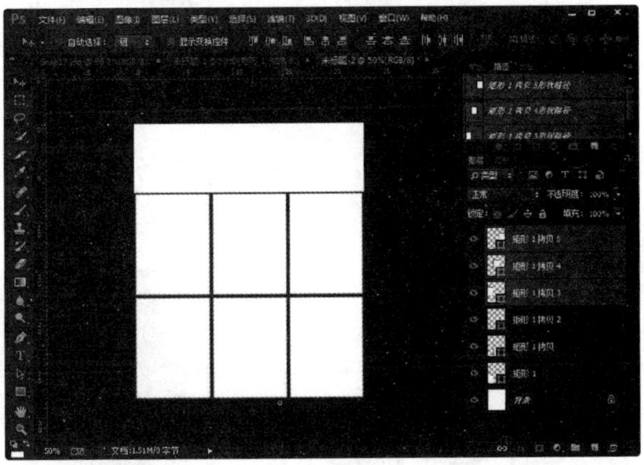

图 8-19　调整复制后图层在舞台中的位置

STEP 08 选择【文件】|【置入】命令，打开【置入】对话框，选中一个商品素材文件后，单击【置入】按钮，如图 8-20 所示。

STEP 09 调整舞台中置入的图片位置，完成后按下 Enter 键，如图 8-21 所示。

STEP 10 按下 Ctrl +【 + 】键方法视图，在工具栏中单击【横排文字工具】按钮，在舞台中输入文本，如图 8-22 所示。

STEP 11 重复步骤 8 的操作，在舞台中置入其他商品素材图片，如图 8-23 所示。

图 8-20 【置入】对话框

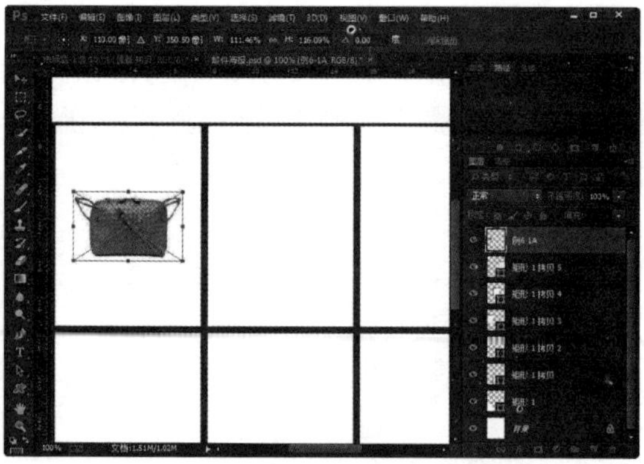

图 8-21 调整舞台中置入图片的位置

图 8-22 输入商品介绍文本

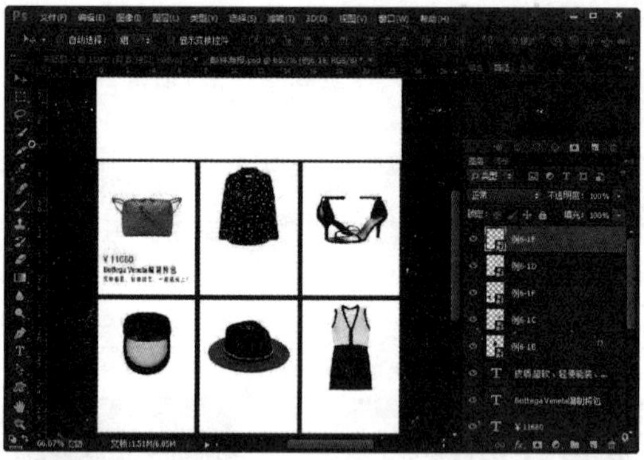

图 8-23 在舞台中置入商品素材图片

STEP 12 使用【横排文字工具】在舞台中输入各种商品的价格和说明文本，如图 8-24 所示。

STEP 13 选择【文件】|【打开】命令，打开如图 8-25 所示的素材图片。

图 8-24 输入商品价格和说明文本

图 8-25 打开商品素材图片

STEP 14 在工具栏中单击【矩形选框工具】按钮，按下 Ctrl + A 键全选图片。选择【编辑】|【描边】命令，打开【描边】对话框，为图片设置 3 像素的黑色边框，如图 8-26 所示。

STEP 15 使用工具栏中的【移动工具】，将图片拖动至海报图片中，选择【编辑】|【自由变换】命令，调整图片的大小，如图 8-27 所示。

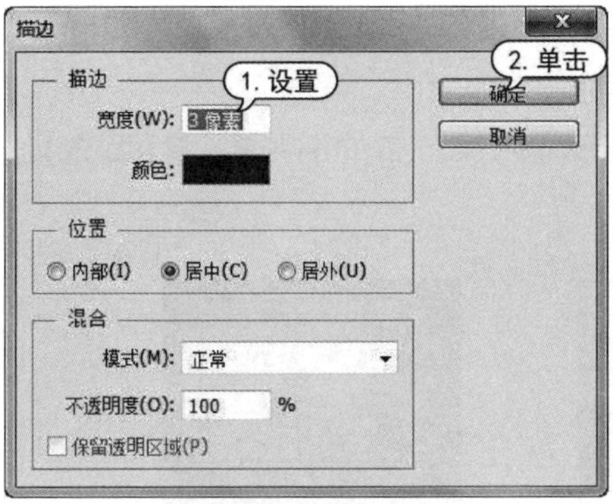

图 8-26　【描边】对话框

图 8-27　调整素材图片

STEP 16 使用同样的方法，在海报图片中插入更多的素材图片，效果如图 8-28 所示。

STEP 17 单击工具栏中的【矩形工具】按钮，在舞台中绘制一个如图 8-29 所示的矩形图形。

图 8-28　在舞台中插入更多图片

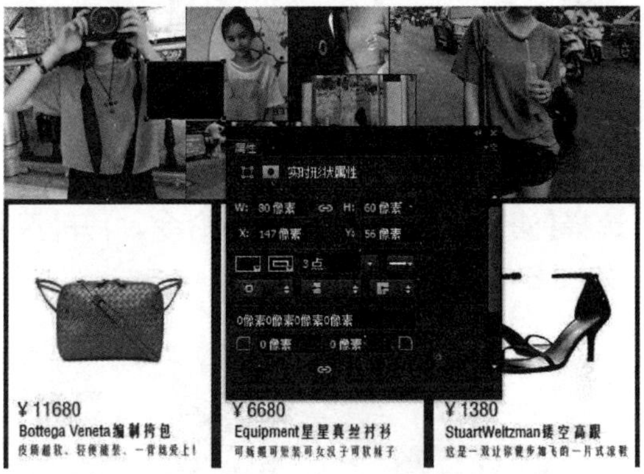

图 8-29　绘制矩形图形

STEP 18 在【图层】面板中右击绘制的矩形图层，在弹出的菜单中选中【混合选项】命令，如图 8-30 所示。

STEP 19 打开【图层样式】对话框，选中【投影】选项卡，然后参考下面介绍的方法设置投影参数，并单击【确定】按钮，如图 8-31 所示。

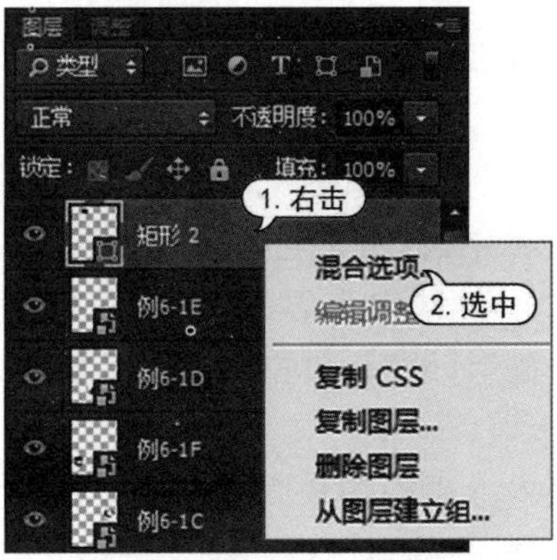

图 8-30　设置图层选项

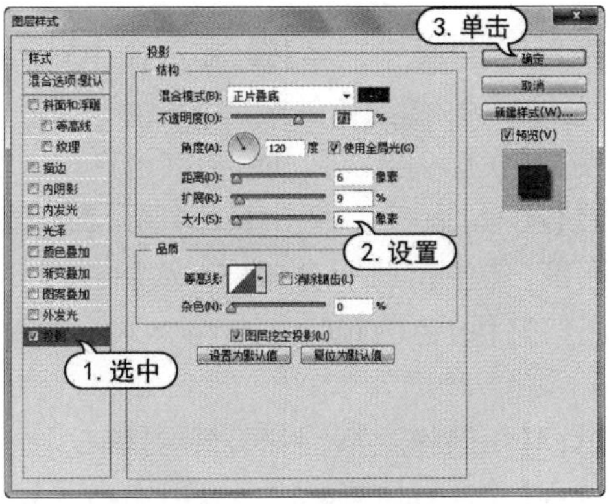

图 8-31　【图层样式】对话框

STEP 20 使用【横排文字工具】T，在绘制的矩形上输入文本，并设置文本格式，效果如图 8-32 所示。

STEP 21 在【图层】面板中按住 Ctrl 键，选中步骤 14、15 插入舞台中的图片层，将【填充】值设置为 60%，如图 8-33 所示。

图 8-32 输入横排文本

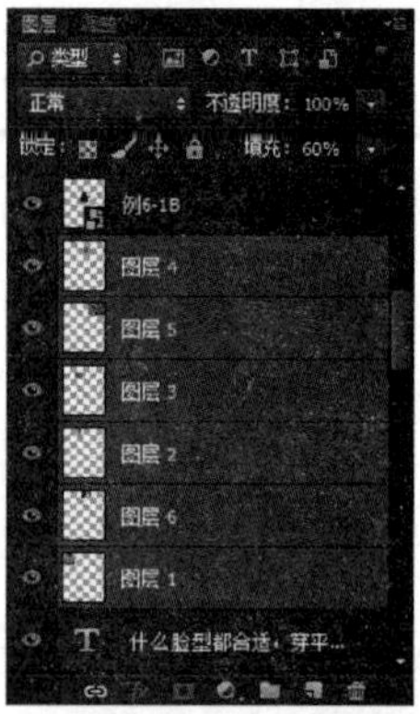

图 8-33 设置图层填充值

STEP 22 使用【横排文字工具】T，在舞台中输入文本，并设置文本格式，如图 8-34 所示。

STEP 23 选择【滤镜】|【风格化】|【风】命令，打开【风】对话框，选中【风】单选按钮，然后单击【确定】按钮，如图 8-35 所示。

图 8-34 输入文本并设置文本格式

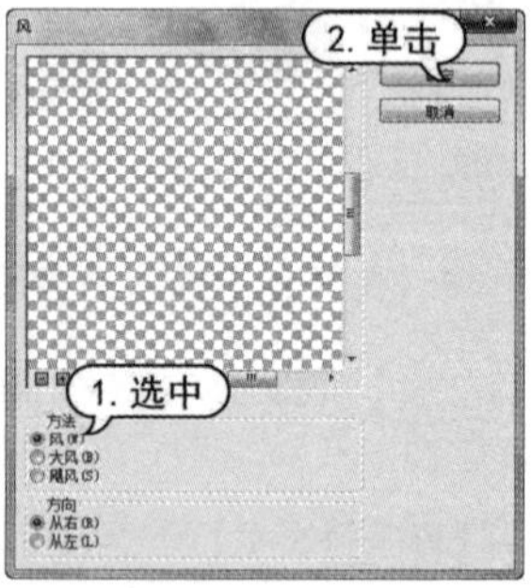

图 8-35 【风】对话框

STEP 24 使用【横排文字工具】T，在舞台中输入文本，然后使用【矩形工具】■，在文本四周绘制一个黑色边框，无填充色的矩形。

STEP 25 使用【横排文字工具】T，在舞台中输入文本，并设置文本格式。

STEP 26 在【图层】面板中右击文本图层，在弹出的菜单中选择【混合选项】命令。打开【图层样式】对话框，选中【描边】选项卡，然后在显示的选项区域中设置描边参数，然后单击【颜色】按钮。打开【拾色器】对话框，将文本描边颜色设置为【ffffff】，单击【确定】按钮，如图 8-36 所示。

STEP 27 返回【图层样式】对话框，单击【确定】按钮，文本效果如图 8-37 所示。

STEP 28 选择【文件】|【存储为 Web 所用格式】命令，在打开的对话框中设置将图片以 JPEG 格式保存，然后单击【存储】按钮，如图 8-38 所示。

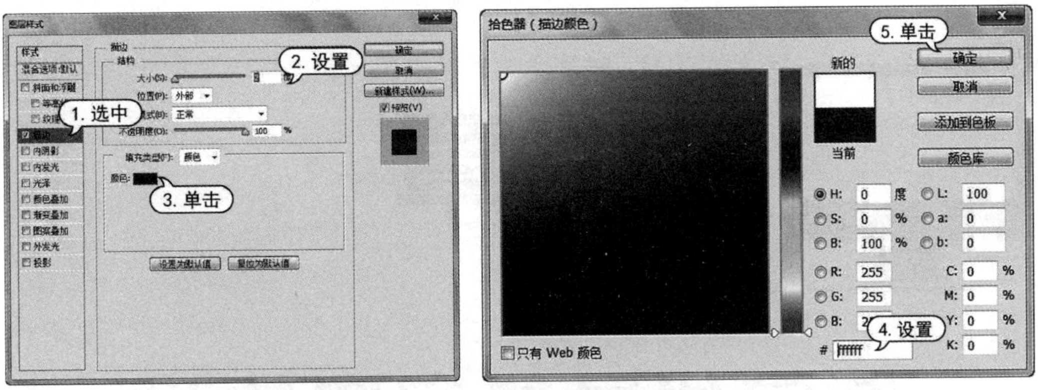

图 8-36　设置描边参数和颜色

图 8-37　文本描边设置效果

图 8-38　【存储为 Web 所用格式】对话框

STEP 29 打开【将优化结果存储为】对话框，单击【格式】下拉列表按钮，在弹出的下拉列表中选中【仅限图像】命令，然后单击【保存】按钮，如图 8-39 所示。

STEP 30 打开电子邮箱，填写收件人地址，并单击按钮，在弹出的下拉列表中选中【从本地上传】选项，如图 8-40 所示。

图 8-39　【将优化结果存储为】对话框

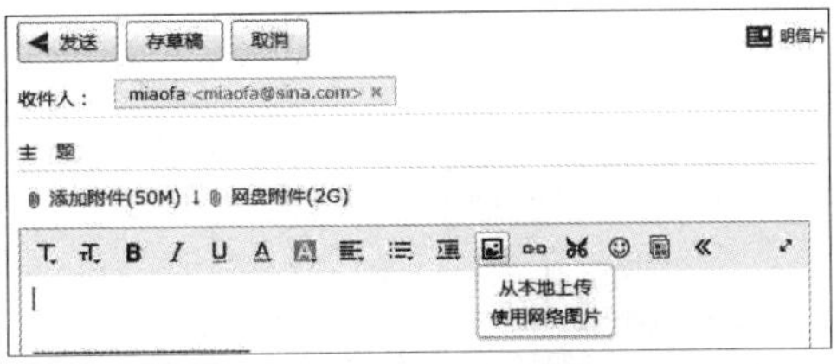

图 8-40　填写邮件信息并上传附件

STEP 31 在打开的对话框中选中制作的海报图片，并单击【打开】按钮，即可将海报图片通过电子邮件发送给网店的推广对象。

第 9 章

制定优异的客户体验

在淘宝网上开网店，出售的不仅仅是商品，更是一种伴随商品的服务与体验，当买家再次光临店铺时可以为店铺带来 25%～85%的利润，而吸引他们再次光临的主要因素就是服务质量的好坏与店铺所能带来的客户体验。

对应的光盘视频

例 9-1 使用 Photoshop 制作商品材质描述图

例 9-2 使用 Photoshop 制作商品尺寸描述图

例 9-3 使用 Photoshop 制作网店商品“无理由退换货”提示图

例 9-4 使用 Photoshop 查询平邮邮资

例 9-5 使用 Photoshop 制作商品细节图

例 9-6 使用废纸皮包装网店商品

9.1 网店客户体验点的作用

说到体验点，首先提到的是“体验”。体验是一种感知，可以自己创造或和他人共同感受。简而言之，生活就是体验，体验构成了我们的整个生活，无论是个人生活还是社会生活。

9.1.1 客户体验点和网店的关系

体验点和网店营销有什么关系呢？我们知道同质化竞争越来越激烈，但是在营销过程中，顾客往往不是选择品质最好、价钱最便宜、服务最热情的商品，而是购买给他感觉最好、让他在买卖过程中最惬意的商品。由此可见，体验是一种能创造价值，或者提高盈利能力的“感觉”，也就是你的网上店铺给顾客带来的感觉。

我们举个例子说明体验点对营销的重要性，去两家同一品牌的 4S 店购买汽车，商品质量、赠品价值等都相同时，在购买过程中，给顾客带来一种美好的经历、一种难忘的感受、一份惬意的心情的 4S 店，才是顾客会选择购买的店。所以这里要总结的体验，不仅仅是给顾客带来多少优惠，更多的是一种在交易过程中双方心灵上的感受。

9.1.2 提升淘宝店铺的服务意识

要成功给顾客带来优质的服务体验，首先要提升的就是服务意识。

当前的市场状态：激烈的市场竞争、卖方市场转向买方市场、产品高度同质化。当今激烈的市场竞争使得网店的生存日益艰难，稍有不慎就可能亏损甚至关闭；卖方市场时代已经结束，顾客成了上帝，网店如果想长久生存下去，就必须围着顾客转；而商品的高度同质化也使得各网店的产品优势减弱，竞争能力下降。

在这样的一个网购环境之下，服务的价值鲜明地凸显出来。对网店来说，服务成了突出重围的重要途径；对顾客来说，服务成了衡量一个企业是否值得追随的重要标准。有研究表明：

- 在一个行业当中，公司的产品优势在硬件方面占 5%，且容易被“抄”和“超”；其他的优势在软件方面，不容易被“抄”和“超”，而在所有软件里面，服务是产生差异的主要手段。
- 服务的质量是整体产品的重要特征和不可分割的部分，也是决定购买和重复购买的主要原因。
- 只有客户满意的公司才会在服务经济社会里取得成功，才能得以生存，否则就会失败，甚至破产。

以海尔公司为例，海尔公司意识到今日市场之争的主流应该是服务之争，于是提出“星级服务”战略，宗旨是“用户永远是对的”。

其原则一是用户永远是对的；原则二是如果用户有什么错误，请参照原则一执行。

服务的目标是：产品零缺陷，使用零抱怨，服务零烦恼。

服务的理念是：留下海尔的真诚——真诚到永远；带走用户的烦恼——烦恼到零。

在这样的服务战略基础上，海尔公司建立起覆盖全国的服务网络，包括大区级、省级、市级、县级四级服务中心。正是这种超前意识和说到做到的精神，使它成为国内企业的领头羊之一，成为众多企业学习的榜样。同时，也正因为它的这种优质服务意识，使其打开了国际市场，在海外也赢得了自己的一席之地。

9.2 网店的标准服务

店铺服务标准是一套为网店一线导购人员设计的，用来指示服务人员在服务过程中时刻按照一定的顺序、标准向顾客提供一致性服务的细则。

9.2.1 标准服务的要点

服务没有终点，细节体现在服务的整个过程中，做好细节服务，要从小事做起，持之以恒地做简单而重复的工作。

以淘宝网为例，许多皇冠级别的网店之所以能稳中有升地运行下去，首先，是因为他们的服务标准细节够清晰，能够满足顾客被尊重和享受服务的需求；其次，其对服务也是有考核的。对于网店来讲，要推行标准服务模式要做以下工作。

- 店铺的标准化服务模式细则。
- 建立店铺标准化服务模式的考核、监督体系。
- 形成店铺自己的造血机制，对客服人员进行定期培训。

服务是态度、动作、价值观和修养的体现，除了推行标准服务细则外，同时需要注意软性要求的提升，以人为本，店铺客服人员也需要在这方面有所提升。做好客服工作需要具备自尊、自信、敏感、耐心和坚持。

只有具备统一化、有序化、合理化、形神兼备的店铺标准化服务细则，通过微笑服务、文明服务、诚信服务才能使店铺在市场竞争中取得优势地位。

9.2.2 服务在网店经营中的位置

网店盈利是通过销售实现的，而销售的关键是服务。一个成功的网店必须建立盈利目标、服务目标和运作目标，只有做好这三个目标，才能实现店铺盈利及店铺形象、回头客数量的整体提升。

9.2.3 服务给网店经营带来的好处

在店铺服务上的投入，会持久地给店铺带来回报，持之以恒的服务，能给网店带来以下 3 点好处。

1. 留住老顾客

优质的服务其实是对店铺投资成本的最大节省，服务标准细则的定制是可以延用下去的。与店铺其他方面的投入相比，服务上的投资是有限的，而带来的回报却是无限的。

优质的服务能够留住顾客，培养顾客忠诚度，是未来销售收入的主要来源。顾客在一家店铺购买商品时，放弃购买的多数原因是服务上的问题，对顾客的怠慢其实是对该顾客产生的连带效应的怠慢，首先该顾客不会再来光临你的店铺，其次其也会对周围的网购一族产生影响。因此优质的服务带来的首要好处就是能留住老顾客。

2. 开发新顾客

一般来说，顾客对店铺的期望是由店铺对待他们的态度而决定的，特别针对网店，信用度和好评度直接影响顾客的购买决策。有调查表明，坏评度足以左右新顾客的购买决策，顾客通常会把反面信息看得比正面信息更加重要，因此，优质的服务才是开发新顾客的有效方法。

3. 提升网店的排名

网店排名的提升主要依赖于商品和服务，长期稳定的、良好的购物环境和服务是关键，只有这样才能维护好老顾客，同时不断发展新客户。在给顾客不断留下好印象的情况下，店铺的排名自然会不断提升，这里面有一个链性结构。

9.3 客户体验点的打造

网店流程体验主要包含购买、发货、送货、售后、跟踪服务 5 个方面，是店铺与客户接触的全过程。流程体验代表了一家店铺的“软实力”。精心打造客户体验点，当客户通过物质体验对店铺产生初步兴趣后，好的流程体验及时跟上，这就能让客户确信自己的判断没错，继而将网店纳入信任、喜爱范畴，产生持续购买。

9.3.1 商品体验

网店物质体验，包含商品、价格、描述、形象 4 个方面。物质体验是引来客户、留住客户的窗口，也是后续体验能够发挥作用的基石，可谓是店铺的“硬实力”。因此，物质体验必须做好，并不断改进提升。

1. 商品优质服务

囤货是每个店铺都不愿意见到的现象，因此要保证店铺的商品既能满足需求又不囤积，就需要从客户的需求上分析，打造优质丰富的商品体验。

客户在挑选商品时，主要是从是否属于品牌正品、是否好用、售后如何保修、款式是否好看、价钱是否实惠等几方面入手。

(1) 商品是否是正品

我们知道，网上购物吸引顾客的最主要的一个原因就是价钱便宜，但这同样也是许多顾客放弃购买的原因。

笔者有一次在淘宝网上购买了一件 T 恤，通过店铺对商品的介绍以及客服人员承诺绝对是专柜正品，然后就购买了，在收货时也并未辨别出是否为正品，然后穿过几次后发现面料开始起球，但由于时间比较久了，所以没有要求退货，但自此以后本人不会再光顾那家店铺。在现实生活中，跟我碰到类似情况的买家很多，而作为卖家，商品是店铺发展的根基，绝对不要夸大其词。说白了有些买家也知道你店铺中的商品并非正品，无非就是贪图个便宜，你反而说是正品，那他们自然是当正品看待了，一旦发现并非是介绍的那样，自然就会不开心，轻则你失去了一个回头客，重则影响了店铺的信誉。

在每个网店的掌柜档案中，都会有一个【宝贝与描述相符】评分，根据调查，该评分对顾客的购买决策影响力仅次于店铺等级和好评率。

(2) 商品是否好用

是否好用，或者说是否实用，指的也就是你店铺内的商品是否是顾客真正需要的。有在淘宝网上经营手机生意的，虽然他有自己的实体店，但由于许多顾客对于网购的电子商品还是存在许多顾虑的，因此他网上店铺生意非常惨淡。之后他将实体店进行了扩张，不但经营手机，还附带销售一些手机周边产品，例如读卡器、挂件等，后来他也将这些周边产品放在自己的网上店铺中，但出乎意料的是，这些周边产品的销量远比手机销量要好得多，于是他加大了在周边商品上的投入，从一个毫无盈利的店铺发展到4钻店铺。

（3）售后是否保修

有的卖家认为商品卖出后就“万事大吉”了，售后服务是整个交易过程的重点之一。对于每件商品，都要根据商品特性提供相应的售后服务。

售后服务和商品的质量、信誉同等重要，在某种程度上售后服务的重要性或许会超过信誉，因为有时信誉不见得是真实的，但是适时的售后服务却是无法做假的。那么作为一名优秀的网店客服人员，在商品售后保修上要主动出击，不要等商品出了问题顾客来找你了，才提供售后服务，这样不仅使顾客有抵触心理，更是对店铺形象的损害，要让顾客真真切切体验到售后的真实存在，而并非是空话。要让顾客体验售后也并非难事，做到以下几点即可。

- 随时跟踪包裹去向：买家付款后要尽快发货并通知买家，货物寄出后要随时跟踪包裹去向，如有运输意外要尽快查明原因，并和买家解释说明。2015年年底，笔者发了一个圆通快递，在查询包裹时发现都快两天了还在南京，赶紧向快递公司询问原因，原来是下大雪了无法走件，和买家说明情况后买家表示理解，避免了差评。
- 交易结束及时联系：货到后及时联系对方，首先询问对货品是否满意、有没有破损，如对方回答没有，赶紧请对方确认并评价。这就是所说的“先发制人”，都满意了她还能给你差评吗？如果真的有什么问题，因为我们是主动询问的，也会缓和一下气氛，更有利于解决问题。因为往往好多事情从情理上来讲争取主动要比被动更容易占上风，当然遇到胡搅蛮缠的买家则另当别论。
- 认真对待退换货：货品寄出前尽量认真检查一遍，千万不要发出残次品，也不要发错货。如果因运输而造成货物损坏或其他确实是产品本身问题买家要求退换货时，我们也应痛快地答应买家要求，说不定这个买家以后会成为你的忠实客户。
- 以平和心态处理投诉：货物运输等方面，都会不可避免地出现各种各样的纠纷，能和平解决的问题尽量和平解决，如果真正遇到居心不良或特别顽固的买家我们也要拿起淘宝的合法武器据理力争。
- 管理买家资料：这点是非常重要的，是许多店铺忽略的地方，随着信誉的增长，买家越来越多，我们需要对买家的联系方式、货物发出、到货时间、买家的性格等有一个系统的资料统计，简单地在Excel中制作一个管理顾客的电子表即可。
- 定时联系买家，并发展潜在的忠实买家：交易真正结束后，不要以为什么事也没有了，就此冷落了买家。适时地发出一些优惠或新品到货的信息，可能会吸引回头客；每逢节假日用短信或旺旺发一些问候用语，会增进彼此的感情。当然，也有人不喜欢这些，自己要适度掌握并随机应变，尽量挑选自己认为比较随和、有潜力的买家去发展，从而使其成为忠实的买家。

（4）挑选款式

买家在网上选择店铺时，如果进入的店铺商品不是很多，或者商品的款式很单一，没有挑选的余地，他就会选择一家商品比较丰富，款式又有多种可供挑选的店铺。

在布置店铺的时候，特别是网上店铺，由于顾客不能切实地了解到你店铺的情况，可以与其他店铺建立合作关系，引用其他店铺的商品，当然切忌与同一城市的店铺合作，避免不必要的竞争。

(5) 价格是否实惠

网上购物之所以能吸引顾客，其最主要的原因之一就是价格实惠，许多商品的售价只有商场的八折甚至半价，但作为卖家，对店铺的商品一定要有一个准确的定位。

淘宝网搜索引擎有一项是通过价格搜索的，可以按从高到低或从低到高的价格进行搜索。

【案例】

有一次我的一个朋友在商场中看中一双板鞋，原价 690 元，商场在搞活动，满 300 元后减 40 元，也就等于这双板鞋的实际价格为 610 元。随后，他在一个同城的淘宝店铺中看到了同样款式的板鞋，其标价为 498 元，加上快递的费用 5 元，其实际价格只需要 503 元。如果和淘宝店铺的掌柜杀价，估计鞋的价格在 480 元左右就可以成交。最终，他选择在网店购买这双鞋。

从上面的例子可以看出，淘宝商品的价格定位，如果在商场价格的七五折左右，顾客就有可能会选择在网店购买。

实用技巧

在网上开店，商品的价格必须实惠，但实惠并不代表是廉价。以商品实际的材质、款式等条件为基础，参照其他店铺或商场的价格进行定价即可。

2. 价格优势明显

有报告显示，八成受访者认为，比起连锁卖场，网上购买家电价格更低。价格的确是网购的最大优势所在，低价构成了网购强大的产品竞争力，这股力量不容小觑。由于能从网上购买到正品行货，对于消费者来说，在网上购买商品实质上与商场购买区别不大。

对于网购价格上的优势，大多数顾客主要围绕到底比市场价便宜多少、是否比其他卖家便宜、买完会不会再降价这三个问题，因此你的服务要让顾客体验到你的店铺是有明显的价格优势。

(1) 价格是否实惠

网上商品向来是以低价为竞争利器，可以说，价格对于网店要比实体店更为重要和敏感。那么，网店里的商品与市场价相比，如何定价呢?

我们身边许多顾客在专卖店购买的东西很少打折，更别说讨价还价了，但是买家买了以后不会觉得买贵了，反而觉得物有所值；而顾客在网上购物时，喜欢讨价还价，买到手后，有的还在后悔，还认为没还够，觉得买贵了。这是什么原因呢? 当然是一种消费习惯和消费心理在作怪了。

与市场价相比，网店的定价肯定不能高于市场价，但到底是市场价的几折才是一个合理的价位呢，其实这也因人而异，但基本上以市场价的五五折到八五折比较合理，比如“小脆”薯片，如图 9-1 所示，市场价普遍在 3.6～3.9 元之间，网购价一般是在 2.6～3.0 元之间，差不多是七五折的样子。当然这些小金额商品，主要是靠走销量。

如果是一些市场认知度较低的商品，例如香水、化妆品之类的，在价格上的定位就要比市场价低很多，当然是在保证都是正品的情况下，例如图 9-2 所示的倩碧黄油，店铺售价是 199 元，而专柜售价则为 480 元，同样的商品，等于是专柜价格的四折就可以买到了。像这类商品，顾客选择在网上购买，主要就是贪图价格上的优惠，所以在价格定位上不宜太高。

图 9-1 “小脆”薯片

图 9-2 倩碧黄油

总之，我们经营网店要先确定自己走什么路线，是薄利多销，还是我的货有绝对优势。

定价的时候一定要不怕麻烦，多比较网上同类产品，价格高了，顾客当然不会来光顾，低了则没有利润，网店卖家当然也不愿意这样，这里需要卖家学会把握一个尺度。

（2）与其他卖家比较

与其他卖家的价位比较，主要是看对自己的商品是否有底气，如果你认为自己的商品要比其他卖家的好，自然价格也可以比他稍高些，但一定要把握好度。参考和你卖同类东西的卖家的定价来确定你的定价，比如：你卖化妆品，通过搜索发现相同型号的别人卖 90～110 元，那你卖 88 元就相对具有竞争力，当然，这里还要考虑到信用度、好评率，也就是个人品牌以及售后服务、运费等因素的影响。

实用技巧

价格分割是一种心理策略，定价时采用这种技巧，能造成买方心理上的价格便宜感。价格分割包括：用较小的单位报价（例如，茶叶每公斤 10 元报成每 50 克 0.5 元，大米每吨 1 000 元报成每公斤 1 元等）；用较小单位商品的价格进行比较。

3. 网店商品定价的技巧

下面针对网店商品的定价，介绍常用的几种定价技巧。

（1）低价法

“便宜无好货，好货不便宜”，这是千百年的经验之谈，对于低价的商品，作为一名客服人员，要做的事就是消除这种成见。

我们可以先将产品的价格定得尽可能低一些，使新产品迅速被消费者所接受，优先在市场上取得领先地位。这样做虽然单个商品的销售利润比较少，但销售额增大了，总的商业利润会更多。

（2）同价销售法

现在大街上有许多小商店开设 5 元钱商品专柜、10 元钱商店之类的，这样的定价方法也同样适用于网店，一口价干脆又简单。目前淘宝网上许多店铺也兴起这样的定价方法。

笔者的一位开网店的朋友，他店铺经常打出限时 10 元任意选购活动，效果却不太好，原因就在于：首先，他搞的限时抢购活动影响力不大；其次，商品都是一些囤货，就好比商场打出两折抢购的活动，卖的都是几年前剩余的商品。实质上，策略或招数只在一定程度上管用，关键还是要货真价实。

（3）特高价法

特高价法即在新商品开始投放市场时，把价格定得大大高于成本，使店铺能在短期内获得较大的盈利，以后再根据市场形势的变化来调整价格。

例如，某网店进了一批中高档女外套，进价 580 元一件。该专柜的经营者见这种外套用料、做工都很好，色彩、款式也很新颖，在其他网店中还没有出现过，于是定出 1 280 元一件的高价，居然很快就销完了。

实用技巧

如果你网店的商品很受欢迎，而市场上只有你一家，就可卖出较高的价格。不过这种情况一般不会持续太久，畅销的东西，别人也可群起而仿之。因此，要保持较高售价，就必须不断推出独特的产品。

（4）安全定价法

价值 10 元的东西，以 20 元卖出，表面上是赚了，却可能赔掉了一个顾客。对于一般商品来说，价格定得过高，不利于打开市场；价格定得太低，则可能出现亏损。因此，最稳妥可靠的是将商品的价格定得比较适中，消费者有能力购买，推销商也便于推销。

安全定价通常是由成本加正常利润构成的。例如，一条牛仔裤的进货价是 80 元，根据服装行业的一般利润水平，期待每条牛仔裤能获得 20 元的利润，那么，这条牛仔裤的安全价格为 100 元。

实用技巧

在实际操作中，如果网店中销售的商品名气不大，那么即使安全定价也不安全。追求名牌、高消费的消费者觉得你的产品档次太低，讲究实惠的消费者又嫌你的价格偏高，两头不讨好。

（5）非整数价格法

差之毫厘，谬以千里。这种把商品零售价格定成带有零头结尾的非整数的做法，销售专家们称之为“非整数价格法”。这是一种极能激发消费者购买欲望的定价法。这种策略的出发点是认为消费者在心理上总是存在零头价格比整数价格低的感觉。

例如，有一家日用品网店进了一批货，以每件平均 15 元的价格销售，可购买者并不踊跃。无奈商店只好决定降价，但考虑到进货成本，只降了 1.2 元钱，价格变成 13.8 元。想不到就是这 1.2 元之差竟使局面陡变，销量逐渐上升。实践证明，“非整数价格法”确实能够激发出消费者良好的心理反应，获得明显的经营效果，非整数价格虽与整数价格相近，但它给予消费者的心理信息是不一样的。

4. 描述细致准确

很多网店卖家只是重视如何拍照，如何进货，但是对于一些细节问题却不是非常明了。比如如何设定宝贝的关键词，就可以直接影响到你的商品被浏览的次数，其对于成功的销售是有非常直接和重要的意义的。

（1）关键词的描述

简单来说如果顾客没有输入你的宝贝名称的任意关键词，你的产品是不会出现在搜索列表中的，自然也就失去了潜在的一笔生意。那么，要如何设置商品的关键词呢？首先要对商品的总名称、系列名称、功能、特性等进行描述，在描述的时候要尽可能简略。下面就举例说明设置关键词的技巧。

比如卖 NIKE 板鞋的 Air Force 1 系列，那么在关键词里面加上“NIKE Air Force 1”，或者“NIKE AF 1”，然后参照图 9-3 所示开始搜索。显然关键字“NIKE AF 1”要比“NIKE Air Force 1”更加有效。

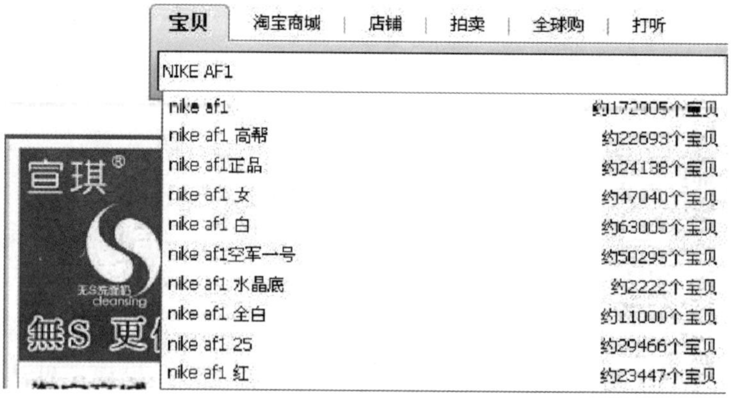

图 9-3　关键字的描述

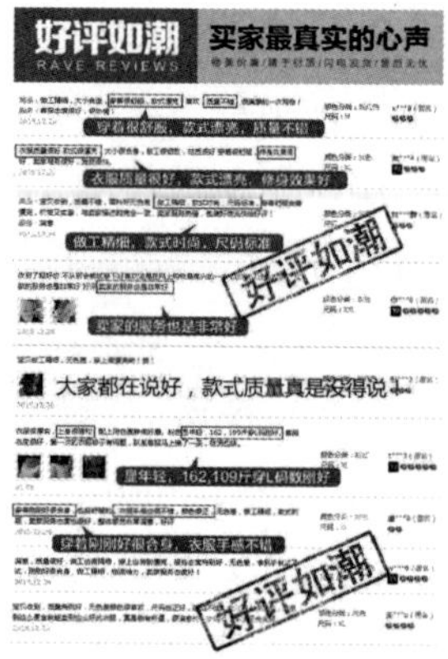

图 9-4　店铺中的好评记录

中英文标示的描述，还是以 NIKE 板鞋为例，很多顾客可能会直接输入 NIKE，但有些顾客可能是输入中文标示“耐克”的商标，所以可以在关键词前面加上“耐克”两字。

（2）信誉度的描述

如果网店商品的好评度为 100%，你完全有自信把你的信誉度加到你的宝贝名称里面，如图 9-4 所示。

（3）商品材质描述

商品材质描述也非常重要，尤其针对一些服饰类、鞋类、包类的商品。有的商品只使用一种材料，但多数复杂的商品都是用不同材料制造的，衣服有表层、夹层、里层，可能面料都不同，甚至不同部位也是不同的面料。不要为了省事简单地说出一两种主要材料就算完事了，对于次要的、辅助的零件及材料也要做出交代。对于专业性较强的商品，即使同一种材料也有不同的品质参数，这时候就要尽量详细地描述这些参数了，比如蚕丝、全棉、PU 皮等。

【例 9-1】使用 Photoshop 制作商品材质描述图。 视频+素材

STEP 01 启动 Photoshop 后，选择【文件】|【新建】命令，打开【新建】对话框，创建一个空白图片文档。

STEP 02 选择【文件】|【打开】命令，打开商品照片文件。在工具栏中单击【矩形选框工具】按钮，然后按下 Ctrl＋A 键全选图片。

STEP 03 选择【图像】|【描边】命令，打开【描边】对话框，在【宽度】文本框中输入【10 像素】，然后单击【颜色】按钮，如图 9-5 所示。

STEP 04 打开【拾色器】对话框，将描边颜色设置为【ffffff】，然后单击【确定】按钮。

STEP 05 返回【描边】对话框，单击【确定】按钮，为商品图片设置白色边框。

STEP 06 在工具栏中单击【移动工具】按钮，将打开的商品照片拖动至步骤 1 创建的空白图片文件中，如图 9-6 所示。

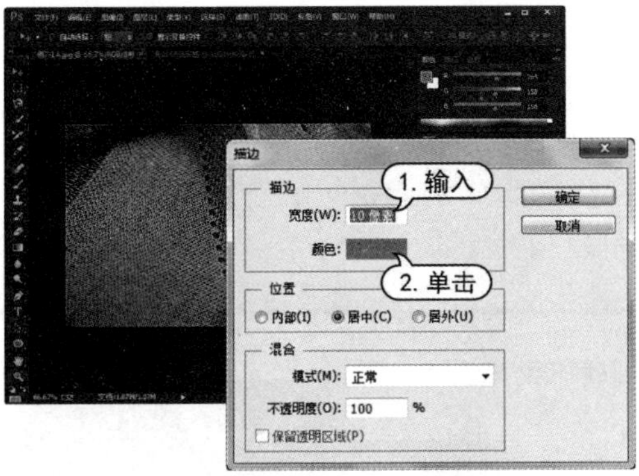

图 9-5　为图片素材设置描边

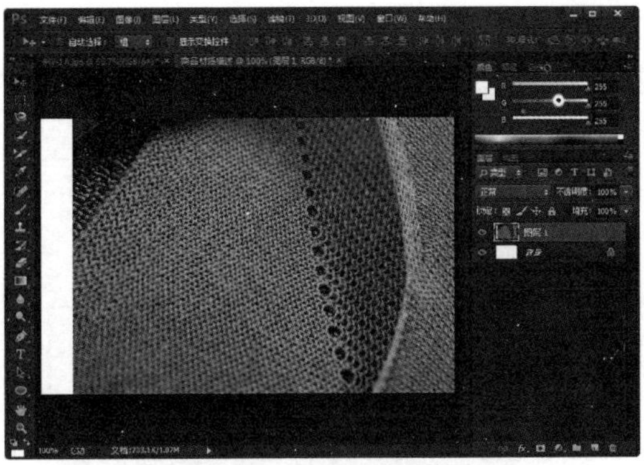

图 9-6　在空白图片中插入图片素材

STEP 07 选择【编辑】|【变换】|【缩放】命令，调整舞台中商品图片的大小(按下 Enter 键保存修改)，如图 9-7 所示。

STEP 08 在【图层】面板中右击【图层 1】，在弹出的菜单中选中【混合选项】命令，如图 9-8 所示。

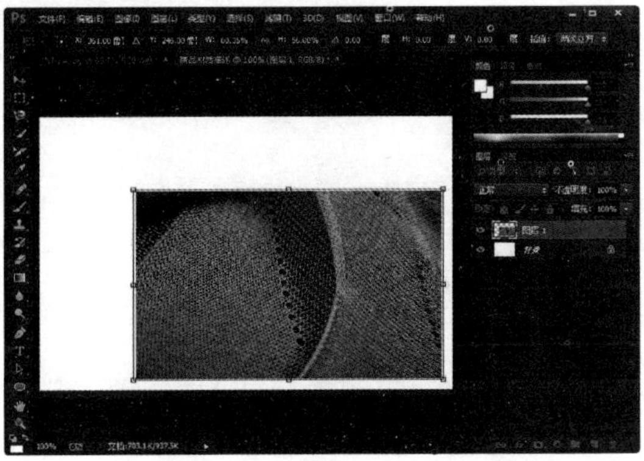

图 9-7　调整商品图片大小

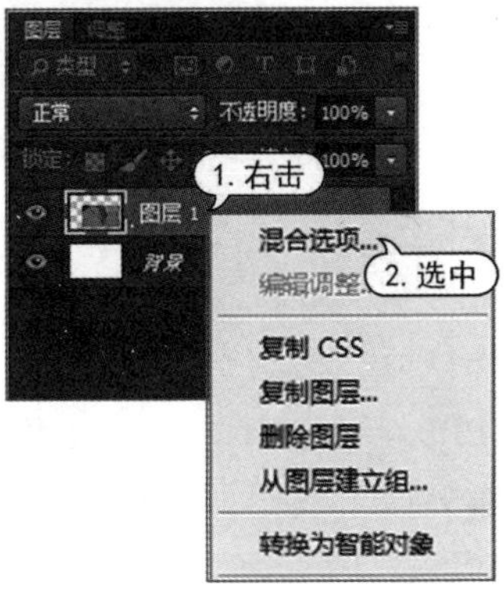

图 9-8　设置图层选项

STEP 09 打开【图层样式】对话框，选中【投影】选项卡，在【角度】文本框中输入 58，将【混合模式】设置为【正片叠底】，如图 9-9 所示。

STEP 10 单击【确定】按钮，为商品图片添加如图 9-10 所示的投影效果。

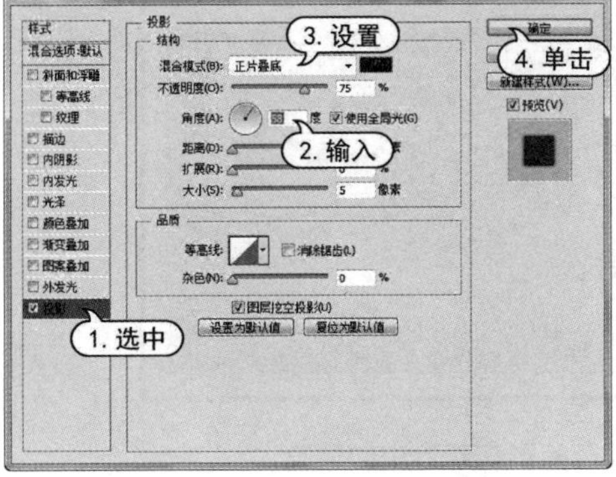

图 9-9　【图层样式】对话框

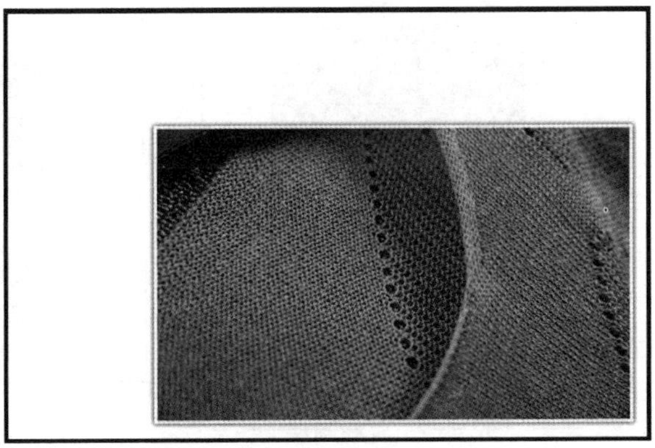

图 9-10　为商品图片添加投影效果

STEP 11 在工具栏中单击【横排文本工具】按钮，在舞台中输入材质描述文本。

STEP 12 在工具栏中单击【直线工具】按钮，然后按住 Shift 键，在舞台中绘制直线，如图 9-11 所示。

STEP 13 在工具栏中单击【矩形工具】按钮，在舞台中绘制一个矩形，然后在打开的【属性】面板中将 W 设置为 110 像素，将 H 设置为 60 像素，如图 9-12 所示。

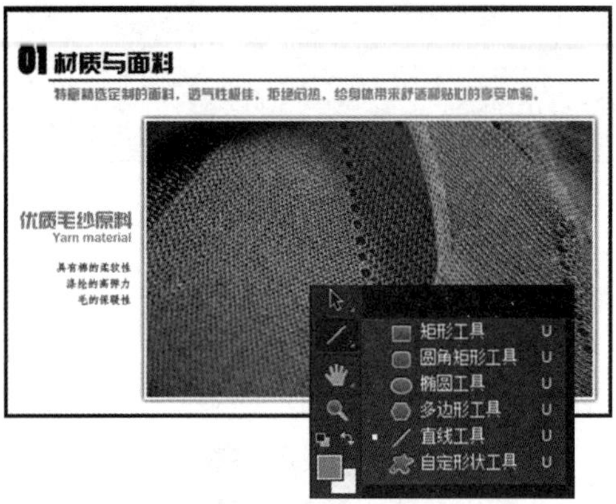

图 9-11　输入描述文本并绘制直线

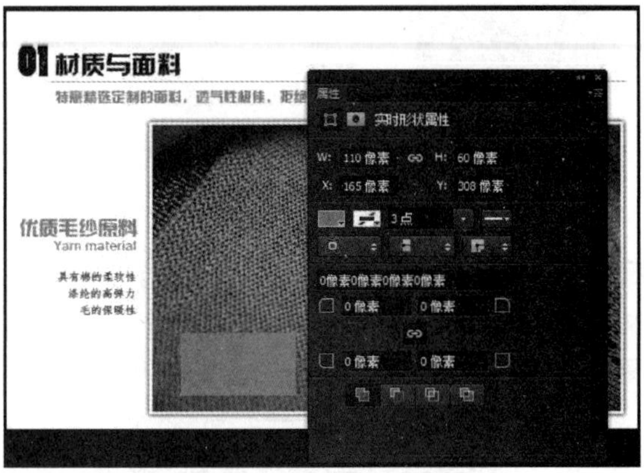

图 9-12　绘制矩形图形

STEP 14 在【图层】面板中选中【矩形 1】图层，然后按下 Ctrl + J 组合键，复制该图层，创建【矩形 1 拷贝】图层，如图 9-13 所示。

STEP 15 在【图层】面板中选中【矩形 1 拷贝】图层，然后在工具栏中单击【移动工具】按钮，调整舞台中矩形的位置，如图 9-14 所示。

STEP 16 重复以上操作，创建【矩形 1 拷贝 2】图层，并使用【移动工具】按钮调整舞台中矩形的位置，如图 9-15 所示。

STEP 17 按住 Ctrl 键，在【图层】面板中同时选中【矩形 1】、【矩形 1 拷贝】和【矩形 1 拷贝 2】图层，然后在【不透明度】文本框中输入【60%】。

STEP 18 使用【横排文本工具】按钮，在舞台中绘制的矩形内输入文本，如图 9-16 所示。

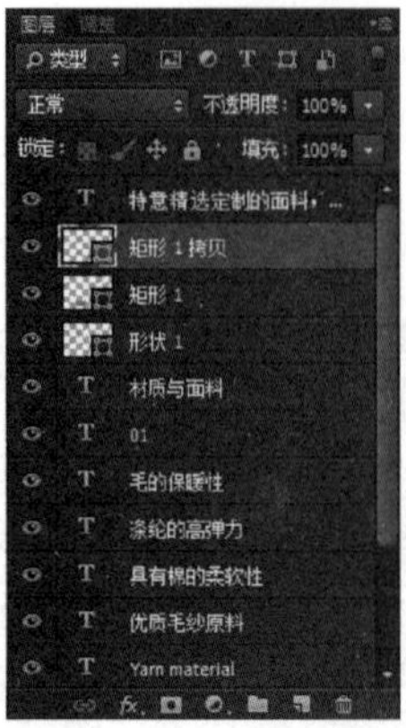

图 9-13　复制图层

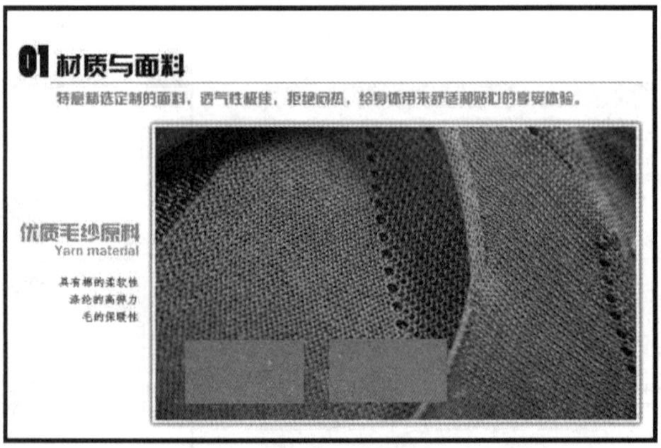

图 9-14　调整矩形在舞台中的位置

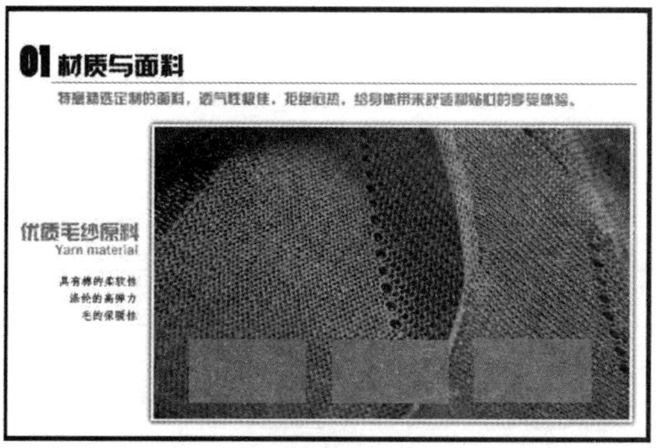

图 9-15　调整矩形图形的位置

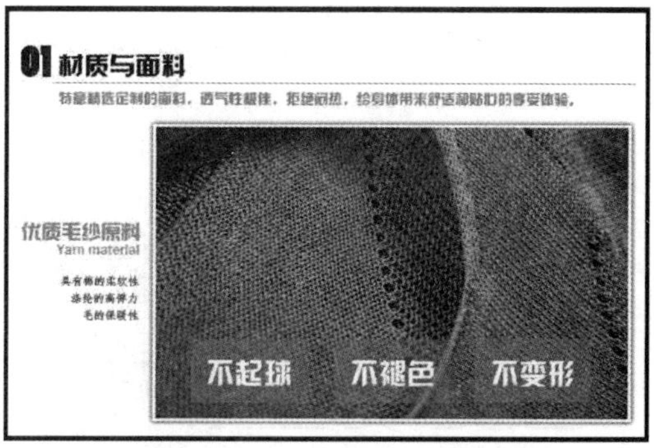

图 9-16　在矩形图形中输入文本

STEP 19 选择【文件】|【存储】命令，将制作的图片文件保存。

（4）商品尺寸描述

大部分商品造型都是比较规则的，用长、宽、高 3 个要素即可准确描述商品大小。但有些商品必须从多个方面进行描述，比如首饰类的商品，这些商品涉及顾客戴着是否合适、舒服，必须详细列出内径、外径、条厚、条宽。再如服饰，用简单的号码是无法让顾客有客观认识的，即使同样的号码，不同的材料、款式，穿起来可能也会大小不一，舒适程度也不同，所以最好用厘米为单位，将肩宽、袖长、腰围、裤长等具体尺寸都列出来。

还有一些容器类的商品，不同造型的商品，外围尺寸和内部容积之间可能有很大的差距，最好分别列出。

【例 9-2】 使用 Photoshop 制作商品尺寸描述图。 视频+素材

STEP 01 启动 Excel 软件，创建一个商品尺寸描述表格，并选中表格内容，如图 9-17 所示。

STEP 02 按下 Ctrl + C 键复制表格，然后启动 Photoshop 选择【文件】|【新建】命令，打开【新建】对话框，创建【宽度】为 600 像素，【高度】为 200 像素的图片。

STEP 03 选择【编辑】|【粘贴】命令，将复制的表格粘贴至 Photoshop 中，如图 9-18 所示。

STEP 04 选择【编辑】|【变换】|【缩放】命令，调整舞台中粘贴的表格大小（按下 Enter 键保存设置）。在【图层】面板中，右击【图层 1】，在弹出的菜单中选中【混合选项】命令，打开【图层样式】对话框，选择【投影】选项卡，为【图层 1】设置投影效果，如图 9-19 所示。

A1　fx　尺码

	A	B	C	D	E	F
1	尺码	衣长	胸围	腰围	肩宽	袖长
2	S	57	76	68	33	10.5
3	M	58.5	80	72	34	11
4	L	60	84	76	35	11.5
5	XL	61.5	88	80	36	12
6	XXL	63	92	84	37	12.5
7	XXXL	64.5	96	88	38	13
8	单位CM：由于尺码是纯手工测量所以难免存在1CM-3CM的误差，请亲们谅解					
9						
10						
11						

图 9-17　Excel 表格

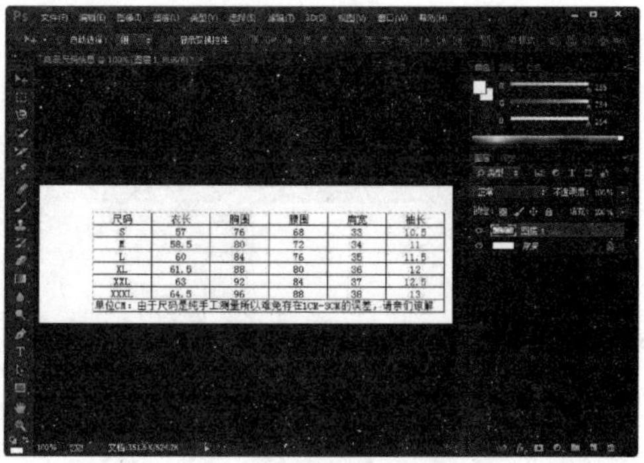

图 9-18　表格复制效果

STEP 05 选择【文件】|【打开】命令，打开素材图片。使用【移动工具】，将打开的素材图片拖动至商品尺寸描述图中，并调整其在舞台中的位置，如图 9-20 所示。

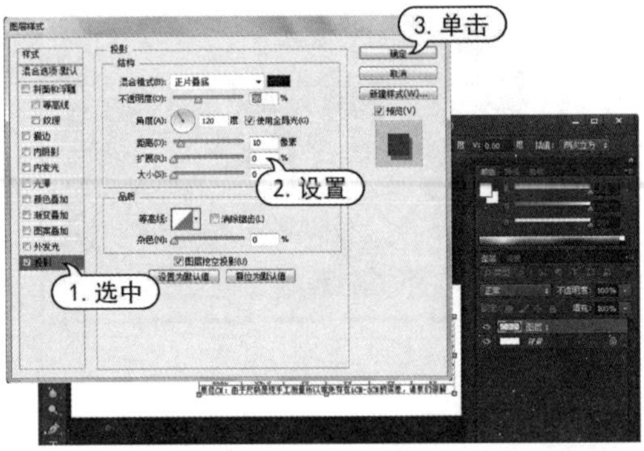

图 9-19　设置图层投影效果

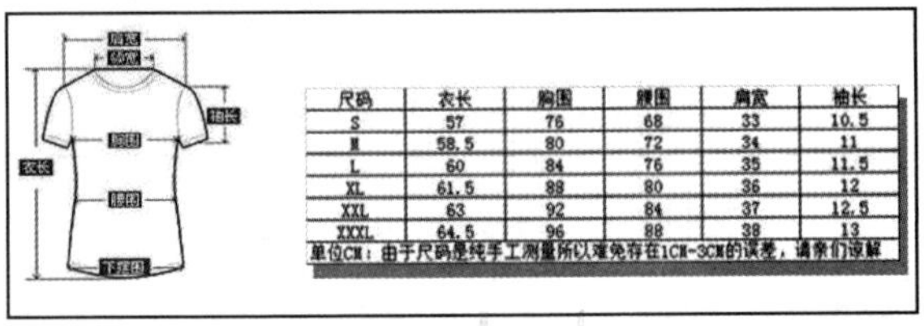

图 9-20　移动素材图片的位置

STEP 06 选择【文件】|【存储】命令，将制作的图片保存。

(5) 提醒型描述

提醒型描述主要包括适合人群、赠品、服务承诺、支付方式等。其中，适合人群其实是在对宝贝基本要素和特征进行描述之后的再次提醒，等于是换个角度让顾客容易对号入座，从而知道自己适不适合使用此宝贝。赠品、服务承诺属于促销、激励消费的内容，很多顾客在犹豫不决的时候看到这些便头脑一热下了决心。服务承诺的目的是打消顾客的后顾之忧，告诉他在发货、质量保障、退货、换货、售后支持等这些方面你都做得很好，他会坚定对你的信任。

【例 9-3】 使用 Photoshop 制作网店商品"无理由退换货"提示图。 视频+素材

STEP 01 启动 Photoshop CC，选择【文件】|【新建】命令，打开【新建】对话框，创建一个高度为 600 像素，宽度为 400 像素的空白图片文件。

STEP 02 在工具栏中单击【椭圆选框工具】按钮，在舞台中绘制一个椭圆图形，如图 9-21 所示。

STEP 03 选择【编辑】|【填充】命令，打开【填充】对话框，单击【使用】下拉列表按钮，在弹出的下拉列表中选中【颜色】选项，如图 9-22 所示。

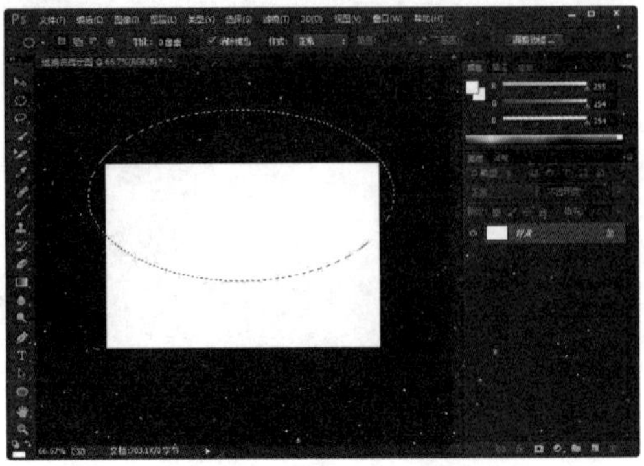

图 9-21　绘制椭圆图形

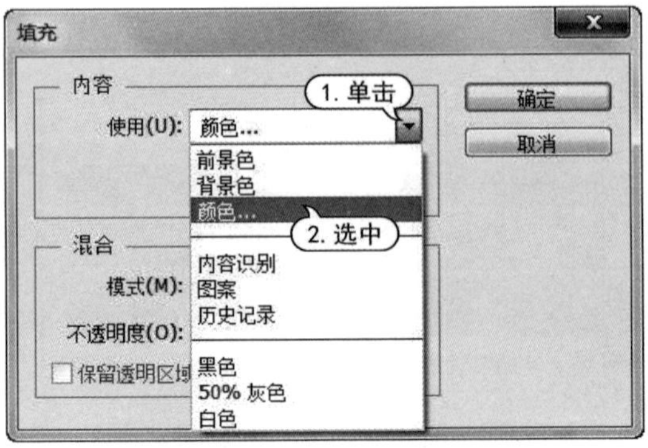

图 9-22　【填充】对话框

STEP 04 打开【拾色器】对话框，将选区的填充颜色设置为【ff0036】，然后单击【确定】按钮。

STEP 05 返回【填充】对话框后，单击【确定】按钮，为椭圆选区设置填充颜色。

STEP 06 选择【编辑】|【描边】命令，打开【描边】对话框，在【宽度】文本框中输入 10 像素，将颜色设置为【＃FFD700】，如图 9-23 所示。

STEP 07 单击【确定】按钮，为椭圆选区设置金色的描边。

STEP 08 按下 Ctrl＋Shift＋I 组合键，在图片上反选选区。选择【编辑】|【填充】命令，打开【填充】对话框，单击【使用】下拉列表按钮，在弹出的下拉列表中选中【颜色】选项，为反选的选区设置填充色，如图 9-24 所示。

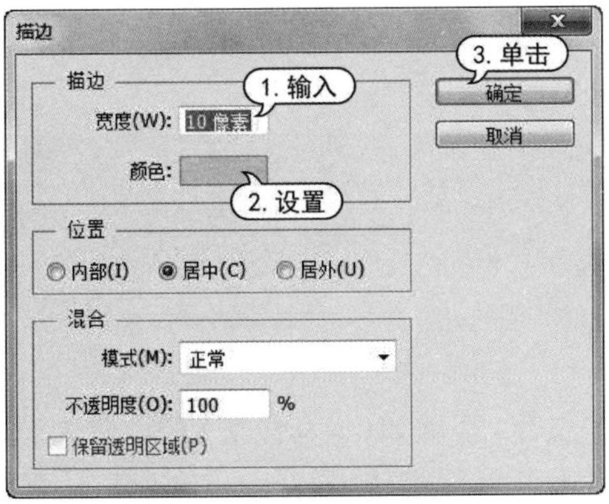

图 9-23　【描边】对话框

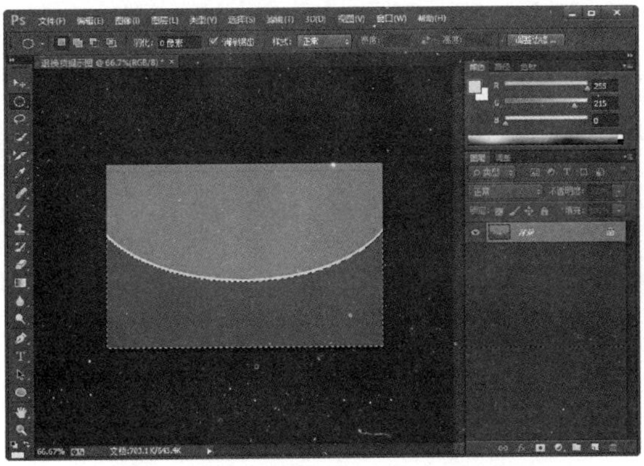

图 9-24　为反选区域设置填充色

STEP 09 在工具栏中单击【横排文本工具】按钮，在舞台中输入文本，如图 9-25 所示。

STEP 10 在工具栏中单击【椭圆工具】按钮，按住 Shift 键在舞台中绘制一个圆形图形，并在打开的【属性】面板中设置图形的填充颜色为红色，如图 9-26 所示。

图 9-25　在舞台中输入文本

图 9-26　绘制椭圆图形并设置填充色

STEP 11 使用同样的方法，在舞台中绘制更多的椭圆图形，如图 9-27 所示。

STEP 12 再次使用【横排文本工具】按钮，在圆形图形中输入文本，如图 9-28 所示。

图 9-27 绘制更多椭圆图形

图 9-28 无理由退换货提示图效果

STEP 13 选择【文件】|【存储】命令，将创建的图片文件保存。

实用技巧

支付方式这一点，很多人认为在淘宝里是多余的，因为进淘宝买东西的顾客几乎都是用支付宝支付，而事实上笔者就遇到了一些没有支付宝只能从银行汇款的顾客。所以一些银行的账号信息卖家也最好能写明。

(6) 知识型描述

例如宝贝的寓意、使用与保养注意事项，宝贝相关文化，基础知识，真假辨别等，都属于知识型描述。知识型描述要尽量简短，条理清楚，让顾客有阅读的欲望，最好是读完以后还有意犹未尽之感。这些内容可以让顾客对你产生信赖心理，还能吸引回头客，甚至介绍更多新顾客。

有不少这样的买家，挑选了很长时间的宝贝，却没有非常合意的，毕竟每个人的喜好不同，众口难调。但很多顾客会被你写的寓意、文化所打动，他们明白独一无二对他们的价值，以及追求个性的意义，所以还是决定购买，这就是文字描述的力量，如图 9-29 所示。但是这些文字不光是华丽不华丽的问题，而是客观不客观、诚恳不诚恳的问题。比如我们写的关于星座适合谁、不适合谁的描述，必须有星象学说和知识作为基础和依据，不能随便乱说，否则只能是被他人当成笑话。

总之，商品描述起到的作用除了告知基本事项以外，还有消除售后顾虑、促进购买的作用。好的描述可以节省大量回答顾客提问的时间，更可以留住不想找你咨询的“懒惰”的顾客。花一点时间原创属于你自己的、属于你的顾客的全面而又精彩的描述，能让你节省更多的时间去做更多有利于销售的事情。

5. 网店专业、上规模

在网上购物的顾客大多数都是选择非常专业的、上规模的店铺，因为这样的店家产品一般是正品，而且售后有保障，店家的信誉度高，不用担心被骗，还有一点是在挑选商品时，漂亮的店铺能提升顾客购物时的心情。

(1) 避免不“装修”的店铺

网店的装修虽然没有实体店铺的装修那么考究，但也是吸引顾客前来购买的主要原因之一。店铺的装修不需要太多的点缀，但一定要让顾客感觉到大气、专业、正规。同样的商品，专业的店铺为什么能把价格定得较高，因为他们知道顾客心里买得放心、买得踏实。因此店铺的装修很重要，如果实在不知道如何装修店铺，可以投入一定的资金聘请一些专业人员进行装修，该投入的地方是不能省的。

（2）实力、专业、漂亮

所谓“实力、专业、漂亮”指的是店铺在装修时给人的感觉。如图 9-30 所示的网店。

图 9-29　在网店中细致描述商品

图 9-30　网店装修效果

在装修店铺时，动态元素、厂家宣传海报等可以博取顾客眼球的东西是不可缺少的，其他的一些元素，例如店铺介绍栏、商品分类列表等，可以根据经营得到商品主题，结合店铺主题配色，使用一些图片编辑软件，例如 Photoshop 等进行制作。

（3）顾客至上

能做到专业装修的店铺很多，但能处处体现客户至上、方便客户联络、传达企业形象的店铺却不多见。

要做到顾客至上其实也并非难事，淘宝网上很多店铺看上去很专业，当看中一件商品想与客服交流的时候，却很难找到 QQ 账号，只有一个阿里旺旺账号或电话联系方式，要知道，目前许多顾客还是热衷于或者说习惯于通过 QQ 来交流的。所以要体现顾客至上，关键是要多为顾客着想。顾客对于店铺装修，无非就是希望它专业、可信、交流方便、商品清晰、分类明确等。

9.3.2　流程体验

网店流程体验主要包括购买、发货、售后、跟踪 4 个方面，是店铺与客户接触的全过程。流程体验代表了一家店铺的“软实力”。当客户通过物质体验对店铺产生初步兴趣后，好的流程体验及时跟上，就能让客户确信自己的判断没错，继而将网店纳入信任、喜爱范畴，产生持续购买。

1．购买流程顺心

许多买家其实对于网上购物流程并不是很熟悉，为此，作为客服人员首先是要耐心地教会买家如何购买；其次更重要的一点是要排除顾客在购买过程中担心受骗的心理；最后是在整个购买过程中都要对顾客尊重，不要表现出对顾客不耐烦，甚至爱理不理等行为。

那么作为一名客服人员，要如何才能让顾客体验到一个顺心、安心的购买流程呢，主要要做到以下几点。

- 对整个购买流程操作熟练，不要让顾客觉得你一问三不知，掌握好最基本的专业知识才能去服务他人。
- 要做好熟知操作上的每一个步骤，能帮助客户完成交易。

以上两点是一名客服人员必须掌握的基本技能，但要作为一名优秀的客服人员，还要做到以下两点。

- 能整理标准购买操作步骤说明，提供给客户阅读，方便其参考。
- 能将交流过的客户加为意向客户，对于第一次接触的顾客，要耐心接待，跟踪服务到底，不要轻易放弃。

2. 发货流程顺心

发货流程是买卖双方都不能亲自操作的，因此在处理商品发货的过程中，要尽量避免一些不必要的问题产生。

淘宝网刚开设的时候，笔者抱着试试看的心态，第一次在网上购买商品，记得那是一个转角架。然后根据客服人员的提示，自己也边摸索着，就稀里糊涂地完成了交易，在家等待收货了。结果在验货时发现没有螺丝钉，当即询问客服，对方否认货品的缺漏，双方产生争执。最后这问题在客服一再拖延的态度下不了了之了。

自从第一次网上购物得到教训后，在每次发货的时候，笔者都会要求相关的客服人员仔细将商品以及配件，包括一些赠品都清点好，确保一件都不少。而且为了避免快递公司在送货过程中的随意性，笔者会建议卖家将每件商品都用专门的包装盒包装好，杜绝一切在运输过程中可能出现的差错。

要让顾客体验到发货流程顺心，主要要做到以下几点。

- 商品在包装时仔细清点，避免换货情况发生。
- 商品数量一定要点清楚。
- 切勿用一些袋子随便包包，这样会让顾客严重怀疑商品的质量，要用一些干净的、正规的包装盒或包装纸包装。
- 要避免配货混乱、包装随意以及延误发货的情况发生。

实用技巧

在发货时，可以在包装盒表面注明发货清单、人性化感谢函、包装警示帖等，让顾客切身感受到店铺的专业化、人性化。

正式发送商品之前，一定要选择一家长期合作并且口碑良好的快递公司，不仅快递员服务态度要好，并且送货要及时，试想一下，如果顾客面对态度恶劣的快递员，他能给你好评吗？如果送货时间跨度过大，并且中途也没人过问，他能开心吗？因此，要让顾客体验到发货流程顺心，还要做到以下几点。

- 要避免抱有认为运输问题都是快递问题与自己无关的心态，虽然这是许多客服人员甚至是网店店主常有的心态。
- 要热心查件、催件。
- 要周期性监控配送状态，保证按期送货。

3. 售后流程顺心

售后问题是最能让顾客体验到店铺优秀服务的关键点。在交易过程中不发生矛盾固然好，但一旦发生问题，一定要避免与顾客争执，这样不但不能有效处理问题，而且会激发矛盾。因为顾客与客服在专业技术上肯定是不能相比较的，而且在商品出了问题后，首先询问的就是客服人员，此时的顾客由于商品出了问题，本身就比较担心，所以客服人员一定要让顾客体验到优质的售后服务。

在为网店打造优质售后体验时，应做到以下几点。

- 要避免与顾客发生争执。
- 要避免不解决、躲避和拖延问题。
- 要时刻保持耐心、温和的态度来解决遇到的问题。

4. 跟踪流程顺心

跟踪服务更多是为了发展忠诚顾客，要打造省心的跟踪流程体验，要做到以下几点。

- 顾客收货后，要及时询问收货情况。
- 到货一定周期内，询问顾客使用状况以及商品质量。
- 相关的新产品到店后通过 QQ、E-mail 等方式告之顾客。
- 授予各种形式的客户荣誉，例如 VIP 客户、钻石客户、金卡客户等，可以让其终生享有优惠服务的权利。
- 以顾客发展顾客，给予推荐新买家的客户一定的酬谢。
- 邀请客户参加店铺的活动。

9.3.3 服务体验

网店服务体验，主要包括客服人员的服务及时性、亲切性、专业性、灵活性、主动性、诚信性等多个方面。服务体验代表了一家店铺的“魅力”。对于客户来说，与他接触的员工就代表着整个网店。员工给客户的感动多，网店魅力就强，否则就相反。而让客户在兴趣、喜爱之后进入忠诚状态的，只有网店的魅力，也就是服务体验的提升。

1. 响应及时迅速

许多顾客在与客服交流之前，如果当前客服人员不在线或者很长时间没有回应，放弃购买的顾客会占很大的比例，所以作为客服人员，做到及时响应顾客非常重要，既获得了客户的优先选择，又让客户不忍放弃购买。

买家与客服人员交流主要是通过阿里旺旺和 QQ，如果此刻你正在跟多个顾客交谈，可以预先设置自动回复信息，例如“由于线上咨询商品的顾客太多，请稍等，马上给您处理，非常抱歉，请您谅解！×××店客服人员”。

做到及时迅速地响应顾客，除了及时外，还要遵循首问优先原则，即优先回答第一次询问的客户。此外，如果是店铺的 VIP 顾客，为了让其体验到购买过程中的 VIP 待遇，让 VIP 顾客感受到格外的温暖，最好指定专门的客服人员进行一对一服务。

> **实用技巧**
>
> 对于来咨询有关售后服务问题的顾客，店铺可以指派专门的售后客服人员来解决问题，也就是做到客服人员专职专位。

2. 交流礼貌亲切

对顾客尊重是客服人员最基本的礼仪，亲切的礼貌用语可以让客户产生好感，购买倾向发生倾斜。

根据每个客户的习惯、喜好，采用不同类型的用语。大多数购买家电、电子产品等高价值产品的顾客为男士，其适合用礼貌用语，例如您好、欢迎、请、多谢、再见等。而一些购买服装、化妆品、饰品等商品的顾客多为女士，适合用亲切用语，例如姐姐、MM 等。

3. 服务专业可靠

专业可信的顾客服务，能在售前让顾客的理智判断倾向于你，让有售后问题的顾客化不满为欣赏。

一直以来，笔者都主张将客服人员划分为售前客服和售后客服，对于售前客服的要求相对简单一些，主要是要求他们有过硬的在线客服理论知识，能对常见的问题进行整理，给出最完美的答案；对于售后客服，主要是要求他们对于每款商品都有亲身的体验，可以独立指导顾客操作使用并解决简单常见的问题。

4. 销售积极主动

热情的服务往往能够挽留住顾客，并且让顾客下定决心购买。不知道你有没有亲身经历过，笔者在网上购物时，如果看中一件商品，首先是对该商品进行至少 3 家左右店铺的比较，然后与这 3 家店铺的客服人员进行交流，往往选择一些态度积极、能排除我购买疑虑的客服所在的店铺购买。

作为一名客服人员，要做到积极主动地销售，而不是坐以待毙，当然如果碰到一些不喜欢反复介绍说明的顾客另当别论。在销售过程中，要通过介绍产品的卖点，帮助客户下决心购买，并通过良好的沟通，消除客户的不满或疑虑。当顾客决定购买时，不要忘了推荐店铺内的畅销产品或促销活动，提升客户贡献率。

5. 商谈灵活融通

网上购物的顾客主要还是冲着价钱便宜而来的，所以在买卖过程中的讨价还价是必不可少的，如果能在原价的基础上给予顾客一定的优惠，他们心里会平衡一些，购物心情也会变好。

例如，一个开化妆品网店的店主，起初是本着薄利多销的原则定价，本来利润已经很低了，但在实际销售过程中，顾客就是觉得你价钱还有的谈，还需要让些利，然后就不停还价。而该店主为了冲等级又不想失去顾客，只得再让利一些，结果等于没有利润。在商谈价钱的过程中，要灵活变通，比如说产品是不议价的，不能直接说不能还价，要避免给顾客带来生硬甚至强硬的感觉，可以将单纯的降价引导为赠品、会员卡等。此外，碰到前来退换货的顾客，尽量跟对方商量双方都能接受的方案，而不是以自己的规定为由拒绝；即使要拒绝，也要依据淘宝规定或权威第三方规定执行。

实用技巧

同样的事，换一种说法，结果相差很多，作为一名优秀的客服人员，在处理实际问题时，一定要学会灵活融通，不要生搬硬套。

6. 心存真实感恩

让顾客除了获得尊贵上帝的感受外，当顾客购买商品后，还要让其有一种付出的愉悦感，这点是许多客服人员都没能做到的，其实只要花些心思，对顾客心存感恩之心即可。

在销售商品之前，无论成交与否都要真诚感谢客户光临店铺，不要让顾客感觉你唯利是图；在销售商品过程中，活用温暖贴心的话语来感谢客户拍下产品，多用一个词、一句话，能产生两种截然不同的心理。例如顾客拍下商品后，“恩，好，我知道了，马上就去处理下”与“好的，非常感谢您选择我们的商品，我会尽快帮您处理，您可以稍等片刻，享受下本店其他服务，谢谢您。”虽然两句话都没有什么问题，但显然后者要比前者更能体现出对顾客的感激之情。

此外，还可以通过一些小细节来表达自己的感谢，例如在发货时附带一些贺卡、致谢函等表示感谢，在店庆以及节假日发送感恩顾客或祝贺的信息等。

9.4 客户体验点的运用

打造客户体验点的最终目的是让顾客切身体验到店铺与众不同的购物享受。在体验营销过程中，顾客不仅仅是衣食父母，还能给店铺带来更多的商机和利益。下面主要介绍客户体验点的运用，包括体验营销的特点、要素，协助顾客体验，将精心打造的体验点结合实际应用等。

9.4.1 体验点的综合应用

具有一定销售尝试的人都会知道以前特别流行的一种提法——CRM，即客户关系管理。分析机构 Ventana Research 在一份调研报告中描绘了 CRM 与 CEM（客户体验管理）的差别，并指出 CEM 终将会成为未来的趋势。

淘宝网也有许多体验活动，例如针对合作企业的体验，针对新用户的体验，针对最新活动的体验等。

1. 与不同客户的沟通技巧

大家可能都体验过，初次来到一家店铺，掌柜过分热情的招呼反而会让人感到不自在，但如果不理不睬又会让人感到不受重视。如何让买家从进入店铺的第一时间就消除各种疑虑，有宾至如归的感觉，是每一位淘宝客服人员的必修课。下面将针对不同顾客提出的异议，介绍与顾客沟通的技巧。

（1）需求异议

需求异议是指顾客认为不需要商品而形成一种反对意见，往往表现在向顾客介绍商品之后，顾客放弃购买。比如在一次销售过程中，向顾客推荐购买一种洁面乳，在介绍完一些功能和效果后，顾客的反应是这种商品我们已经用不上了。

对于这类异议，可以说有真有假，真实的需求异议是成交的直接障碍，客服如果发现顾客真的不需要商品，那就应该立即停止销售。虚假的需求异议既可以是顾客拒绝的一种借口，也可能是顾客没有认识或不能认识自己的需求。客服应该认真判断顾客需求异议的真伪性，对有虚假需求异议的顾客，设法让他体会到商品提供的利益和服务，使之动心，继而再进行销售服务。

（2）购买力异议

购买力异议是指顾客认为缺乏货币支付能力的异议，通常顾客会说“商品不错，但暂时没有那么多钱，不能买了”。一般来说，对于顾客的支付能力异议，客服可以在销售服务中根据具体情况，或协助对方解决支付能力问题，例如答应先交押金，保留商品，可以延期付款等，或通过说服工作使顾客觉得购买机会难得而购买。对于作为借口的异议，客服应该了解真实原因后再做处理。

（3）购买权利异议

购买权利异议是指顾客以缺乏购买决策权为理由而提出的一种反对意见。面对该类异议，需要判断异议的真伪性，客服在寻找目标顾客时，应该对顾客的购买力和决策权进行认真分析，如果对方是在找借口，那么客服要认真思考一下是什么原因不能让顾客接受商品，如果顾客真的是购买决策权的问题，客服需要对顾客进行维护。

（4）价格的异议

价格的异议无非是指顾客以商品价格过高而拒绝购买的异议。在实际网络购物环境中，无论商品的价格怎样，总会有些顾客说价格太高、不合理或者比其他店铺的价格高。

当顾客提出价格异议时，表明他对商品是有购买意向的，只是对商品价格不满意，当然，也不排除以价格高为借口拒绝购买。在实际销售工作中，价格异议是最常见的，客服人员如果无法处理这类异议，很难完成交易。

（5）商品的异议

商品的异议是指顾客认为商品本身不能满足自己的实际需求而形成的一种反对意见，例如常见的不喜欢这个颜色、质量不太稳定等。

商品异议表明顾客对商品有一定的认识，但了解还不够，担心这种商品不能真正满足自己的需求。因此，虽然有比较充分的购买条件，但就是不愿意购买。客服人员一定要充分掌握商品知识，准确、详细地向顾客介绍商品的使用价值，从而消除顾客的异议。

（6）客服的异议

客服人员的异议是指顾客认为不应该向某个客服人员购买商品的异议。有些顾客不肯买客服推荐的商品，笔者就碰到过，他的理由只是因为对客服人员有异议。

经常会有些熟客，来购买商品时，就是认准了某一个客服，其他客服他一概不搭理，这一点也体现了客服人员对顾客的重要性。要对顾客以诚相待，多进行感情交流，做顾客的知心朋友，消除异议，争取顾客的谅解和合作。

（7）购买时间的异议

购买时间的异议是指顾客有意拖延购买时间的异议。许多顾客并不是马上就会做出购买决定的，经常表现出让我再想一想、晚点答复你、有消息再通知你等。这些拒绝很明显意味着顾客还没有完全下定决心购买，拖延的真正原因可能是因为价格、商品或其他方面的不合适。有些顾客还利用购买时间异议来拒绝客服人员的接近和交流。因此，面对这类异议，要具体分析、有的放矢、认真处理。

2. 让顾客全程愉悦的购物体验

下面针对售前、售中和售后三方面，介绍如何在这三大步骤中让顾客全程体验到轻松愉快的购物。

（1）售前服务有备无患

淘宝网上许多网店都是将售中和售后服务摆放在特别突出的位置，却很少有店铺关注到售前服务，在整个服务过程中，准备充分的售前服务不但能减少售中服务的阻力，还能保证售中服务顺利进行。

实用技巧

所有店主都明白，与顾客之间是服务与被服务的关系，售前服务是让顾客完美认知店铺的机会，不仅可以让顾客更加满意，还可以达到促销和塑造店铺形象的目的。

售前服务一般分为狭义和广义两种。狭义的售前服务就是指每天店铺开始营业前的一些准备工作；广义的售前服务几乎包括了售中、售后服务以外的所有店铺经营工作。从服务的角度讲，售前服务是一种以信息交流、感情沟通、态度改善为中心的工作，必须全面、细致、准确和实用。售前服务是店铺赢得顾客良好第一印象的开端，应当热情、主动、诚实、耐心并富有人情味。

笔者有一次闲暇时间在网上浏览学习，看到国外网络店铺推出“形象设计”售前服务，店铺专门聘请了一些形象设计师，根据顾客的身材、经济条件等情况，为顾客出谋划策，指导顾客该买什么样的服装、配什么样的饰品、穿哪种款式及颜色的鞋，而一切形象设计都是全部免费的。这就是一项很好的售前服务，它设身处地地为顾客考虑，有效地激发了顾客的购买欲望。

（2）售中服务让顾客买得称心

售中服务顾名思义是指在买卖过程中直接或间接地为销售环节提供的各种优质标准服务。现代销售模式已经摒弃了过去那种简单的买卖行为思想，而把销售过程看成是既能满足顾客购买商品欲望的服务行为，又是不断满足消费者心理需求的服务行为。

优秀的客服人员不仅能为顾客提供舒适的体验，还能增强顾客的购买欲望。融洽而自然的销售服务可以有效地消除顾客与营业员之间的隔阂，在买卖者之间形成一种相互信任的气氛。

售中服务与顾客的实际购买行动是相伴的，是促成商品成交的核心环节，售中服务的目的是为顾客提供性价比最优的解决方案。

了解顾客对于售中服务至关重要，顾客对于他们在购买过程中受到的接待、得到的服务完全满意，才能算完成售中服务并赢得顾客。

总之，如果说售前服务使潜在的顾客产生购买意向，初步做出购买决定，那么售中服务就是使这种意向和决定转变为购买行为，实现交易。由于售中服务对象明确，因此提高服务的针对性尤为重要。

（3）售后服务让顾客用得放心

售后服务是指商品销售完毕后对消费者使用负责的一项重要措施，也是增强产品竞争力的一个办法。传统的看法是把成交或推荐购买其他商品的阶段作为销售活动的终结，然而在商品性能日益复杂、商业竞争日渐激烈的今天，商品到达顾客手中后，商家还必须继续提供一定的服务，这就是售后服务。

售后服务可以有效地建立与顾客的感情，获得顾客的宝贵意见，以顾客亲身感受的事实来扩大影响，它最能体现对顾客利益的关切之心，从而树立店铺富有“人情味”的良好形象。

3. 落实网店“4S”服务

客服人员在工作上绝对不可有怠慢的待客态度，要有明确的销售意识。而马马虎虎的工作态度，也不会获得成功。店员要经常思考如何处理工作，有意识的工作态度是获得成功、提高工作兴趣所不可或缺的。所以要做好销售工作，一位称职的客服人员必须具有目标意识、顾客服务意识、产品质量意识、规律意识和合作意识。

经营者要以顾客的需求为出发点，否则不会得到顾客的支持，要经常思考“为满足顾客，我该怎么做”。具体来说，就是落实店铺 4S 服务。

店铺 4S 服务，即服务中的迅速（speed）、灵巧（smart）、微笑（smile）和诚恳（sincerity），同样也适用于网店，是指迅速、灵巧地依照程序，并以微笑、诚恳的态度从事服务工作。为使顾客感觉“服务周到”“愉快地购物”，同时在工作中追求快乐，店铺 4S 服务是不可或缺的，尤其是在如今物质丰富的时代，同样的商品在其他店铺中也能买到。因此，顾客会考虑在“令人愉快且守信用的店铺购物”。所以，店铺服务若不实行 4S 服务，不能使顾客享受到购物的乐趣，也就无法获得顾客的支持。

9.4.2 体验营销的具体内容

“射人先射马，擒贼先擒王”，把握住得胜的关键则会收到事半功倍的效果。顾客是否选择我们的店铺和商品是成功的关键，因此，体验营销的着眼点和关键点也应该始终围绕着顾客。

1. 过程与结果同等重要

平常我们卖东西的时候，关注的无非是今天卖了多少，进而比较一下谁卖的钱多，而体验营销更关注买家购买的全过程。

通过对顾客的接触，分析和控制顾客买卖的全过程，能提高顾客的价值。有人问，顾客哪来的价值之分呢？当然有！在开店过程中，肯定有一些顾客是你的大客户或者说是忠实客户，也是你的主要客户，这些顾客一方面买的频率较高，另一方面也不需要你多费心思。而有些客户，挑挑拣拣，你费了很大功夫才肯买店里的商品，而且稍有不满就是一个差评奉上。因此，只有保证有一定数量的高度盈利客户并维持他们的消费水平，进而吸引更多的这类客户，同时逐渐淘汰劣质客户，才能不断发展壮大店铺。

IBM 在北美的公司调查中发现，差不多有 3/4 的公司使用多维度的客户视角。采用多维视角意味着可以全面地了解客户的情况：他们是谁、他们有何特征、他们需要什么、他们何时进行购买以及他们为什么购买。这对我们也有很大的启发意义。购物的体验不仅仅是指买到了所需要的商品，还包括伴随购物过程中发生的各种事件和活动。

实用技巧

作为网店经营者，要做到的是分析顾客的购买过程，而非简简单单的购买结果，一般来说，买家购买得满意与否直接决定了购买后的评价。对买家购买过程进行控制，能够使一般盈利客户像高度盈利客户一样消费。

2. 良好的服务心态

（1）务实耐心

作为店主，对待工作要实实在在的，不懂就问，千万不要打肿脸充胖子，也不要想着能一步登天，成功都是从每一件小事做起的，只有脚踏实地把小事做好才能为做大事做准备。

在网上开店，每天重复的事情很多，比如店铺管理、新商品推广、在论坛发帖、参加淘宝活动等。由于是重复的劳动，所以可能会了然无味，但这是客服的本职工作之一，所以需要有足够的耐心。

此外，有的顾客比较麻烦，有时候和她讲了大半天，她终于告诉你她决定要买某样商品了，但在准备付款的时候她又临时变卦了，这种例子很多很多。此刻如果你没有足够的耐心去解释说明，就会失去一名顾客，久而久之就会失去更多的顾客，没法做好生意。

（2）把顾客当朋友

即使你不能把顾客当成上帝，也要把顾客当自己的朋友去对待。只有真心对待一个人，生意才能持久，才能发展。如果总想着自己能占别人的便宜，那么店是无法发展下去的。

（3）不断学习

作为网店经营者，除了学习一些专业技能外，还要多留意一些其他人的经验，例如可以在淘宝大学和淘宝门户中学习。同时也要多学习多方面的技能，比如可以去那些等级高的店铺内学习借鉴下别人店里的一些吸引点，例如店铺细节、店铺活动等。还有就是以自己销售的商品为基础，比如电玩产品，就多学习一些最新的技术，例如刷机技术、辨别真假技术等，做到心中有数，让询问的顾客一看就知道你是很专业的。不要怕麻烦，也不要怕累，很多事情都是自己做才知道自己需要什么。只有不断学习才有进步，别忘记一句话：人的一生都是在不断学习中度过的。

（4）坚持不懈

一旦确定了目标之后，就要用最执着的精神一步一步去努力。在互联网上经营网店，需要做好服务和宣传方面的各种工作，如果我们缺少坚持不懈的精神，就永远看不到胜利的一天。

（5）学会付出

付出了不一定有收获，但是不付出就一定没有收获。有时候跟顾客交流了半天，最后却没有得到任何收获。从单纯的角度来看，我们失去了一笔买卖，可是换个角度，我们却在努力的过程中无形得到了很多，比如学会了怎么样去面对这类顾客，他提出的问题哪些还没有掌握等。不要太计较眼前的得失，只要你真正努力付出了，总有一天你会得到很多你意想不到的。

（6）推陈出新

科技发展之快，无论哪个行业，都需要时刻给自己充电，走在时代的最前沿才不会被淘汰。面对不断推陈出新的商品，自身要有不断去学习、不断去改变的心态，才能不落后于他人。

（7）勇于承担责任

商品出现问题是每个网店店主都不想发生的，但如果商品有了问题，或者是出现了别的问题，顾客找你的时候，千万不要找借口推卸责任。勇于把责任承担起来，表示歉意是必不可少的。即使自己有了委屈，顾客在气头上说了很难听的话，你也不能和顾客吵架，要清楚知道自己的目的——为了解决问题。首先要学会承担责任，然后耐心有效地提出顾客满意的解决方法，有了这样的气魄，别人才会信任你，误会才会消除。有了相互之间的信任，生意就不是个问题了。

（8）高瞻远瞩

一个老板的心态就是站得高望得远，做每件事情都会付出很大的精力和激情，决定也做得很果断，他会把自己的工作当成一生的事业去奋斗。如果没有老板的心态，一味想着怎么赚大钱，只顾着眼前的利益，又怕辛苦，做事情也犹豫不决，那么你前进的脚步也不会太远。一个面包都可以变成全球家喻户晓的汉堡，那么还有什么是不可能的呢？

9.4.3　商品的包装与发货

经营网店，单单因为物流而引起的交易纠纷和中差评的比例就达到 30%以上。就算在前面的商品介绍、顾客沟通环节做得再优秀，最后因为物流包装问题而得到了不好的评价，甚至因为物流方面的原因造成货物丢失、损坏，那岂不是得不偿失？如果我们想得再长远一些，因为这一位顾客的不满而让店铺的口碑大打折扣，从而丢失了潜在的更多顾客，这个损失就可谓是巨大了。因此，物流发货是一个所有店主都不得不重视的重要内容。

1. 常用的货运途径

现在的物流行业非常发达，有很多种方式可以供我们选择。每一种物流方式都有它存在的道理，要么就是适合某一类货物的运输，要么就是运送货物的速度快，要么是运费低。那么我们在选择物流时，到底该选择运货快还是运费低的呢？下面将针对常见货物的运送方式来比较一下各种物流的优缺点。

（1）当面交易

所谓“当面交易”，就是卖家和买家在网上谈好价格以后，买家主动要求“能不能见面交易”，如果得到卖家的肯定答复，双方可以约定一个地点。到了地方以后，两个人相互张望，觉得比较像的，可能就会走上去低问一声“请问你是在淘宝上买×××东西的吗?”，随后交易双方就开始一手交钱，一手交货了。往往当面交易就像网友见面一样，非常刺激，也让旁人觉得很神秘。

从成本上看，见面交易方式根本不需要用到物流，也不需要付什么运费。但是，如果顺利的话可能还好，如果不顺利，例如买家爽约或迟到，或者买家当面砍价，甚至买家只是看看货，并不是真想付款购买，这种令人尴尬的情况会浪费双方的时间。再说，离开电脑去一个陌生的地点进行交易，总会损失掉几笔生意，难免让人心有不甘。

因此，现在很多网店卖家尽量避免“当面交易”，有的则变当面交易为上门交易，由买家来寻找卖家。

(2) 邮局发货

邮局发货的方式是很多卖家常用的物流方式。在开店初期，我们可能会特别依赖邮局的能送货到全国各地的优势，其最大的特点是不用谈价、不用比较、不用查卖家地址是否能送到，一切都交给邮局，就可以将货物送到买家的手中。但邮局送货也有很多不方便的地方。

- 平邮：不送货上门，时效慢，不能网上查询(对于要求运费低，又不太要求时间快的买家来说，平邮方式还是非常受欢迎的)。
- 邮局快包：不送货上门，时效慢，不能网上查询，需要卖家自己送货到邮局发货(其实邮局快包比平邮快不了几天，运费还要高出不少)。
- 限时特快专递(EMS)：EMS是通过航空运输的，所以其时效性要稍高一些，一般大城市1～3天可以到达，送货上门，并且可以网上查询，也可以电话查询，比较方便。EMS需要卖家自己去邮局柜台发件，运费较高，发一单一般是23元起，对重量要求也较高，500克起重。
- E邮宝：E邮宝是EMS和淘宝合作的一种运送方式，E邮宝可以直接在网上下单，可以享受上门取件的服务，而且价格比EMS低，重量也是100克起重。E邮宝一般是走陆路运输，所以其时效性比EMS要慢一些，但是比平邮和快包快了很多。

(3) 快递发货

快递业务源于江浙沪地区，现在几乎全国范围内都有快递公司的服务网点。用快递公司运送商品，时效性一般可以保证在同城24小时左右，大城市3～5天左右，偏远地区5～7天左右。在使用快递公司时，一般要和快递公司的片区业务员谈好价格和取件时间，电话约定或每天定时上门取件，省去了奔波之苦，价格也比较实惠，当然发货量越大价格也能谈得越低。在通过快递公司发货时，卖家应注意以下几个问题。

- 做好商品的包装，防止商品在运输过程中损坏。
- 应在快递公司网站上查询买家的地址是否能送达。
- 发货之后应在快递公司网站上查询货物的运送情况。

实用技巧

快递公司一般是地区承包的，快递员的素质和快递公司某地区的服务质量是无法保证的，出了问题必须得自己出面解决，所以快递运送方式是所有物流方式中投诉最多的。

(4) 物流托运

在需要发大件商品时，用快递公司会相对较贵，而用物流发货则比较划算，无论是按重量、距离或体积来算，它都是最便宜的。

很多厂家发货就是使用物流公司，例如经常会用到的“中铁快运”“华宇物流”等。但是物流公司一般不上门取件，也不送货上门，或者需要另加费用，因此在使用时需要综合考虑，以免带来不必要的麻烦和额外费用。

2. 做好商品的发货包装

为了保护商品在运送途中不被损坏，卖家在发货前，应对商品进行适当包装。此外当买家拿到产品时，最先看到的是包装，所以一个漂亮的包装可以给买家留下一个非常好的印象，让买家觉得物有所值。下面就将介绍包装商品的方法，以及一些特殊商品在包装时的注意事项。

(1) 选择商品的包装材料

商品包装是为了使商品在运输过程中不受污染、刮擦、磨损、碎裂等损害，方便货品储存运输，并予以适当装饰以促进销售而给商品穿上的外衣。

卖家在选择商品包装时不但要考虑其美观性和实用性，还要考虑商品包装的成本。一个好的包装应该具有成本低、防潮、防震、防水、简洁大方等特性。

商品内包装是最贴近商品的一层防护，对物品直接具有保护作用。常见的商品内包装材料有以下几种。

- OPP 自封袋(如图 9-31 所示)可以保持商品整洁，增加商品美感。卖家可以选择一些印有图案的 OPP 自封袋，包装小物品或赠品，简单又美观。OPP 自封袋透明度高，使商品看起来干净、整洁、美观且上档次。但 OPP 自封袋密封性差、材料脆、容易破损，且不能反复使用，比较适用于包装衣物、文具、小饰品、书籍或小电子产品等。
- PE 自封袋(如图 9-32 所示)可以用于邮票、小化妆品、纽扣、螺丝或小食品等需要归纳在一起或经常要取放的商品。PE 自封袋防水性能好、质地柔软、柔韧性好、不易破损且可以反复使用。

图 9-31　OPP 自封袋

图 9-32　PE 自封袋

- 热收缩膜(如图 9-33 所示)广泛应用于医药、食品、五金、玩具、化妆品、礼品、电子元件、地板和装饰材料等制品的外包装。热收缩膜可以紧贴商品，牢固且具有防水、防潮、防尘和美观的作用，保护商品不受外力冲击。另外，热收缩膜无毒无味、透明度好、强度高。

- 防静电气泡袋(如图 9-34 所示)一般用于包装电子产品,由抗静电 PE 材料制成,可以防止产品在生产、搬运和运输过程中因碰撞或静电而引起的损坏,并可根据顾客的需求定制。

图 9-33　热收缩膜

图 9-34　防静电气泡袋

- 镀铝气泡袋信封利用气泡的缓冲作用,保护被邮寄物品的安全,防止物品在邮寄过程中因压、碰或跌落而损坏;利用镀铝膜的防潮、防水的特性,更好地保护内部产品。其适用于邮寄集成电路板、磁带、光盘、计算器、钱包、电子组件、光学镜头、陶瓷等物品。商品中层包装是将货品与外包装隔开或为了避免货物之间挤压和撞击而导致毁损的填充材料。如在购买电器时,通常纸箱内部都会用泡沫隔开,泡沫就是最常见的一种中层包装材料。此外,在商品包装中还会有以下几种中层包装材料。
- 气泡膜(如图 9-35 所示)是当前普遍使用的一种包装材料,由于中间层充满空气,所以很轻,富有弹性,具有隔音、防震、防磨损的性能,能使物品在运输过程中防止破损、缓和外力冲击,是电子产品、化妆品、音像 CD 等包装的首选。
- 珍珠棉(如图 9-36 所示)是一种新型环保的包装材料,它由低密度聚乙丙烯酯经物理发泡产生的无数独立气泡构成。珍珠棉克服了普通发泡胶易碎、变形、恢复性差的缺点,具有隔水防潮、防震、隔音、保温、可塑性能佳、韧性强、循环再造、抗撞力强等诸多优点。

图 9-35　气泡膜

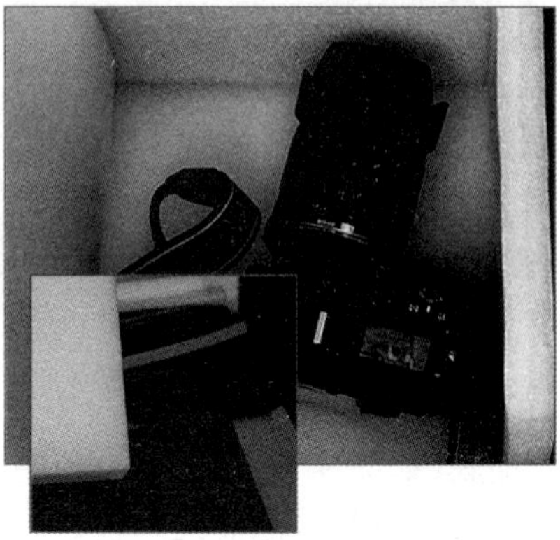

图 9-36　珍珠棉

- 海绵(如图 9-37 所示)是日常生活中较为熟悉的一种包装材料,具有保温、隔热、吸音、减震、阻燃、防静电、透气性能好等特性。
- 报纸(如图 9-38 所示)通常用于填充一些箱包、鞋类或帽子等需要支撑的商品,以保持其原有形态不会在运输途中因挤压而变形。卖家可以多找一些废旧报纸作为商品的填充材料,经济实用,是一个不错的选择。

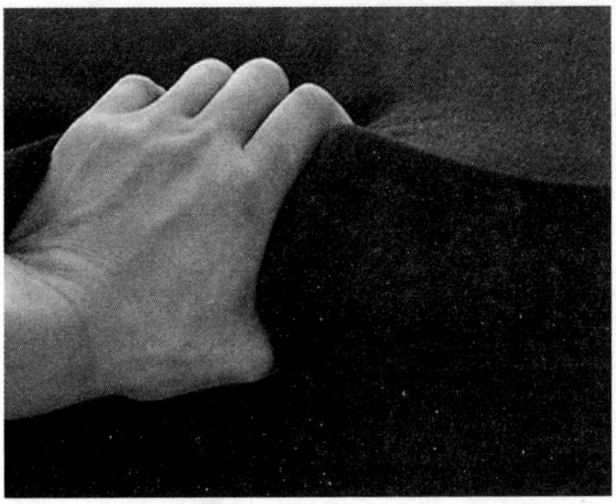

图 9-37　海绵

图 9-38　报纸

物流的商品外包装不仅要结实耐用,而且要美观大方。常见的外包装有纸箱、塑料袋或纸袋、编织袋等。

纸箱是使用比较普遍的一种包装,其优点是安全性强,可以有效地保护商品,需填充一些报纸或纸屑来缓冲外界的冲撞,缺点是大大增加了包裹的重量,运输费用也就相应增加了。

这里建议生意较少、利润较小且时间比较多的卖家自己做箱子。自制纸箱也有其独特的优点:一是成本低,可以充分发挥废旧纸箱、纸板的再利用价值,降低包装成本;二是适应性强,可以制作符合物品外形的任意尺寸的纸箱,突破了邮政纸箱固定尺寸的限制。

网店出货量大的话,可以购买新纸箱,淘宝网上有卖,大概几毛钱一个,直接从纸箱厂买更便宜,这样可以节约时间和精力。卖家可以结合自己的实际情况选择自己做箱子还是买新箱子。

如果要自制纸箱,二手纸箱通常可以通过以下 5 种方法获取。

- 自己用剩的。
- 超市杂货店的。
- 邻里之间赠送的。
- 水果摊贩处收取的。
- 收纸箱的小贩处购买的。

此外,快递公司对包装基本无特殊要求,而邮局对自备纸箱的基本要求则有以下几点。

- 箱体必须结实,不容易破损。
- 箱体外表不能有与双方地址资料无关的图案和文字。
- 箱体必须能方便邮局盖印章并且不会掉色。
- 纸箱的大小应不小于 30 立方厘米。

对于一些不怕挤压且质地较软的商品如服饰、抱枕、帆布包等，都可以采用塑料袋包装，有效地防水防尘，如图 9-39 所示。

牛皮纸袋防挤压性较差，适用于包装那些本身有硬质外包装（如礼盒、鞋盒）、体积不是特别大的物品以及比较厚重的书籍，如图 9-40 所示。

图 9-39　塑料袋包装

图 9-40　牛皮纸袋包装

实用技巧

为了保护商品还要在外包装中添加填充物，一般选用专用的填充泡膜，当然也可以用废报纸。一切都取决于自身的定位，是更倾向于经济实惠还是更倾向于美观专业。

用一些外观时尚、设计独特的环保袋作为商品的外包装，不仅可以给买家带来意外的惊喜，也让人感到卖家的细心，从而提升店铺的形象。

有创意的卖家可以自己动手制作环保袋。设计一个自己店铺独有的环保袋，既节约成本又能发挥自己的创意，想要体现个性的卖家还可以在包装上给店铺做推广，加深买家对自己的印象。

（2）商品的包装技术

对于一些贵重物品或者易碎物品来说，包装是一个非常重要的角色，在运输的过程中，包装是物品最有力的保护伞。按包装的保护技术可以分为防潮包装、防震包装以及防破损包装等。

很多物品都要做好防潮措施，如茶叶、衣服、字画。防潮包装的技术原理是使用不透湿或低透湿材料把潮湿大气同产品隔绝开来，以防止潮气对产品的影响。因此，在进行防潮包装时可采用以下几种方法。

- 添加干燥剂：干燥剂可以吸收密封包装内部残留的潮气以及通过防潮阻隔层透入的潮气，因此为使内装物不受潮气的影响，可放入适当的干燥剂，如图 9-41 所示。
- 选择合适的防潮材料：影响防潮包装质量的关键因素是防潮材料。只要是能阻止或延缓外界潮气透入的材料，都可当做防潮阻隔层来进行防潮包装，如玻璃、塑料、陶瓷、金属及经过防潮处理的木材、纸、纤维制品等。包装等级、环境条件、材料透湿度与经济性等几方面的因素决定着防潮材料的选用，因而使用最多的是铝箔、塑料等，如图 9-42 所示。

图 9-41　添加干燥剂

图 9-42　选择防潮材料

防震包装指的是为减缓内包装受到损坏、震动或冲击而采取的防护措施包装，其在各种包装方法中占据着重要地位，又叫做缓冲包装。防震包装主要有以下 3 种。

- 全面防震包装方法：全面防震包装方法指的是外包装与内装物间的缝隙用防震材料填满而起到防震作用的包装方法，如填充海绵、充气塑料袋、报纸等，如图 9-43 所示。
- 部分防震包装方法：对有内装容器或整体性好的产品，只要在内包装或产品的局部或拐角处使用防震材料进行衬垫就行，如充气型塑料薄膜、防震垫泡沫、塑料防震垫等。
- 悬浮式防震包装方法：对于那些贵重且易损坏的物品，可选择使用较坚固的外包装容器，再把被装物用绑带、弹簧、绳等悬吊在包装容器里，使内装物稳定悬吊，不与包装容器发生碰撞，进而减少损坏的概率，如图 9-44 所示。

图 9-43　使用填充物防震

图 9-44　悬浮式防震包装

防震包装的防破损能力较强，是防破损包装技术里较为有效的一类。此外，还可以采取以下几种防破损包装技术。

- 捆扎及裹紧技术：捆扎及裹紧技术可以使杂货、散货形成一个牢固整体，以增加整体性，从而减少破损。
- 选择高强度保护材料：利用外包装材料的高强度来预防内装物受外力作用而破损。因此，在包装时应尽量选择结实耐用的外包装。

3. 选择合适的发货方式

网店最主要的发货方式有 3 种，分别是平邮、快递公司与 EMS，本节将详细介绍这 3 类发货方式的优缺点。

(1) 平邮发货

平邮是普通邮政包裹的简称，首重内 6～7 元即可(包括邮单费 0.5 元)，全国各地只要有邮局的地方都能收到，但是速度慢，邮局承诺一个月内送到，具体时间需要看路程的远近以及当地邮递员的素质和服务而定。

平邮正常时间是 10～15 天，届时邮局会给买家一张邮单，凭邮单和收件人的有效证件，按照邮单上的取货地址，买家去邮局领取即可。若超过 3 天不去邮局领包裹，需要缴纳一定的滞纳金。用户还可以拨打 11185 查询具体信息。

使用平邮方式发货的优点与缺点，分别如下所述。

- 优点：最普通、最常见的邮寄方式，到达范围广，价格便宜。
- 缺点：速度慢、发货麻烦，有些商品需要购买邮局的纸箱，加大了成本，此外服饰等商品还需要自己准备发货包装。收货也较为麻烦，需收件人到邮局自取，不能及时跟踪(即不能在网上查询包裹的去向及收件人是否签收的情况)。

平邮的关键是地址要详细并且邮编要准确，这点很重要，邮编很容易影响到达时间。

平邮的时间很难控制，而且容易有突发事件而让买家没有收到邮单，不知道货物已经寄到。造成这种情况的原因有很多种，有的是当地邮局没有送，有的是学校里开信箱的同学没有送等，因此遇到时间过长，而迟迟未收到邮单的买家，卖家可以主动告诉买家发货单的邮单号，让买家直接拿着邮单号和有效证件去邮局领。

买家去邮局领时，告知邮局工作人员邮单遗失了，但是可以提供邮单号。如果邮局工作人员没有查到，那可能是地址有误，这个需要与卖家来核对一下。

根据平邮接收地与货物重量的不同，每次平邮所需的邮费也并不相同，卖家可以通过自己所在地和买家所在地以及货物的具体重量在下面的网页中查询邮资的具体信息：http://www.spb.gov.cn。

【例 9-4】 使用 Photoshop 查询平邮邮资。 视频

STEP 01 访问 http://www.spb.gov.cn 网站，打开国家邮政局主页。

STEP 02 在导航信息区域单击【邮政普通包裹资费查询】链接，打开邮费查询页面。

STEP 03 在打开的页面中，提供了两种查询方式，分别是地名查询和邮编查询，本例选中【地名查询】单选按钮。在【选择出发地】选项区域的【请选择省份】下拉列表框中选择【江苏省】选项。在【请选择城市】下拉列表框中选择【南京市】选项，在【请选择区县】下拉列表框中选择【白下区】选项。

STEP 04 在【选择目的地】选项区域的【请选择省份】下拉列表框中选择【北京市】选项，在【请选择城市】下拉列表框中选择【北京市】选项，在【请选择区县】下拉列表框中选择【东城区】选项。

STEP 05 在【包裹重量】文本框中，输入“10”，然后单击【查询资费】按钮，如图 9-45 所示。

STEP 06 此时，在打开的页面中，即可显示该次平邮货物所需的邮费，如图 9-46 所示。

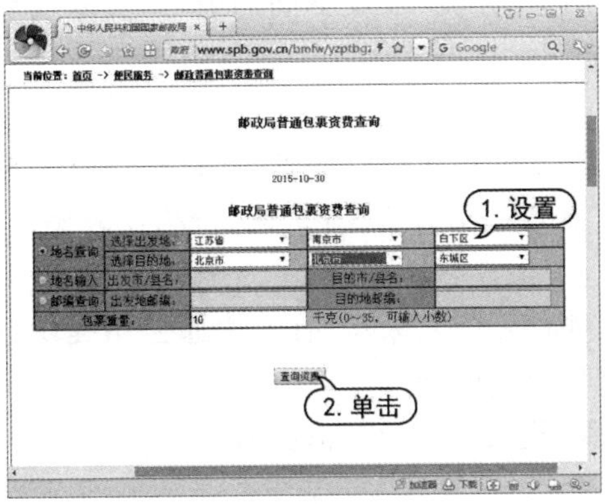

图 9-45　设置查询

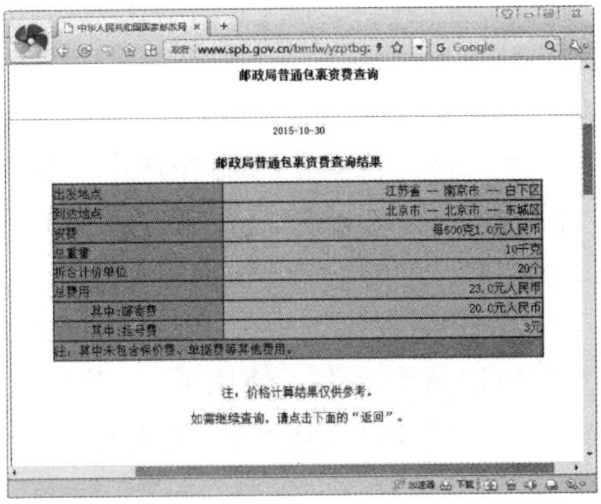

图 9-46　邮资查询结果

（2）快递发货

通过快递公司发货是目前淘宝网大小商户最常用的发货方式。

随着快递公司的普及，网点的增多，发货收货也是点对点、人对人，现在很多卖家都选择这种物流快递，而且现在快递费的价格也逐渐透明化。例如从上海发货，全国各地首重在 12 元左右，江浙沪 6 元，若有长期合作的、好讲话的快递公司，可能还会便宜。

使用快递公司发货的优点与缺点，分别如下所述。

- 优点：速度快，价格适中，发货方便，上门取货，送货上门，可跟踪。
- 缺点：不可预见的因素比较多，各地方快递员素质参差不齐，与快递公司打交道比较累。

在遇到比较偏远地方的买家提出要发快递的时候，卖家应先询问买家，他们那里通常什么快递公司可到。如果买家也不知道，那就需要卖家来查。查询的方式有两种：一种是到快递公司的官网查，另一种是直接打电话去当地查。如果是大城市的买家，访问快递公司官网就可以；如果是非常偏远的地方，那一定要打电话去当地查，不要吝啬长途话费，万一卖家发货出去，买方收不到，那卖家损失的就不只是金钱还有宝贵的时间以及买家的信任。

在交易过程中，卖家还应随时注意买家的收货情况，以便能及时发现快递未能送达的情况，可以比买家更早发现并处理问题。不过通常情况下，卖家不可能面面俱到，当买家询问时，就要积极主动地帮助查询。根据快递的运单号去官网查，一旦遇到问题件，或者几天前就在当地派送了，但是一直没有送出去，那就是有问题了。好的快递公司遇到问题，会和发货人联系，不过通常情况下，需要卖家自己主动联系快递公司。最快的方法是打到当地快递公司，找到发件的网点，直接询问货物情况。当通过快递公司发出的货物没有准时到达时，通常可能发生以下的一些问题。

- 地址有误：联系买家更改地址并通知快递公司重新发货。
- 发货过去没有人收：快递公司声称对方电话打不通，在确认地址和联系电话无误的前提下，要求快递公司再次送货，同时把快递公司的电话或者业务员的电话直接告诉买家，让买家也同时联系。
- 超出派送范围：通常情况下需要增加一倍的费用，快递公司才会有偿派送。

随着快递业务的不断增长，快递引发的纠纷也越来越多。各大快递公司的服务及素质因人而异，同时快递公司多数是私企，其内部管理也并不健全和完善，因此经常出现丢货、损货，或服务态度差等问题。针对不同的快递公司，不同的业务员，以及不同的情形，卖家需要灵活积极主动应对。

(3) EMS 发货

EMS 是一种比较安全的邮寄方式，全国有邮局的地方都可以送到，并且是送货上门。一般而言需要本人签收，不过现在也有代签的现象。速度一般在 3～5 天内，价格比较昂贵，一般首重 22 元左右，超重续费也非常贵。

一般昂贵的货物可以采取 EMS 发货方式，相对而言较为保险，有的快递公司提供打折的 EMS，卖家可以留意咨询。使用 EMS 发货的优点与缺点如下。

- 优点：到达范围广，速度快，相对而言比较保险，送货上门，可即时跟踪。
- 缺点：价格昂贵。

目前，国内有近 2 000 个大中小城市可办理 EMS 业务，我国已与世界上 200 多个国家和地区建立了 EMS 业务关系。EMS 又分为国内特快专递业务、经济快递业务和 E 邮宝。

国内特快专递业务作为邮政的精品业务，凭借高质量、高速度的服务为广大用户传递国内紧急物品及文件资料，同时提供了多种形式的邮件跟踪查询服务。国内特快专递业务包括同城快递业务与国内异地特快专递业务两类。

经济快递的主要服务对象是批量交寄，价值相对较高，对信息反馈、安全与综合性价比要求比较高的大客户。

经济快递邮件资费按邮件的重量计算，起重与续重计费单位为 1 千克，不足 1 千克的按 1 千克计费。全国(西藏除外)地市及以上的特快专递业务开办局，都可作为经济快递业务的收寄局，收发寄往全国(西藏、海南及新疆除外)各特快专递业务开办局的经济快递邮件。

E 邮宝属于 EMS 经济快递的一种，是中国速递服务公司与支付宝合作推出的一款针对个人电子商务的速递业务，采用陆运模式，价格大致为 EMS 的一半，但其享有的中转环境和服务与 EMS 几乎完全相同，这为卖家节约了不少成本。另外，一些空运中的禁运品也可以使用 E 邮宝寄运。

卖家在通过 EMS 发货后，应及时对货物进行跟踪，保证货物可以及时送到买家手中，并且在出现问题时能够及时处理。用户可访问 www. ems. com. cn，对货物进行跟踪。

在对以上 3 种网店常用发货方式有所了解后，可以得出以下结论。

- 价格比较：平邮<快递公司<EMS(注：如果发送地与接收地很近，则可能快递公司更便宜)。
- 地域覆盖范围比较：平邮>EMS>快递公司。
- 速度比较：快递公司>EMS>平邮(注：快递公司比 EMS 要快一些，尤其是邻近的省市，例如江浙沪之间的发货)。
- 包裹安全性比较：EMS>平邮>快递公司。
- 性价比比较：主要发货方式中，快递公司>平邮>EMS。

4. 选择优秀的快递公司

目前国内的快递公司有很多，其中网点较多的快递公司包括申通、圆通、中通、顺丰以及韵达等。卖家可以选择一家态度好、服务好并且价格便宜的快递公司进行长期合作。

(1) 申通快递

申通快递是国内成立较早的一家物流服务公司，主要承接非信函、样品、大小物件的速递业务。

申通公司网点分布广，具有安全、快速、网点多、服务好、价格低廉、性价比高等优点，因此被许多卖家所采用。申通快递的网址为 www. sto. cn，在网站中可以查找卖家所在地的申通快递联系方式。

（2）圆通快递

上海圆通速递有限公司是国内大型民营快递品牌企业。公司成立以来，始终秉承“客户要求，圆通使命”的服务宗旨和“诚信服务，开拓创新”的经营理念，服务范围覆盖国内 1 200 多个城市，是目前国内较为领先的物流配送企业，因此有不少卖家选择该公司。

圆通速递公司的网址为 www. yto. net. cn。

（3）中通快递

中通快递是一家集物流与快递于一体、综合实力位居国内物流快递企业前列的大型集团公司，服务项目有国内快递、国际快递、物流配送与仓储等，提供“门到门”服务和限时（当天件、次晨达、次日达等）服务。同时，开展了电子商务配送、代收货款、签单返回、到付和代取件等增值业务。从成立至今，中通速递致力于为客户提供安全、快捷、周到、优质的服务，赢得了越来越多客户的信赖和支持。

中通快递网点较申通快递和圆通速递而言要少一点，无法送至偏远地区，但价格还算便宜，服务也不错。中通快递的网址为 www. zto. com。

（4）顺丰快递

顺丰速运（集团）有限公司于 1993 年成立，总部设在深圳，是一家主要经营国内、国际快递及相关业务的服务性企业。

顺丰不断投入资金加强公司的基础建设，积极研发和引进具有高科技含量的信息技术与设备，不断提升作业自动化水平，实现了对快件流转全过程、全环节的信息监控、跟踪、查询及资源调度工作，促进了快递网络的不断优化，确保了服务质量的稳步提升，奠定了业内客户服务满意度的领先地位。

顺丰速运网点较多，价格较贵，但公司相对而言更加正规，服务也很好，管理体系流畅，除了一些卖家外还有许多企业选择顺丰速运。

若卖家要发送的货物价值比较高，则可以考虑使用顺丰速运。顺丰速运的网址为 www. sf-express. com。

（5）韵达快递

韵达快递是具有中国特色的物流及快递品牌，结合中国国情，用科技化和标准化的模式运营网络。韵达快递已在全国拥有 3 000 余个服务规范的服务站点，且价格适中。

韵达快递公司的网址为 www. yundaex. com，在网站中可以查看韵达快递的联系方式。

实用技巧

除了上面介绍的快递公司以外，常见的快递公司还有天天快递、百世汇通、宅急送、德邦物流、天地华宇、DHL、UPS、全一快递、全峰快递、盛辉物流等，用户在确定负责网店物流的快递公司时，可根据自己的所在地特点进行选择。

5. 妥善解决物流纠纷

网店的中评和差评很多时候并不是由商品的质量和服务问题引起的，而是由物流引起的，包裹丢失、商品损坏、快递员态度恶劣、送货时间长等问题顾客是不会理会的，顾客购物并不是来受气的，所以碰到一些由物流引起的问题，客服人员首先需要提前预防。

要避免物流纠纷，提前预防工作要做到如下几个方面。

- 与有责任心和良好服务态度的快递员长期合作，不仅能避免产生不必要的纠纷，还能争取到一定的优惠。
- 在发货前告之顾客是由哪家快递公司发货，如果顾客认为该快递公司不可靠，可以咨询顾客，选择顾客推荐的快递公司。
- 告之顾客快递大概所需时间和快递单号，让他也能配合查收。
- 在快递单上注明联系方式，在货物描述中不要写货物的真实名称，例如手机，可以写。
- 附上发货清单，便于买家清点。
- 贵重物品一定要选择保价。
- 妥善包装，做到三防，防水、防压、防盗，尽量使用自己的包装材料，不要使用快递公司提供的包装盒，以免快递公司拆开后换包装。
- 提醒买家要当着快递员的面先验货再签收，如有损坏一定要跟快递员沟通或者直接联系卖家。如果商品在快递途中遇到问题，需要三方一起协商解决。
- 如果出现包裹丢失情况且无法通过快递单号查询到包裹所在地，事先与买家沟通，再联系快递公司进行处理，互相配合找到商品，如果实在找不回，可以请快递员帮忙申请索赔。
- 如果包裹在预计时间内未到达目的地，主动联系买家了解当地情况，及时与快递公司联系，找到延期的原因，摆出认真负责的态度，这样买家也会理解你的工作。
- 商品在途中出现包装破损或者商品损坏，买家应该拒绝签收。如果是在签收后才发现这种情况，要耐心提醒买家每次在签收包裹时一定要检验商品，并承诺买家不会再选择该快递公司，而且在买家下次购买商品时给予一定的优惠。这样虽然不能直接弥补买家的损失，但至少赢得了下次交易的机会。

6. 制定合理的退换货政策

在市场竞争激烈的网络平台，随着消费者的维权意识的提高和消费观念的变化，同类商品的质量和价格在相似的情况下，售后服务是引导消费者购买和店铺能否在竞争中脱颖而出的关键。

(1) 消费者保障服务

由于网络的虚拟性，商品的实际品质以及店铺的售后服务是顾客最大的顾虑。淘宝网在2007年发起的“消费者保障服务”，是继启用评价体系、第三方支付工具之后，网络购物领域启用的又一个构筑网购诚信、提升消费者体验的工具。“消费者保障服务”主要包括“先行赔付”“假一赔三”“7天无理由退换货”“虚拟物品闪电发货”和“数码与家电30天维修”5种服务。

(2) 网店的退换货政策

“消费者保障服务”是对消费者的一种保障，也是店铺长期经营的保证。结合“消费者保障附加物”可以了解到售后服务中主要涉及的退货、换货和保修服务。针对这些服务，可以制定自己的售后服务政策。作为网店经营者，在退换货时，要做到以下两点。

- 与供应商或厂家协商，要求他们提供相应的退还或保修服务等。
- 了解买家的确切需求，避免因为误会而产生退货的情况。

9.5 案例演练

本章的案例演练部分包括使用 Photoshop 制作商品细节图和使用废纸皮制作商品快递包装等两个实例操作，用户通过练习从而巩固本章所学知识。

9.5.1 制作商品细节图

下面将介绍为网店商品制作细节图的方法。

【例 9-5】 使用 Photoshop 制作商品细节图。视频+素材

STEP 01 启动 Photoshop 后，选择【文件】|【新建】命令，打开【新建】对话框，创建一个(750×600)像素，分辨率 72 像素的空白图片。

STEP 02 选择【文件】|【打开】命令，打开商品素材图片。

STEP 03 在工具栏中单击【移动工具】按钮，然后在素材图片中单击，将其拖动至步骤 1 创建的空白图片中。

STEP 04 在工具栏中单击【椭圆工具】按钮，在舞台中绘制一个椭圆图形，并在打开的【属性】页面中将 W 和 H 都设置为 140 像素，将描边颜色设置为绿色，如图 9-47 所示。

STEP 05 使用【移动工具】按钮调整椭圆图形的位置。选择【文件】|【打开】命令，打开如图 9-48 所示的素材图片。

STEP 06 使用【移动工具】按钮，将素材图片拖动至制作的商品细节图片中。在【图层】面板中选中【图层 2】，按下 Alt 键，并将鼠标指针移动至【图层 2】和【椭圆 1】图层之间。此时，鼠标指针将变为一个向下的箭头，如图 9-49 所示。

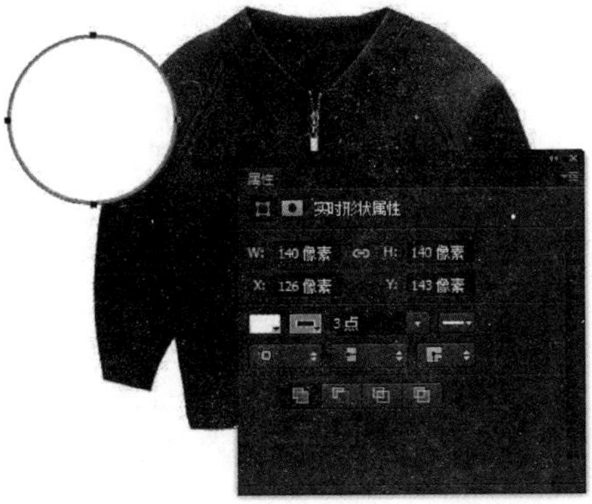

图 9-47 绘制椭圆图形

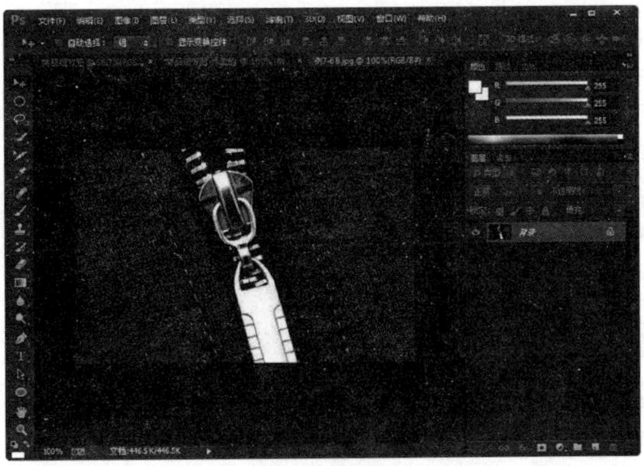

图 9-48 打开素材图片

STEP 07 单击鼠标创建一个剪贴蒙版，【图层 2】中多余的图片内容将被隐藏，如图 9-50 所示。

STEP 08 使用同样的方法，在舞台中创建更多的椭圆图形，并通过剪贴蒙版制作如图 9-51 所示的图片效果。

STEP 09 在工具栏中单击【横排文字工具】按钮，在舞台中创建如图 9-52 所示的文本，并设置文本的字体格式。

图 9-49 【图层】面板

图 9-50 隐藏多余的图片内容

图 9-51 制作更多的细节图片

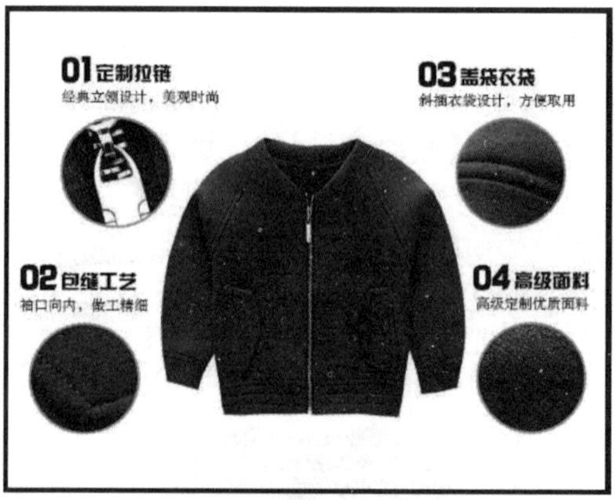

图 9-52 商品细节图效果

9.5.2 使用废纸包装商品

下面将介绍使用废旧纸箱包装商品的方法。

【例 9-6】 使用废纸皮包装网店商品。

STEP 01 准备一张与商品大小相匹配的厚纸皮(注意纸皮太大会造成浪费,太小不够包装,太薄则起不到保护商品的作用)。

STEP 02 将要包装的商品与纸皮的一边对齐,如图 9-53 所示。

STEP 03 用纸皮长出的部分将商品包裹起来,如图 9-54 所示。

STEP 04 用透明胶带将纸皮固定住,然后用裁纸刀将八个对角割开,如图 9-55 所示。

STEP 05 将切割后的纸皮正面向上,先对折左右两侧的纸页,再对折上下部分的纸页,如图 9-56 所示。

STEP 06 最后,使用透明胶带将折好的纸页封住,并检查整个包装是否完整。

图 9-53　将商品的边与纸皮对齐

图 9-54　将商品包裹在纸皮中

图 9-55　用透明胶带固定

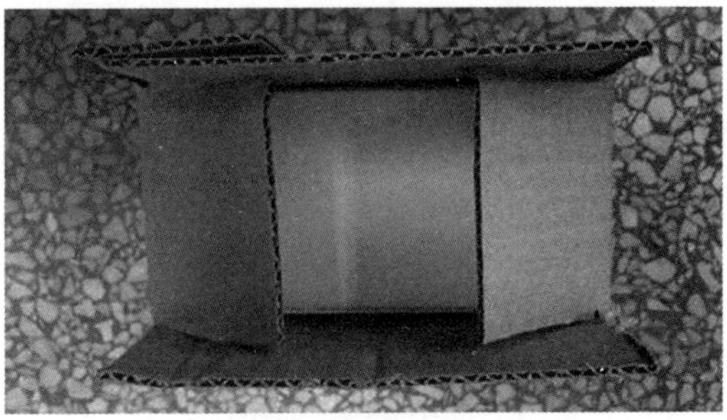

图 9-56　对折纸盒

第 10 章

优化网店的运营细节

商场如战场,经营网店的商家之间的竞争是异常激烈的。对于网店经营者来说,在经营网店的过程中要投入十足的精力并认真把握住每一个可能促使交易成功的细节,方能使自己的店铺立于不败之地。

对应的光盘视频

例 10-1 使用 Photoshop 为牛油果制作一个用于判断成熟度和储存方法的贴心教程

例 10-2 使用 Photoshop 为一款面部护肤乳液制作使用教程

例 10-3 使用【甩手工具箱】软件查询商品在淘宝网上的销售排名

例 10-4 使用淘宝网搜索“女装”类目下信誉为五皇冠的店铺

例 10-5 使用 Photoshop 为“人气商品”图片添加文字标签

10.1 建立与顾客之间的信任

"买东西，除了价格，当然要图方便，还图放心"相信大多数人上网购物时都会这么想。卖家与买家之间建立充分的信任感，才能使买家买得放心、用得安心。这就是商家与客户之间相互信任的力量。

10.1.1 信任的三个层次

信任是什么？信任不仅代表着我们经营的成绩，更代表了客户对我们的信任。如果说顾客满意是一种价值判断的话，顾客信任就是指顾客满意的行为化。顾客信任是顾客满意不断强化的结果，是顾客在理性分析基础上的肯定、认同和信赖。

一般来说，网店顾客的信任可以分为以下 3 个层次。

- 认知信任：认知信任是直接基于产品和服务形成的，因为这种产品和服务正好满足了顾客的个性化需要，认知信任位于基础层面，可能会因为志趣、环境等的变化而转移。
- 情感信任：在使用产品和服务之后获得持久满意，可能形成对产品和服务的偏好。顾客在购物后获得了满意，产生了"这家店铺真的值得信赖"的感觉，顾客下一次购物时就会产生依赖感，首先选择这家店铺。
- 行为信任：行为信任只有在店铺提供的产品和服务成为顾客不可或缺的需要和享受时才会形成，其表现是长期关系的维持和重复购买，以及对店铺、店主和产品的重点关注。顾客对店铺的信任和忠诚需要长时间培养，店铺要充分满足顾客的需要。但是，只要这家店铺对顾客有一次不讲诚信的行为，就足以破坏顾客的信任。因此，必须以足够的诚心、诚信和诚意，一贯地、毫不例外地对顾客做到诚实和守信。

10.1.2 取得顾客的信任

有个推销员，欲前往农场向农场主人推销公司的收割机。到达农场后，他才知道，前面已经有十几个推销员向农场主人推销过收割机，但农场主人全部都没有买。这名推销员来到农场时，无意中看到花园里有一株杂草，便弯腰下去想把那株杂草拔除。而这个小小的动作恰巧被农场主人看见了。推销员见到农场主人后，正准备介绍公司的产品，农场主人却阻止他说："不用介绍了，你的收割机我买了。"推销员大感诧异地问："先生，为什么您看都没看就决定购买了呢？"农场主人答："第一，你的行为已经告诉我，你是一个诚实、有责任感、心态良好的人，因此值得信赖；第二，我目前也确实需要一台收割机"。

"心态决定一切！"成功有时就是这么简单。今天我们是用什么态度面对自己的工作，别人就会看到什么样的你。成功其实真的不难，取决于你的心态罢了。

实用技巧

信任是所有营销业务的重要因素，如果你的顾客不信任你，他们就不会和你达成交易。从客户角度来讲，建立客户对店铺的信任有 3 个层次：客户对产品的信任是基础；对客服的信任是升华；对店铺的信任是升华的结果，是信任的最高水平。

1. 顾客对产品的信任

由于网络的虚拟性，很多判断和言论都可能带有虚拟的成分，很多客户都只是凭感觉来判断。我们知道，在初次购物的时候，客户经常是通过一个感兴趣的商品链接找到你的店铺，这时，客户第一个感兴趣的商品能够引起他的信任就特别重要，这时的信任完全是一种感性的感觉。

因此，在销售的初期，我们要尽量给客户留下良好的第一印象，当然了，由于卖家和客户之间是一种浅层次的信任关系，是一种临界于利益和信任之间的关系，所以适当恭维也是十分必要的。

2. 顾客对客服的信任

在淘宝网上，与客户建立联系、发展关系以及促成交易的是客服人员，因此，顾客对客服的个人能力、水平和道德品质的信任是信任关系的升华。这就要求客服不断提高自身的综合素质。例如，作为美国“西南森林工业”所属建材零售商的 KNOX 公司，专门设有解答柜台，员工在成为解答员之前，必须完成严格的训练课程并通过严格的笔试，以便在接待客户时没有迟疑和勉强，这也是个人价值的体现。

另外一种赢取信任的方式是靠真诚的服务，卖家的诚实、坦率、亲切和言行一致，将一步步慢慢化解顾客心中的坚冰，逐渐承认你、接纳你、喜欢你、信任你，最后拍下付款。

3. 顾客对店铺的信任

对店铺的信任，则是客户信任的最高水平，正如世界级推销培训大师汤姆霍普金斯所说：“你要向顾客证明，无论大事小事他都可以百分之百地信赖你，久而久之，一旦你养成信守承诺的美德，以及做的比说的多得多的美德，你就一定能同时得到客户的信赖和订单。”信任关系建立了，客户就对你的店铺产生了依赖感，这就为卖家后面的交易流程奠定了基础。因此店铺需要周密考虑与客户接触的外部形象、风格特色，让客户感觉到与之接触的是一个负责任、有能力、值得信赖的伙伴，是一个尊重客户、处处为客户着想和寻求共同发展的个性化的朋友。这就需要店铺通过全方位的设计掌控好与客户接触的种种环节，让客户在接触中获得最满意的结果。

10.1.3 赢得信任的法则

为赢得客户的信任，卖家应该从以下 4 个方面做起。

1. 打造良好的信用记录

人无信不立，店无信不长，信用是店铺赖以生存和发展的基本条件。目前，国内市场信用体系尚未建立，商业界普遍缺乏道德自律，谈诚信似乎是一种“自欺欺人式的老生常谈”。

在市场大环境的潜移默化作用下，有的卖家用投机取巧甚至不甚光明的手段获胜，这是对网购发展最大的危害——没有什么比不诚信更容易自毁前程了。其实，随着淘宝网信用体系的不断完善，“信用”所能兑换的价值将远远超过我们每个人的预期。

例如，淘宝网的卖家曾玉，就第一批用上了“支付宝卖家信贷”服务，她以良好的历史信用记录为保障，中午提交申请表，下午就审批通过，第二天就如期收到贷款。今后，信用还将发挥越来越重要的作用。

2. 对顾客真诚地服务

在营销教材中，通常会有这样一个案例：日本企业家小池先生出身贫寒，20 岁时在一家机械公司担任业务员。有一段时间，他推销机械非常顺利，半个月内就达到了 25 位客户的业绩。可是有一天，他突然发现自己所卖的这种机械，要比别家公司生产的同性能机械贵一些。他想:"如果让客户知道了,一定会以为我在欺骗他们,甚至可能会对我的信誉产生怀疑。"深感不安的小池立即带着合约书和订单,逐家拜访客户,如实地向客户说明情况,并请客户重新考虑是否还要继续与自己合作。这样的动作,使他的客户大受感动,不但没有人取消订单,反而为他带来了良好的商业信誉,大家都认为他是一个值得信赖且诚实的推销员。结果,25 位客户中不但无人解约,反而又替小池介绍了更多的新客户。

小池先生能够不掩盖工作中的缺点和错误,把每一次缺点和错误当成学习和提高的机会,这点是值得浮躁的我们好好学习的。有的时候店铺可能会收到一些中、差评,是我们的错,就要老实承认、虚心改正,如果客户能修改最好,不能修改也不要在评价解释里推卸责任,因为其他买家的眼睛也是雪亮的,断章取义地放上聊天记录对方也一样能看出来,反而会影响对店铺的看法。

3. 人品可靠,诚实守信

忠实于客户,首先必须诚实。要想获得成功,必须要建立自己的口碑与品牌。做一个诚信的人就是要做老实人,说老实话,干老实事;就是要信守承诺,对做过的事负责,对结果负责。要知道,如果你有了一次甚至更多的对同一个人没有履行诺言的记录,那个人通常就不再认真地对待你的约定,这就是所谓的信用问题。

现在很多店铺都承诺保修、退换服务等,这些并不是口上说说,一旦做出承诺,就要对言行负责。如果承诺过服装因质量问题接受退换货服务,一旦情况出现了,我们绝对不能逃避,一切都要按承诺办事,这样才能更好地赢得顾客的信任。什么是诺言?诺言就是百分之百做到的事情。当我们作为卖家不能有充分把握的时候,例如物流,我们也可以用"争取"或"尽量"这样的口吻回答别人的邀约,而且承诺了就要最大限度地去履行。

4. 致力于与买家长期的关系

信任不是一个手段,而是一切的根本。当任何环节出现信任缺失,店铺的信任链就会断裂,生意也就随之土崩瓦解。赢取客户的信任不是一朝一夕的事,这不仅仅要求卖家营销思想的更新,也需要顾客的配合和环境的支持,这个过程可能是痛苦的,有时还需要学会放弃,但其实是为了得到更多。

请相信,信任所构建的诚实信任的营销模式,必将带给买家带来全新的购物感受和全新的购物体验,从而构建更加透明、更加公平的网购环境。同时,"信任"所构建的诚实信任的营销模式,也必然给卖家们带来更加忠诚的顾客和更加光明的市场前景。

下面将介绍几个培养客户信任感的重要技巧。

- 习惯提供更多、更好的服务,始终把客户放在第一位。
- 只做双方都能够平等互惠的交易。
- 不说没有把握的话。
- 发自内心为别人提供最好的服务。
- 培养对人的亲善态度。
- 销售时同时传达你的工作理念,行为胜于言语。
- 受人恩惠不论大或小,必定加以回报。
- 不随意对别人提出要求。
- 不与人争辩无谓的琐事。
- 随时随地把温暖带给他人,做一个快乐的人。

- 为你所销售的东西提供售后服务，那是维持老客户的最好保证。

10.2 提高淘宝网店的服务质量

经营淘宝网店，虽然卖家与买家之间并不是面对面地进行交易，但良好的服务是留住买家的关键所在。作为卖家一定要懂得一些服务技巧，提高服务质量，这样可以使卖家在和买家交涉的过程中掌握主动权，达成交易。

10.2.1 增加商品的附加值

“物超所值”是每个顾客最乐意接受的购物体验。商品的附加值提高了，顾客的满意度自然也就提升了。

1. 送货清单

可以在包裹中添加送货清单，在其中写明商品的件数和平时不会注意到的细小物件，便于买家收到货的时候核对，如图 10-1 所示。

此外，一定要在清单上写上自己的联系方式，这样可以方便买家联系到自己。买家如发现货物有问题，应及时反映给卖家，方便商量对策。

2. 附赠礼品

卖家还可以送上一个小礼物，如图 10-2 所示，或是一张卡片，这样做可以让买家有意外的惊喜。当然，卖家可以在卡片上写一些表示感谢的话，很好地拉近与顾客间的距离，还可以委婉地提醒买家不要忘记确认收货，及时评价。

发货票单

客户名称：________ 电话：________________ 发货日期：________________

交货方式：送货———— 物流__________ 自取————————班车

件数	文件名称	数量	设计费	出片费	制作费	金额
1						
2						
3						
4						
5						
总金额———————— 总金额（大写）： 万 仟 佰 拾 元 角						

图 10-1 发货清单

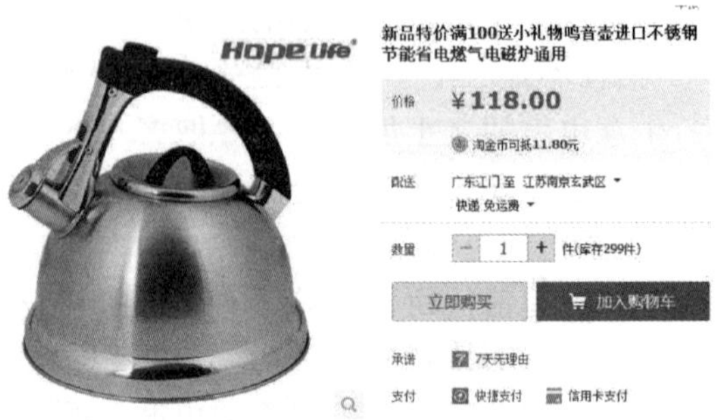

图 10-2 附赠礼品

10.2.2 电话沟通提升服务

客服与客户交流的流程是：欢迎语→对话→议价→支付→物流→售后。

首先，欢迎语的形式如下。

- 您好，我是客服 8 号，很高兴为您服务，有什么我可以效劳的＋笑脸表情。
- 您好，欢迎光临×××旗舰店，客服 8 号竭诚为您服务＋笑脸。

对话环节是顾客对公司产品了解的一个过程，客服首先要对公司产品有一个深入的了解，站在一个大师级别的高度，解答顾客对产品的疑问，可以适当引用一些专业术语、权威性数字。但在介绍产品的时候，要用让顾客便于理解的词语。

其次，议价是当前客服工作中最常见最头疼的问题，作为买家，在网购过程中，讨价还价已经成为大多数人的习惯。

- 爱贪小便宜型：并非买不起，而是讨价还价已成习惯。
- 心理需要得到慰藉：以讨价还价成功来满足自身内心的成就感。

对于以上顾客，首先需要声明产品是优质的，销售价格是公司制定的（已经是最低了），价格无法变动，这是原则。通常到这一步，部分顾客不会再在价格上纠缠。如果你表达后，顾客表现出犹豫不决，那么可以转移顾客的注意力，告知其当前店铺有什么优惠活动，或者适当在运费上给予一些优惠。

议价过程的核心思想是：告知其商品的价格是无法优惠的，产品质量是有保证的，这是原则，结合顾客反应，适当给予一些赠品或者运费优惠的方式，达成交易。

第三，在支付环节客服可能遇到以下几种情况。

- 部分可能是新手买家，在支付操作过程中遇到一些问题，无法及时完成支付，这时候，你需要主动联系顾客，以关心的口吻，了解顾客碰到的问题，给予指导，直到顾客完成付款。
- 部分需要优惠运费的订单，在跟买家达成一致后，需要等买家拍下订单，然后修改价格，买家再进行支付。

在顾客完成支付后，你可以说"亲，已经看到您支付成功了，我们会及时为您发货，感谢您购买我们的商品，有任何问题，可以随时联系我们，我是客服 8 号"。

第四，在网购过程中，物流环节客服可能会需要和客户通过电话完成以下沟通。

- 主动询问。例如，"您好，我是 8 号客服，请问您的货是寄到哪个城市的?"根据买家所在城市，告知买家我们发货所用快递："您好，我们是和××快递合作的，您现在购买，今天就能安排发货，正常情况下×××天左右可以到货"。
- 提前声明。当你告诉顾客正常几天可以到货后，有些顾客会询问，×××天能到吗？诸如此类问题，我们必须提前告知顾客："您好，由于快递不受我们控制，我们无法保证具体到货时间，只能保证今天一定给您安排发货，希望您能理解"。
- 遇到很着急的买家，要求你保证几天之内必须到货。您可以说："如果您很急的话，建议您使用顺丰快递，就是运费稍微贵了些，江浙沪一公斤内是 14 元，其他地区一公斤内 22 元"。关于超重和体积庞大的商品，要结合商品重量、体积和顾客收货所在地，计算出运费后，告知顾客。

最后，在售后环节与客户沟通时，应遵循的顺序是：安抚→查明原因→表明立场→全力解决→真诚道歉→感谢理解。

10.2.3　为商品制作贴心教程

在制作宝贝描述的时候我们可以将客户可能会问到的一些问题，以图文说明的形式给出指导教程，这样做可以大幅度减小客服的压力，还可以避免一些可能发生的售后问题，提升网店的服务质量和效率。

由于针对不同的宝贝特征，我们需要提供的教程也不同，下面将分别进行介绍。

1.　食品类商品

对于食品类商品而言，买家最关心的问题大多集中在产品质量上，如原料安全、保质期、具体营养成分等信息。我们可以从这些方面予以考虑，在制作宝贝描述时予以详细说明。

例如，一款牛肉干商品，我们在制作该宝贝描述时，可以将产品原料及制作过程以图片形式展示。

另外，有些食品，消费者还会考虑其如何挑选、保存，营养成分或口感，我们也可以给出图文介绍及食品的推荐适用人群。

【例 10-1】 使用 Photoshop 为牛油果制作一个用于判断成熟度和储存方法的贴心教程。 视频+素材

STEP 01 启动 Photoshop CC，选择【文件】|【新建】命令，打开【新建】对话框，创建一个（750 × 1 200）像素，分辨率为 72 像素的空白图片文件。

STEP 02 在工具栏中单击【矩形选框工具】按钮，然后按下 Ctrl + A 键全选图形，如图 10-3 所示。

STEP 03 选择【编辑】|【描边】命令，打开【描边】对话框，为图片设置一个宽度为 10 像素的绿色描边，如图 10-4 所示。

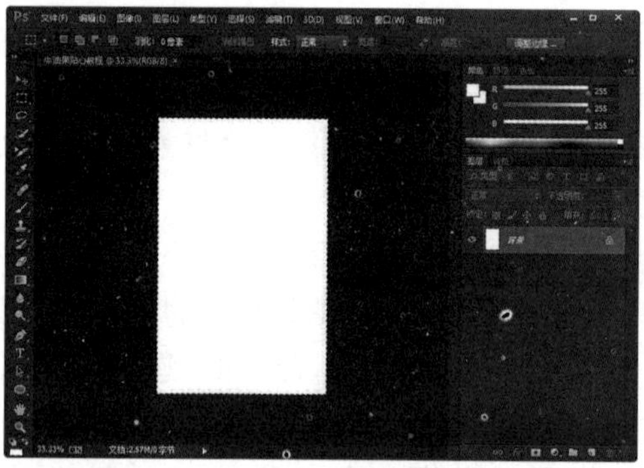

图 10-3　使用矩形选框工具全选图形

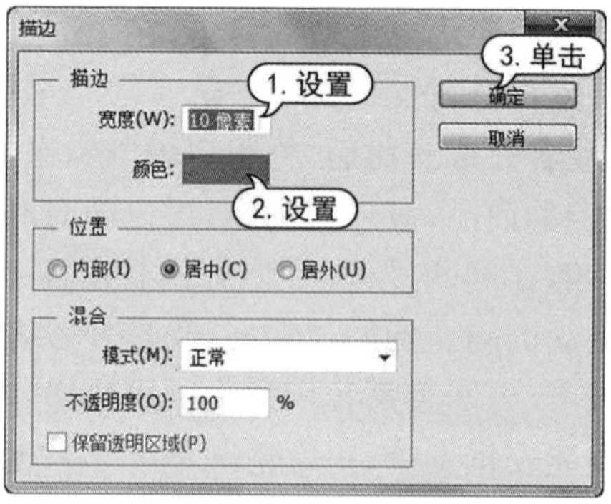

图 10-4　设置描边

STEP 04 选择【文件】|【打开】命令，打开准备好的牛油果商品素材图片。在工具栏中单击【移动工具】按钮，将商品素材图片拖动至创建好的教程图片中，并调整其位置，如图 10-5 所示。

STEP 05 在工具栏中单击【画笔工具】按钮，按下 F5 键显示【画笔】面板。在【画笔】面板中选中【画笔预设】选项卡，在该选项卡中选中一种预设画笔样式，如图 10-6 所示。

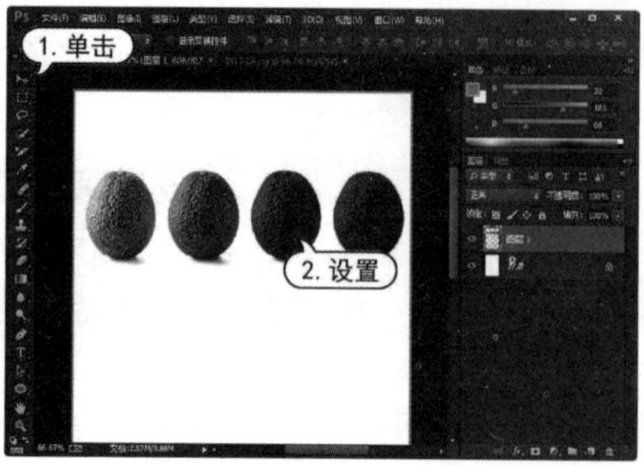

图 10-5　将素材图片移动至教程图片中

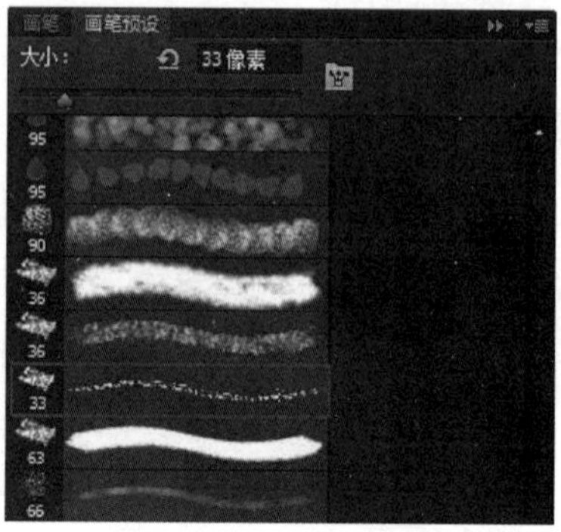

图 10-6　【画笔】面板

STEP 06 按住 Shift 键，在舞台中绘制一条直线。

STEP 07 在工具栏中单击【椭圆工具】按钮，在舞台中绘制 4 个高度和宽度为 33 像素，描边为【绿色】，填充色为【白色】的圆形图形，如图 10-7 所示。

STEP 08 在工具栏中单击【横排文本工具】按钮，在舞台中输入文本，并设置文本格式。

STEP 09 在工具栏中单击【矩形工具】按钮，在舞台中绘制一个(680 × 160)像素，边框为【绿色】的矩形，如图 10-8 所示。

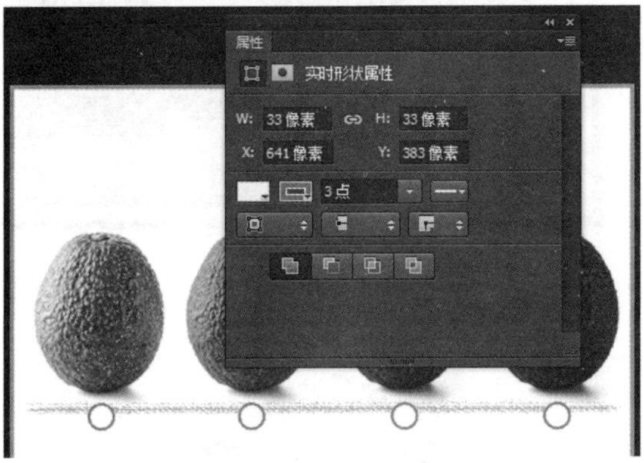

图 10-7　绘制直线和圆形图形

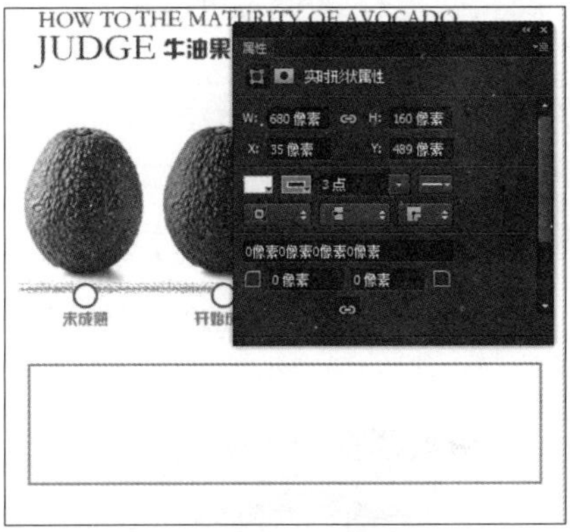

图 10-8　创建文本和矩形图形

STEP 10 在工具栏中单击【直线工具】按钮，在矩形图形中绘制直线，如图 10-9 所示。

STEP 11 选择【文件】|【打开】命令，打开另一张商品素材图片。使用【移动工具】将打开的素材图片拖动至教程图片中，并调整其位置。

STEP 12 选择【编辑】|【变换】|【缩放】命令，调整舞台中素材图片的大小，如图 10-10 所示。

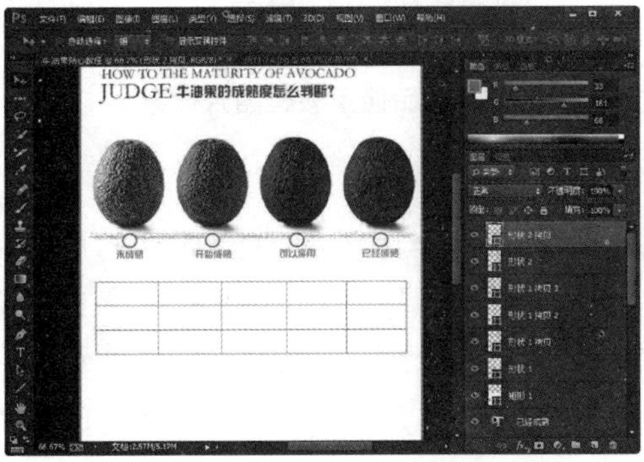

图 10-9　绘制表格中的直线

图 10-10　调整素材图片的大小和位置

STEP 13 选择【编辑】|【描边】命令，打开【描边】对话框，为舞台中的素材图片设置一个淡绿色的边框，如图 10-11 所示。

STEP 14 使用【矩形工具】在图片素材的底部绘制一个(680 × 70)像素的矩形，如图 10-12 所示。

STEP 15 在【图层】面板中选中【矩形 2】图层，单击【填充】按钮，将其参数设置为 40%，如图 10-13 所示。

STEP 16 使用【横排文本工具】在舞台中输入文本，并设置文本字体。选择【文件】|【存储】命令，将制作的教程图片保存，其最终效果如图 10-14 所示。

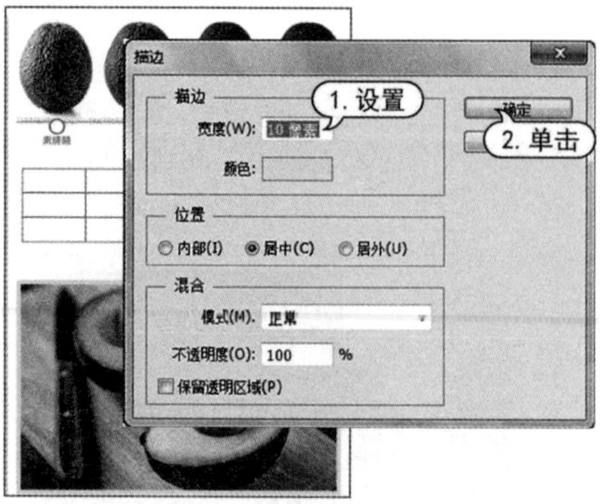

图 10-11　为素材图片设置边框

图 10-12　绘制矩形

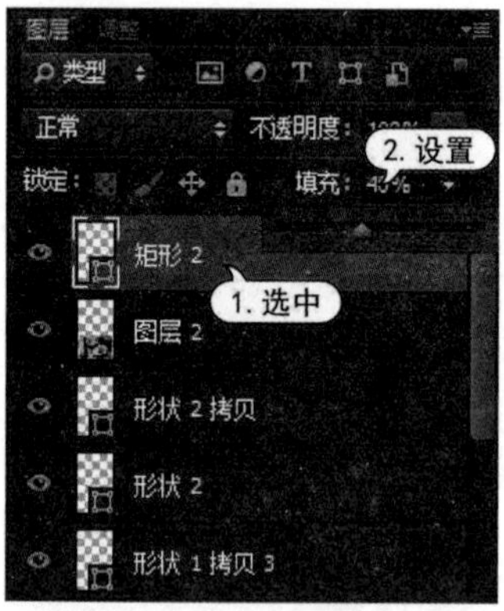

图 10-13　设置图层填充

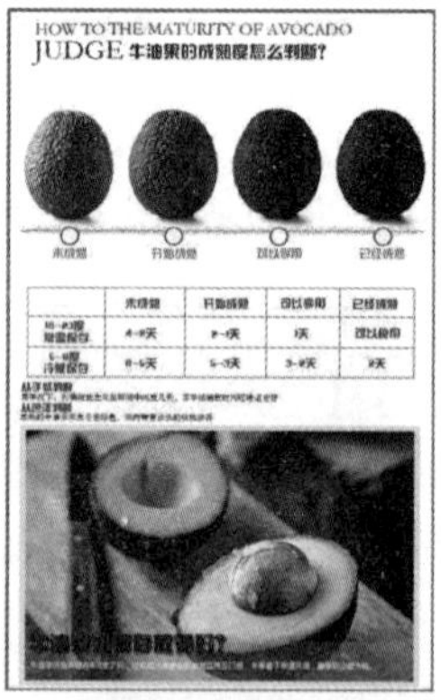

图 10-14　商品使用教程图片效果

2. 服饰类商品

服饰类商品经常会因为尺码问题导致退换货，买家也常会因为搞不清自己的尺码而问来问去，所以我们可以考虑在做宝贝介绍时附加一些尺码的具体知识，便于买家自行解决这些问题。例如，西装尺寸的测量方法，可以用图文形式分别予以详细说明，另外还提供了对应的尺码列表，如图 10-15 所示，买家在阅读了这个“测量方法”专栏后对自己的尺码就会很清楚了。

另外，在商品描述里提供一些服装的使用保养教程是一个很讨巧的技巧，一方面可以展现我们对消费者的关心和负责，另一方面可以解决部分质量纠纷。例如牛仔裤，不太懂清洗方法的买家购买后水洗几次就会掉色很严重，买家有可能以质量问题进行投诉。如果我们能在宝贝描述里就附带一些牛仔裤的保养和正确洗涤说明，如图 10-16 所示，就会免去此类售后纠纷。

3. 化妆品类商品

化妆品的使用效果因人而异，同样的一款产品，有些客户使用后效果很好，有些客户使用后达不到理想效果，甚至还会出现过敏等不良反应。鉴于此，我们为了博得用户好评，在商品描述时不妨多“科普宣传”一下。

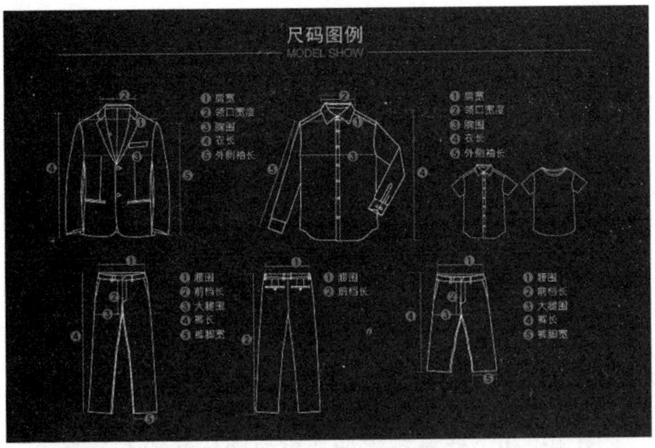

图 10-15　西装尺寸测量方法

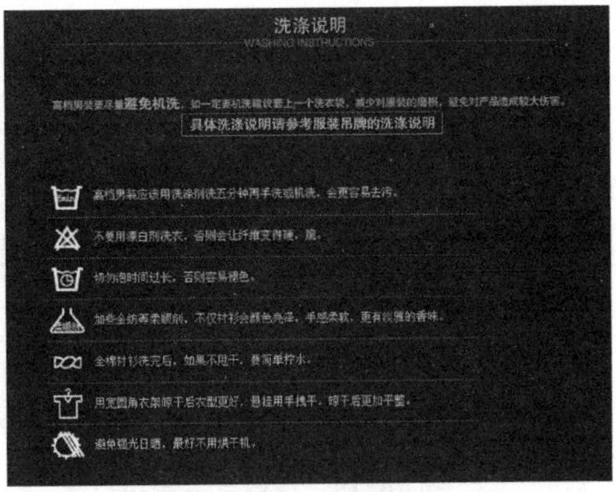

图 10-16　洗涤说明

【例 10-2】 使用 Photoshop 为一款面部护肤乳液制作使用教程。 视频+素材

STEP 01 启动 Photoshop，选择【文件】|【新建】命令，打开【新建】对话框，创建一个(750 × 1 200)像素，分辨率为 72 像素的空白图像文件。

STEP 02 选择【文件】|【置入】命令，打开【置入】对话框，选中一个图像文件后，单击【置入】按钮。调整舞台中图片的高度，然后按下 Enter 键，如图 10-17 所示。

STEP 03 在【图层】面板中选中置入图像所在的图层，将【不透明度】设置为 18%，如图 10-18 所示。

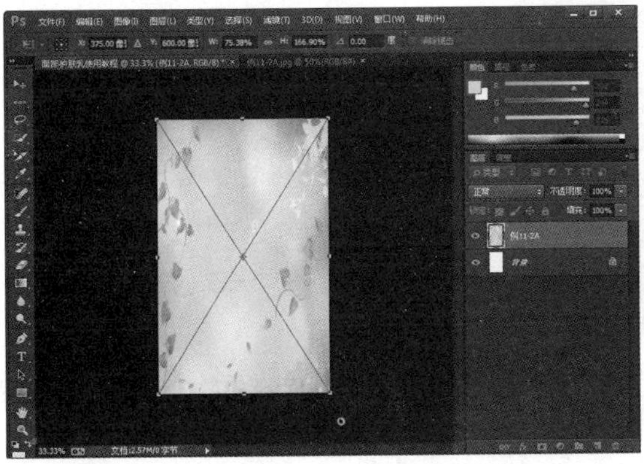

图 10-17　调整舞台中置入图片的高度

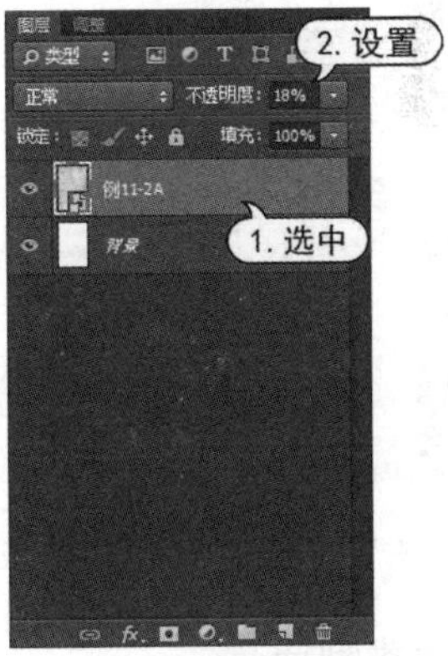

图 10-18　设置图层不透明度

STEP 04 在工具栏中单击【矩形工具】按钮，在舞台中绘制一个(720 × 950)像素，背景颜色为【白色】的矩形，如图 10-19 所示。

STEP 05 选择【文件】|【置入】命令，将更多的图片素材置入舞台中，并使用工具栏中的【移动工具】，调整图片素材的位置。

STEP 06 在工具栏中单击【横排文本工具】按钮，在舞台中输入教程标题文本，如图 10-20 所示，然后在【图层】面板中右击文本图层，在弹出的菜单中选择【混合选项】命令。

图 10-19　在舞台中绘制矩形

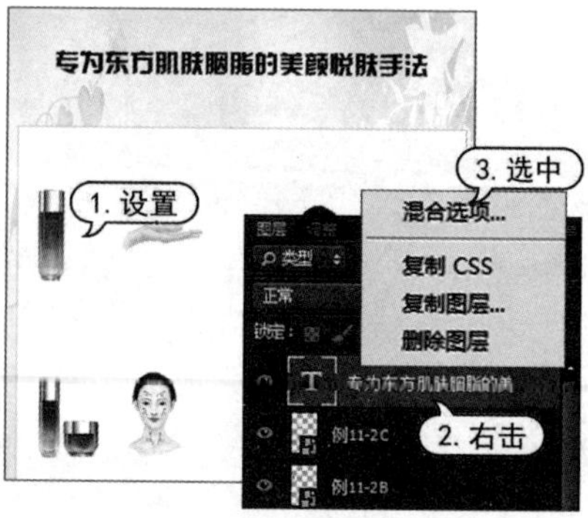

图 10-20　在舞台中插入素材图片并输入文本

STEP 07 打开【图层样式】对话框，选择【投影】选项卡，在显示的选项区域中设置投影参数，然后单击【确定】按钮。

STEP 08 继续使用【横排文本工具】，在舞台中输入面部护肤乳的使用说明文本，如图 10-21 所示。

STEP 09 在工具栏中单击【直线工具】按钮，在舞台中绘制直线(虚线)，在【图层】面部中复制两次直线图层，并使用【移动工具】，调整舞台中直线的位置。

STEP 10 选择【文件】|【存储】命令，将教程图片保存，其效果如图 10-22 所示。

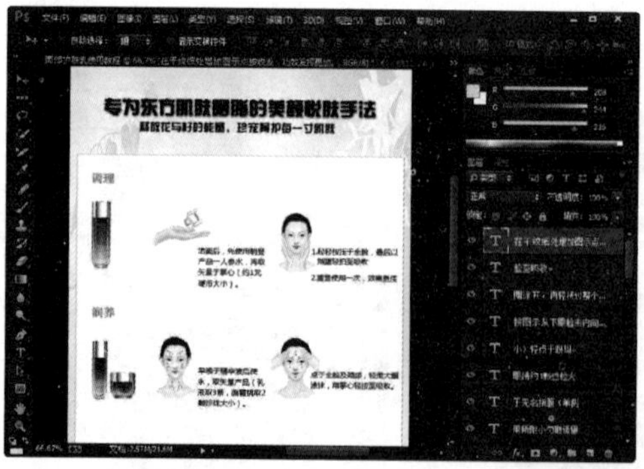

图 10-21　输入面部护肤乳的使用说明

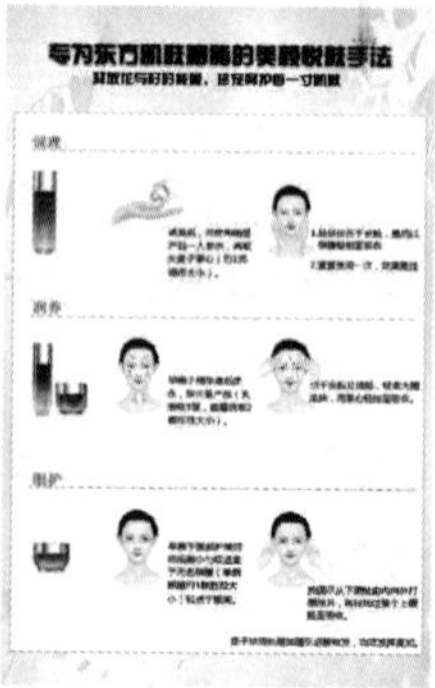

图 10-22　面部护肤乳液使用教程图

4. 其他类型商品

还有一些其他类型的商品，光是商品图片和介绍文字是远远不够的，必须要附带具体的使用方法，这类商品一般都有着一定的使用难度，卖家必须提供相关辅助信息和教程。

例如，魔术道具类商品就是一个很好的例子，无论我们的宝贝图片多么诱人，如果买家不知道这些魔术道具的玩法也是没用的，因此从某种角度来说，魔术商品的价值很大一部分在于操作方法上。

有些为人所共知的操作方法可以考虑提供，譬如刘谦在春晚上表演过的两根橡皮筋对穿的魔术，由于手法已经是公开的秘密，我们可以写在宝贝描述里或者提供解密视频链接。但为了遵守魔术师戒条，大多数魔术道具的使用方法是不可以在产品介绍时讲得太明确的，所以我们只能以说明书或者光盘教学的方式提供给买家。

10.2.4　使用视频演示商品

在对店铺商品进行描述的时候,除了常规的图文介绍之外,我们还可以插入各种视频进行展示,以便于消费者更直观、更全面地了解商品,激发其购买欲望。

1. 订购视频展示服务

以前淘宝网是不可以直接在商品发布时创建视频的,卖家如果要提供视频演示,只能提供一个文字链接供买家复制粘贴到浏览器的地址栏上查看。

淘宝的动态视频展示服务是专门为淘宝旺铺卖家打造的专业视频展示系统,卖家可以通过该服务进行视频上传、视频管理和视频展示等,如图 10-23 所示。

淘宝目前提供的视频动态展示服务包括:“123Show”“淘宝视频服务”“宝贝 3D 秀”“网店秀”和“搜狐高清视频服务”等几类。

实用技巧

视频展示服务是需要一定的费用去订购的,而且不同视频服务商分开收费,所以一般情况下我们从节约成本方面考虑,只需要订购一家视频服务商的服务即可。

2. 在商品介绍中使用视频

以淘宝网店为例,要在宝贝介绍中使用视频,可在编辑宝贝描述信息时,在【宝贝视频】区域单击【选择视频】按钮,打开视频选择页面。在页面单击选中要插入的视频文件,然后单击【插入】按钮即可,如图 10-24 所示。

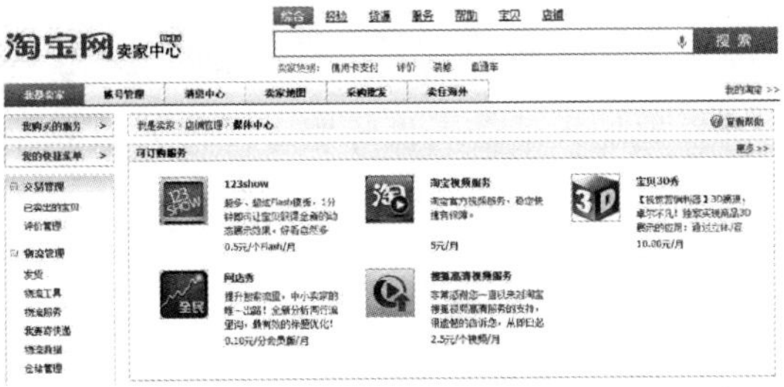

图 10-23　淘宝网的视频展示服务

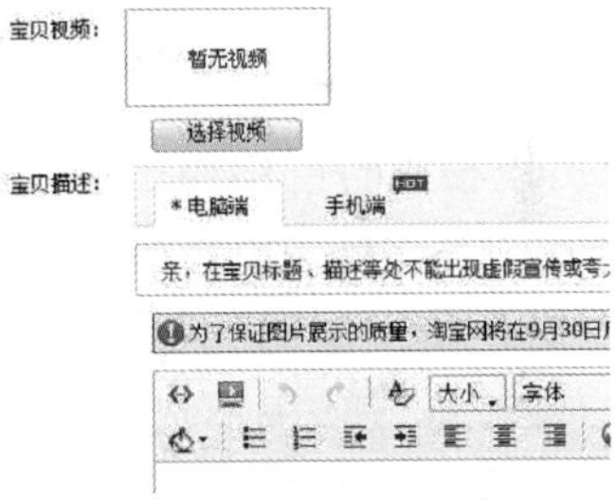

图 10-24　视频选择页面

3. 视频服务的使用技巧

在视频展示服务的使用过程中,为了让该服务起到最好的效果,应注意下面几个技巧。

- 视频不要和图片重复。要记住,视频只是图像的补充,其作用是为了展示静态图像所无法表达的内容,因此我们的视频展示内容应尽量和图片不同。比如一款音乐手机,它的音质是图像无法表现的,所以我们在用视频的时候要凸显手机的音乐功能,而不是展示其外观,毕竟视频有 5 分钟的限制,我们需要将好钢用在刀刃上。
- 视频要有趣。这个道理大概和电视广告相同,没有趣味的单调视频是无法吸引买家的。幽默的、古灵精怪的、出人意料的、美妙的视频都可以用,总之凡是电视广告用到的招数,您都可以参考采用。
- 现身说话。如果您的个人形象不错,那么可以考虑在制作视频时自己露个脸,这样可以提高亲和力,获取客户信任。

10.3 加入消费者保障服务

消费者保障服务是淘宝网推出的旨在保障网络交易中消费者合法权益的服务体系，主要包括七天无理由退换货、假一赔三、闪电发货等服务项目。如果加入售后保障服务，在一定程度上可以提高自身的信誉，打消买家的疑虑。

10.3.1 认识消费者保障服务

消费者保障服务简称“消保”，目前消费者保障服务分为：商品如实描述、七天无理由退换货、假一赔三、虚拟物品闪电发货、数码与家电 30 天维修、正品保障。其中，商品如实描述为加入消费者保障服务的必选项，而七天无理由退换货、假一赔三、虚拟物品闪电发货、数码与家电 30 天维修、正品保障是可以自愿根据店铺类目进行主动选择的。

淘宝店铺加入消费者保障服务具有以下几个优势。

- 商品上标有特殊的标记，并带有独立的筛选功能，商品容易被买家找到。
- 加入消费者保障服务后，店铺的可信度大大提升，更容易被买家接受。
- 享受消费者保障服务卖家特有的有针对性的服务。
- 拥有更多淘宝网橱窗推荐位奖励，可以推荐更多商品。
- 可参与淘宝网抵价券促销活动。
- 优先享受淘宝网其他服务和丰富的优惠活动。

10.3.2 申请消费者保障服务

卖家可以根据自己销售产品的特点选择性地加入消费者保障服务。加入消费者保障服务的淘宝网用户需要具备以下条件。

- 用户必须是淘宝网注册用户。
- 用户被投诉成功率不超过 1%。
- 用户同意按《消费者保障服务协议》的规定缴存保证金于自己的支付宝账户并授权淘宝冻结。
- 用户的申请未被淘宝或支付宝否决。

另外，“消费者保障服务”或类似文案之标识不适用于以下类目商品。

- 宠物/宠物食品及用品＞小宠类及用品、水族世界、爬虫类及用品、鸟类及用品、宠物配种/服务、其他。
- 网店/网络服务/个性定制/软件充值＞平台软件/加款卡＞充值平台加款卡。
- 网络游戏点卡＞网游平台(加款卡)。
- 成人用品/避孕用品/情趣内衣。
- 房产/租房/新房/二手房/委托服务。

要加入消费者保障服务，可登录淘宝网，进入卖家中心，在【客户服务】区域单击【消费者保障服务】链接，在打开的界面中申请消费者保障服务并提交保证金，如图 10-25 所示。

10.3.3 消保保证金缴纳标准

加入消费者保障服务的淘宝卖家需要缴纳一笔保证金，卖家在没有履行消费者保障协议中的相关规定给买家造成损失时，淘宝网将通过扣除卖家缴纳的部分保证金对买家进行赔偿。

目前，消保的基础保证金为 1 000 元，如图 10-26 所示，无类目区别。如果提交页面提示额度低于 1 000 元，用户应按页面提示额度提交，后续再关注补缴。

图 10-25　淘宝网申请消费者保障服务

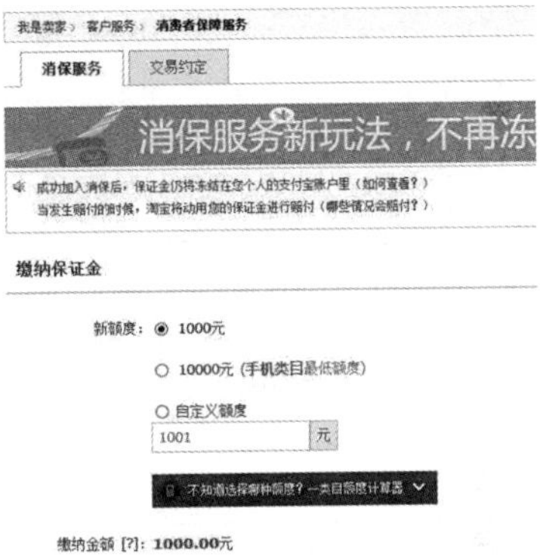

图 10-26　提交消保保证金

如果卖家需要加入其他特色服务，如七天无理由退换货等，则必须先交纳基础保证金方可申请。全网消保以后，只要签订了加入消保的协议（免费加入），就可以自己选择交保证金，也可以不交保证金。

10.3.4　必须加入消保的类目

为了更好地保障消费者，提升经营以下类目商品卖家的服务水平和商品质量，淘宝网依照《消费者保障服务协议》，规定必须缴纳消保保证金的商品类目如表 10-1 所示。

表 10-1　必须缴纳消保保证金的商品

商品类目	
台式机/一体机/服务器	办公设备/耗材/相关服务
电脑硬件/显示器/电脑周边	MP3/MP4/iPod/录音笔
个人护理/保健/按摩器材	宠物/宠物食品及用品
宠物/宠物食品及用品	电子词典/电纸书/文化用品
闪存卡/U 盘/存储	电玩/配件/游戏/攻略
品牌保健品	手机/书籍/大家电
音像制品	彩妆/香水/美妆工具
平板电脑/MID	笔记本电脑
3C 数码配件市场	美容护肤/美体/精油
国货精品数码	美发护发/假发
影音电器	厨房电器

（续表）

商品类目	
生活电器	网络设备/网络相关
数码相机/单反相机/摄像机	玩具/娃娃/模型/动漫/桌游
腾讯 QQ 专区	零食/坚果/特产
网络游戏点卡	茶/酒/冲饮
移动/联通/电信充值中心	传统滋补品/其他保健营养品
床上用品/布艺软饰	儿童玩具/早教/运动/学习
家装主材	住宅家居
童装/童鞋/亲子装	本地化生活服务
吃喝玩乐折扣券	电影/演出/体育赛事
网店/网络服务/软件/网络会员卡	网店/网络服务/软件/软件 cd-key/序列号

发布表 10-1 中所示的宝贝类目时，如果没有提交消保保证金只能发布"闲置"商品，必须提交消保保证金才可以发布全新商品。

实用技巧

保证金只需缴纳一次，若店铺中销售的产品覆盖多个类目，那么消保保证金不需要分别缴纳，例如，卖家既销售玩具又销售童装，保证金只要缴纳 1 000 元。

10.3.5 退出消费者保障服务

要退出消费者保障服务，用户可登录淘宝网，进入卖家中心，在【客户服务】区域单击【消费者保障服务】链接，在打开的界面中单击【申请解冻资金】按钮。

退出【消费者保障服务】后，卖家店铺的【消费者保障服务】标志将被取消，如协议期内用户未有违反淘宝各项规则的行为，且至协议终止后 3 个月内，用户未收到任何第三方投诉或发生交易纠纷，则淘宝网在上述期满后的 10 个工作日内向支付宝公司发出指令，解除对保证金的冻结。

10.4 与同行相互比较、取长补短

多与同行比较对于网店卖家来说非常重要，这有利于帮助我们找准自己的位置。另外，在相互比较的同时，我们还可以学习其他卖家的优点，并了解网店商品在整个市场中的销售情况。

10.4.1 通过搜索榜作比较

经营网店，卖家们都想能更精准地选择适合的类目和宝贝，都想自己的宝贝能排在搜索排名的前面，获得更多的流量，从而得到更多的销量。如何能实现卖家的这种需求呢？下面将介绍使用【甩手工具箱】软件搜索网店商品排名的方法。

【例 10-3】 使用【甩手工具箱】软件查询商品在淘宝网上的销售排名。 视频

STEP 01 启动并登录【甩手工具箱】软件，在打开的界面中单击【起始页】按钮，在打开的界面中

单击【宝贝排名查询】图标，如图 10-27 所示。

STEP 02 访问淘宝网中同行的店铺，打开需要查询排行的商品页面，然后将鼠标指针置于浏览器顶部的地址栏中，按下 Ctrl + A 键选中商品链接，并右击鼠标，在弹出的菜单中选择【复制】命令，如图 10-28 所示。

图 10-27 甩手工具箱软件

图 10-28 复制商品页面的超链接

STEP 03 切换至【甩手工具箱】软件，将鼠标指针插入【请输入商品链接】文本框中，按下 Ctrl + V 键粘贴商品地址链接，如图 10-29 所示。

STEP 04 单击【查询电脑端排名】按钮，可以查询商品在电脑端网店的排名情况。单击【查询手机端排名】按钮，则可以查询商品在手机端网店的销售排名。

STEP 05 以单击【查询电脑端排名】按钮为例，单击该按钮后，【甩手工具箱】将自动搜索商品在电脑端网店的排名，稍等片刻后，具体的商品关键词排名信息将显示在软件底部的列表框中，如图 10-30 所示。

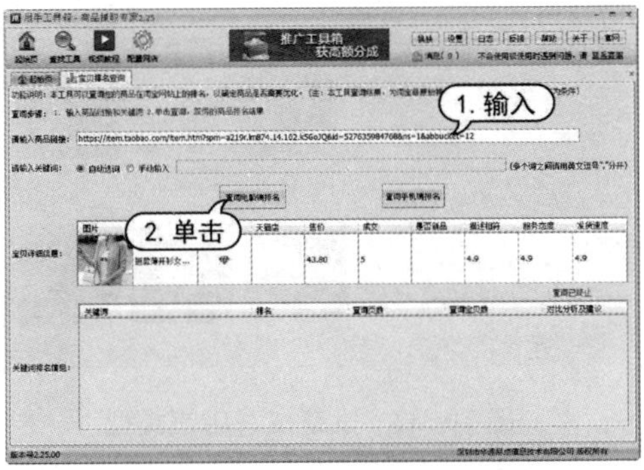

图 10-29 粘贴商品地址链接

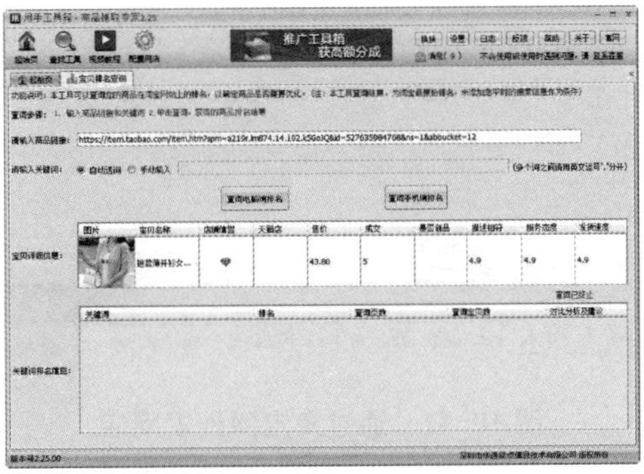

图 10-30 显示商品排名信息

STEP 06 单击【查看对比分析及建议】按钮，在打开的界面中，可以查看商品的对比分析信息及同类商品的排名情况。

在通过搜索榜比较商品时，我们不妨假设自己为消费者，从下面几个方面去做对比。

- 价格：价格永远是消费者考虑的首要条件，例如一款商品，其价格为 15 至 21 元，相比同类销量第一的商品要便宜很多，那么这款商品就很容易被消费者注意。

- 信誉：信誉也是消费者购买宝贝前重点考察的对象，由于是金冠店铺，即使竞争对手是双冠或者三冠卖家，这方面我们也并不处于劣势。
- 保障：一般的保障有消保、七天包退换等，同样情况下如果都没有设置，那么我们的店铺暂时没有必要跟进。
- 快递：运费最低为 6 元。

排行榜比较是网店卖家们最简单也最需要经常去做的事情，因为网店的竞争对手同样也在不停比较并适时做出策略调整，我们必须不断跟进，确保自己产品的优势地位。

实用技巧

卖家要时常将自己的角色置换成消费者，浏览自己的店铺或排行榜。经常问问自己，如果我是客户，我会买这个产品吗？它能给我留下深刻的印象吗？我为什么要买它或者为什么不想买它？原因在哪里？每天多思考几个这样的问题，非常有用。

10.4.2 拜访资深网店卖家

直接造访同行中资深卖家的店铺，也是一个非常好的学习办法，能够做到多皇冠甚至金皇冠的卖家，一定有我们值得学习和借鉴的地方。我们可以利用淘宝网的搜索引擎按照信用等级来从高到低排列直接找到他们。

【例 10-4】 使用淘宝网搜索“女装”类目下信誉为五皇冠的店铺。 视频

STEP 01 进入淘宝网首页，在搜索文本框中输入“女装”，选中【店铺】选项卡，然后单击【搜索】按钮，如图 10-31 所示。

STEP 02 在打开的页面中单击【店铺类型】下拉列表按钮，在弹出的下拉列表中选中【金冠店】选项，如图 10-32 所示。

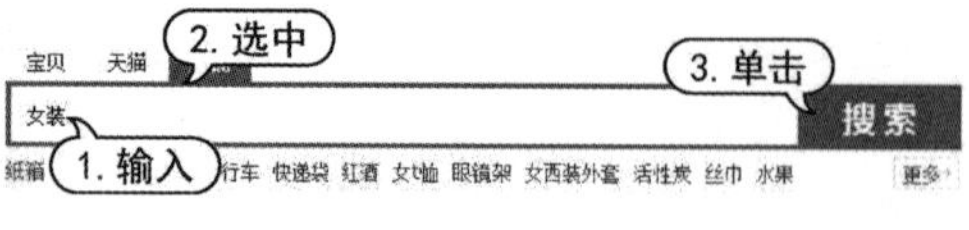

图 10-31 通过淘宝网搜索网店

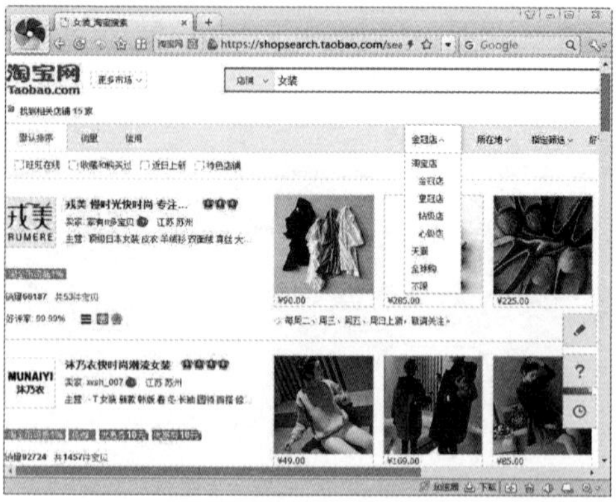

图 10-32 设置搜索店铺类型

STEP 03 此时，淘宝搜索页面中将显示五星皇冠店铺列表，单击列表中的链接即可访问相应网店。

10.5 利用“镇店之宝”打开局面

每一个成功的网店都应该有自己的“镇店之宝”，也就是我们常说的人气商品。人气商品

现在几乎已经是淘宝卖家们安身立命的必要条件，因为从 2010 年开始淘宝网的默认搜索已经是人气商品，这使得“马太效应”尤为突出，简单说生意好的店铺生意会越来越好，而生意差的店铺则雪上加霜，所以对于刚入门的新手卖家而言急需打造自己的镇店之宝。

10.5.1　选择人气商品

网店中商品往往很多，选择哪一个或哪几个商品来培养作为“人气商品”，是有一定的标准的，一般来说需要满足下面 4 个条件。

1. 必须是适销商品

所谓的适销商品就是指品种、价格、质量等方面与社会消费需求相适应的商品，这要求商品有一定的市场需求，需要买的人会比较多。

接下来的问题是，我们怎样才能知道什么商品好卖呢？关于这个问题，我们可以先从整个行业的行情入手，到同行的店里去看看你的对手们都卖些什么，他们店铺里哪些商品最畅销，那么就可以结合自己的情况进行选择了。

调查的方法其实也很简单，比如你是卖手机的，那么在淘宝网主页上选择手机品牌的类目“华为”，然后单击“销量”按钮使列表以销量从高到低的方式排列。我们很容易就可以看到销量最好的几款华为手机，然后结合自己的情况发现自己店铺中的华为手机哪几款在价格上处于劣势，哪几款比较有优势，那么可以优先考虑主推华为比较有优势的几款手机。

另外，通过淘宝搜索榜可以查看商品的周销售数量，还可以查看有多少家店铺正在销售该商品，另外还可以查看参考价格，这个参考价格可以认为是平均价格，店主们可以根据该价格制定自己的价格策略。

还有一种方式是调查一下店铺的竞争对手们缺少什么，卖他们卖得多的或卖他们没有的，那也是你的一个机会。

还是以销售手机为例，调查后发现，店铺中有一款最新款的华为手机，而且其销售价格和售后等都有绝对优势，而淘宝上销售这款手机的卖家目前还很少，同时官方的线下广告已经铺天盖地，有将该款手机打造成为旗舰产品的趋势，那么我们将这款手机选为人气宝贝的培养对象是非常合适的。

实用技巧

在选择人气商品作为网店的“镇店之宝”时，要有一定的前瞻性，毕竟个人的淘宝店铺推广能力是有限的，如果能够和官方的推广活动结合起来，自然事半功倍。

2. 必须有较长的适销周期

在网店中培养一个人气商品需要一定的时间，等你终于把它捧上去了，结果却已经是卖不了了，辛苦就白费了。而人气商品带来的流量关系到整个店铺的发展，如果做热了的宝贝周期很短，一旦夭折就又要重新做起，对店铺的发展很不利。所以，我们要选择那些有持续销售能力的商品来推广，而不要选择适销周期短的商品来作为人气宝贝。

有持续销售能力的商品，首先应该供货稳定。比如在网店中有某个商品，厂家已经停产了，而店铺中也只有几件库存，卖完了就补不到货了，这样的商品再好也不能作为培养成热卖宝贝的对象。

另外，商品的销售期限应该比较长。例如经营一家服装店，当前已经是春寒乍暖的时节，虽然冬装还可以穿但时间已经不会太长了，那么我们就应该尽量以春装、夏装为人气商品进行推广。

3. 质量要有保证

人气商品必须质量要好，但并不是说一定是要店铺中质量最好的商品才行，因为我们需要的最终效果是客户能够有最佳的体验效果，并能够体现到购买评价中。购买评价就是后面购买的顾客衡量商品好坏的尺标，这对我们非常重要，好的客户评价可以作为商品宣传的一个筹码，放在商品购买页面中以增加客户购买的信心。

因此，要获得好的评价，更需要关注商品的性价比。如果你的商品质量一般，且价位很低，性价比高，也可以考虑。你要培养的商品，至少能让大部分买家都会觉得是值得这个价的，反之，如果买过的客户都觉得很垃圾，那这样的商品估计还没培养成功就要夭折了。

4. 市场认可度较高

还有一点，就是要挑选那种有一定市场认可度的商品，这种商品为大众所熟知也更加容易被接受，而且一般价格比较透明，虽然销售的店家也会较多，但是如果您为该商品制定一个低价战略，就很容易独占鳌头打开局面。例如，一般有点化妆品知识的女孩都会知道“茶树精油”这个东西，这是一种澳洲灌木提取出来的物质，可以有效抗菌抑菌，一般用于祛痘，这样一个商品我们就可以为其制定一个较低的价格，甚至是“秒杀价”，那么很快就可以将其打造成为人气商品，甚至是“明星宝贝”。

10.5.2 推广人气商品

在网店中选定了人气商品后，下面要做的事情就是推广。在做推广之前，为了能做到有的放矢，我们需要先了解一下人气商品的判定标准，也就是一件商品怎样才能被确定为“人气商品”。

人气商品主要与下面 5 个因素有关。

- 成交量(最关键)。
- 商品被收藏的次数。
- 浏览量。
- 店铺信誉。
- 好评率。

在了解了以上因素后，我们就可以针对这些因素对网店商品进行推广。说到推广，这是一门硬功夫，具体的方法也是五花八门，下面将介绍几种相对快捷的推广方法。

1. 通过网店的基础设置推广人气商品

网店的“基础设置”指的是网店中所能做的简单推广方式，例如橱窗固定推荐、店铺掌柜推荐、促销区推荐、VIP、折扣券等。这些设置都可以在一定程度上增加商品的曝光率。

2. 通过身边的亲友推广网店人气商品

这个办法虽然有炒作之嫌，但见效会比较快。发动身边的亲朋好友，让他们来买或推荐他们的熟人来买店铺中的特定商品，从而使该商品在短时间内获得大量好评。

3. 通过收藏量推广网店的人气商品

发动所有能动员的人来收藏网店中的人气商品，可以找亲朋好友来收藏，联系老顾客帮忙收藏，除此之外，还可以和其他店铺的掌柜交换收藏。

实用技巧

淘宝社区里有不少掌柜间互相收藏的帮派，我们可以加入这些帮派，花一些时间“相互帮忙”一下，把人气商品的收藏人数给推上去。

4. 通过低价捆绑销售推广人气商品

当顾客在店铺中购物时，我们可以将要打造的商品推荐给他们，甚至不惜用成本价卖给他们。当然，前提是一定要和他们协商好收到货后要及时评价并能帮你写上好的评语，简单说就是“低价换好评”。

使用这个办法要注意的一点就是，我们所谓的低价、降价，都是私下行为，不能公开降价。原因很简单，降价容易升价难，即使通过低价卖了不少，把宝贝给做热了，但一旦提价，以前的销售记录仍在，后面购买的顾客就极有可能会看到，那么成交量就有可能会大打折扣。

实用技巧

使用低价捆绑的时候要注意，我们的实际成交价格不能低于商品标价的五分之四，否则即使交易成功也对我们打造人气宝贝没有帮助，因为这样的交易不会被计入有效成交量。

5. 通过宣传手段推广网店人气商品

比如直通车、淘客、发帖等，总之想方设法地去宣传人气商品。当某件商品的排名靠前面几页的时候，就可以说是人气款了，其带来的流量会是相当可观的。接下来就是利滚利的“马太效应”了，一个人气商品带来了流量，可以带动网店中其他商品的成交，进而可以发展出更多的人气商品。这就是为什么经营得好的网店热闹非凡，而没有人气的店铺则越来越冷清的秘密所在了。

在淘宝网中，可能会有一些同行会指使买家购买商品后恶意给中、差评，以此打压竞争对手店铺中的人气商品，对这类事件我们要保持警惕，在交易过程中尽量留下相关证据，不要给他人可乘之机，并及时向淘宝网官方反映以维护自己的权益。

10.5.3 维护人气商品

人气商品往往需要网店的经营者花大量的心血去打造，因此我们绝对不能在取得了成功后就对其放弃维护。

商品卖得越多，其获得中、差评的概率也就越大，在实际操作中，毕竟买家的层次复杂，各人情况和评价标准也不同，同样的商品有些人买了后由衷称赞，而有些人则将其贬得一文不值的例子在网购时屡见不鲜。所以我们对于人气商品收到的中、差评，一定要加倍认真对待，要想尽一切办法让买家改成好评(哪怕需要贴钱)。尤其是评语，因为单品的评价详情里是不会出现是好评还是中差评的，只显示顾客的评语，好的评语可以把网店中商品的人气迅速上升，而负面评语则会让商品的被关注度很快下降。

另外，现在有很多网店卖家使用“找人代刷”的方式来打造店铺中的人气商品，我们并不建议这样做。因为店主在寻找代刷时需要为此承担两个风险：一是被淘宝网查处，情节严重的话会被封店；二是有可能会被帮你炒信誉的人敲诈，增加不必要的麻烦。

10.6 案例演练

本章的案例演练部分包括使用 Photoshop 为人气商品添加文字标签和使用“甩手工具箱”软件制作商品主图视频等两个综合实例操作，用户通过练习从而巩固本章所学知识。

10.6.1 为人气商品添加标签

下面将通过案例介绍为淘宝店铺中人气商品制作标签的方法。

【例 10-5】 使用 Photoshop 为“人气商品”图片添加文字标签。视频+素材

STEP 01 启动 Photoshop，选择【文件】|【新建】命令，打开【新建】对话框创建一个(200×120)像素，分辨率为 72 像素，背景色为【透明】的空白图片文件。

STEP 02 选择【视图】|【标尺】命令显示标尺，然后按住鼠标左键从标尺中拖出横、竖两条辅助线至舞台中心，如图 10-33 所示。

STEP 03 在工具栏中单击【横排文本工具】按钮，在舞台中输入【镇店之宝】，并在窗口顶部的选项区域中设置文本的颜色值为【c70000】，如图 10-34 所示。

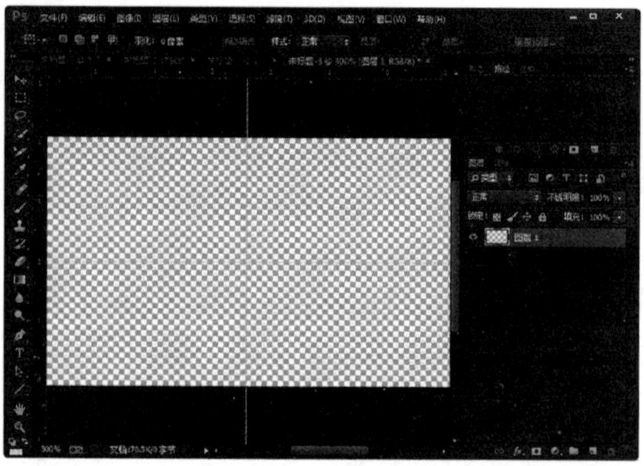

图 10-33 绘制辅助线

图 10-34 输入横排文本

STEP 04 在工具栏中单击【圆角矩形工具】按钮，在舞台中绘制一个圆角矩形，如图 10-35 所示。在【图层】面板中选中圆角矩形和文本图层，然后右击鼠标，在弹出的菜单中选择【合并图层】命令，合并图层。

STEP 05 右击合并后的图层，在弹出的菜单中选中【混合选项】对话框，选中【渐变叠加】选项卡，将【渐变】设置为【前景色到背景色渐变】，如图 10-36 所示。

STEP 06 单击【确定】按钮后，选择【滤镜】|【模糊】|【高斯模糊】命令，打开【高斯模糊】对话框，设置半径为 0.3 像素，如图 10-37 所示。

STEP 07 选择【图像】|【旋转图像】|【任意角度】命令，打开【旋转画布】对话框，在【角度】文本框中输入【-15】后，单击【确定】按钮。

STEP 08 删除舞台中的辅助线，按下 Ctrl+【-】缩小视图。选择【文件】|【存储】命令，将图片保存。

STEP 09 选择【文件】|【打开】命令，打开一张商品素材照片。选中制作好的【镇店之宝】文本，

在工具栏中单击【移动工具】按钮，将其拖动至商品素材图片中，并调整其位置。

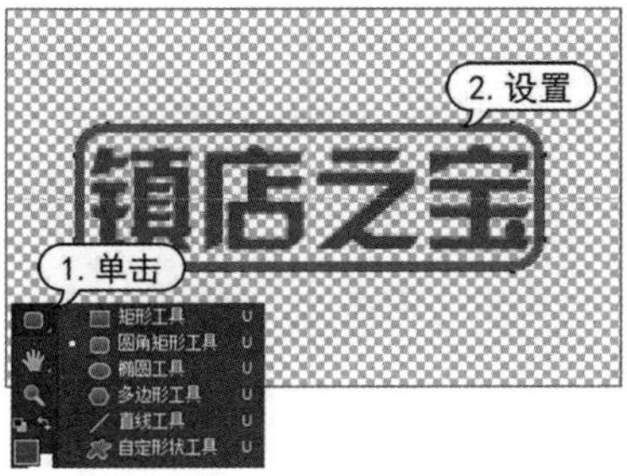

图 10-35　绘制圆角矩形

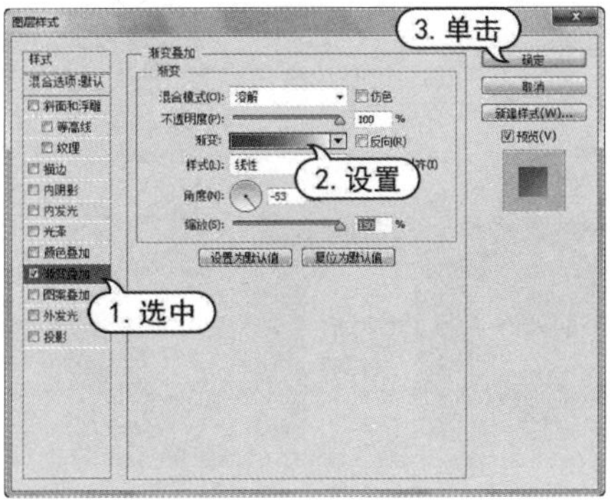

图 10-36　设置渐变参数

STEP 10 选择【文件】|【存储】命令，将商品素材文件保存，其效果如图 10-38 所示。

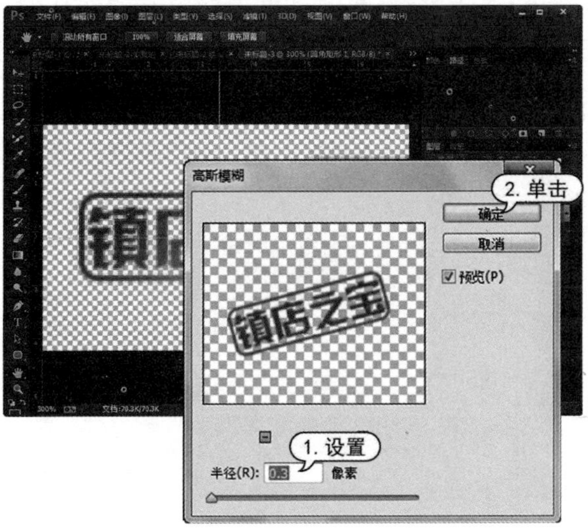

图 10-37　设置高斯模糊

图 10-38　商品图片添加标签效果

10.6.2　为商品制作主图视频

下面将介绍使用“甩手工具箱”软件为网店商品制作主图视频的方法。

【例 10-6】 使用“甩手工具箱”软件为网店商品制作一个主图视频。

STEP 01 启动并登录【甩手工具箱】软件，然后在该软件的起始页界面中单击【制作主图视频】按钮。

STEP 02 在打开的界面中选中【整店制作】单选按钮，然后在【请选择网店所在平台】选项区域中选中网店所在的购物平台，并在其下的文本框中输入网店链接地址，如图 10-39 所示。

STEP 03 单击【下一步】按钮，在打开的对话框中选择商品的分类。单击【选中分类商品】按钮，软件开始获取网店信息，稍等片刻后在打开的界面中选中需要制作主图视频的商品名称，然后单击【下一步】按钮，如图 10-40 所示。

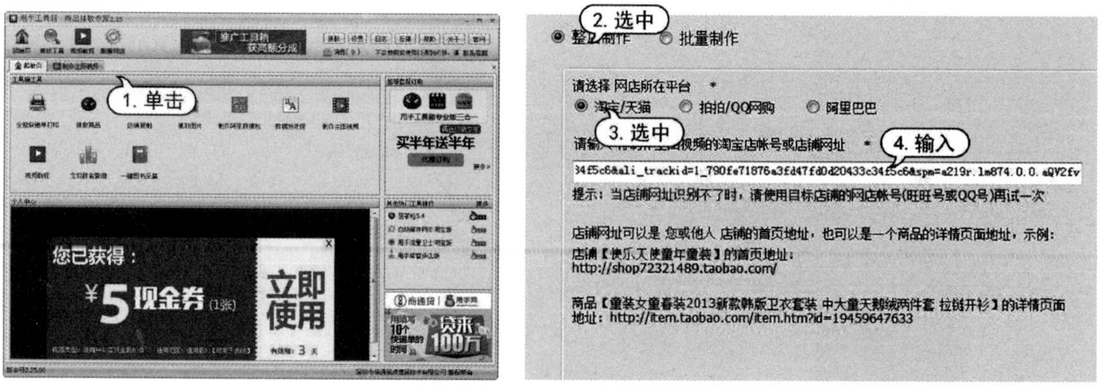

图 10-39　设置网店链接

STEP 04 此时，【甩手工具箱】软件将自动从网店中下载商品信息。稍等片刻后，在打开的界面中单击【更改设置】链接。

STEP 05 打开【设置视频所需图片及背景音乐】对话框，在该对话框中将显示软件从网店中下载到商品图片列表，用户可以单击图片下方【替换】按钮更换商品图片，或者单击【删除】按钮删除商品图片，如图 10-41 所示。

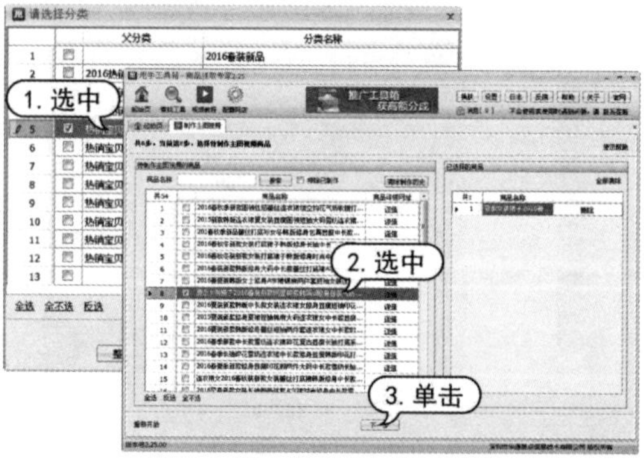

图 10-40　获取网店信息

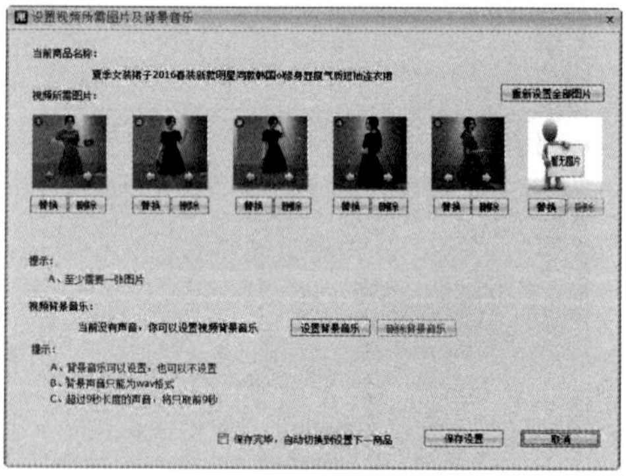

图 10-41　设置商品视频中显示的图片

STEP 06 单击【设置背景音乐】按钮，在打开的对话框中单击【请选择背景音乐】按钮，在弹出的下拉列表中选中【自定义选项】选项，如图 10-42 所示。

STEP 07 单击对话框后显示的【从本地电脑中选择】按钮，在打开的【打开】对话框中选中一个音乐文件后，单击【打开】按钮。

STEP 08 返回【设置背景音乐】对话框，单击【保存设置】按钮。返回【设置视频所需图片及背景音乐】对话框，单击【保存设置】按钮。

STEP 09 单击【下一步】按钮，在打开的界面中选择主图视频尺寸。

STEP 10 单击【下一步】按钮，完成主图视频的制作，单击界面中的【查看】链接可以在打开的窗口中查看视频效果，如图 10-43 所示。

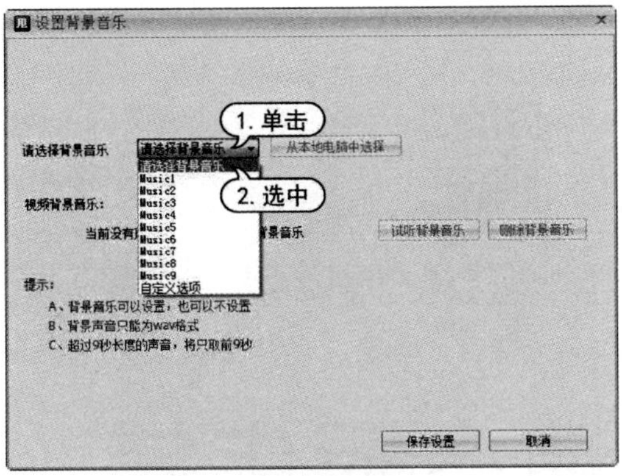

图 10-42　设置视频背景音乐

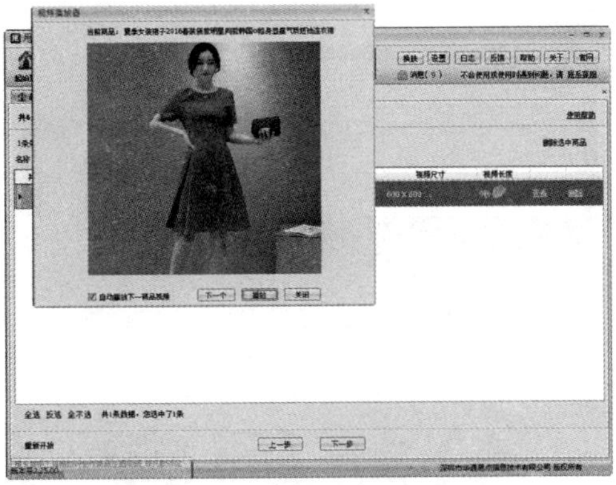

图 10-43　查看主图视频效果

STEP 11 继续单击【下一步】按钮，在打开的对话框中，可以设置主图视频的导出路径。

STEP 12 单击【确认导出】按钮，即可在设置的路径中创建一个名为【淘宝主图视频】的文件夹，制作的主图视频文件就保存在该文件夹中。

第 11 章

分析顾客，打造金冠店铺

网络打破了销售的界限，当全世界的人都能够浏览你的网店时，想要做到人尽皆知很难，想要人人都说“我想要”更难。所以，网店经营者们要将注意力集中在特定的几类人身上，去了解他们的想法，分析他们的需求，才能做到有的放矢。

对应的光盘视频

例 11-1 使用 Photoshop 制作“双十一”活动宣传广告图

例 11-2 使用 Photoshop 制作网店新年促销宣传海报

11.1 为什么要了解顾客的心理

知己知彼，百战百胜！作为网店的经营者想要对顾客进行有效的服务，就必须先了解客户是怎么想的。要分析买家的想法，我们可以先回头看看自己在买东西时的心理过程。

无论什么身份的顾客，在买东西时都会有一个考虑的过程。这个考虑的过程是人在购物时的心理活动。可能有些东西对我们而言不太重要，比如水，当一个人走在路上口渴了，随手买一瓶，2 块钱 2 瓶矿泉水，这个过程有没有相应的心理活动呢？有的！口渴，就是人的需求，想喝水是人付款买水的动机。想象一下，如果周围几公里之内都买不到水，而你几分钟之内就要到家了，你还会到处去找水买吗？因为这个例子涉及的钱非常少，所以很多人没经过考虑，下意识地就完成了买水这样一笔交易。但如果是买很贵的商品，例如珠宝、手机或者衣服呢？你就会深思熟虑，仔细比较。这里能够打动你、让你最终掏钱的原因，是能够契合你心理预期的事件，或者能够改变你的心理预期，让你的心理活动随着商家的行为而变化的事件。

所以说，所谓销售其实是一种导向，基于这种导向，销售商才能理解和把握消费者的心理，并以此来开发他们的表面需求以及潜在的需求。我们经营网店，在很多时候卖的仅仅是产品吗？不是的，是买家的需求！也就是说，网店中销售的不是店铺能够卖的东西，而是买家需要买的东西。

举个例子，淘宝网上的化妆品卖得特别好，是因为女生需要化妆品吗？是的，但是她们需要的其实是更“美丽、自信”这些看不见摸不到的想法。我们来对比一下下面两家店铺的宝贝描述，看看你可能会买哪一家店铺销售的宝贝。

- 欧珀莱时空美白防护乳，能解决“MM”们美白计划中的最大难题——对抗黑色素。黑色素正常的三个过程——“过去、现在、未来”。本产品能有效地针对黑色素，阻止可能发生的(未来)、控制已经产生的(现在)、淡化还原已经生成的(过去)，同时提升肌肤内部的保湿能力，恢复肌肤透白色泽。
- 欧珀莱时空美白防护乳，能改善日间因紫外线导致的肌肤损伤，并赋活肌肤使其恢复活力。三维美白强化精华，缔造透明亮丽白皙的肌肤。根据肌肤特点分为三种类型，夜用赋活液、夜用赋活乳和夜用赋活霜。使用方法：晚上使用化妆水调整肌肤后，用掌心或化妆棉取适量(液状、乳状 1mL)或用指尖取适量(霜状 0.6g)，均匀涂抹于面部。

这两个宝贝描述虽然形容的都是同一个品牌的产品，但是从销量上可以看出第一个宝贝的描述卖的数量比第二个宝贝要多得多，这是为什么呢？

其实，就这款产品而言，当买家搜索的时候，这两个商品在同一个分类下。本着货比三家的想法，买家往往会多打开处于同一个搜索结果页面的相同产品，这时第一个吸引买家研究的就是商品的图片，我们选择的这两个宝贝图片都是一样的。这时打动买家的是什么？更多的是价格和商品说明，其中最重要的部分是对商品本身的描述。我们发现，第一个宝贝描述侧重的是“对抗黑色素”这个女生们永恒不变的话题，深入浅出地描述了使用这个商品变白的过程；而第二个宝贝描述只是把商品说明书贴了上去，虽然描述了“根据肌肤的特点分为三种类型”，但是并没有指出本产品怎么让人变美、变白。另外，买家首先关心的是产品的效果，其次才会是怎么使用。所以第二个商品在宝贝描述上就输了一筹，自然卖得就没有第一个好。

11.2 网店最常见的顾客类型

网络打破了商品销售的边界，世界上所有的人都能够通过互联网浏览你的网店。虽然一般网店想要做到人尽皆知很难，做到人人都说“我想要”更难，但是如果网店的经营者能够将注意力集中在具体的几类人身上，也可以收获不小的影响力，实现店铺宣传效果最大化的目的。

11.2.1 理智型的顾客

此类买家的特点是：个人原则性强、购买速度较快、确认付款快。

理智型的买家一般受教育程度较高，在网上购物有原则、有规律。他们通常是在生活中很负责任的人，所以自己买东西也比较理智，大部分理智型买家在购物前会先研究自己要买的东西，逐一对比哪一种最适合自己，然后才选择购买。他们一般最关心商品本身的优缺点和自己是否需要，通常会本着对卖家负责的态度及时确认付款，并给予好评，而且会在好评里简单描述。

理智型的买家是大多数网店经营者最喜欢的买家。面对理智型买家时，卖家一定要做理性诉求。因为此类买家在购物前多数心中已有定论，所需要的只是卖家以自己的专业知识来分析产品的优势和劣势，从而帮助他们确定是否下决心付款购买。如果卖家强行向他们推销宣传，很容易引起这类买家的反感，而且如果无法以理性的态度处理问题，客户将认为卖家的专业知识不够，从而失去对店铺的信任。

另外，理智型买家通常会信守诺言，并同时会要求卖家也信守诺言，他们最重视的是卖家实事求是。

11.2.2 爱讲价的顾客

此类买家的特点是：讲价狠、爱挑剔、稍有不满意就会给店铺中评甚至差评。

我们先举一个淘宝论坛上卖家与贪婪型买家对话的例子。

顾客：你的牛仔裤质量怎么样啊？

卖家：衣服都是我亲自进货的，质量没问题的。

顾客：为什么人家才卖20多块钱，你要卖30多块钱？

卖家：我们的进货渠道不同，货的质量也有差别，所以价格自然不同。

顾客：那你家衣服质量有人家的好吗？

顾客：这个我不知道！人家的衣服我又没有看过，我只能说我家的衣服我认为质量是不错的。

顾客：是吗？那你便宜点吧(此后，经过漫长的讨价还价，买家还是拍下了两件商品，卖家为了赚取信用，咬牙卖给他了)。

顾客：你保证质量没问题吧？别人家可都比你的便宜，你的贵我还买你的，你的质量可得有保证(中间经过保证质量的漫长过程)！

顾客：我家快递一般都不到，你发圆通吧，我自己就用圆通(他也是个淘宝卖家)。

结果第二天发货后，因为快递的问题，货被退回来了，买家又抱怨卖家使用的快递不好，要求用其他快递重新发货，刚刚重新发货后……

顾客：那两件货我不想要了，这么多天还没到，感觉不好，你给我退款吧！

这件事情后面更加夸张，卖家退款后，买家却签收了衣服，然后跟卖家继续对衣服本身进行砍价，砍价过了很多天以后才重新汇款。

随着淘宝网不断发展壮大，这样的买家已经不是个例。有人说，看一个人的人品可以看他在淘宝网上给人的评价。古人也说过："文如其心"，其实买家在购买商品时的语言和行为都能表达他的性格和人品。淘宝网的文化是强调顾客至上，维护良好的网络购物环境，但在这个前提下，卖家们也需要擦亮眼睛来保护自己的利益。如以上案例所体现的那样，想赚贪婪型买家的钱并不容易。因为首先这类买家永远抱着不相信卖家的初衷开始购物，购买时他们最关注的是商品的价格，其次才是质量；而到评价时往往以各种理由挑剔，或者以差评、中评相威胁来获取赔偿。

对于贪婪型买家，如果店铺本身没有绝对自信的质量和服务优势，建议不要接下他们的生意。因为时间和人力对于网店经营而言都是成本，这样的买家，其贪婪往往没有止境，一味地满足他们的要求，店铺所耗费的精力要远远大于收益。如果一定要与他们进行交易，要注意保留旺旺聊天记录、照片、发货记录等证据。淘宝网是强调公平的平台，拥有证据能够说明一切。

11.2.3　被广告吸引的顾客

此类买家的特点是：不注重商品的质量和性能，但关注广告。

现在淘宝网上很大一部分的买家都是女性，女人的钱好赚，因为女人花钱太感性。女人自己也说："对，花钱可以带来快感(其实男人也一样)"。有这么一种买家，他们在网上购物时容易被一时冲动的意识战胜理智，经常买一些用不着的东西，广告及旁人的意见会影响他们的购物决定。这种买家在买东西时完全凭借一种无计划的、瞬间产生的强烈渴望，以直观感觉为主，新产品、新服务项目对他们的吸引力较大，年轻的男性买家在这类买家中所占的比例很大。由于这一类的顾客一般接触到第一件合适的商品就想买下，而不愿意反复做比较，因此他们能够很快做出购买的决定。

另外，由于冲动型买家在网上选购商品时，容易受到商品外观质量和广告宣传的影响，所以毫无疑问，做好商品的描述和店铺的装修就成了重头戏(人所获取的信息量 80%来源于视觉，就算不是冲动型的买家也喜欢逛漂亮的店铺)。

11.2.4　看重评价的顾客

此类买家的特点是：喜欢关注商品页面中其他买家对产品的评论。

舆论型买家有一个鲜明的特点，那就是他们愿意猜测别人的想法。此类买家不仅关心商品本身，还关心有多少别的买家买了这款商品，关心别人对商品的看法。

舆论型买家非常在意周围人对商品的评价，他们的购买行为常常受到他人意见的左右。例如，在淘宝网上，以前标题带有"瑞丽"字样的衣服非常好卖，现在带有"女人我最大"宣传标志的化妆品十分抢手，都是这个道理。

淘宝网提供的一个功能，可以让人看见别的买家在看某件商品时同时还看过什么商品，就是根据买家的"从众"心理而研发的。

既然舆论型买家的购物决定容易受到外部的刺激，那么网店客服就应该用积极的态度，给予此类买家强有力的正面暗示。在遇到此类买家时，客服不仅可以把商品的功能、外界的广告宣传尽量展示，还可以把商品销售以来其他买家给出的好评展示出来。

另外，淘宝网还有"超级买家秀"这个功能，很多淘宝旺铺会专门把"超级买家秀"作为一个页面展示出来，这都是为了增强买家的信心，从而促进店铺的生意。

11.2.5 自信心强的顾客

此类买家的特点是：在购物时花一分钱也要做“上帝”。

网络上有一些非常狂妄自大的买家，在购物时非常自信，认为在网上交易中自己最重要，自己的看法全部正确。这种买家往往会给人一种目中无人的感觉，在他们自己的世界里，他们是世界的统治者，因此买东西时一旦感觉受到了卖家的轻视，就会产生很强烈的抵触心理。

对于这样的买家，店铺经营者们要尽量顺从他们的意见，尽量让他们感受到卖家的重视。当此类买家在交易的过程中充“内行”时，卖家一定要沉住气，让他们畅所欲言，并尽量保持赞同，鼓励其继续说下去(买家得意忘形时是卖家最佳的推销时机)。

另外，给予此类买家 VIP 称号也是一种不错的做法。VIP 是 Very Important Person 的缩写，直译就是“非常重要的人”“重要人物”“大人物”，当这类买家享受到店铺的特殊待遇时，他们会更加容易产生心理的满足感，从而下决心购物。

实用技巧

VIP 型买家不满意时经常会说“你必须怎样怎样”“找你们老板来”之类的话，对于这种情况，比较有效的方法是给予绵里藏针的回复，一方面要在感情上给予安抚，另一方面要在适当让步的同时坚持原则。

11.2.6 谨慎型的顾客

此类买家的特点是：在购物时，凡事总会想“可靠吗”？

随着电子商务环境中交易可信度、物流配送和支付等方面的不断完善，越来越多的人加入网络购物的队伍中。但是与线下的实体交易相比，网络交易还有很大的不确定性。淘宝网每天都会有很多新买家加入网上购物的行列中，他们中有些人对网络交易通常会表现得疑虑重重，从而谨慎地挑选商品，在最后付款阶段也通常拿不定主意。

对于这样的买家，如果是在线下的实体店购物，销售人员可以通过观察顾客的表情，有针对性地鼓励他们，给他们营造一种安全、亲切的氛围。但是在淘宝网上，由于买家看不到卖家的表情，这种传统的做法未必能够奏效。此时，就需要卖家们通过网络聊天，让买家从文字和图片中感受到自己的“笑脸”。卖家可以与买家一起寻求彼此之间的共同点，首先让买家把自己当成朋友，从而排除他们的紧张情绪，尽量使他们放松下来，然后再通过中肯的介绍，向买家介绍店铺中的商品(注意不要夸大其词，否则会适得其反)。

另外，卖家还可以通过一些有力的证据向买家证明自己的实力。比如有的卖家把自己的进货单和实体发货单都拍照上传到网上。

11.2.7 有购物习惯的顾客

此类买家的特点是：到了一定时间，会自动产生购物的习惯。

在淘宝网中有些商品有一定的独特性，会让特定群体的买家形成一定的思维定式，不断重复地购买。此类习惯型买家可以分为两种。

- 行为习惯型买家：有些网络游戏玩家在淘宝网购买游戏点卡是习惯性的，他们在第一次通过店铺购买点卡后，往往出于方便，会凭借自己以往的习惯和经验持续购买，这种购买习惯不容易受到他人的影响，并且一般很少与卖家进行沟通，交易过程也非常迅速。
- 情绪习惯型买家：在淘宝网，很多店铺都有自己的“粉丝”，这些店铺大部分都提供“秒杀”

活动。店铺有活动时，新货上架后很短的时间内就被“抢购”一空，其交易记录都以秒为时间间隔，其顾客就是以情绪型买家为主。

实用技巧

习惯型买家是所有网店梦寐以求的追求对象。对于此类买家，卖家们必须保持住自己店铺产品的特性、品质及良好的服务，还必须经常了解客户购买和使用店铺商品的情况。

11.2.8　网店的忠实顾客

此类买家的特点是：他们是店铺最忠实的顾客。

所谓有感情的忠实型买家，指的是那些对个人感情看得极重，非常重视与卖家之间的交往的那一类网店顾客。此类买家的交往常常以亲情、热情和共同喜好为特征。

有研究发现，忠实型买家通常比深思熟虑的买家购买的东西更多，其流失的比率也比较低。因此，为了吸引更多的忠实型买家，网店打造符合店铺自身特点的品牌文化和情感氛围，也显得日益重要。互联网让人与人的交往显得更加容易，但却常常造成人与人之间直接接触机会的丧失。让买家认为其与店铺经营者之间的关系已经超越了交易本身，是吸引忠实型买家的关键。

实用技巧

店铺掌柜们可以通过交流与忠实型买家逐渐熟识，然后通过全身心投入谈话并且保持自己的个性，抓住与此类买家的联系，最终贴近买家的内心。

11.2.9　随意型顾客

此类买家的特点是：人比较老实，沟通时好商量。

随意型买家或者缺乏网购经验，或者平时购物时不太有主见，往往随意购买或者奉命购物。此类买家一般情况下喜欢得到别人的指点，尤其是得到网店客服的帮助，也乐于听取客服的介绍和建议，因为他们对商品通常都不会过多挑剔，所以很少亲自去检查和查证产品的质量。

淘宝网很早就发现了随意型买家的购物特点，在其页面中提供了“掌柜热卖”功能。在购物页面的下方，网站会向买家自动推荐与当前浏览商品相关的其他产品。同时，淘宝网还提供了“橱窗推荐”功能，当买家选择根据类目搜索某种商品时，橱窗推荐商品就会出现在页面中。橱窗推荐商品就和商店外摆放的货物一样，更容易被顾客看到。

另外，淘宝网还提供了多种收费推广模式，例如直通车竞价排名等，这都是利用了“推荐”功能。

如果买家已经选择了你的店铺，但是却不知道自己到底要买什么产品而咨询客服，那么能不能留住客户的关键就在于能否提供中肯而有效的建议。随意型买家通常在购物时自己拿不定主意，所以客服可以视情况而定帮助他们下决定，如此既可以节约时间，又能够增加买家对店铺的信心。

11.3　人们购物时在想什么

在淘宝网店中，我们出售的实际上是买家的需求。买家的需求反映在他们所购买的产品上、表现在购物的过程中，但是究其根源，却在其心理活动。只有知其所想，卖家们才能有所作为。

11.3.1 顾客购物的心理过程

实际情况下，买家每一次购物行为的产生都是一次选择，对卖家而言，这个选择有多个维度，有买家在多个卖家店铺间纵向的选择，也有买家在同一家店铺中横向的选择，或者有对一次交易中"是"与"否"的判断。有很多卖家都有疑问：别人想什么我怎么可能知道？其实，所有人在决策的过程中通常都会有一个心理过程：问题认知、搜寻信息、评价备选方案、购买决策和购买后评价。

下面我们将结合淘宝网销售实例来分析买家购物的心理过程。

1. 问题认知

问题认知是买家购物的第一步，所谓认知，是理想状态和现实状态的区别。例如，想谈恋爱（理想状态）和暂时没有对象（现实状态）的区别；再如，某人想成功致富（理想状态）和他每天朝九晚五挣固定工资（现实状态）的区别。

当买家认识到自己有某种需要时，是其购物决策过程的开始，这种需要可能是由内在的生理原因引起的，也可能是由外界的刺激引起的。如上面提到的两个例子，因为有了现实与理想的区别，所以会引起决策的下一步行动（比如少女去寻找心仪的对象，某人开始努力创业等行动）。买家在网上购物时，其认知有主动与被动之分。

- 主动认知：例如，在淘宝网上有一款商品广告描述写道"Lancome 兰蔻超性感放电睫毛膏防水型 6.5 mL 晶钻限量版"，就是激发买家的主动认知，让女人在眼睛"性感""放电"（理想状态）和"眼睛看上去不大、不够迷人"（现实状态）的对比中，发现购物的需求。
- 被动认知：例如在淘宝网上有一款商品，通过宣传"别人都有，肯定很好很特别，因此我也要有"的心理状态，来激发买家的购买欲望。商品的标题和商品图片，利用热播电视节目《女人我最大》来激发买家的被动认知。

2. 搜寻信息

所谓搜寻信息指的是通过各种渠道了解来满足人的认知需要。买家在购物时的信息来源于哪些方面？如果我们回忆一下自己购买产品的过程，就会发现信息的来源大同小异，其主要途径来自 4 个方面：个人来源、商业来源、公共来源和经验来源。

- 个人来源主要指从家庭、亲友、邻居、同事等处获得的信息。
- 商业来源指的是来源于广告、推销员、分销商等处的信息。
- 公共来源包括大众传播媒体、网络、消费者组织等。例如，在网店介绍中写本店店主荣获"十年老店信誉"称号，通过媒体认可的力量使买家搜寻到店铺。
- 经验来源包括操作、实验和使用产品的经验等。例如，在商品页面中显示产品在一个月内累计销售多少件，同时能够看见多少评价。这些数据对新买家通常具有一定的影响力。

3. 评价备选方案

买家通过各种途径得到的商品相关信息可能是重复的，甚至可能是互相矛盾的。因此，在一般买家的心中他们还会有一个对所需要的信息进行分析、评估和选择的过程。这是买家决策过程中的关键环节。通常情况下，普通买家会使用以下几种选择方法。

- 连接式选择：买家会在心里设计一个最低标准，不符合最低标准条件的产品就会被排除。

例如,买家内在需求是要购买能穿在套装内,带上项链后可以露出锁骨的打底衫。通过搜索得到结果后,大多数打底衫都是高领的,那么买家在选择其他 U 形领打底衫的情况下就会选择购买她所看到的第一件符合心理预期的款式,尽管这件衣服的款式她有可能并不十分满意。

- 析取式选择:买家会选择购买在任意一个他认为重要的属性上表现出色的产品。例如购买电脑,在价格、性能、重量、售后服务、显示质量、送货快慢这些购买因素中,价格和性能是最重要的,性价比高的品牌往往更受重视。
- 排除式选择:当买家认为一款产品具有其他产品不具备的重要因素时,这件商品即使价格比其他商品高,也会被买家选择购买。例如,刚刚上市时的 iPhone 手机。
- 编纂式选择:这种选择方式要求卖家把购物需求按评价标准的重要程度排序,然后选择最重要属性中表现最好的产品,如果有两个或两个以上的产品在重要属性上同等重要,那么可以在评价标准中选择最好的一个。例如,一款拉丁舞鞋,买家通过搜索后得到不同价格、不同款式的几种产品,其中通过分析发现,48 元的舞鞋最热销,这款舞鞋在第一评价质量和舒适度上给人的直观感觉和相关证明,是其他同类产品不能比的,同时在第二评价价格和售后上占据优势。此时,买家的评价选择就是以 48 元为最高价格标准,寻找更低价格的产品,在没有比 48 元更低的价格时,这双 48 元的舞鞋就是买家的最佳选择。
- 补偿式选择:这种选择的方法是,买家在产品好的属性和不好的属性上做某种平衡。这个概念比较复杂,在实际购物中常常出现。例如,驱蚊草和驱蚊器的功能类似,但价格与形态却有区别,可能有买家觉得驱蚊器携带方便,但是最后因为便宜、环保等因素,最终购买了驱蚊草(这些心理活动在对比产品属性时起到了补偿的作用)。
- 情感式选择:这种选择完全来自于买家对特定产品的感情因素。例如,一家网店的店主拥有大量粉丝,而她在店铺中使用自己的真人照片展示店中的商品时,自然会有人因为自己对店主本人的感情,选择购买。

4. 购买决策

分析买家购物的过程中的心理活动时,评价备选方案是最重要的环节,随之而来的就是卖家的购买决策。在评价结束后,买家已经有了初步意向性的购买决策,需要卖家方面给予正面的鼓励。例如,与朋友一起逛街时,朋友评价你试穿的某件衣服特别好看,可能你购买时会对这件衣服特别在意,反之,哪怕自己已经看好一款衣服,如果朋友们都反对,你也可能因此而改变购买这款衣服的意图(私下关系越好的朋友提出的建议越容易受到重视)。在淘宝网购物时的买家也是如此,其他人对商品的中、差评,以及别人观看商品的态度,都可能对买家的购买活动产生影响。

实用技巧

如果买家在网上购物时发生意外情况,例如急需、意外涨价、断货等,也可能会改变买家的购买意向。

5. 购买后评价

买家在买到任何商品后都会在心里对此次消费做出评价。他们的满意程度往往并不是取决于产品和服务的优劣,而是取决于对产品和服务的预期。这就是为什么我们经常看到有些商品买家的评价是毁誉参半。在购物过程中的满意程度能够影响买家下一步的决策,是继续购买还是申请退货、拒绝购买等，同时也会影响买家对其他买家的态度和影响，甚至形成所谓的多米诺骨牌效应，影响更大范围的其他买家。

11.3.2 针对顾客心理进行沟通

下面我们将针对不同的买家心理，简述沟通的方法。

1. 疑虑心理

由于网上购物的特殊性，买家只能通过文字说明和图片展示对商品进行了解，对卖家也只能通过阿里旺旺、QQ或电话进行了解，因而对商品的质量、性能和售后都心存疑虑。对于持有这种心理的买家，客服人员在与其沟通时，一定要有耐心。

2. 便利心理

便利的购物方法、快捷的购物方式和及时的送货服务，使得网上购物成为主要的购物方式之一。对于一些熟悉网购的买家来说，不需要导购员花太多的精力来介绍购买流程，只要卖家提供优质的商品和良好的客户服务就可以赢得买家的认可。然后再附赠一些店铺宣传的精致小礼品，这样可以更好地吸引此类买家。

3. 求廉价心理

网店物品比商场里面的物品便宜实惠是毋庸置疑的，这也是很大一部分消费者选择网上购物的重要原因之一。许多买家都希望"花最少的钱买到最好的商品"，与这类买家沟通时，导购员要做好讨价还价的准备，在自己的承受范围内，价格上尽量迎合买家，沟通过程中不要扭扭捏捏说客套话，成交的概率会非常高。这类买家其实也是卖家最想遇到的，他们已经存在购买的心理。一般来说，稍微让些利，不需要多费口舌即可促成一笔生意。

4. 求名心理

一般选择品牌商品的买家对品牌本身有一种偏好，对其质量也有一种信赖感，导购员可以充分利用这类买家的求名心理和品牌本身的优势进行营销。而卖家要做的就是要使用比普通店铺更加大气的旺铺，定义项目要更为丰富，能衬托出品牌形象，而一些描述性的文字和图片可以由厂家提供，在价格上基本上采用一口价的形式。购买这类商品的买家只要商品质量有保证，对于价钱不会有太多的异议。

5. 求美心理

爱美是人的本能和普遍要求，对于求美心理的买家而言，商品的风格和个性化比商品的实用价值更为重要，他们不仅关注商品的价格、质量和服务，对于商品的包装、款式和颜色等也同样看重。面对这类买家，除了店铺本身的商品要"新、奇、特"外，还可以在商品的描述或标题中加入"礼盒""礼物"或应景的节假日名，如"圣诞礼物""情人节惊喜"等关键字。

6. 猎奇心理

谁能吸引更多的眼球，谁就赢得了市场。人们对于新奇事物往往具有强烈的好奇心，而对新颖的商品也是如此。对于经营此类商品的卖家来说，在淘宝社区或者各种潜在客户聚集的论坛发表标题新颖、诱人的软文，或者以旺旺群发消息等方式进行推广，是一种不错的方法。

7. 从众心理

很多买家容易受到周围环境的影响而存在一种仿效式的购物心理，对于这类买家，导购员需要主动出击，利用一些生动、大众化的词汇，例如"许多""受欢迎"等来介绍商品。

8. 新手买家心理

对于新接触网上购物的买家,他们对于商品缺乏全面了解,很可能是被一些宣传广告所吸引,这类买家一般疑问很多,而且依赖性很强,可以说是让导购员最头疼的一类买家,但事物都是有两面性的,一旦帮助这类买家很好地解决了实际问题,他们很容易成为店铺的忠实消费者。作为导购员,需要耐心地解答这类买家提出的问题,问清他们的真正需求,另外特别要对可能会产生误会的问题事先给予说明,以免日后产生交易纠纷。

9. 成熟买家心理

这类顾客对于网络购物已经十分熟悉,有很强的自主性,他们选择商品无非就是考虑价钱和售后两个问题。导购员和这类买家沟通,不要夸夸其谈,要有针对性地解答其提出的疑问,不确定的问题最好咨询清楚之后再答复。不懂装懂,反而让顾客感觉到你不够实在,容易产生交易纠纷。

11.4 与网店顾客接触的技巧

每位店铺卖家都希望自己网店的生意能更好一点,但是不知道大家有没有碰到过这类情况,那就是本来买家已经很看重自己的宝贝了,但是跟店铺的客服聊了一段时间后买家突然不感兴趣了,不想购买了,这到底是怎么回事呢?其实任何事情都是有技巧的,就算你的店铺有很大的流量,但如果客服在与买家接触时没有一定的沟通技巧,同样交易量还是上不来的,更何况现在很多店铺本身流量就很少,所以与买家交流的技巧就更为重要了。

11.4.1 把顾客当作情人追

以前很多人会说顾客是上帝,但不久以前有人提出一个新的说法:顾客不是上帝,因为上帝是万能的,上帝没有需求;而顾客对店铺永远是有需求的,所以顾客应该是我们的情人,成功的店主应该把买家当做情人来追求。

马云曾经说过,对于创业者而言,“今天很艰苦,明天更艰苦,后天很灿烂,但大多数人都死在明天晚上。”在淘宝网上,每 100 家店铺中才能存活一家,在如此激烈的竞争中想要生存,就一定要注重买家的感受,注重买家而不是卖家的想法。

例如,有些店主可能会问我下面这样的问题。

店主:我的淘宝店铺你看过,装修得漂亮不漂亮?

我:我承认店铺很漂亮。

店主:宝贝便宜不便宜?

我:我也承认便宜。

店主:可我为什么没有生意?

这时,我往往会跟他说:“我承认你做得非常出色,但是这些都是你作为卖家的想法。如果我是买家的话,你告诉我,你店里有没有一样东西我必须要买,不买我就会后悔,会郁闷得睡不着?”

店主:没有!

我:有没有一样东西,看过让我过目不忘,即使我用不到,我也会想到买过来送人?

店主:没有。

我:有没有那么一帮顾客,他们发誓非跟着你不可,非要在你的店铺里买东西,而且会拖家带口地让别人也买你店里的东西？

店主：没有……

其实，只要把顾客当做情人来追求，大部分顾客都会被你打动。这里“情人”的含义是Lover，是爱人的意思。在淘宝网上，买家找到你的商品，并不是为了取悦卖家，而是为了得到卖家的讨好，需要卖家以十倍于追求情人的热情，精确了解买家的想法，找准顾客，精准地介入他购买和更新产品的愿望，只有紧紧抓住每一次机会，用心地为买家服务，真心地关心买家的需求，才能获得他们的欢心，同时实现销售的目的。

11.4.2 让顾客牢牢记住店铺

在当今的市场中，激烈的竞争下店铺的服务仅仅停留在让顾客满意的层次上是不够的。实际上，当顾客在向卖家付款时，就已经向店铺预约了他的满意，如果店铺所做的让他满意，对于顾客而言是理所应当的，并不会使他特别感动。那么怎样才能让顾客永远记住店铺呢？答案是，要向顾客提供前所未有的惊喜和感动。

有经营网店的朋友说：“惊喜嘛，很容易的！”他们举出了一些例子，我们一起来分析一下这些算不算给予顾客惊喜。

【实例 A】

有一位店主在自己的微博中写道：

淘宝有惊喜哦！

为迎接春节，即日起至本月末本人淘宝店举行以下活动。

- 任购一款商品均有“小礼品”相赠。
- 全场免快递费。

还等什么？赶快行动吧！

韩版服装，质量上乘，至今没有出现过质量问题，相册中上传了几种款式。更多精品请访问本人淘宝店选购。

以上例子的店主给出的惊喜内容是什么呢？我们发现是“有赠送礼品”和“免快递费”。大家可以分析一下，这可以算是惊喜吗？答案是不算，因为在顾客从店中购买商品的时候，他们就已经知道他们享有的优惠，而且这些优惠其他店铺可能也都做到了。所以这些并不能让顾客们“牢记”的行为不算惊喜。

【实例 B】

有一位买家发现有可以定制服装的淘宝网店，于是在和店铺掌柜沟通后定制了一款衣服。由于是定制，所以买家非常担心衣服的质量和版型。该淘宝店上注明了定制服装需要 7 天时间，到了第 6 天买家就开始催对方发货，卖家一直耐心解释，但是买家发现第 8 天了卖家还没有更改物流状态，所以就认为卖家是在敷衍，积着怨气要给个差评。查到东西发出后迟迟没有收到，买家在这个过程中一直向卖家唠叨，发现商品被公司签收后更是火冒三丈，心里盘算着一定要给差评。

结果买家发现衣服的面料非常好，是纯羊毛的，做工也很精细，连多余的线头都找不到。随衣服邮寄来的还有很多其他颜色的色板布料(当初买家难以决定要灰色还是黑色，为了保险要了一套黑色的，所以店铺掌柜很周到地给买家寄来了灰色、白色、深蓝色的布料样本)。买家换上衣服后发现，从来没有穿过这么合身的衣服！结果可想而知，买家马上就给掌柜付款，并细心评价，把从开始处心积虑要给店铺差评，到最后收到货品实物后的欣喜全写在了评价里。

在这个案例里大家会发现，因为买家不确定定制的服装是否合身，所以衣服质量非常好取得了比正常销售更好的效果，同时，寄来的色板布料是买家在购买时没有预料到的，而且刚好又贴近买家的需求，也能起到促进买家下一次购买的作用。可见，在交易的过程中让顾客获得惊喜才是争取回头客的有效方法。

上面举的两个例子都是在商品和服务上给予买家惊喜的案例，下面我们再举一个在情感上给予买家惊喜的例子。

【实例 C】

一个为女朋友在网上买鲜花的买家，在购买的过程中他向店铺提出一个额外的要求：附带"白蛋"(就是煮熟的白鸡蛋)，因为他女朋友在过生日的时候，妈妈都会煮两个鸡蛋给她，对于这个女孩子来说，男朋友定制的鲜花可能会在她的意料之内，但是绝对不会想到也可以吃到手工煮的鸡蛋(妈妈的味道)，这个"白蛋"就是男朋友给予她准备的惊喜。那么作为鲜花店的卖家，如何为这笔生意制作惊喜呢？

卖家煮了 6 个鸡蛋，同时在上面写上"祝你生日快乐"，并放在一个精致的包装盒子里，同时拍了照片发给了买家。这样的服务也是出乎买家意料的，在店铺给予买家惊喜和感动的同时，买家也给予了卖家最大的回报：不仅给予店铺高度的好评，并且特意回到店铺首页留言并推荐卖家，甚至此后该买家每逢节日必定会到这家店铺问候卖家，从而产生了朋友一般的亲密关系，成为店铺最忠实的顾客之一。

实用技巧

综合上面的实例可以看出，一个惊喜大于 N 个满意——获得并保持顾客的关键是给予顾客惊喜。惊喜的瞬间是体验经济中最需要营造的，也是最重要的。

11.4.3　新顾客拒绝产品的理由

新顾客在拒绝店铺中的一个产品时，一般有以下几种理由。

- 买家不相信或者不知道产品的品质如何。买家对产品的感知完全来自于文字和图片，如果图片不清晰、不真实，商品说明不详细或者夸大其词，都有可能让买家感觉此产品不宜购买。
- 买家对商品的价格不认同。淘宝网以前给大家的感觉是"就是便宜"，价格拼的非常厉害，假货鱼目混珠，这样其实并不利于淘宝网的深度发展。现在淘宝提倡的思想是"物有所值"，这个"值"就是值得，很多客户拒绝商品，或者买后差评的原因就是因为感觉"不值"。
- 买家不满意服务态度。买家往往不敢买低信用网店的商品，但是对信用高的店铺尤其是皇冠店提出了更高的服务上的要求。作为一个新买家，看到这些店铺服务不好的时候，往往会产生更强烈的反感心理。
- 买家对店铺本身的综合感觉不满。例如，有两家店铺都出售茶叶，都出售西湖龙井，价格也基本相似，但是其中一家给人的感觉更专业、信誉更高、服务更有保障、茶叶品质更好，因此相比另外一家店铺更能够吸引买家的注意力。

11.4.4　老顾客流失的常见原因

在经营网店时，老顾客会因为哪些原因离开店铺呢？网店获得一个新客户的成本是保留一个老客户成本的 5 倍，而且一个不满意的客户平均可能会影响 5 个人，以此类推，每失去一个顾客，就意味着失去了一群顾客，其口碑效应的影响是巨大的。客户流失，通常是因为出现以下几种情况。

- 店铺人员流动导致客户流失。淘宝网店一般准入门槛极低，店铺招聘来的客服往往工作时间无法长久，他们一旦掌握了全部的经营方法，很可能会另起炉灶自己开店，有时还会带走店铺一定的客源。
- 竞争对手夺走客户。例如在某城市本地花卉市场的总销量是基本固定的，由于竞争对手不断增加，分走了每个人的部分市场份额。
- 市场波动导致顾客流失。例如某皇冠店铺因供货商突然倒闭，或者进价大幅提高不得不提高商品的价格。
- 细节的疏忽使顾客离去。例如一个买家一直购买店铺中的商品，均送到同一地址，某次依然购买该产品但要求更换地址，而店铺没有认真核对，出现了错误却不自知，给客户带来了很大麻烦，这就很可能失去这个客户。
- 诚信问题导致顾客流失。例如买家在收货时发现店铺承诺附赠的商品没有发出，而店铺卖家却不承认少发了货物，导致买家将自己的不满放大化，最终给出了中差评，可以想象这个买家今后可能再也不会在这家店铺购物了。
- 店大欺客，客户不堪承受压力而流失。有些网店的发货量很大，经营规模扩大后，出台了很多所谓的"霸王条款"，如不能退换货、不能代查快递等，对于店铺的老顾客而言这些变化是不能被接受的。
- 管理不平衡，使中小客户流失。比如对购物金额较少的客户态度冷漠。这样做不利于客户关系的管理，今天购物较少的顾客还有潜在购买力等待开发，而且新客户可以选择你的店铺，但已经离去的老客户却不会轻易回头。
- 自然流失。例如店铺疏忽了和该顾客的联系，再如男性客户可能购买孕妇装给妻子、姐妹，但是几年后就未必有类似的需求。

实用技巧

综上可见，店铺最可怕的事情不是买家没有选择你的理由，而是买家有拒绝你的理由。作为淘宝网上的 C2C、B2C 卖家们，出售的不仅是商品，还有服务和体检，这些都是建立在客户体验上的无价之宝，要力争实现"零客户流失"目标，即抓住、留住每一个能给网店带来利润的客户。

11.5 案例演练

本章的案例演练部分包括使用 Photoshop 制作网店"双十一"活动宣传广告图和商品促销图等两个综合实例操作，用户通过练习从而巩固本书所学知识。

11.5.1 制作"双十一"宣传图

下面将介绍使用 Photoshop 制作"双十一"活动宣传广告图的方法。

【例 11-1】 使用 Photoshop 制作"双十一"活动宣传广告图。视频+素材

STEP 01 启动 Photoshop，选择【文件】|【新建】命令，打开【新建】对话框，在【名称】文本框中输入【广告图】，将【宽度】设置为 1 920 像素，高度设置为 600 像素，然后单击【确定】按钮，如图 11-1 所示。

STEP 02 选择【编辑】|【填充】命令，打开【填充】对话框，单击【使用】下拉列表按钮，在弹出的列

表中选中【颜色】选项，如图 11-2 所示。

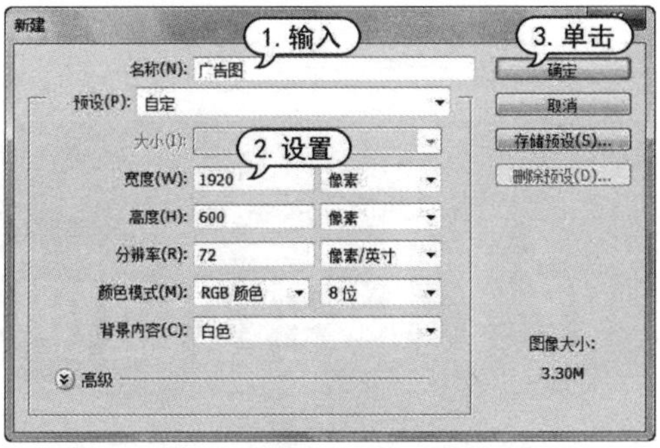

图 11-1　【新建】对话框

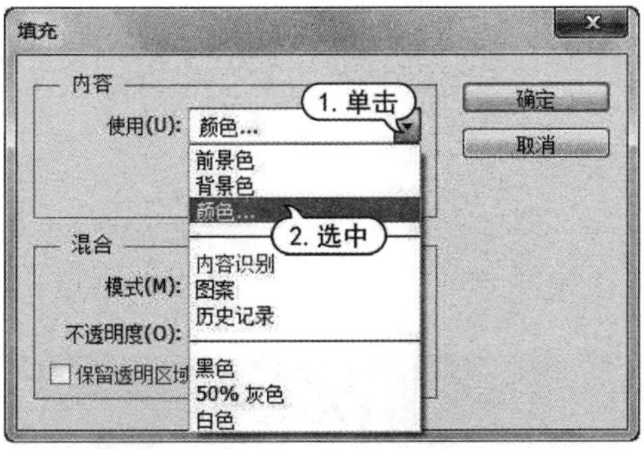

图 11-2　设置填充

STEP 03 打开【拾色器】对话框，将填充颜色设置为【＃ffd941】，单击【确定】按钮，如图 11-3 所示。

STEP 04 返回【填充】对话框，单击【确定】按钮，为创建的图像文件设置如图 11-4 所示的背景填充颜色。

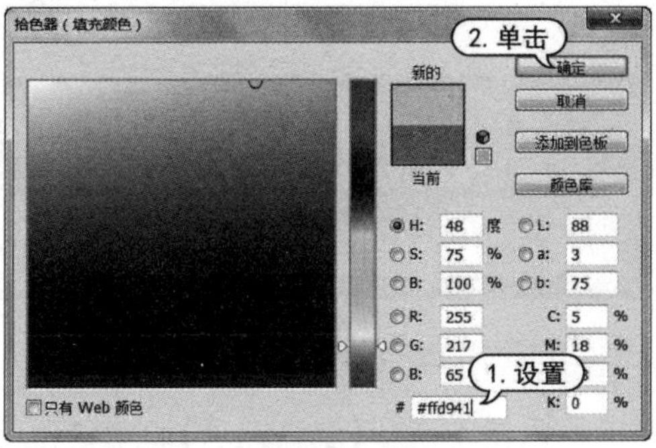

图 11-3　【拾色器】对话框

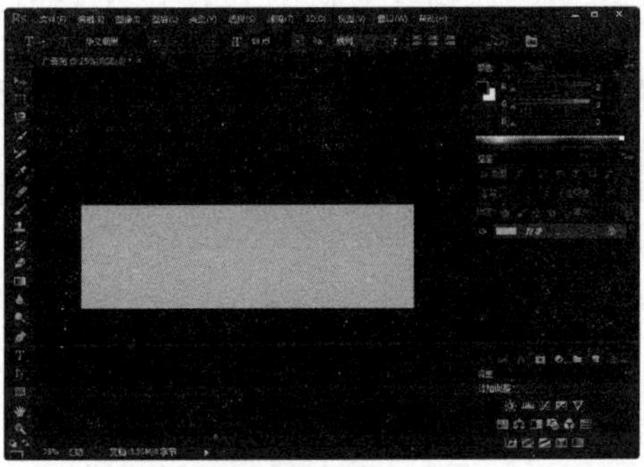

图 11-4　图像背景填充效果

STEP 05 按下 Ctrl＋R 组合键显示标尺，然后将鼠标指针移动至窗口左侧的标尺刻度条拖动，在舞台中创建如图 11-5 所示的辅助线。

STEP 06 在工具栏中单击【椭圆工具】按钮，在舞台中绘制如图 11-6 所示的椭圆，并设置填充颜色为【＃ae1c0d】。

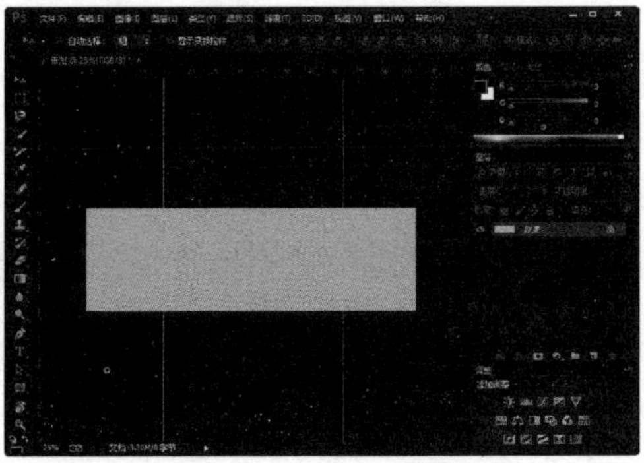

图 11-5　创建辅助线

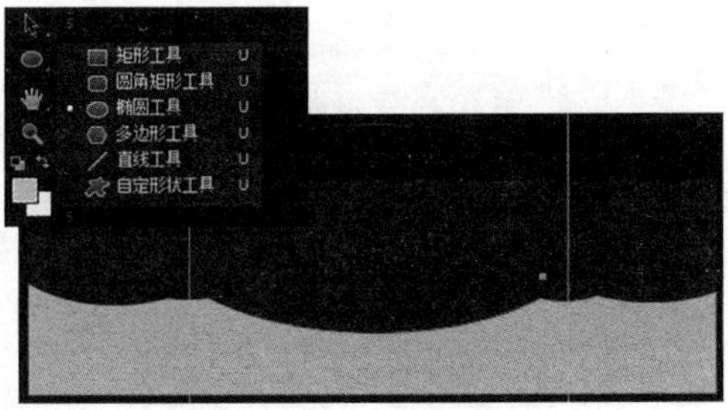

图 11-6　绘制椭圆图形

STEP 07 在工具栏中单击【横排文字工具】按钮，在舞台中输入如图 11-7 所示文本，并在窗口顶部设置文本格式。

STEP 08 重复以上操作，在舞台中输入其他文本，并设置文本格式，如图 11-8 所示。

图 11-7 输入文本

图 11-8 宣传文本设置效果

STEP 09 在工具栏中单击【矩形工具】按钮，在舞台中绘制如图 11-9 所示的矩形。

STEP 10 选中绘制的矩形，选择【编辑】|【变换】|【扭曲】命令，调整矩形的形状，如图 11-10 所示。

图 11-9 绘制矩形

图 11-10 扭曲图形

STEP 11 在【图层】面板中右击【矩形 1】图层，在弹出的菜单中选择【混合选项】命令，打开【图层样式】对话框。

STEP 12 在【图层样式】对话框中选中【投影】选项，然后参考图 11-11 所示设置对话框右侧显示的选项区域。

STEP 13 单击【确定】按钮，为舞台中的矩形图形设置投影效果，如图 11-12 所示。

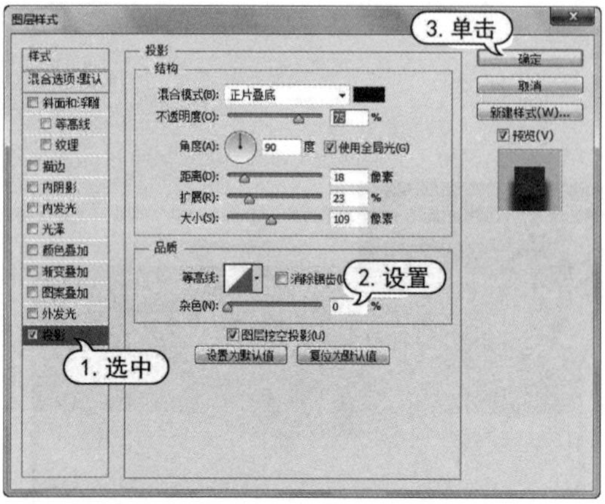

图 11-11 【图层样式】对话框

图 11-12 图形的投影效果

STEP 14 在【图层】面板中选中【矩形 1】图层，然后单击【填充】下拉列表按钮，调整弹出的滑块，设置填充参数，如图 11-13 所示。

STEP 15 在工具栏中单击【横排文字工具】按钮T，在舞台中输入活动宣传文本，如图 11-14 所示。

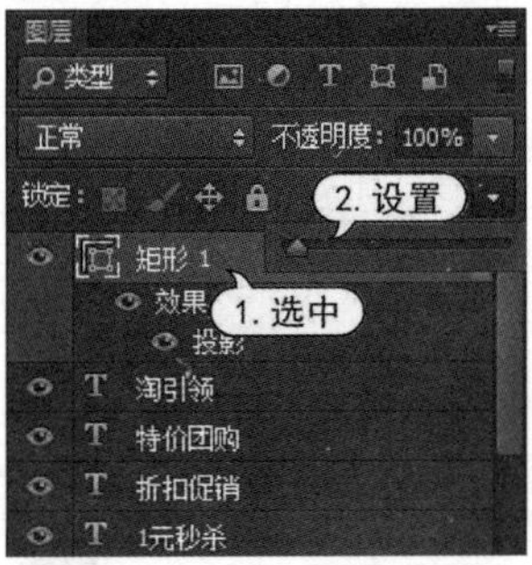

图 11-13　设置图层填充参数

图 11-14　输入活动宣传文本

STEP 16 在【图层】面板中选中并右击文本【敬请期待】所在的图层，在弹出的菜单中选择【混合选项】命令。

STEP 17 打开【图层样式】对话框，选中【描边】选项卡，设置【大小】参数为 3 像素，然后单击【颜色】按钮，如图 11-15 所示。

STEP 18 打开【拾色器】对话框，设置描边颜色为【ff0707】，然后单击【确定】按钮，如图 11-16 所示。

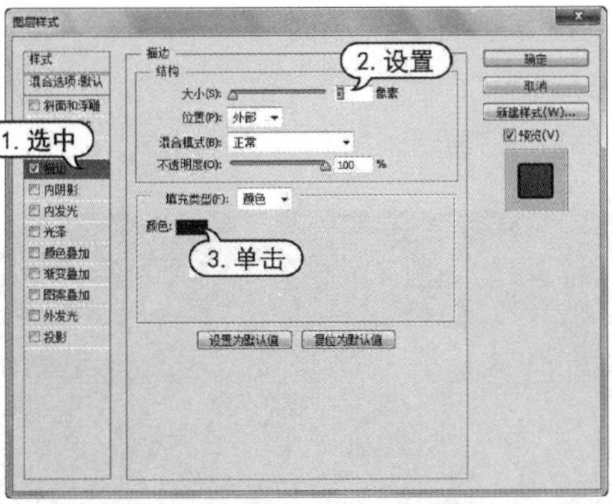

图 11-15　设置描边效果

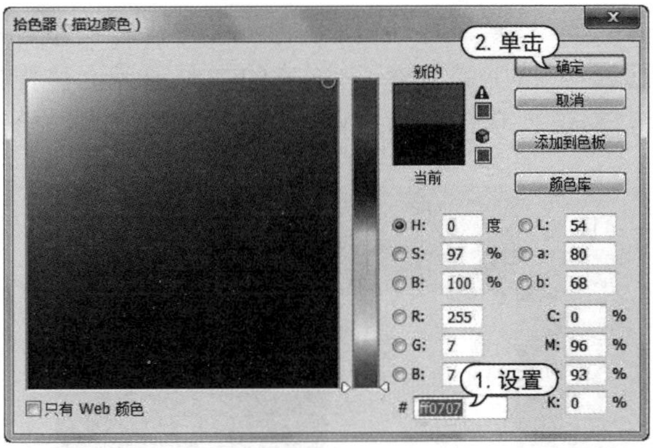

图 11-16　【拾色器】对话框

STEP 19 返回【图层样式】对话框后，单击【确定】按钮。

STEP 20 在【图层】面板中选中所有图层，然后按下 Ctrl + E 组合键合并所有图层。选择【文件】|【存储】命令，将制作的图片文件保存。

实用技巧

完成以上操作后，用户还可以根据“双十一”活动的具体需求，在广告图片辅助线的左右两侧添加具体的商品图片。

11.5.2 制作新年促销宣传图

下面将介绍使用 Photoshop 为淘宝网店制作新年促销宣传图的方法。

【例 11-2】 使用 Photoshop 制作网店新年促销宣传海报。视频+素材

STEP 01 启动 Photoshop 后，选择【文件】|【新建】命令，打开【新建】对话框，然后参考图 11-17 所示设置对话框中各项参数。

STEP 02 单击【确定】按钮，在 Photoshop 中创建一个空白图片文件。

STEP 03 选择【文件】|【置入】命令，打开【置入】对话框，选中一个图像素材后，单击【置入】按钮，如图 11-18 所示。

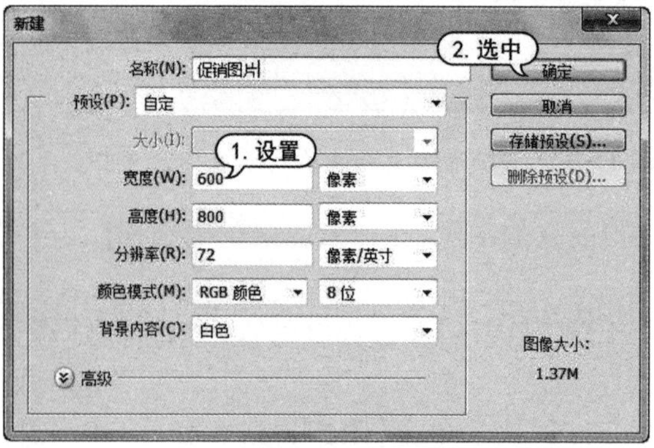

图 11-17 【新建】对话框

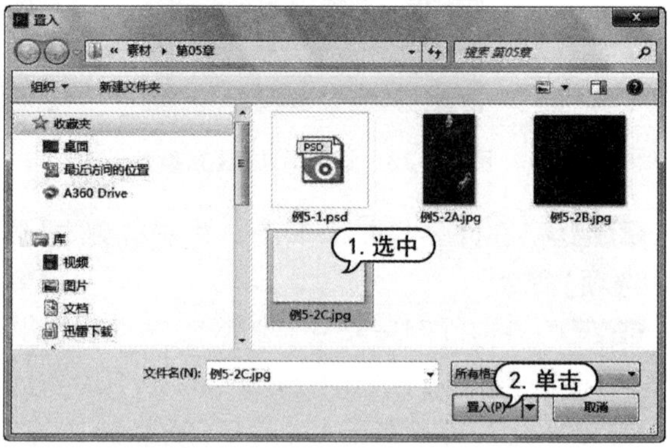

图 11-18 【置入】对话框

STEP 04 将素材图片置入舞台后，将其调整为与空白图片一样的大小，如图 11-19 所示。

STEP 05 按下回车键，为创建的空白图片设置背景图像。

STEP 06 选择【文件】|【打开】命令，打开商品照片，如图 11-20 所示。

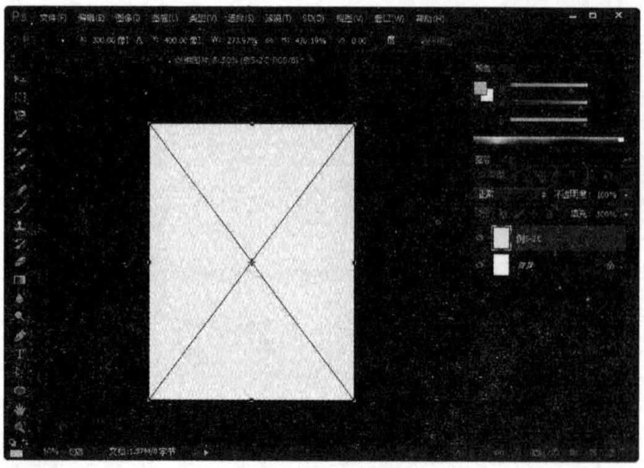

图 11-19 调整图片大小

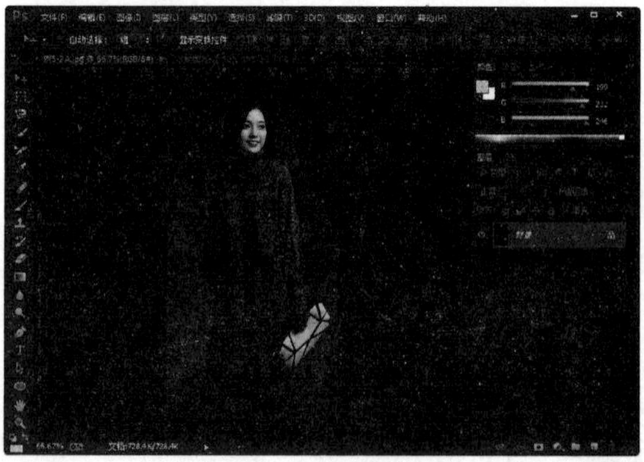

图 11-20 打开商品照片

STEP 07 在工具栏中单击【矩形选框工具】按钮，然后按下 Ctrl + A 键全选图片，如图 11-21 所示。

STEP 08 选择【编辑】|【描边】命令，打开【描边】对话框，为商品图片设置 10 像素的边框，如图 11-22 所示。

图 11-21　全选图片

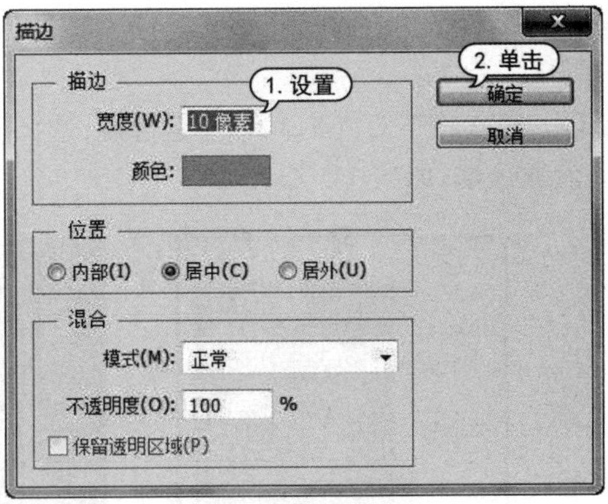

图 11-22　设置描边

STEP 09 在工具栏中单击【移动工具】按钮，将制作的商品图片拖动至促销图片中，并调整其在图片中的位置，如图 11-23 所示。

STEP 10 选择【文件】|【打开】命令，打开如图 11-24 所示的商品图片。

图 11-23　调整图片位置

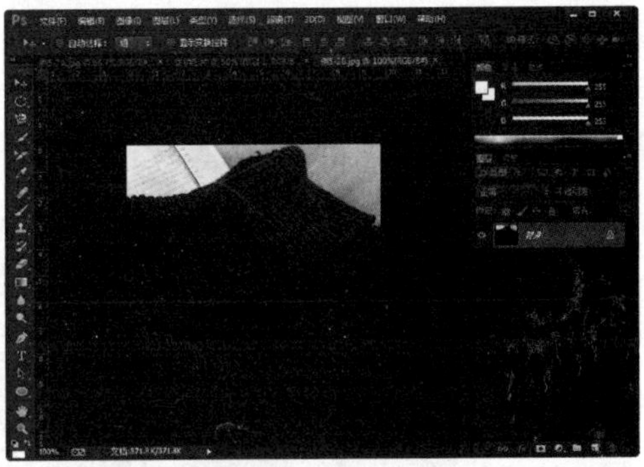

图 11-24　商品图片

STEP 11 在工具栏中单击【移动工具】按钮，将制作的商品图片拖动至促销图片中，并调整其在图片中的位置，如图 11-25 所示。

STEP 12 在工具栏中单击【椭圆选框工具】按钮，在舞台中创建如图 11-26 所示的圆形选区。

图 11-25　拖动图片

图 11-26　创建圆形选区

STEP 13 按下 Ctrl + Shift + I 组合键反选选区，然后按下 Delete 键，删除选取的内容，如图 11-27 所示。

STEP 14 再次按下 Ctrl + Shift + I 组合键，选择【编辑】|【描边】命令，打开【描边】对话框，为圆心选区设置边框，如图 11-28 所示。

图 11-27 删除选取内容

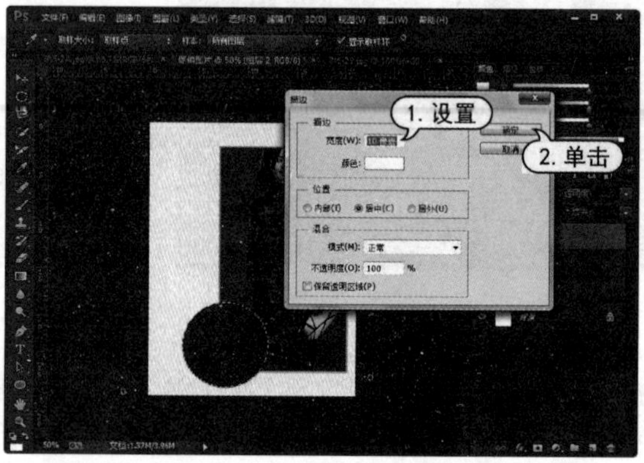

图 11-28 设置选区描边

STEP 15 在工具栏中单击【横排文字工具】按钮，在舞台中输入商品促销文本，如图 11-29 所示。

STEP 16 在工具栏中单击【矩形工具】按钮，在舞台中绘制如图 11-30 所示的矩形图形。

图 11-29 输入商品促销文本

图 11-30 绘制矩形图形

STEP 17 在【图层】面板中右击【矩形 1】图层，在弹出的菜单中选中【混合选项】命令，打开【图层样式】对话框。

STEP 18 在【图层样式】对话框中选中【内发光】选项卡，然后参考图 11-31 所示设置对话框右侧的选项区域。

STEP 19 在【图层样式】对话框中选中【投影】选项卡，然后设置相应的投影参数，并单击【确定】按钮。此时，舞台中矩形的效果如图 11-32 所示。

STEP 20 在工具栏中单击【横排文字工具】按钮，在矩形上输入文本，如图 11-33 所示。

STEP 21 在工具栏中单击【直线工具】按钮，如图 11-34 所示。

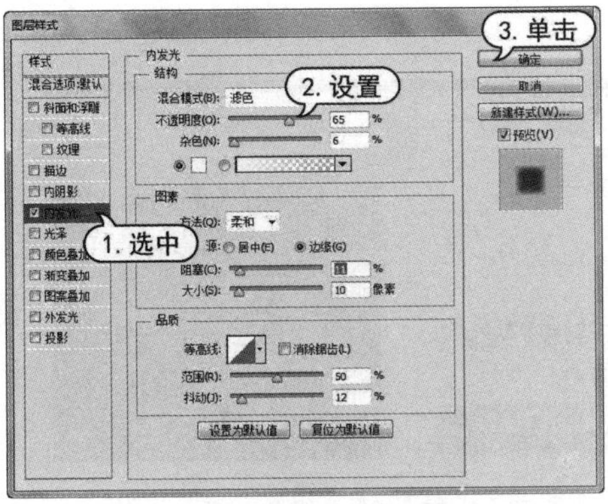

图 11-31　设置内发光参数 1

图 11-32　矩形效果

图 11-33　在矩形图形上输入文本

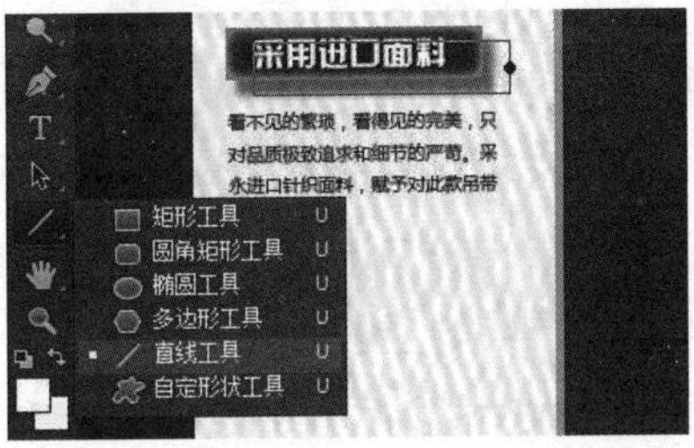

图 11-34　使用直线工具

STEP 22 按住 Shift 键，在舞台中绘制一条直线，如图 11-35 所示。

STEP 23 在【图层】面板中右击【形状 1】图层，在弹出的菜单中选中【混合选项】命令，如图 11-36 所示。

图 11-35　绘制直线

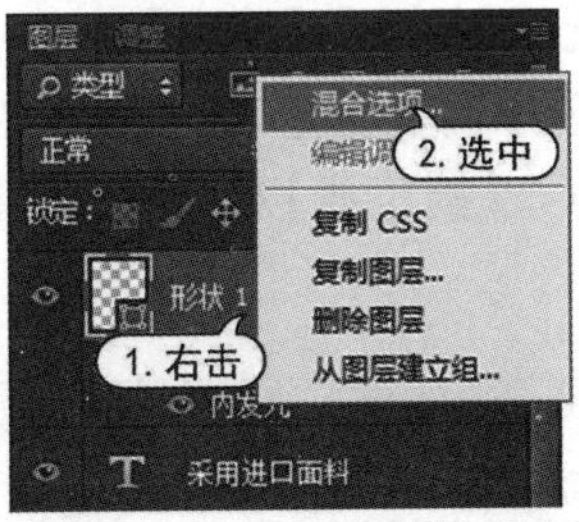

图 11-36　选择【混合选项】

STEP 24 打开【图层样式】对话框，选中【内发光】选项卡，然后参考图 11-37 所示设置内发光参数。

STEP 25 在工具栏中单击【横排文字工具】按钮，在直线上、下分别输入文本，如图 11-38 所示。

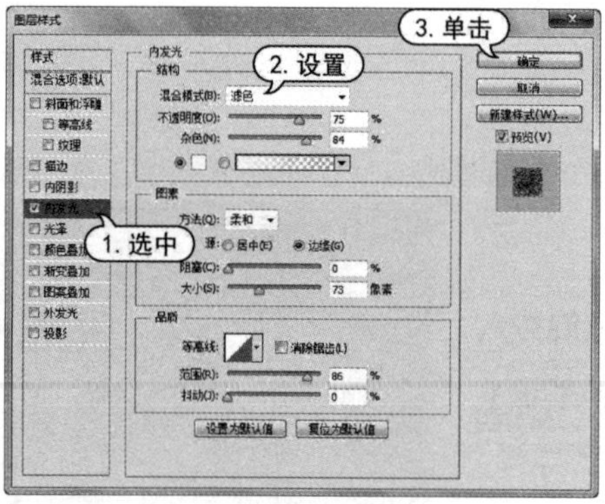

图 11-37　设置内发光参数 2

图 11-38　输入横排文本

STEP 26 选择【文件】|【存储为】命令，打开【另存为】对话框，将制作的图片以【促销图片 A】为名保存，如图 11-39 所示。

STEP 27 重复步骤 1 的操作，选择【文件】|【新建】命令，打开【新建】对话框，创建一个高度为 600 像素，宽度为 800 像素的空白图片文档，如图 11-40 所示。

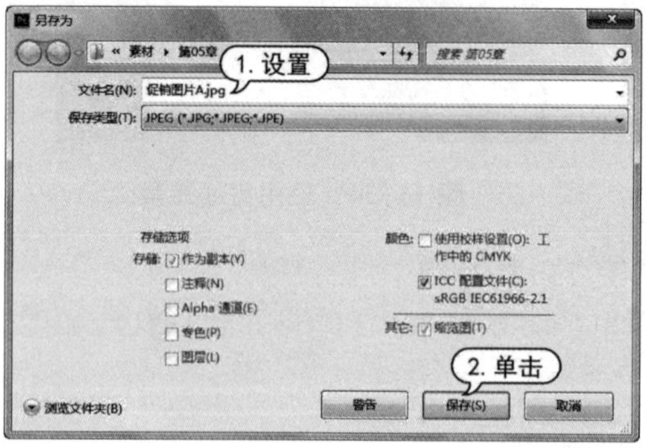

图 11-39　【另存为】对话框

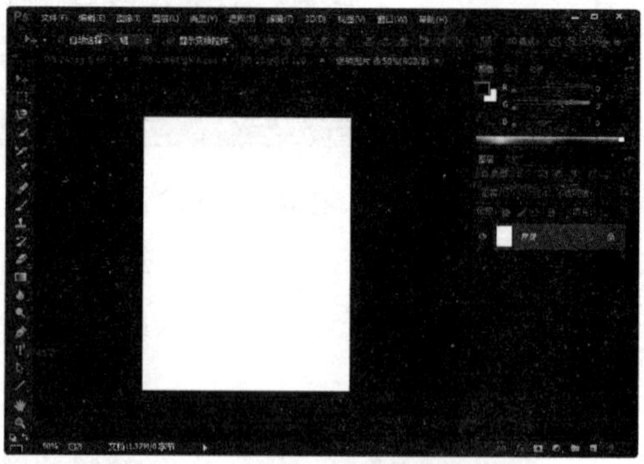

图 11-40　创建空白图片文档

STEP 28 在工具栏中单击【矩形选框工具】按钮，然后按下 Ctrl + A 键全选图形。

STEP 29 选择【编辑】|【填充】命令，打开【填充】对话框，单击【使用】下拉列表按钮，在弹出的下拉列表中选中【颜色】选项，如图 11-41 所示。

STEP 30 打开【拾色器】对话框，将图片的填充颜色设置为【818181】后，单击【确定】按钮，如图 11-42 所示。

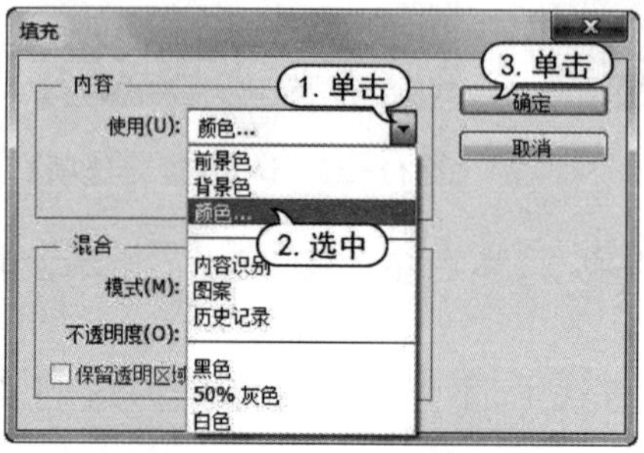

图 11-41　【填充】对话框

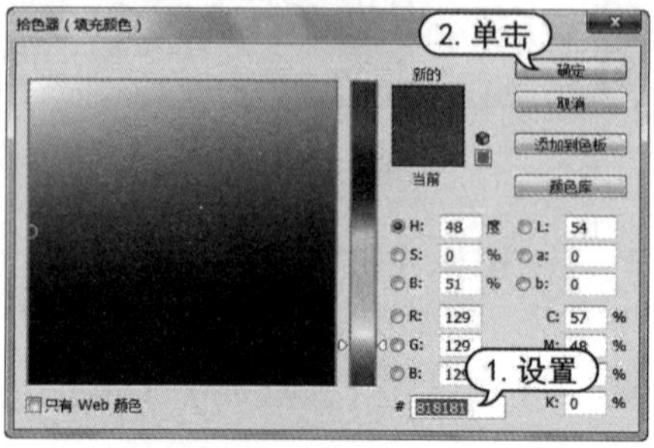

图 11-42　【拾色器】对话框

STEP 31 选择【文件】|【打开】命令，打开商品照片。

STEP 32 在工具栏中单击【钢笔工具】按钮，对照片进行描边，如图 11-43 所示。

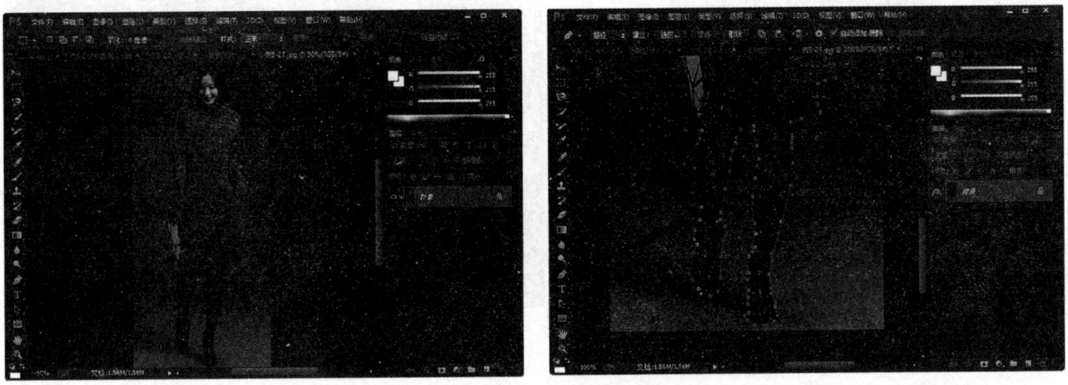

图 11-43　对照片描边

STEP 33 按下 Ctrl + Enter 键，选中描边区域，如图 11-44 所示。

STEP 34 在工具栏中单击【移动工具】按钮，将选中的区域拖动至步骤 27 创建的图像文件中，并调整其位置，如图 11-45 所示。

图 11-44　选中描边区域

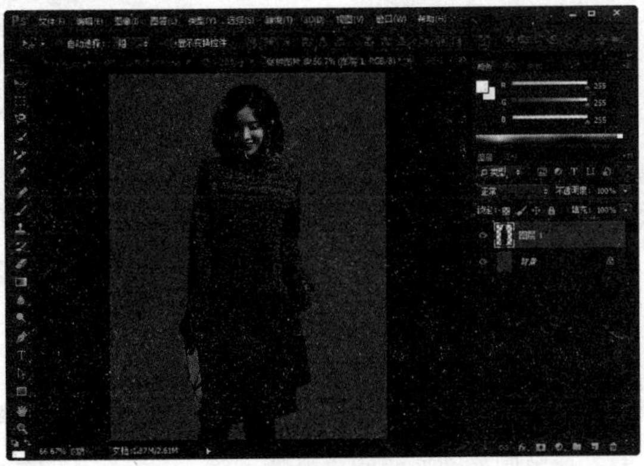

图 11-45　移动图片

STEP 35 在工具栏中单击【横排文字工具】按钮，在舞台中输入 VOGUE，并在【颜色】面板中设置文本的颜色，如图 11-46 所示。

STEP 36 在【图层】面板中，将【图层 1】调整至文本图层之上，然后右击文本图层，在弹出的菜单中选择【混合选项】命令，打开【图层样式】对话框设置【投影】效果。

STEP 37 使用相同的方法，在舞台中输入其他文本，并设置文本效果，如图 11-47 所示。

STEP 38 在工具栏中单击【椭圆工具】按钮，然后按住 Shift 键，在舞台中绘制一个圆形图形，并在【图层】面板中调整【透明度】参数，如图 11-48 所示。

STEP 39 选中【文件】|【存储为】命令，打开【另存为】对话框，将制作的图片以【促销图片 B】为名保存。

STEP 40 选择【文件】|【新建】命令，打开【新建】对话框，创建一个宽度为 600 像素，高度为 1 600像素的空白图片文档。

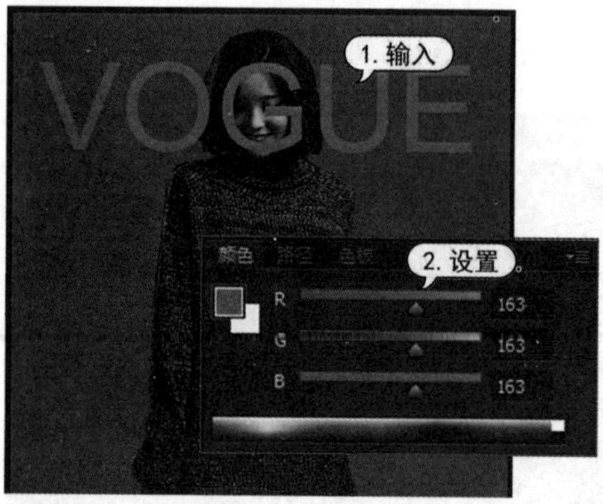

图 11-46　输入并设置文本效果

图 11-47　在舞台中输入文本

STEP 41 打开【促销图片 A】图片，在工具栏中单击【移动工具】按钮，将舞台中的图片拖动至步骤 40 创建的空白图片文档中。

STEP 42 使用同样的方法，打开【促销图片 B】图片，将其拖动至空白图片文档中。选择【文件】|【储存】命令，将制作的图片保存，其最终效果如图 11-49 所示。

图 11-48　调整圆形图形透明度参数

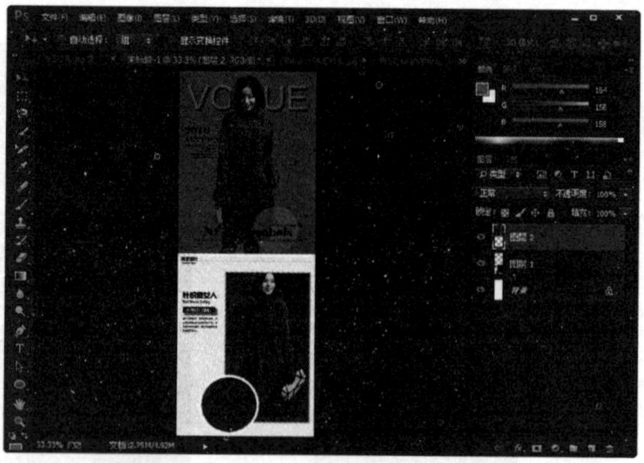

图 11-49　新年促销图效果

第 12 章

培训客服，做大网店规模

随着网店的客流量不断上升，交易的数量不断增加，客服对店铺运营的作用将变得至关重要，一个好的网店客服往往能留住很多客户，促成很多交易，给店铺带来利润，是店铺财富最直接的创造者。

对应的光盘视频

例 12-1　使用 Photoshop 制作网店客服服务图片

12.1 招聘网店客服

在网上开店的人越来越多了，成功的例子也屡见不鲜，但有谁知道他们身后还隐藏着一个成功的团队，还有谁会去考虑网店客服对这个团队的作用呢？一般招聘客服，很多只是想让他们接单、整理资料、下单。其实一个好的淘宝客服对这个团队起着重大的作用，因为他们是最底层的、最直接接触顾客的人员。

12.1.1 网店客服的招聘策略

近几年来，随着网络店铺数量越来越多，商家们对网店客服人员的需求也越来越突出。要招到一名优秀的客服人员并不是想象中的那么简单，店主需要掌握一定的策略。

1. 客服对网店发展的影响

传统销售模式非常重视客户服务，但由于内在缺陷使得提供服务的水准不可能很高。知识经济时代，客户对硬件，对态度、服务知识和能力等软件方面都提出了较高的要求。调动人的积极性是使硬件作用得以发挥的重要条件，而在一定程度上，还可以弥补其某些不足。

从服务的对象看，招聘客服人员其实是一种"人与人"接触的系统，不同的客户有不同的需求。这决定了店铺必须充分发挥人的作用，根据客户的不同需求，提供不同的服务。

有调查发现，客服人员当场帮助顾客解决问题与顾客再次光顾的意愿间存在联系：如果投诉立刻被处理，95%的客户愿意再次光顾；如处理程序稍微需要一点时间，则此比率会很快下降。随着客户忠诚度的上升，店铺利润会明显增长。

实用技巧

员工流动率、客户稳定性、利润水平之间存在内在关系，员工流动率降低一点，客户稳定性会得到明显提高，所得利润也会明显提高。

2. 传统客户服务失败的原因

网络购物发展的实践证明，与传统大规模销售相适应的客户服务方式已经过时，并对可持续发展构成了威胁。

传统的客户服务模式是以流水线的最末端面对客户提供服务，这种方式使很多客服人员都没有表现出称职的行为，所处的位置、与客户保持的距离、所持的态度都不能给客户提供满意服务；只关心销售量的增减，对帮助客户成功不感兴趣；不会告诉客户某种商品的主要不足与缺陷，有了意见如何反映等。这种低劣的服务与管理者的管理理念密切相关，他们认为人是不太可靠的，最好是依靠商品质量和店铺装修，从长远看成本也很低。其人力资源政策采用的是"机器人"的观点。第一线的与客户接触的工作被设计得尽可能简单，直到任何人都可胜任。其采用最基本的招聘标准(如准时上班)，而不需员工具备任何潜能，对员工的业绩期望值低，培训是最基本的，在工作中员工没有机会做出某种判断，职业生涯的发展几乎没有。

传统客户服务模式使企业无法招到技能优秀、经验丰富的员工，不得不利用更新的技术管理雇员的工作，而不是从给客户提供优质服务上入手。管理成本不断上升，服务质量却并未改善，并没有从根本上解决问题。

3. 基于服务胜任力的招聘策略

在客户导向的销售过程中，所有有利于传递客户价值的服务方式都得到组织的支持和强化。

(1) 降低简历、工作描述和规格的重要性

多数简历只能提供关于应聘者背景的基本情况，而缺乏关于他们能力和个性特点的重要信息。即使有些应聘者善于写作而有机会描述自己的精神、情感和价值观，也不可能提供足够的信息。当我们希望得出应聘者能力和特点的看法时，简历的价值是很小的。在实际招聘过程中，人员规格和工作描述的作用同样很有局限性，没有深度，更缺乏感情。整个过程显得过于格式化而没有实际意义。

这种程序几乎没有提供适合第一线需要的员工挑选的有效标准。

(2) 将挑选标准重新排序

在招聘网店客服时，可以将挑选标准按下列顺序排列。

- 按个性特点排列：如积极的态度、温暖和友爱、口齿清楚、开放、诚实、可靠、真诚地帮助他人、高水平的自我意识、主动学习的心态、天才的创造性、清楚明白的准则和信念。
- 按技能和知识排列：如使用有效开展工作的支持系统的潜力、熟悉购物流程、良好的市场拓展能力等。
- 按经验排列：具有丰富的客服工作阅历、有过网店客服工作经验、熟悉客服流程。

(3) 选择时保持一定的主观性

得到有关应聘者的信息越多，越能做出正确的人事决定。但做决定时必须考虑自己的主观印象和直觉，不能仅仅依靠有限的客观指标。不管挑选程序多么客观，最后的决策仍会涉及主观性。人们总会为对某一候选人的主观感觉提供客观的理由，不会选择一个自己都感觉不好的候选人。对候选人所收集的客观数据总显得简单而有限，而每一个人都有复杂的心理和独特的思维和行为模式。机械的挑选程序是不能探得这些细节的，但正是这些细节可能对客户服务产生实质性的影响。

12.1.2 网店客服的招聘渠道

招聘客服人员的渠道很多，可以在招聘网站发布招聘信息，在淘宝论坛发布信息，在当地的一些门户网站发布信息，还可以在店铺中刊登招聘信息。

1. 网络招聘

网络招聘客服人员是最常用的方法，既然客服人员每天的工作主要是与顾客交流、下单、发货等，所以基本的网络知识是必须要掌握的。通过网络招聘客服人员的好处是范围广、沟通及时，不便之处是挑选难度大。

(1) 通过招聘网招聘客服

通过招聘网招聘是一个非常便捷的方法，并且可以详细地将你的要求系统地发布。目前国内著名的招聘网站主要有：

- 中华英才网(http://www.chinahr.com)。
- 智联招聘(http://www.zhaopin.com)。
- 前程无忧(http://www.51job.com)。
- 百度招聘(http://talent.baidu.com)。

(2) 通过论坛招聘客服

论坛招聘也是一个非常有效的方法，而且可以招聘到一些具有经验的客服人员。在淘宝

论坛——淘宝门户社区就经常会有一些客服人员招聘和应聘信息，可以多加留意，或将自己的招聘要求以主题帖的方式发布。

实用技巧

此外，还可以去一些比较有名的华人社区论坛发布信息，例如天涯社区(www.tianya.cn)、西祠胡同(www.xici.net)等。

2. 店铺招聘

可以在店铺公告中发布招聘信息，当有顾客前来光临时，如果正巧对客服岗位感兴趣，可以当即联系店主。

在店铺中发布招聘信息的好处是针对性强，因为前来光临的顾客首先对你的商品感兴趣，自然多少也了解一些商品的功能和属性，例如光临的是化妆品店，自然要对化妆品有一定的了解，这样一来，客服对商品的专业知识至少有一个比较好的基础，可以节省不少培训时间，二来可以将该顾客转为自己的忠实顾客，即使今后辞职了，当她想购买化妆品的时候还是会来店铺购买。有一位卖家就曾经有这样的经历，在其所有录用的客服人员中，有一位客服由于地理原因，干了两个月后辞职了，但自此之后她购买的所有化妆品都是从该店里买的。自己的客服本身就是自己的顾客。

12.1.3 网店客服的面试技巧

21世纪最贵的是人才，但如何识别人才，招到优秀的人，不是一件容易的事。招聘淘宝客服人员也一样，一个好的客服人员能给你带来许多的顾客，而一个能力欠缺的客服人员，或许只能保住你的店铺的稳定利益，从长久来看，店铺只有等待淘汰，所以客服人员的招聘很重要。下面介绍一些常用的面试技巧，尽量能为自己的店铺招到合适的客服人员。

1. 尊重面试者

面试是双向的，其实就是双方了解彼此的过程。因此首先要摆正自己的位置，不要给人盛气凌人的感觉。同时，尊重对方意味着面试前要做好功课，大致了解一下对方的简历，知道对方的姓名、大概从事过的工作等。

千万不要等面试开始了，还不知道对方的姓名，申请的是售前、售中还是售后工作等，这样就太不尊重对方了，现在紧缺的就是人才，摆高姿态就意味着失去潜在的一些人才。面试就是双方交流沟通的一个过程，双方都没有任何利益上的牵扯，完全可以放轻松，摆正心态，最好的方法就是把应聘者当成自己的朋友，把面试当成是与朋友的一次聚会。

此外，在面试开始的时候，一定要简单扼要地介绍自己包括自己的店铺情况，要首先说明一下店铺的情况以及需要什么样的人才，好让对方也有个心理准备，千万不要对实际情况有所隐瞒。记得刚毕业那会，碰上找工作的热潮，笔者也是看到合适的岗位就投简历了，随后面试了一家广告公司，由于当时也没什么经验，在随后的几天才逐渐了解了公司的情况，那时才发现不适合自己，然后向领导递交了辞职信。这样既浪费了双方的时间，又给我留下了一个坏印象，所以切勿对自己店铺的实际情况有所隐瞒。

实用技巧

在介绍自己店铺的时候也要掌握一定的技巧，不要将自己店铺的所有信息都告知应聘者，简单扼要介绍下即可，主要介绍当前的一些经营情况和今后的发展路线，让应聘者对你的店铺有信心，对你也有信心。

2. 面试中的一些忌讳

在面试中，对于应聘者要有所忌讳，面试也是一个双方试探的交流过程，双方都不可能把自己最真实的信息和想法告诉一个陌生人。

(1) 简历是“死”的

简历是死的，它不能全面反映出应聘者的当下情况，比如简历上写的是名校毕业的，又有知名企业的工作背景，但这些都是过去，不能说明面试者现在的水平。

简历往往有水分，或者有描述不精确的地方。比如简历上写的是熟悉客服工作，到底熟悉到什么程度，只有通过面试才能大致了解。简历上越是把自己写得优秀的地方，越要仔细琢磨。

(2) 不要对对方有任何的假设

不要对应聘者有任何假设，包括简历上的信息。唯一的假设就是对方不合格。因此在面试的过程中要想方设法找出面试者的问题，给最终的决定提供有效的判断依据。

有些店主看到对方有多年的客服经验，就假设他们在客服方面是合格的，在心理上已经开始放水；还有些店主看到对方在有关客服工作的问题上口若悬河、唾沫横飞，就假设对方有经验、有水平，而主动放弃了追问细节的机会。录用以后才发现此人空有理论，可能这些理论知识都是参考网上的一些信息，并没有实际的动手能力，会说不会做。录取一个不合格的人，不仅是对自己不负责，也是对应聘者不负责。

(3) 不要诱导对方

我们通常会问一些开放式的问题，希望给应聘者一个发挥的空间，例如你准备如何制定你的客服工作纲要，今后如何实行等。但提出问题的方法如果不好，就变成了具有诱导性的问题，引导甚至迫使对方朝你想听的方向回答。例如你是怎样看待团队合作的？绝大多数应聘者在回答时，都会试图讲述团队合作的好处，因为这是你想听的。像这样的问题，答案虽然多种多样，但很难从中得到有效信息。应对如流的人很可能事先准备过，但实际工作中不一定能做到。而那些回答得不太好的人，说不定做得挺好，只是在这么短的时间内总结不出来、表达不清楚而已。

因此在准备问题时，一定要从对方的角度考虑，看看他们有什么样的选择。如果对方没有选择，这样的问题问了也是白问。

(4) 注重面试过程

所谓面试，自然要出一些题目考考应聘者。特别是与应聘岗位相关的问题，出些试题是很必要的。但是，我们要关注的不是对方的答案，而是他们怎样获得答案。

大家熟悉的微软、谷歌等公司在面试时采用开放式问题，其实就是这个目的，为的是观察面试者如何解题。面试官一定要清楚地知道，哪些答案是死的知识点，哪些答案是活的解决方法。知识点暂时不知道没有关系，是可以通过学习得到的，而方法则不是那么容易学得到的。

3. 如何选择合适的客服

我们招聘的方法、技巧再好，如果不清楚要什么样的人，也是白搭。这里列举一些我们认为应该选择的人和应该放弃的人。虽然不同店铺招聘不同类型的人，但以下几点是具有普遍性的。

- 缺点与信心并存：面对承认并了解自己的缺点，但充满信心的应聘者和自信心过度膨胀，认为自己没有缺点的应聘者以及过度缺乏自信的，在面试过程中找不出自己的优势的应聘者，建议选择第一种类型的。这种类型的应聘者更加注重实际，能认识到自身的一些缺点，并且也有信心去改变，作为老板来说，笨的员工不可怕，可怕的是懒惰的员工。

- 知己知彼：当面试有工作经验的人时，他们选择跳槽的目的很重要。要选择对面试岗位有一定的了解，对自己的职业规划也很清晰，而且二者的需求吻合的应聘者。放弃那些对原公司极度不满，把原公司说得一无是处；对面试的公司完全不了解；工作时间久了，为了换一个环境这三种应聘者。
- 重视潜力：潜力是非常重要的，无论是有经验的还是没经验的应聘者，在选择一个新岗位时，都是从零开始的。你不可能确定有经验的比没经验的就一定能做得更好，更要看重个人的潜力。

实用技巧

一般来说，选择能够明显地看出他在过去的工作中学到了很多东西，能力得到了很大提升的应聘者。善于从工作中学习的人有很大的潜力。放弃那些虽然有一定能力和经验，但已经很久没有进步了的应聘者。这种人由于环境舒适，便安于现状，逐渐失去了进取精神和学习动力。他们虽然有能力，但潜力不大了。

12.2 培训网店客服

对于网上店铺而言，买家只能从简单的图片和文字信息了解相关的商品功能，而是否下决心购买主要还在于与售前客服人员的交流。如果说商品质量是店铺的根本，那么客服人员的好坏就是店铺的发展基础，一个好的客服人员给你带来的利益绝对是想象不到的，所以客服的培训尤为重要，在培训中除了指导客服人员外，还可以观察其综合素质。

12.2.1 客服培训的重要性

客服的重要性不用多说了，相信每一个淘宝店主都清楚。下面简单归纳了客服对于店铺的作用，主要有：塑造店铺形象、提高成交率、提升回头率和更好地服务顾客。

1. 塑造店铺形象

对于一个网上店铺而言，客户看到的商品都是一个个的图片，而看不到商家，无法了解店铺的实力，其往往会产生距离感和怀疑感，这个时候，通过和客服在网上的交流，买家可以通过客服切实感受到商家的服务和态度，客服的一个笑脸或者一个亲切的问候，都会让客户感觉到他不是在跟冷冰冰的电脑和网络打交道，而是和一个善解人意的人在沟通，这样，会帮助客户放下开始的戒备，从而在客户心目中树立店铺的形象。当客户再次购物的时候，也会更优先选择那些他所了解的商家。

2. 提高成交率

现在很多客户都会在购买之前针对不太清楚的内容询问商家，或者询问优惠措施等。客服在线能够随时回复客户的疑问，可以让客户及时了解需要的内容，从而立即达成交易。有的时候，客户不一定是对产品本身有什么疑问，仅仅是想确认一下商品图片是否如实物等，这个时候一个在线的客服就可以打消客户的很多顾虑，促成交易。同时，对于一个犹豫不决的客户而言，一个有着专业知识和良好的销售技巧的客服，可以帮助买家选择合适的商品，促成客户的购买行为，从而提高成交率。

有时候客户拍下商品,但是并不是着急要的,这个时候在线客服可以及时跟进,通过向买家询问汇款方式等督促买家及时付款。

3. 提升回头率

当买家完成了一次良好的交易后,不仅了解了卖家的服务态度,也对卖家的商品、物流等有了切身的体会。当买家需要再次购买商品的时候,就会倾向于选择他所熟悉和了解的卖家,从而提高了客户再次购买的概率。

4. 更好地服务顾客

如果说把网店客服仅仅定位于和客户的网上交流,那么我们说这仅仅是服务客户的第一步。一个有着专业知识和良好沟通技巧的客服,可以给客户提供更多的购物建议,更完善地解答客户的疑问,更快捷地对买家售后问题给予反馈,从而更好地服务于客户。

现在的网络竞争已经不像早先那样,大家都是在摸索阶段,认为我把商品放网上了,顾客来看了,认为合适他就问下客服具体情况,简单交流后就能促成一笔生意。随着网购环境的恶化,一些欺诈行为层出不穷,许多顾客在一些等级信用不是很高的店铺买东西会犹豫不决,作为客服就要能对买家售后问题给予反馈,让顾客心里踏实。

12.2.2　客服推广的作用

店铺无论做得多么完美,商品再物美价廉,如果不将它推广开来,提高它的知名度,那么,这个网上商店只能说是做给自己看的,它存在的意义就大为逊色了。一名优秀的客服人员除了能处理好订单外,还能对店铺做好推广,提升店铺的访问量,吸引客户的眼球。

1. 利用网店宣传

网店本身就是一个宣传工具,淘宝网上每个店铺都有橱窗推荐位,这个功能的作用就是在众多的商品中,优先展示橱窗推荐的商品。为了能够争取到在淘宝商品搜索结果页中靠前的显示位置,可以在要宣传的商品信息中加入上、下架时间,推荐快要下架的商品。这里就涉及一个商品上架时间,许多网店会忽略这一点。

商品上下架时间是一门值得研究的学问,淘宝中商品过多,就算是同一种商品也可能会有成百上千的卖家在销售,而淘宝一般会把快要下架的商品排列在搜索显示结果的靠前页面。所以为了让店铺或者商品每天都有人浏览,那就必须要保证每天都要有上下架的商品,这就需要客服人员能勤快地操作,一般在下午 3 点到 5 点或晚上 8 点到 10 点购物的人比较多。

例如,网店内有 70 件商品,可以安排客服分 7 次发布。周一到周日,每天下午 4 点发布 10 件,这样在一周后,每天下午 4 点左右,都会有快下架的产品,由于浏览产品,顾客肯定也会看看店铺其他东西,保证了稳定的流量。当然,如果有 140 件产品更好,除了每天下午 4 点发布的那 10 件外,晚上的时间段也发布 10 件,两个时间段都可以充分利用,所以商品数量还是要足够的。如果有足够的商品,凌晨 6 点到次日凌晨 2 点每个小时发布一件商品,一周都这样,更有效果。

此外,商品模板的应用也很重要。由于在网上不能面对面交流,所以,宝贝描述和图片是用来解释商品的。描述是对商品的功效、用途的描述,最重要的是如何使用及使用效果的描述。

许多顾客在挑选商品的时候,发现有的店家信誉也高、货源也充足,就是没描述、照片也很模糊,看到这样的自然不怎么喜欢。客服和掌柜都要勤快些,要对自己的商品有深入的了解,写出它们的优势所在，而不要只介绍功能。介绍功能只是陪衬，最重要的是传达给顾客一个思想“它就是我想要的”。服装、鞋、包等最好有模特，并且图片要清晰、细致，这样更直观，更有说服力。

2. 利用网络宣传

充分发挥网络范围广、信息更新快的优势，在网络中宣传自己的店铺，可以在淘宝社区中发帖，或者在一些其他的 BBS 论坛上发帖。

充分利用淘宝的 BBS 资源，安排客服经常“混迹”淘宝社区，常发/回帖，来提高你的人气。如果你做了签名档发了原创帖，所有来回帖的人都能看到你的签名档，这可是免费的宣传机会，发/回帖多了，时间长了，自然而然就增加、提高了人气，如果能申请到精华帖，那人气就更高了。所以说我们不要错过每一个宣传自己店铺的机会。

还有其他论坛资源也不要放过，论坛是网民相对比较活跃的地方，重视在论坛的推广工作，将会使自己的推广效果事半功倍。制作宣传本网店的软文广告，必须非常贴切地描述我们网店提供的服务、产品、优势，至少应该有所提及。然后安排人员在一些著名的论坛上发帖宣传，比如西祠胡同、天涯社区等，而且现在绝大多数知名论坛都有专门的团购版块，比如西祠胡同的败家 MM。你可以将店铺中的一些畅销商品整理好发布，然后安排客服不定时回复，让自己的帖子长时间排在前列。

3. 登录搜索引擎

网店也属于网站的一种，因此在优化上还是根据网站优化的理论，对店铺进行优化。店铺因其一些不能改变的因素(如首页 title、标签的设计等)，在优化方面又比一般网站的优化要简单，细节方面的设计对其影响更大。

与传统网站一样，搜索引擎也能为店铺带来一定的流量，因此对店铺进行搜索引擎优化是很有必要的。

- 关键字的设计：店铺名称、店铺栏目条、店铺介绍要突出关键字，比如中英文的使用，如果一个产品有中文名也有英文名，但用户较多使用中文的关键字搜索，则店铺的名称等中文关键字应尽量多出现几次。
- 外部链接建设：google、baidu 等在网页排名时，都比较注重网站外部链接的质量以及数量，因此可以和其他网站交换链接，当然这网站中可以有属于自己的网站或博客。
- 增加有效文字：因产品特性以及美观的特点，店铺大量使用图片，但搜索引擎并不能很好地识别图片中的有效文字。因此在不能避免使用图片的情况下，要增加有效文字的数量。

接下来，登录免费搜索引擎，这样就可以在门户网站被搜到，目前免费的有 Google 搜索引擎、Baidu 搜索引擎、YiSou 搜索引擎、SoGou 搜索引擎、8848 购物引擎等。

到各大搜索引擎注册，比如百度。百度知道在刚开始的时候，人流量是相当大的，尤其是你有什么问题需要解决的时候。通过百度搜索，第一个出现的是什么？百度在推广的时候，肯定是自己家的东西优先了，那么有些朋友可能要问了，这和我的店铺有什么关系呀，当然有关系了，你可以在百度知道上回答别人的问题。记得要有选择地回答，比如你是卖化妆品的，就找化妆品行业的回答，卖服装的就找服装行业的回答，其他行业也是如此，在回答问题的时候，下面有一个参考资料的位置，这个位置是我们需要的，每次回答问题的时候我们都可以把自己店铺的链接写到那个地方，记得认真回答，如果你的问题被采纳为最佳答案的话，浏览量会加倍增长，给自己店铺多几次露脸的机会吧。

客服也可以自问自答，通过相互间一问一答的合作起到同样的效果。

4. 通过淘宝商城推广

淘宝店铺的流量更大程度上来自于用户在淘宝的搜索，淘宝商城（天猫）可见性的优化对于如何推广淘宝店铺就显得更为重要。用户在淘宝商城首页搜索商品关键字时，淘宝商城生成的搜索页面如果没有人工干预的话，其搜索结果的排序应该与搜索引擎是相似的（关键字相关性），并且其搜索原理应该更为简单。对淘宝商城进行优化时要充分抓住这一点，并尤其要注意细节方面的设置。

在淘宝商城首页搜索关键字时，会得到一个具体的搜索页面，针对搜索页面可以从以下几个方面出发进行优化。

- 品牌排名：在搜索结果中，淘宝店铺的负责人的产品可能有排名，但排名并不是很理想。在没有人工干预的情况下，品牌排名是自动生成的，其排名原则就是相关品牌发布的商品数。在条件允许的情况下，淘宝店铺的负责人如果可以发布更多的商品，品牌排名一定会上升，这样会给用户留下更好的品牌形象。
- 搜索产品的显示排序：在淘宝商城首页搜索关键字，在调查的产品结果中前几十页如果都是某公司的产品，并且该公司没有与淘宝商城进行深度合作，可以考虑与其合作推广产品。
- titles 标签的设计：在用户点击搜索结果时，淘宝的抓取工具便自动地去抓取数据库中与关键字相关的产品，而搜索结果中显示的内容实际上就是那个产品页的 title 标签。店铺如果在这个细节上把握得比较好，可以在 title 标签上设置两次或者多次出现关于自己店铺或产品的关键字，从而提高被搜索概率。
- 产品内容页关键字的设计：仔细分析一下其他淘宝店铺的产品内容页可以发现，大部分店铺频繁使用图片，甚至连关于我们、联系我们、宝贝描述、品质保证也是使用图片，这些图片里面的关键字是搜索引擎所不能抓取的。如果店铺内的图片使用较少，且在产品内容页关键字的出现次数较多，那么在抓取时肯定就先抓取相关性高的产品页面。

12.3 管理网店客服

对网店客服人员的管理，是每个店主都要面临的问题，一方面要保证自己的利益，另一方面又担心不能留住一些优秀的客服人员。并不是每个人都能管理好自己的员工，但通过一些相应的制度、考核，能有效地帮助你去管理好自己的员工。

12.3.1 制定客服管理制度

许多客服人员与店主的年纪也相仿，在平时的一些管理过程中可能很难开口去训斥，所以制定一个完善的店铺客服管理制度是非常重要的，一切按规章执行。

有关网店客服的管理制度组成主要有以下几点。

- 与商品质量有关的投诉。
- 与购销合同有关的投诉。
- 与货物运输有关的投诉。

- 与服务有关的投诉。
- 客户提出的各类提案、建议、批评与意见。

1. 顾客投诉管理原则

顾客投诉管理原则可以分为预防原则、及时原则、责任原则和记录原则。

(1) 预防原则

为防患于未然,客服管理制度要求可以有如下几条。

- 提高全体员工的素质和业务能力。
- 改善店铺组织管理,建立、健全各种规章制度。
- 加强店铺内外部的信息交流。
- 保持全心全意为客户着想的工作态度。

(2) 及时原则

在接到顾客投诉或售后问题时,网店的售后客服人员要通力合作,迅速做出反应,力争在最短的时间内全面解决问题,给顾客一个及时的圆满答复。

(3) 责任原则

责任原则的制度规定责任原则含义如下。

- 确定投诉处理责任。
- 弄清造成客户投诉的主要原因和对应的客服人员。
- 弄清客户投诉得不到及时圆满解决的责任。

(4) 记录原则

对每一起客户投诉都需要做出详细的记录,吸取教训、总结投诉处理经验、加强投诉管理,为店铺发展提供宝贵的原始资料。

2. 客户投诉管理流程

对一般意义的客户投诉,本制度规定投诉管理的主要步骤如下。

STEP 01 记录客户投诉内容。

STEP 02 判定投诉性质。首先确定客户投诉的类别,然后判定客户投诉理由是否充分,投诉要求是否合理。

STEP 03 确定投诉处理责任。按照客户投诉内容分类,确定具体的受理客服人员。

STEP 04 调查客户投诉的原因。

STEP 05 提出解决办法。

STEP 06 通知客户。投诉解决办法提出后应迅速通知客户,并尽快地反馈客户反应。

STEP 07 责任处罚。依照投诉所造成的损失大小,扣除受理客服人员一定比例的绩效工资或奖金。

STEP 08 提出改善对策。

12.3.2 网店客服的绩效考核

开过网店的人都知道,真正的客服管理其实不是单靠人性化或者人情管理的,需要的是科学的薪酬结构、科学的工作安排。据某店主李小姐透露,她的网店客服招聘渠道主要是通过网上和招聘会。对于客服绩效、工作分工的管理,网店目前客服人员的工资主要由基本工资和绩效工资组成,有专门的核对人员每天进行客服的工作统计,绩效工资是销售额的一定比例。

为了带动员工工作的积极性，店铺可以制定一套客服的绩效考核制度，客服的绩效考核主要是根据每个人每天的订单量来确定，做好员工每天的工作量统计，并为每个客服单独设立绩效档案，以绩效考核的结果为标准，同时以客服的绩效考核指标为参照，为员工设立合理的任务额度，这样还可以了解客服的工作是否尽心尽力。

1. 客服工作考核表

传统考核方式只是仅仅在考"错"，而不是考"对"，比如交通违规者遭到处罚，遵守者未能得到奖赏，导致员工也普遍存在"多做多错，少做少错，不做不错"的心态，这样的员工大多缺乏开拓创新精神，缺少冲劲，是不利于店铺成长的，因此采取适度的奖惩措施才能激发起员工的工作热情，提高工作绩效。

在这里提出"适度的奖惩"这一概念，因为如果奖的太多，难免会增加人员工资成本，也易使员工滋生工作惰意，缺乏创新与开拓精神；但如果罚得太重，又不免使员工产生"苛政猛于虎"的心态，心生畏惧与怨恨，这些情况的出现都不利于员工的正常工作绩效表现。

所以采用这种集权管理模式的主管最重要的是通过适度的奖惩来激发员工对于绩效考核的积极性，认识到考核并不仅仅是主管的事，也是个人职业生涯规划的重要环节。让员工明白通过考核才能进一步发现问题，从而进一步改进自己和提升自我的职业竞争力。只有这样，才能对员工个人的成长和店铺发展有更大的推动作用，从而最终使店铺的核心竞争力获得提升。

实用技巧

根据实际情况，可以制定一套完善的工作考核表，奖惩都按规定执行，既能避免店主与员工之间的矛盾，也能避免员工与员工之间的矛盾。

2. 客服绩效考核的注意事项

在对客服人员进行绩效考核时，要注意哪些方面呢？下面就来详细说明。

（1）客服技能专业化的重要性

客服的服务水平专业与否，直接影响客户对店铺的信赖度和好感。作为一线客服，最重要的就是专业技能，技能没有专业化，服务质量也就无从谈起。服务质量高，才能提升店铺形象，才能提高用户的忠诚度。反之，如果出现同业竞争者，客户很可能会因为服务问题而流失。总之，店铺形象的维护以及提升，是要靠服务去打造的。

（2）重点考核专业技能

网店客服每天 90%的工作时间是在处理沟通、下单、发货等同样的事务，技能掌握的熟练程度会直接影响店铺的收入。所以，网店客服岗位绩效考核的重点应该是本岗位的技能要求，而不是什么影响力、书面沟通能力、换位思考能力等，而且考的大部分是岗位说明里没有的。客服岗位说明书里的其他能力要求只有以下这四项。

- 工作主动。
- 打字速度 60 字/分。
- 良好的沟通技巧与语言表达能力。
- 能为顾客提供咨询，有解决问题的能力。

作为一个网店客服，专业技能不合格就不能胜任这份工作，很明显考核里面侧重的并不是专业技能，而是岗位要求里没有的其他能力。

这样考核的结果，必然不能真实反映出他们专业技能掌握的程度。所以，普通客服的考核，岗位需掌握的技能应该至少占60%～70%，其次才是其他技能。岗位越高，如稽查或助理，专业技能才适当降至40%～50%左右，把管理能力或其他能力要求的比重提高，才是比较好的一个引导方向。

（3）绩效考核的目的

绩效考核不是单纯的奖惩工具，其考核结果，可以让客服人员针对存在的问题进行及时调整或培训，同时考核的内容本身有一个引导的作用，即被考核人员会将考核内容作为以后应该加强的方向，但目前的这样一种考核比重，是不太利于客服部发展的。

绩效考核不一定一年只进行一次，当然就目前的人力来讲，我们不可能也没有必要进行多次。但如果要借鉴他人的方式，应该也要考虑是否适用于我们自己，或者说不能只是单纯借用，应该是“取之精华弃之糟粕”。

3. 网店内部绩效考核策略

作为一个网店，绩效考核方面可以从仓库管理、进销存管理、订单数量等这些有硬性的数据支持的方面入手。出了问题，不论是评价，还是顾客反馈，还是各种单据，都有据可查，也就是可以做到有凭有据。

所谓绩效考核，有数据能够量化就能实现。

对于技术人员来说，他的成本就是人力，他的固定资产就是其本身，他的产出就是技术产品。给商品拍个照、进行文字性的描述、处理过多少订单，这些是可以量化考核的。而一些推广、美工、策划之类的工作没有硬性的数据支持，可以让员工自己制定工作日志、工作计划、工作目标、工作进度，店主可以通过文档记录及备忘来监督工作情况，同时员工也可以自我鞭策。如果你懂得这些技术操作，可以自己涉猎和了解他们的工作内幕。

在考核员工时，自己不懂就去了解，不求深度了解，抓两头，搞懂就可以。作为一个小公司，如何调动人员的积极性和创建良好的工作氛围，往往比苛刻的制度来得更加有效。

12.3.3 网店客服的激励措施

无论是客服还是其他员工，都是店铺最重要的资源，人力资源投入的程度和效果明显影响着店铺的竞争力，并且如今最剧烈的竞争是人才的竞争，人才争夺战愈演愈烈。

对员工的有效激励，一般店主更多是关注对员工的直接激励，这肯定是重要的。而整体的激励机制，关注得比较少，但这往往更有决定性的意义。

管理人员不但要掌握激励下属的技巧，而且也要学会自我激励。被重视、被肯定、被当回事，是员工埋在心里的激情，挑起这种激情，服务我们的事业，这种激励人的能力对于管理人员来说至关重要。

激励的目的是为了使员工变被动为主动后，能够自我激励，那么他们将保持自信与勇敢，做他们应该做的事时会更加认真和细致，你的管理工作也会因此变得更轻松。

1. 激励员工的重要性

无论何时何地，都要尽可能给自己找到一种能表达赞赏、认可与激励员工的方法。对他人的努力表示认可能增强团队合作意识，同时，也能让你看上去像团队大家庭的一员。

其实作为店主，可以经常问问自己，在创业之前别人的哪种激励方式令我鼓舞？在称赞某人时，是否曾令对方震惊？最后一次在工作中称赞别人是什么时候？我以前可曾发现某些人需要激励？如果有，我给予他们了吗？是不是有人会认为我只顾激励他人，而对他却漠不关心，或令其消沉呢？可以带着这些问题经常性地做自我思考。

美国管理学家惠特曼和彼得斯对全美历史最长、业绩最好的 60 家大公司的调查研究发现，它们之所以能保持经久不衰，可持续发展的秘诀就是“把员工当做重要的资产”来经营。在企业经营的过程中，他们一直在营造更利于吸引、留住人才的环境和氛围，立志于满足员工受尊重的需要和自我实现的需要。

美国哈佛大学教授威廉·詹姆斯在《行为管理学》一书中指出，通过对员工的激励研究发现，实行计件工资的员工，其能力仅发挥了 20%～30%；在受到充分激励时，其能力则可发挥至 80%～90%。也就是说，同样一个人在受到充分激励后发挥的作用相对于激励前的 3～4 倍。

调查显示，网店逐年走高的员工流动率已经成为困扰许多店铺发展的最大问题，这已经使得很多店铺不得不花费大量的时间、金钱在员工的招聘上。人才流失所带来的损失，已经远远不是更高的招聘和再培训成本那样简单，它甚至已经成为店铺失败的原因之一。虽然很多店主已经意识到了店铺的激励制度的重要性，也试图通过提高福利报酬来达到降低员工流动率的目的，但是效果依旧有限。如何对员工进行有效激励，从而使得员工快乐地为企业工作成了困扰整个管理界的共同难题。

2. 激励客服的技巧

事实上，激励员工也并非很难，简单地拍一下员工的背，表现出自己的友善，自己也不会有什么损失，同时还能让接收者受益无穷。一项研究结果表明，称赞别人所产生的激励效果与用金钱激励的效果不相上下。所以，领导层一定要认真学一学激励的技巧和方法。

有人说日本人是“只知工作的蜜蜂”，就像“住在兔子窝里发疯一样工作”，是所谓的“工作中毒”，这种高昂的工作热情与日本企业中的激励机制密切相关。日本著名的跨国企业——松下电子创始人松下幸之助，在总结一生的管理经验时，提出了激励员工的 21 条诀窍。

- 让每个人了解自己的地位，定期和他们讨论工作表现；
- 给予与成就相当的奖赏；
- 如有某种改变，应事先通知员工；
- 让员工参与同他们切身相关的决策和计划；
- 信任员工，赢得他们的忠诚和信赖；
- 实地接触员工，了解他们的兴趣、习惯和敏感的事物；
- 听下属的建议；
- 如果有人举止怪异，应了解清楚原因；
- 尽可能委婉地让大家知道你的想法；
- 解释“为什么”要做某事，这样员工会把事情做得更好；
- 万一你犯了过错，立刻承认，并表示歉意；
- 告知员工他们所担负职务的重要性，让他们有安全感；
- 提出批评时要有理由，并找出改进的方法；
- 在责备某人之前，先指出他的优点，表示你只是想帮助他；
- 以身作则；
- 言行一致；
- 把握每一个机会，表明你以员工为骄傲，这样能使他们发挥最大的潜力；
- 如果有人发牢骚，要尽快找出他不满的原因；

- 尽最大可能安抚不满的情绪，否则所有的人都有可能受到波及；
- 制定长短期目标，以便人们衡量自己的进步；
- 支持你的客服人员，应有的权利和责任是不可分的。

这里再举一个反面的例子，楚汉争霸时，投靠了刘邦的陈平对西楚霸王项羽的评价大意是项羽表面上很爱他的士兵，他的士兵生病他也会因此落泪，但当他要奖赏他的将士时却特别吝啬，手里拿着发给下属的“印鉴”（相当于公章、任命书），连印鉴的角都磨光了，却迟迟不肯发下去。下属得不到应该有的赏赐，就会觉得他并不是真的爱惜他的下属，连看见士兵生病流泪的事也显得虚伪了。时间一长，英雄的“本色”会被下属看得很清楚，跟着他的人越来越少了。

实用技巧

逢年过节搞个聚餐，真诚感谢辛苦工作的员工，他们既为你的关怀感激涕零，你也不用去听一些冗长乏味的故事。创造一些让员工跟你接触的机会，如喝喝茶、聊聊天、唱唱歌。

3. 激励客服的方法

“术”是工具，无所谓好还是坏，关键看你的出发点，出于糊弄员工的需要而用那叫“伎俩”，出于真诚发自内心的关爱那就是“技巧”了。但在具体的管理实践中，有些激励措施往往并不奏效，甚至适得其反。怎样才能有效地激励员工呢？

（1）为员工安排与其性格匹配的工作

每个人的性格特质不同，可以分为多血质、胆汁质、抑郁质等。比如，有的人比较安静，另一些人则比较活跃；一些人相信自己能主宰环境，而另一些人则认为自己成功与否主要取决于环境的影响；一些人喜欢高风险、具有挑战性的工作，而另一些人则是风险规避者。

员工的个性各不相同，他们从事的工作也应当有所区别。与员工个人相匹配的工作才能让员工感到满意、舒适。比如对于喜欢稳定、程序化工作的人来说，适宜让他们担任美工，而充满自信、进取心强的员工则适宜让他们担任售前或售后客服。总而言之一句话：因才施用。

（2）为员工设定具体而恰当的目标

为员工设定一个明确的工作目标，通常会使员工创造出更高的绩效。目标会使员工产生压力，从而激励他们更加努力地工作。在员工取得阶段性成果的时候，应当把成果反馈给员工。反馈可以使员工知道自己的努力水平是否足够，是否需要更加努力，从而有益于他们在完成阶段性目标之后进一步提高他们的目标。

提出的目标一定要是明确的，比如，“本月销售收入要比上月有所增长”这样的目标就不如“本月销售收入要比上月增长 10%”这样的目标更有激励作用。同时，目标要具有挑战性，但同时又必须使员工认为这是可以达到的。

实用技巧

实践表明，无论目标客观上是否可以达到，只要员工主观认为目标不可达到，他们努力的程度就会降低。目标设定应当像树上的苹果那样，站在地下摘不到，但只要跳起来就能摘到。

（3）奖励完成既定目标的员工

如果员工因完成某个目标而受到奖励，他今后就会更加努力地重复这种行为。这种做法叫行为强化。对于一名长期迟到 30 分钟以上的员工，如果这次他只迟到 20 分钟，管理者就应当对此进行赞赏，以强化他的进步行为。可能大家会想不通，为什么迟到了 20 分钟还要赞赏他呢？很简单因为他进步了。

举个例子：一个小学生语文考了 70 分，回家后中国的家长和外国的家长绝对是两种态度。外国家长："宝贝，你太棒了，这次竟然考了 70 分，真为你高兴！"很多人可能会以为外国的家长有毛病。其实孩子上次考了 60 分，这次考了 70 分，进步了就要受到表扬。中国家长要是知道孩子考了 70 分，无非是一顿批评。

实用技巧

作为店主，应当想办法增加员工奖励的透明度。比如，对受嘉奖的员工进行公示。这种行为将在员工中产生激励作用。以奖励为代表的正激励的效果要远远大于以惩罚为代表的负激励。

(4) 对不同的员工进行不同的奖励

人的需求主要包括生理需求、安全需求、社会需求、尊重需求和自我实现需求等若干层次。当一种需求得到满足之后，就会转向其他需求。由于员工的需求各不相同，对某个人有效的奖励措施可能对其他人就没有效果，应当针对员工的差异对他们进行个别化的奖励。比如，有的员工可能更希望得到更高的工资，而另一些人也许并不在乎工资，而希望有自由的休假时间。又比如，对一些工资高的员工，增加工资的吸引力可能不如授予他们"优秀客服之星"头衔的吸引力大，因为这样可以使他们觉得自己受到尊重。

(5) 客服奖励机制一定要公平

员工不是在真空中进行工作，他们总是在不断进行比较。如果你大学毕业后就有单位提供给你一份月薪 2 000 元的工作，你可能会感到很满意，并且努力工作。但是，如果你一两个月之后发现另一个和你同时毕业，与你的年龄、学历相当的同学的月薪是 3 000 元的时候，你有何反应？你可能感到失望，同时不再像以前那样努力工作。虽然对于一个大学毕业生来说，2 000 元的薪水已经算可以了，但这不是问题所在，问题的关键在于你会觉得不公平。

因此，在设计薪酬体系的时候，员工的经验、能力、努力程度等应当获得公平的评价。

实用技巧

只有公平的奖励机制才能激发员工的工作热情。

(6) 实行柔性化管理

要建立以人为本的管理思想，就要充分尊重员工的劳动，维护他们的权益，实施情感化的管理。柔性化管理是"人本"管理的一种实践形式，依靠人性解放、权利平等、民主管理，通过激励、感召、诱导等方法，从内心深处来激发员工的内在潜力和工作的主动性，使他们能心情舒畅，不遗余力地为企业工作。

(7) 构建优秀的店铺文化

构建优秀的店铺文化是适应竞争的根本保证。因此，店铺要通过营造良好的店铺文化氛围和塑造良好的店铺文化形象来加强企业店铺建设，使得员工树立共同的价值观念和行为准则，在内部形成强大的凝聚力和向心力，增强员工的归属感和荣誉感。

据资深的人员管理培训师在长期的员工激励和培训工作中发现，令很多培训师最头疼的问题不是员工激励不起来，而是激励维持的时间太短。当然，人不是机器，我们不可能指望员工在一次上足发条之后就像"机器"一样运转不停，保持激励持续性的秘诀不在于经常给员工加压、鼓劲，而在于分解愿景。

4. 激发客服的工作热情

你可以买到一个人的时间，可以雇佣一个人到固定的工作岗位，也可以买到按时或按日计算的技术操作，但你买不到热情，买不到创造性，买不到全身心的投入，你不得不设法争取这些。

员工激励归纳起来不外乎合理的薪酬制度和科学、系统的管理体系。但人的需求是多层次的，物质需求只是最低层次的需求，因而薪酬的激励作用有限，而管理一旦制度化就变得僵硬，用死的东西去管活的人不一定有效。

危机、荣誉、使命、竞争、沟通、生存、兴趣和空间都能带给人们最强大的行动力。基于这8种动力源泉，下面介绍一些激发员工工作热情的非经济手段。

(1) 保证激励效果的两个基本原则

保证客服员工激励效果有以下两个原则。

- 公平性：是员工管理中一个很重要的原则，任何不公的待遇都会影响员工的工作效率和工作情绪，影响激励效果。在处理员工问题时，一定要有一种公平的心态，不应有任何的偏见和喜好，不能有任何不公的言语和行为。取得同等成绩的员工，一定要获得同等层次的奖励；同理，犯同等错误的员工，也应受到同等层次的处罚。
- 因人而异：按能力和心态划分，所有类型企业的员工都可以分为几个级别，在采取激励措施时应因级别而异。

(2) 自我激励

每个人都有自己的梦想，都渴望成功，都希望过上美好的生活。当员工心中尘封已久的理想再次被点燃时，他们会表现出很大的爆发力。而他们心里明白，要成功就必须从做好手头上的工作开始。

激励斗志的方法可以多种多样，例如亲身讲解开设网店创业的经历，让员工认识到事业成功的可能性和艰难性；订购成功学方面的书刊给员工阅读；让员工讲出自己心中的理想以及实现理想的打算等。

(3) 个人业务承诺计划

一个人从事某项活动的动力或激励力的大小，取决于该项活动所产生的成果的吸引力和该项成果实现的概率的大小，这就是所谓的“期望几率理论”。完全的目标导向激发了员工奋斗和创新的动力，计划的一步步完成使他们充满成就感，团队的支持让他们感受到动力和宽慰。

实用技巧

可以让每位员工制订本人全年/季度/月的业务计划，你只需要负责考察业绩完成情况、执行力度及团队精神，并予以必要的指导、协助和鼓励。但不要给员工制定太多的目标，而要鼓励他们充分发挥潜能和创造性。

(4) 组建临时团队

临时团队之所以可以产生较高的工作效率，其组织形式对成员的激励功不可没。临时小组有以下的特点：人少，自愿组成，目标导向，通常完成任务之后自行解散。适当的、具有一定挑战性又有可能达成的目标能很好地激发临时团队成员的创新激情，同时临时团队实行自我管理，即团队成员从本来的被控制变成具有一定的决策权。当一个人充满责任感的时候，他将会全身心地投入进去。

(5) 生存竞争

让员工明白，如果他们不努力工作或者工作没有业绩的话，就有可能被淘汰。在生存竞争异常激烈的现代社会，可能失去饭碗的压力将会极大地激发员工的工作热情。

美国通用电气将其所有的员工分为 5 类，第一类是顶尖人才，占 10%；次一些的是第二类，占 15%；第三类是中等水平的员工，占 50%，他们的变动弹性最大，有机会选择何去何从；接下来是占 15%的第四类，需要对他们敲响警钟，督促他们上进；第五类是最差的，占 10%，只能毫不留情地辞退他们。这种淘汰机制给了全体员工充分的紧迫感，也给了他们充足的动力。

（6）新陈代谢机制

许多公司的业务计划在制订时意气风发，可是在执行过程中却因种种原因不断打折扣，最后即使完不成也不了了之，这使得制订业务计划本身失去意义，领导丧失权威，员工丧失紧迫感和责任感。

实用技巧

制定公司、部门及个人工作目标，建立相应的考核机制，达不到目标的责任人员无论级别、资历、以往贡献都得辞退。

（7）分组竞争机制

最好的机制不是试图去让懒人变得有生产力，而是形成高绩效的环境，使员工的敬业精神得以发扬光大，让懒惰者无处藏身。基于真诚合作和责任承诺之上的内部竞争，来自同级的压力比来自上级的命令更能促进员工的积极性和工作热情。

实用技巧

可以将店铺员工划分为若干小组，每周公布业绩排行榜，月终总结，奖励先进。

（8）给员工完全自由发挥的空间

兴趣是最好的老师，也是最好的工作推进剂。员工只有对自己所从事的工作真正感兴趣，能从中获得快乐，才会竭尽全力把工作做好。例如对售前人员而言，可以允许其花费 15%的工作时间，在自己选定的领域内从事研究和了解其他方面的工作。

（9）岗位轮换

在传统管理时代，强调组织分工明确，员工每天重复单调的工作。“人本”思想问世后，对人的激励有了新的认识，开始注意完善人的能力、开发人的潜力，并在此基础上健全岗位轮换制度，使员工能更加充分、主动地选择具有挑战性的工作，从而使工作内容横向丰富化和纵向扩大化。这样，工作产生的乐趣和挑战性就成了工作本身对员工的回报。

实用技巧

可以给员工定期轮岗，比如一个季度一换，让其尝试不同的工作岗位。

（10）员工参与决策

没有人喜欢别人强加于自己身上的东西，但如果让员工参与公司经营目标、管理制度等的制定，他们就会觉得那就是自己的目标和行为规则，就会充满期待地投入工作。

建立员工参与管理、提出合理化建议的机制，提高员工主人翁参与意识，如让员工参与公司发展目标、方向的分析研讨，让员工参与项目确定，参与保证公司正常运转的各项规章制度的制定。

（11）荣誉激励

IBM 公司有一个“百分之百俱乐部”，当公司员工完成他的年度任务时，他就被批准为该俱乐部会员，他和他的家人会被邀请参加隆重的聚会。结果，公司的雇员都将获得“百分之百俱乐部”会员资格作为第一目标，以获取那份光荣。

每个人都对归属感及成就感充满渴望，都希望自己的工作富有意义。荣誉从来都是人们激情的催化剂。对有突出表现或贡献的员工，对长期以来一直在为店铺奉献的员工，应该毫不吝啬地授予一些头衔、荣誉，换来员工的认同感，从而激励员工的干劲。

（12）危机教育

网店发展的道路充满危机，然而这种危机往往并不是所有员工都能感受到的，特别是非市场一线人员，例如美工、包装人员。因此有必要不断向员工灌输危机观念，树立危机意识，重燃员工的创业激情。

（13）双向沟通

可以设立申诉制度，让员工的意见和不满得到及时、有效表达。可以建立信息发布会、发布栏、店铺内部工作 QQ 群等，让员工及时了解店铺发展动向、动态，增强他们参与的积极性。

实用技巧

使员工感受到自己受重视、有存在价值，其自然会有热情为店铺做事。

（14）变惩罚为激励

员工犯错误，可以通过管理者与其进行朋友式的沟通和交流，让员工感受到被尊重和爱护，从而主动承认错误，主动接受惩罚，主动改善工作质量。许多店铺普遍的做法就是严厉批评和惩罚，然而处罚并不能真正解决问题，反而会造成员工积怨甚至流失，只有沟通才能取得事半功倍的效果。

（15）亲情关怀

作为店主，应该是一个细心的人。对员工的工作成绩，哪怕是很小的贡献也应及时给予回馈。一张小纸条，一个电话留言，一封 E-mail，一封两张电影票的红包，都能让员工感到自己受到关注、工作被认可，并为此而兴奋不已。

实用技巧

此外，建立员工生日情况表，签发员工生日贺卡以及关心和慰问有困难员工等可以很好地增强员工的归属感。

12.3.4 客服员工关系管理技巧

“员工关系”一词源自西方人力资源管理体系。在西方，最初由于劳资矛盾激烈、对抗严重，给企业正常发展带来了不稳定因素。在劳资双方力量博弈中，管理方逐渐认识到缓和劳资冲突、让员工参与企业经营的正面作用。随着管理理论的发展，人们对人性本质认识的不断进步，以及国家劳动法律体系的完善，企业越来越注重改善员工关系，加强内部沟通，协调员工关系。

经常听到有的管理者讨论如何让员工努力工作，但很少听到管理者认真研究他们如何实现对员工所承担的义务的承诺，包括工作的引导、资源的支持、服务的提供，更谈不上生活的关心。笔者也时常听到某些经理关于别的部门不配合自己部门工作的抱怨，特别是关于相互间的推诿、办事效率低的议论，不过我们很少逆向思考自己是如何配合别人的。试想一下，我们为什么不从自身角度改变服务观念，先让别人满意而做先行者和倡导者呢？作为管理者，我们在其中扮演了什么角色？为什么不能成为公司利益的代言人、企业文化的宣传者，而只是一味抱怨呢？当听到消极的、负面的或者笼统称为所谓员工“不满意”的议论时，我们为什么不能从公司的角度、从积极的角度、从正面的角度加以重视、加以引导、加以解决而是任其蔓延呢？员工关系管理是人力资源部门的重要职能，人力资源部门是员工关系管理组织部门，企业的最高管理者是人力资源各项政策能够顺利实行的最大责任人，因此人力资源部门在处理员工关系时要注意方法和技巧。

有这样一则报道：一项历时 1 年关于员工离职情况的调查结果表明，员工离职的原因跟钱的关系并不大，反而是跟企业领导的不和成了导致他们离职的第一原因，其中包括管理者沟通技巧不好、员工关系处理紧张等因素。

1. 摆正心态

有句谚语说得好——低头的稻穗，昂头的稗子。所表示的意思是低头是一种谦虚的人生态度，一种真正懂得为人处世的意义后表现出来的态度。作为店主，把自己摆在“高人一等”的位置上逞威风，实则是把自己的人品降了三等。反之，不摆架子，低调一点，看似少了些官威，实则提升了自己的人品和威信。还应该敏而好学，不耻下问，虚怀若谷，把你的才智和谦虚结合在一起，保持学习的热情，时刻学习别人的长处，不断提高和充实自己。

作为一个网店店主，不要认为自己比别人高明多少。事实上比你高明的人有很多，你要放下老板的“架子”，把自己的言行举止融于常人当中，并始终把自己看成是团队中普通的一员。要永远与下属保持良好的沟通。放低姿态等于抬高自己的身价，每一个人都不是完人，都有不足和错误，所以要多看别人的优点和长处，多肯定和包容下属。

2. 以身作则

吉姆・柯林斯在《从优秀到卓越》一书中说：“言行一致、坚定不移、正直并且强有力的领导人才是优秀的领导人，才能攀越高峰。”言行一致不仅是一条做人的基本准则，也是一个店主严于律己的基本准则。律人必须先律己，必须注意自身修养，行动要以身作则，先正自身再去影响他人，进而率领员工开拓进取，己不正，焉能正人？

对于任何一个组织来说，其观点、力量、信心和忧虑，都会影响组织，你必须在所说和所做的所有事情中为自己的员工树立一个标准，树立起一个高标准的榜样让他们学习。以身作则不在于你做了多少而在于你带领下属完成了多少工作，在完成工作过程中你有没有以身作则，起到模范带头作用。

3. 识人于微，用人于长

“防微杜渐”，见微知著。微的意思是事态的微细变化，君子见到微，就应有领悟，有所作为。人的一举一动、一言一行，无不折射出其学识修养。作为一个店铺管理者，应该有叶落而知天下秋，饮一瓢而知河所在的本领。应该从细微之处来识别一个人的品性才华，为店铺的人才选择把好关。无论是企业还是网店都需要具有良好心理素质的员工，一个意志不坚定的人，最终会被生活抛弃。而勇敢坚定的人，不会在任何困难面前言败。作为一个管理者，在选择人才时，应该注重对员工的心理素质的考察。

用人以长，适才适所。我们用人就是要用员工的长处和强项，把合适的人才放到最合适的地方，发挥员工最大的价值。不会用人，不会成为一个好的管理者，与员工的关系也会处理得很紧张。

综上所述，员工关系管理的问题最终是人的问题，主要是管理者本身的问题。所以，管理者的观念和行为起着至关重要的作用。在员工关系管理和企业文化建设中，管理者应是企业利益的代表者，应是群体最终的责任者，应是下属发展的培养者，应是新观念的开拓者，应是规则执行的督导者。在员工关系管理中,每一位管理者能否把握好自身的管理角色,实现自我定位、自我约束、自我实现,乃至自我超越,关系到员工关系管理的成败和水平,更关系到一个优秀的企业文化建设的成败。或许,这才是我们每一个管理者进行员工关系管理时应该深深思索的问题。

12.3 案例演练

本章的案例演练部分将通过实例介绍使用 Photoshop 制作网店客服服务图片的方法,用户通过练习从而巩固本章所学知识。

【例 12-1】 使用 Photoshop 制作网店客服服务图片。 视频+素材

STEP 01 启动 Photoshop 后,选择【文件】|【新建】命令,打开【新建】对话框,创建一个(150×392)像素,分辨率为 72 像素的网店客服服务图片。

STEP 02 打开【颜色】面板,将当前颜色设置为【黑色】。

STEP 03 按下 Alt+Delete 键,为舞台中的图片填充颜色,如图 12-1 所示。

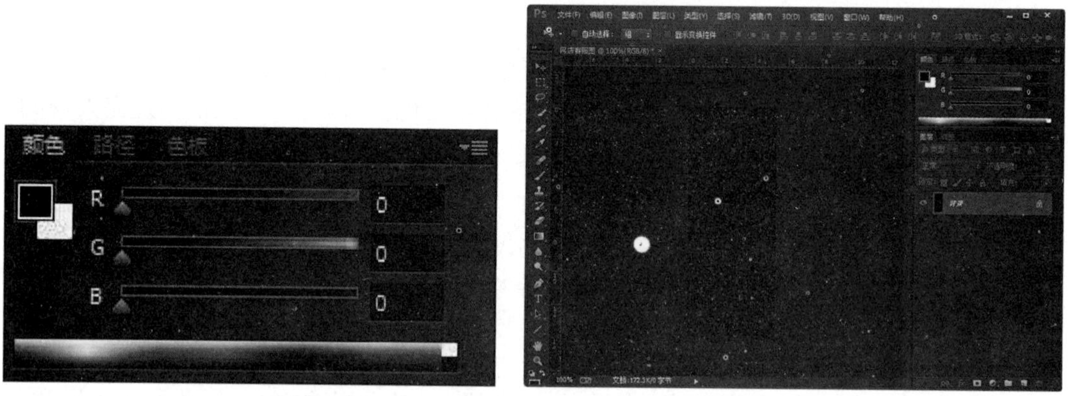

图 12-1　创建黑色填充颜色的图片文件

STEP 04 按下 Ctrl+Shift+N 键打开【新建图层】对话框,单击【确定】按钮,如图 12-2 所示。

STEP 05 在工具栏中单击【矩形工具】按钮,在舞台中绘制一个(150×80)像素的矩形,如图 12-3 所示。

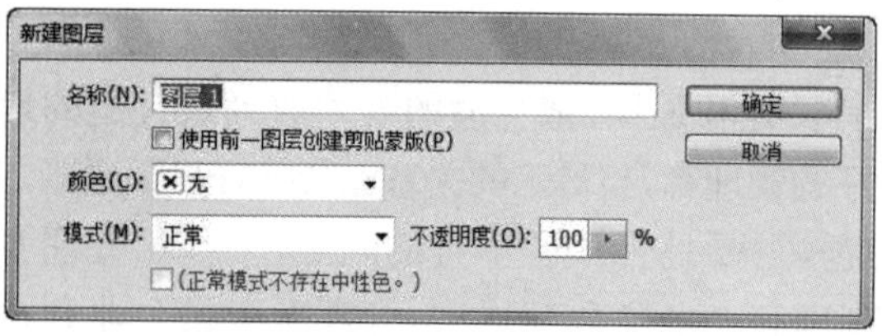

图 12-2　【新建图层】对话框

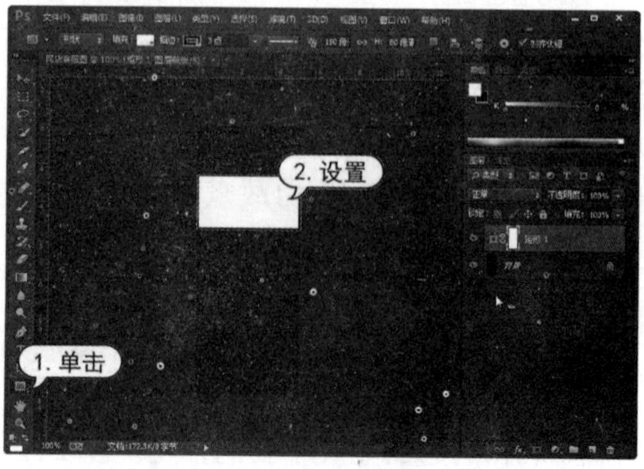

图 12-3　绘制矩形图形

STEP 06 在【图层】面板中右击【矩形 1】图层，在弹出的菜单中选择【复制图层】命令，打开【复制图层】对话框，单击【确定】按钮，如图 12-4 所示。

STEP 07 重复以上操作，将【矩形 1】图层再复制 1 份，然后使用工具栏中的【移动工具】，调整舞台中矩形的位置，如图 12-5 所示。

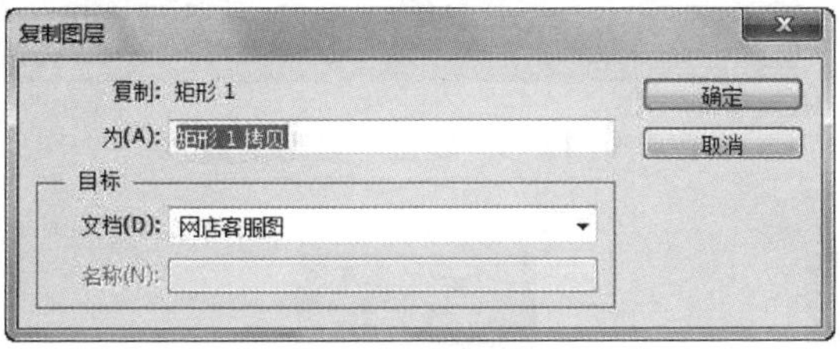

图 12-4 【复制图层】对话框

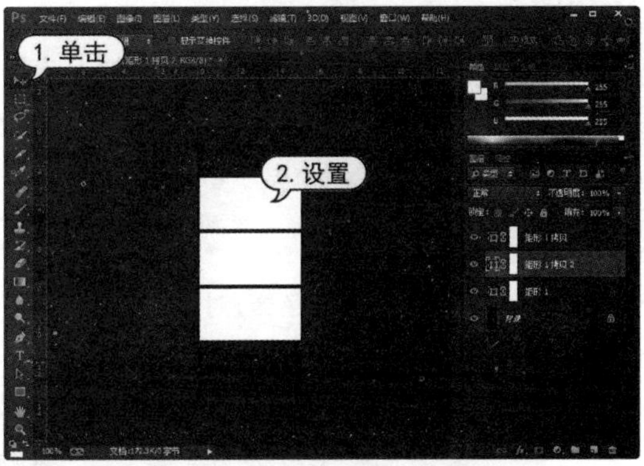

图 12-5 调整矩形的位置

STEP 08 在【图层】面板中右击【矩形 1】图层，在弹出的菜单中选中【混合选项】命令。

STEP 09 打开【图层样式】对话框，选中【颜色叠加】选项卡，单击【设置叠加颜色】按钮，打开【拾色器】对话框，如图 12-6 所示。

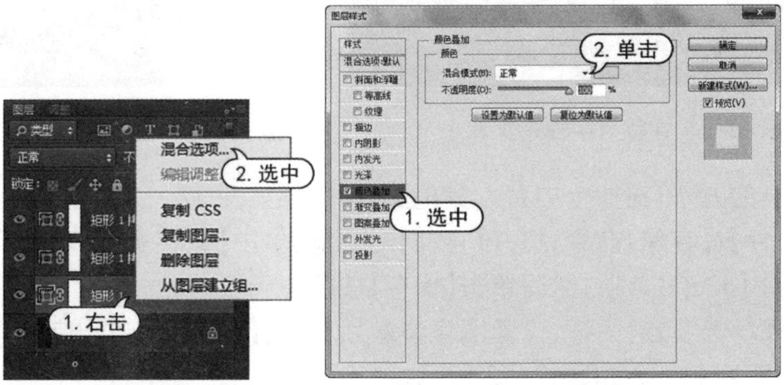

图 12-6 打开并设置【图层样式】对话框

STEP 10 在【拾色器】对话框中将叠加颜色设置为【fff000】，单击【确定】按钮，如图 12-7 所示。

STEP 11 返回【图层样式】对话框，单击【确定】按钮。舞台中矩形的效果如图 12-8 所示。

STEP 12 使用同样的方法，设置其他矩形图层的叠加颜色。

STEP 13 在工具栏中单击【横排文字工具】按钮，在舞台中输入文本，并设置文本格式，如图 12-9 所示。

STEP 14 选择【文件】|【置入】命令，打开【置入】对话框，选中一个图像文件后，单击【置入】按钮。

STEP 15 在舞台中置入图片，调整图片的大小和位置，然后按下 Enter 键，如图 12-10 所示。

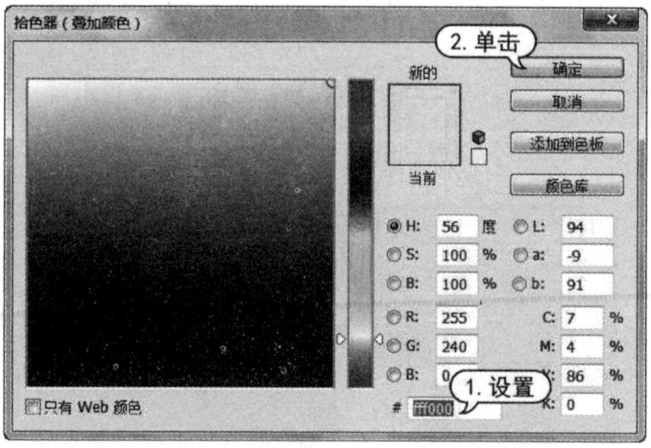

图 12-7 【拾色器】对话框

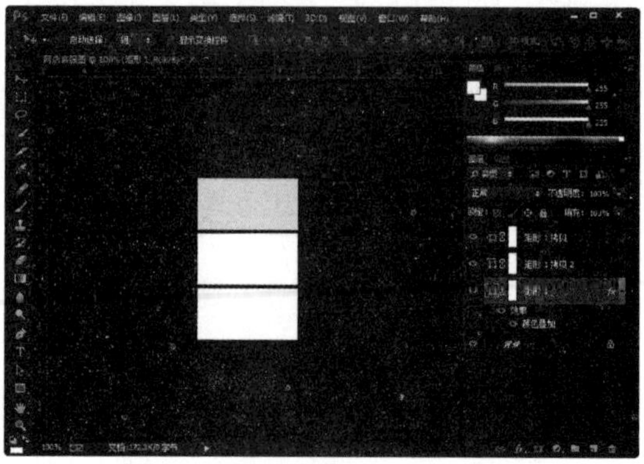

图 12-8 舞台中矩形的效果

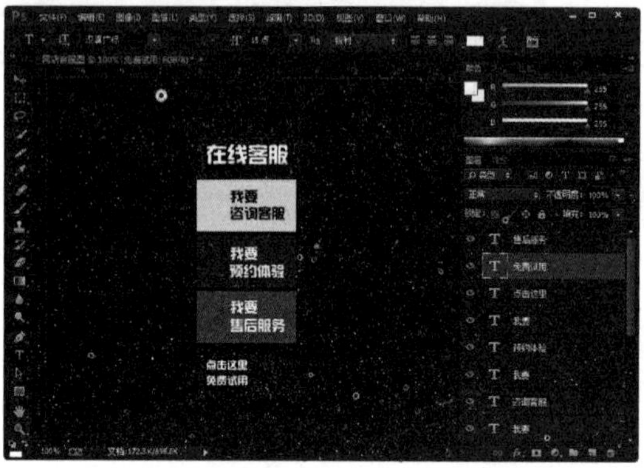

图 12-9 在舞台中输入文本

图 12-10 在舞台中置入并调整图片

STEP 16 使用同样的方法，在舞台中置入其他图片，效果如图 12-11 所示。

STEP 17 选择【文件】|【存储】命令，打开【存储】对话框，单击【保存类型】下拉列表按钮，在弹出的下拉列表中选中【JPEG】选项，然后单击【保存】按钮。

STEP 18 打开【JPEG 选项】对话框，设置图像参数后，单击【确定】按钮。完成本例的操作后，制作的网店客服服务图片效果如图 12-12 所示。

图 12-11 在舞台中置入更多图片

图 12-12 网店客服服务图片效果